W0004356

Droemer
Knaur®

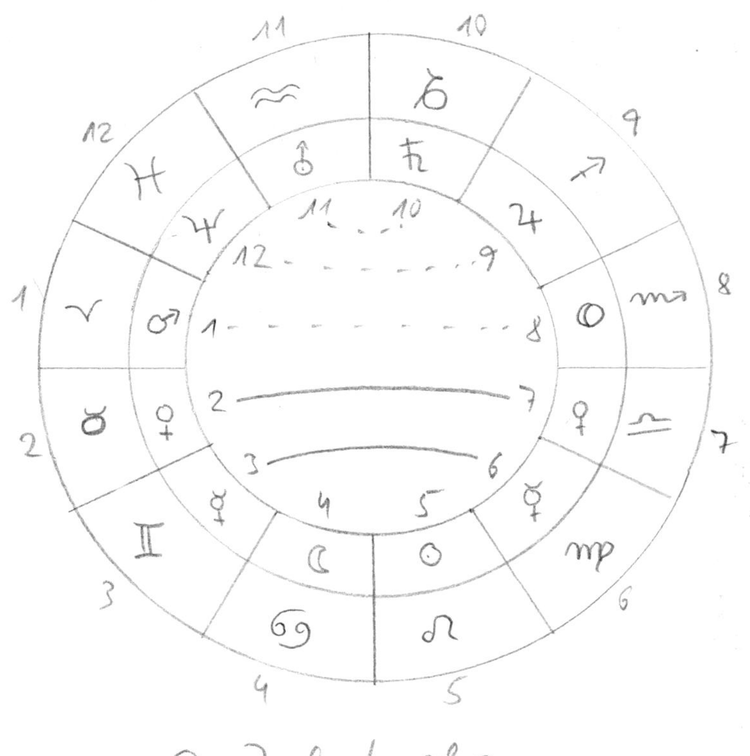

Die Zeichenherrscher

MICHAEL ROSCHER

DAS ASTROLOGIE BUCH

Berechnung, Deutung, Prognose

22.2.63 21^{08} Elvira
Hattingen 51° 23'N, 07° 10' O

Droemer Knaur

Illustrationen von
FRIEDEL WOLF WICKE-JABORNEGG

CIP-Titelaufnahme der Deutschen Bibliothek

Roscher, Michael:
Das Astrologie-Buch: Berechnung, Deutung, Prognose
Michael Roscher
[Ill. von Friedel Wolf Wicke-Jabornegg]
München: Droemer Knaur, 1989
ISBN 3-426-26420-X

Umschlaggestaltung: Dieter Bonhorst
Reproduktion: Reproteam Ulm
Satz und Druck: Appl, Wemding
Aufbindung: Großbuchbinderei Sigloch, Künzelsau
Printed in Germany
ISBN 3-426-26420-X

2 4 5 3 1

Inhalt

Vorwort

Es lassen sich zwei Arten von Einführungen in die Astrologie unterscheiden: Solche, die den Anfänger vollständig überfordern und solche, die sich an der Grenze des Niveaulosen bewegen.
Ein Buch, das die Grundlagen der Astrologie leicht verständlich darstellt, ohne jedoch Abstriche am Inhalt zu machen, gab es im deutschsprachigen Raum bisher nicht.
Da alle grundlegenden Themen der Astrologie ausführlich behandelt werden, kann dieses Buch den Anfänger einige Jahre lang begleiten, ohne daß auf andere Literatur zurückgegriffen werden müßte. Selbst der weit Fortgeschrittene wird dem einen oder anderen Kapitel Informationen entnehmen können, die ihm bisher noch nicht bekannt waren.
Um die Arbeit mit dem Buch zu erleichtern, wurden alle Kapitel nach vier »Wichtigkeitsgraden« untergliedert. Diese werden durch graphische Symbole am Seitenrand dargestellt:

✻✻✻✻ *Elementarste Grundlagen, für ein Basisverständnis unverzichtbar.*

✻✻✻ *Ausführlichere Beschreibung elementarer Grundlagen und ihre Erklärung.*

✻✻ *Vertiefte Darstellung für Fortgeschrittene.*

✻ *Ergänzende Hinweise auf weiterführende Zusammenhänge für Fortgeschrittene.*

Dem Anfänger sei empfohlen zuerst die mit **** und *** gekennzeichneten Abschnitte zu lesen. Wenn diese verstanden sind, können später die ** und * Abschnitte hinzukommen.
Der Fortgeschrittene mag die **** und *** Abschnitte überschlagen und sich gleich auf die weiterführenden Kapitel konzentrieren.

Sinn und Zweck dieses Buches war es, ein Grundlagenwerk zu schaffen, das dem Astrologieinteressierten den Einstieg in dieses faszinierende Gebiet erleichtert. Ich habe mich deshalb darauf konzentriert, vor allem solche Theorien und Methoden zu beschreiben, die von der Mehrzahl der Astrologen als richtig anerkannt werden. Viel zu häufig werden in der einführenden Literatur spezielle Theorien oder einfach die Privatmeinung des Autors beschrieben. Der Anfänger bleibt schließlich verwirrt auf der Strecke, wenn er in fünf Büchern fünf völlig unterschiedliche Aussagen findet.
Ganz besonderes Gewicht kommt den grafischen Darstellungen zu: Ein Bild sagt mehr als tausend Worte. Eine solche Vielzahl minutiös ausgearbeiteter, meist farbiger Illustrationen hat es meines Wissens in einem deutschsprachigen Astrologiebuch noch nicht gegeben.
Daß es möglich war, meine häufig komplexen Vorstellungen bildlich umzusetzen, ist das Verdienst von Friedel Wicke, mit dem die Abbildungen gemeinsam erarbeitet wurden. Da Herr Wicke selbst über umfangreiche astronomisch-astrologische Kenntnisse verfügt, konnte er zahlreiche eigene Ideen beisteuern, die der Anschaulichkeit der Illustrationen zugute kamen. Dies gilt in besonderem Maße für die Tierkreiszeichensymbole.

Bergheim, im April 1989

Anstelle einer Einleitung
Astrologie und Wissenschaft

Wenn ich von Fremden nach meinem Beruf gefragt werde und ich antworte: »Astrologe«, so gibt es eigentlich nur zwei mögliche Reaktionen: Die einen zweifeln reflexartig an meinem Verstand, oder sie halten mich für einen besonders cleveren Geschäftemacher, der weiß, wie man den Leuten das Geld aus der Tasche zieht. Die anderen brechen in Begeisterung aus und wollen wissen, was sie in nächster Zukunft erwartet.
Unvoreingenommenes Interesse hingegen erlebe ich nur äußerst selten. Während sich in den meisten Lebensbereichen die Ansicht durchgesetzt hat, daß man nur beurteilen kann, was man kennt, stellt sich dieses Problem in der Astrologie anscheinend nicht: Hier scheint sich (fast) jeder für kompetent genug zu halten, um zu diesem Thema mit Verve einen Standpunkt zu vertreten.
Natürlich kann man über die Astrologie, wie über sehr vieles andere auch, geteilter Meinung sein. Allerdings ist die Astrologie auch kein reines Glaubensbekenntnis, dem man eben anhängt oder nicht. Sie hat im Gegenteil eine mehrtausendjährige Geschichte, in der sie die Entwicklung sämtlicher Hochkulturen in entscheidendem Maße mitgeprägt hat.
In solch langen Zeiträumen haben sich Prinzipien, Lehrsätze und philosophische Gedankengänge herausgebildet, die häufig eine solche Komplexität besitzen, daß sie selbst das Vorstellungsvermögen weit fortgeschrittener Astrologieschüler überschreiten. Die Axiome (=Grundregeln) der Astrologie haben also wenig mit Kaffeesatzlesen und Intuition zu tun: Es sind klar umrissene Theorien, deren Richtigkeit überprüft werden kann.

Nicht umsonst war die Astrologie eine Herausforderung für die größten Geister ihrer Zeit, verlangt sie doch - will man es zu wahrer Könnerschaft bringen - umfangreiche Kenntnisse in Mathematik, Physik, Medizin, Philosophie und vor allem in Psychologie und Astronomie.
Da die Astrologie keinen geringeren Anspruch hat als den, einen Universalschlüssel zum Verständnis der Wirklichkeit darzustellen, erscheinen Umfang und Schwierigkeitsgrad der benötigten Voraussetzungen nur angemessen.
In der Zeit von Rationalismus und Aufklärung war die Astrologie in Verruf geraten - noch Anfang dieses Jahrhunderts kannte von 5000 Deutschen nur einer sein Tierkreiszeichen. Dies hat sich inzwischen geändert (mittlerweile kennen etwa 70% ihr Sonnenzeichen), der Ehrverlust der Astrologie im öffentlichen (d.h. wissenschaftlichen) Ansehen wurde jedoch bis heute nicht wieder wettgemacht. So sind einige meiner Schüler Ärzte und Theologen - den meisten von ihnen wäre es definitiv unangenehm, wenn ihre Beschäftigung mit der Astrologie allgemein publik würde.
Die Wissenschaft hat heute in vielfacher Hinsicht die Religion ersetzt. Damit befindet sie sich auch im Besitz ihrer Machtinstrumente: Absolutheitsanspruch, Inquisition und Dogma. Dies erklärt die ungeheure Anmaßung, die jeder Wissenschaftsgläubige in der Beurteilung der Astrologie ungestraft an den Tag legen darf: Es weiß sein Urteil von offizieller Seite gedeckt, Applaus ist ihm sicher, wobei auf übertriebene Sachlichkeit kein besonderer Wert gelegt wird.
Die Wissenschaftsvertreter sind bei der Wahl ihrer Mittel nicht eben zimperlich. Wahrheit wird bewußt unterdrückt, verfälscht und verzerrt, um die Stimmigkeit des naturwissenschaftlichen Weltbilds zu erhalten. Dabei liegen wissenschaftliche Beweise für die Richtigkeit astrologischer

Grundannahmen seit Jahrzehnten vor, die zu den bestgesicherten und überzeugendsten statistischen Untersuchungen überhaupt gehören. Sie wurden von Michel Gauquelin, einem französischen Psychologen und Statistiker, bereits in den fünfziger Jahren erbracht.

Ein erster Hinweis über die Objektivität der Wissenschaft ergibt sich schon aus dem Umstand, daß Gauquelin eine bereits zugesagte Professur an einer französischen Universität wieder aberkannt wurde, als der zuständigen Stelle seine statistischen Untersuchungen über Astrologie zu Ohren kam.

Gauquelin hat in den folgenden Jahrzehnten seine Forschungen, die einen Zusammenhang zwischen Charaktereigenschaften, Berufswahl und Gestirnkonstellationen einwandfrei belegen, viele Male mit Zehntausenden von Horoskopen wiederholt. Ihr Wert kann nicht hoch genug eingeschätzt werden, inbesondere wenn man bedenkt, daß es gerade in der Psychologie nach wie vor üblich ist, Stichprobenuntersuchungen an 100 Psychologiestudenten als allgemeingültige, gesicherte wissenschaftliche Erkenntnis zu betrachten!

Dennoch wurden Gauquelins Ergebnisse einfach totgeschwiegen. Als dies aus verschiedenen Gründen nicht mehr ging, versuchte man, ihm Betrug, Fälschung, statistische Unkenntnis etc. zu unterstellen. Schließlich ging man daran, seine Untersuchungen zu wiederholen – mit der unausgesprochenen, aber offensichtlichen Absicht, ihn zu widerlegen. Bestätigten die Ergebnisse Gauquelins Theorien, so wurde dies wiederum verschwiegen: Die Untersuchungsergebnisse wurden einfach nicht veröffentlicht. Ein Fall, in dem es scheinbar gelang, Gauquelins Belege zu entkräften (durch Fehler in der Versuchsanordnung), wurde hingegen mit großem Geschrei als Gegenbeweis publiziert.

Der einzige bekannte Wissenschaftler, der sich die Mühe

machte, die Aussagen Gauquelins unvoreingenommen zu prüfen, war der Psychologe H. J. Eysenck. Man mag von Eysencks Theorien halten, was man will - sein Ruf als hervorragender Statistiker ist unbestritten.
Eysenck konnte in Gauquelins Untersuchungen keine das Ergebnis verändernden statistischen Fehler finden und zog daraus die einzig mögliche wissenschaftliche Konsequenz: Er erkannte sie an.
Als ich Professor Angermeier, einen der Leiter des Psychologischen Instituts in Köln, auf diesen Umstand ansprach, meinte dieser nur, daß Eysenck inzwischen eben auch alt und senil geworden sei. Diese Ansicht scheint mir kein Einzelfall, sondern durchaus repräsentativ zu sein.
Ähnlich verfährt die »objektive« Wissenschaft mit der Geschichte: Daß Johannes Kepler, einer der bedeutendsten Astronomen aller Zeiten, gleichzeitig auch überzeugter Astrologe war, wird verschwiegen oder abgestritten. Hierbei schreckt man nicht davor zurück, Zitate bewußt sinnentstellend aus dem Zusammenhang zu reißen (etwa solche, in denen sich Kepler über Jahrmarktsastrologie und Scharlatane ausläßt). Daß Kepler sein Lebenswerk in einer auf astrologischen Überlegungen aufgebauten »Weltharmonie« sah, scheint dabei nicht weiter zu stören: Man vertraut auf die Unwissenheit des Publikums.
Diese Beispiele - und sie ließen sich beliebig vermehren - zeigen deutlich, wie die offizielle Wissenschaft mit ungeliebten Wahrheiten umgeht. Daß dies nicht nur für die Astrologie gilt, macht die Angelegenheit weder erträglicher noch entschuldbarer.
Die Seite der unbedarften Astrologieanhänger ist allerdings in puncto Fachwissen nicht viel besser als die Wissenschaft. Auch die Astrologiegläubigen wissen meist nur sehr wenig über die Astrologie, von deren Richtigkeit sie so überzeugt sind. Da sich die Esoterik im allgemeinen

und die Astrologie im besonderen zunehmenden Interesses erfreuen, sind hitzige, durch keinerlei Sachkenntnis getrübte Diskussionen zwischen Astrologiegegnern und -freunden ein beliebtes Partythema. Es ist amüsant, zu beobachten, wie bei solchen Gelegenheiten ansonsten nette und vernüftige Menschen zu missionarischen Streithammeln werden, die – selbstverständlich vergeblich – versuchen, dem anderen seine Überzeugung auszureden.
Ich bin mir durchaus im klaren, daß dieses Buch zum größten Reil von solchen gelesen wird, die bereits an die Astrologie »glauben«. Es war allerdings meine Absicht, die unbestrittenen Grundlagen der Astrologie darzustellen, so daß auch ihre Gegner die Möglichkeit haben, sich sachkundig zu machen, um so erfahren zu können, was genau sie eigentlich ablehnen.
Vielleicht ergibt sich dann ein Fortschritt in den mit schöner Regelmäßigkeit wiederkehrenden Fernseh- und Rundfunkdiskussionen, in denen Astrologen und Astronomen (ein Theologe ist meist auch dabei) über Sinn und Unsinn der Sterndeuterei diskutieren. Denn so sicher wie das Amen in der Kirche kommen seitens der Wissenschaft immer wieder die gleichen nicht stichhaltigen Argumente. Als da wären:

1. Die Astrologie muß falsch sein, weil sich die Sternbilder längst nicht mehr dort befinden, wo sie die Astrologen wähnen.
2. Die Astrologie muß falsch sein, weil die Astrologen davon ausgehen, daß sich die Sonne um die Erde dreht, wo doch jedes Kind weiß, daß es sich umgekehrt verhält.
3. Die Astrologie muß falsch sein, weil die Planeten viel zu weit von der Erde entfernt sind, um irgendeine Wirkung erzielen zu können.

4. Die Astrologie muß falsch sein, weil inzwischen doch längst bewiesen ist, daß der Charakter eines Menschen nicht durch die Sterne, sondern durch Erbgut und Erziehung geprägt ist.

Dies sind die häufigsten »Gegenbeweise«. Und wenn es sonst schon nichts nützt, so könnte es doch den Unterhaltungswert besagter Diskussionen beträchtlich erhöhen, wenn zur Abwechslung neue Argumente hinzukämen. Hierbei ist auch erstaunlich, daß man Astronomen für qualifiziert hält, die Astrologie zu beurteilen. Das ist genauso, wie wenn man einen Tankwart den Wert von Gemälden bestimmen lassen wollte, bloß weil diese in Öl gemalt sind.
Streitgespräche sind nur dann sinnvoll und machen Spaß, wenn beide Seiten vom Thema etwas verstehen. Es läßt sich nämlich bestimmt das eine oder andere gegen die Astrologie vorbringen. Die obengenannten Einwände gehören allerdings nicht dazu. Sie zeugen schlichtweg von mangelnder Sachkenntnis. Auf die angesprochenen Themen und einige mehr werden wir in diesem Buch noch ausführlich zu sprechen kommen.
Wie bereits gesagt, mir geht es vor allem darum, in unterhaltsamer und möglichst leichtverständlicher Form die Grundlagen der Astrologie so zu beschreiben, wie sie heute von der Mehrheit der Astrologen als gültig angesehen werden. Ich habe mich bemüht, kein wichtiges Thema auszulassen, so daß der interessierte Leser nicht auf andere Werke zurückgreifen muß, um sich einen Überblick zu verschaffen.
Mein Ziel ist es, dem Astrologieanfänger die Möglichkeit zu geben, sich ein solides Fundament an astrologischen Kenntnissen zu erwerben, und ihm damit die Orientierung im »Astrologiedschungel« zu erleichtern.

Teil I
Allgemeines

Meine Absicht war es, in diesem Abschnitt die Art von Fragen zusammenzufassen und zu beantworten, die von den meisten Astrologieanfängern gestellt werden. Meine Erfahrungen mit Vorträgen, Kursen und Seminaren zeigen, daß den Anfänger immer wieder die gleichen Themen beschäftigen.
Ich denke, daß man die Beantwortung solcher Fragen sehr ernst nehmen sollte: Sie geben ein Bild von dem Fundament, auf dem das Gebäude der Astrologie errichtet ist. Und schließlich ist es das Fundament, welches darüber entscheidet, wie standfest ein Haus ist.
Zudem ist es auch für den Fortgeschrittenen lohnend, immer wieder über die Grundannahmen der Astrologie nachzudenken, dies kann sich auf seine tägliche Praxis nur positiv auswirken, und mancher Fehler läßt sich verhindern.

Ursprung und Entwicklung der Astrologie

Genausowenig wie es möglich wäre, den Entdecker des Feuers oder den Erfinder des Rades zu benennen, kann man heute Zeit und Ort feststellen, an dem sich der Mensch zum erstenmal für die Gestirne über ihm interessierte und schließlich begann, Zusammenhänge zwischen

Geschehnissen auf der Erde und solchen am Himmel herzustellen.
Man weiß jedoch, daß es keine Hochkultur gab, in der nicht in irgendeiner Form Astrologie betrieben wurde. Es kann als sicher gelten, daß die Wurzeln der Astrologie sehr weit zurückgehen, vielleicht bis hin zu den Anfängen der Menschheit.
Da sich die Astrologie in vielen verschiedenen Kulturräumen unabhängig voneinander entwickelte, gibt es nicht die Astrologie schlechthin, vielmehr entstanden mehrere Richtungen, die einander ergänzten und vermischten, aber auch bekämpften.
Allein diese Tatsache ist bereits für viele der Horoskopie wohlgesinnte Laien ein Schock, wird doch gerade in der Astrologie immer wieder das seit Jahrtausenden weitergetragene Urwissen der Menschheit betont. Daran knüpft sich die Vorstellung, daß an einer Lehre, die sehr große Zeiträume unverändert überdauern konnte, etwas Wahres dran sein muß. Dieses Denken ist jedoch ein wenig blauäugig: Zum einen sind wir in unserer Erkenntnisfähigkeit sehr begrenzt, so daß Wissen immer Stückwerk bleiben muß und niemals den Anspruch auf Vollkommenheit erheben kann. Zum anderen haben sich die Welt und mit ihr die Menschen verändert. Themen wie Technik, Umweltverschmutzung, Emanzipation usw. hatten für unsere Vorfahren keine Bedeutung und kamen deshalb in ihrer astrologischen Arbeit nicht vor.
So läßt sich die Geschichte der Astrologie mit den Entwicklungen in der Wissenschaft vergleichen: Es gibt auch nicht *die* Psychologie, vielmehr zerfällt die Psychologie in die Tiefenpsychologie, den Behaviorismus, die Gestaltpsychologie, die Sozial- und Entwicklungspsychologie, um nur einige Bereiche zu nennen. Diese verschiedenen Zweige der Psychologie ergänzen einander teilweise (z. B. Sozial- und Entwicklungspsychologie), andernteils beste-

hen jedoch unüberbrückbare ideologische Gegensätze (z.B. zwischen Tiefenpsychologie und Behaviorismus). Selbst innerhalb einer Schulrichtung, z.B. der Tiefenpsychologie, gibt es jedoch Untergruppen: die Freudianer, die Jungianer, die Adlerianer, die Anhänger von Reich und Lowen sowie die Neo-Freudianer, die Neo-Jungianer usw., usf.

Obwohl es noch nicht einmal unter den Anhängern eines Lagers Einigkeit in allen Punkten gibt, werden wohl nur wenige Menschen den grundsätzlichen Wert der Psychologie in Frage stellen.

Nur bei der Astrologie erwartet sowohl der Anhänger als auch der Gegner, es mit einem in sich geschlossenen Gedankengebäude zu tun zu haben, das entweder als Ganzes anzuerkennen oder eben abzulehnen ist. Dem ist glücklicherweise nicht so. Jede Wissenschaft und jede Kunst entwickelt sich weiter. Die Wahrheit von heute ist die überholte Theorie von morgen. Es wäre also ein Armutszeugnis für Astrologie und Astrologen, wenn in Lehre und Praxis unverbrüchliche Einigkeit bestünde.

Die Wurzeln der westlichen und indischen Astrologie liegen in den sumerisch-babylonischen Kulturen Mesopotamiens, wo sich erste astrologische Aufzeichnungen bis ins 3. Jahrtausend vor Christus nachweisen lassen. Damals war die Astrologie weitgehend Omendeutung, die Aussagen über die Geschicke des Landes machte. Das Schicksal des einzelnen wurde noch nicht untersucht. Auch war der Tierkreis noch unbekannt, und man berücksichtigte vor allem die Mondkonstellationen.

Es dauerte noch viele Jahrhunderte, bis man individuelle Horoskope zu erstellen begann. Zuerst für Könige und Mächtige, sehr viel später erst für alle, die es sich leisten konnten. Im Hellenismus erlebte die Astrologie eine erneute Blüte, die im Tetrabiblos (den vier Büchern) des Ptolemäus gipfelte, welches das gesamte astrologische

Wissen der damaligen Zeit zusammenfaßt. Die von Ptolemäus (2. Jahrhundert n. Chr.) beschriebenen Berechnungs- und Deutungsregeln haben für die klassische Astrologie noch heute Gültigkeit, und es erscheint kaum übertrieben, das Tetrabiblos als Hauptwerk der klassischen Astrologie zu bezeichnen.
Die Astrologie in ihrer heutigen Form geht also hauptsächlich auf griechische Quellen zurück. Es gab jedoch auch andere Einflüsse. Vor allem der arabische Kulturraum prägte mit mathematischen Werken, hervorragenden Astrologen und den berühmten sensitiven Punkten (z. B. das »Glücksrad«) das Gesicht der Astrologie mit.
Es gibt Hinweise darauf, daß die islamische Schicksalsergebenheit (»Kismet«) durch astrologische Lehren begründet wurde: Die Sterne sollen ein unentrinnbares Fatum prägen.
Eine der Hauptaufgaben der Astrologie im Altertum, sowohl in Griechenland als auch im Römischen Reich, bestand darin, die Lebensdauer zu bestimmen. Dies führte immer wieder zu Verfolgungen, weil sich Konkurrenten der Herrschenden gerne beim Horoskopsteller erkundigten, wann denn mit dem Ableben des Gegners zu rechnen sei. Da damals die Astrologie in wesentlich größerem Ansehen stand als heute, hatten derartige Aussagen, in die Öffentlichkeit getragen, eine nicht zu unterschätzende politische Wirkung.
Im Mittelalter wurde, wie schon zuvor in Griechenland, zwischen Astronomen und Astrologen kaum unterschieden. Beide Berufe flossen ineinander, da der Astronom, um seinen Lebensunterhalt zu bestreiten, auch Prognosen stellte und der Astrologe grundsätzlich über umfangreiche astronomische Kenntnisse verfügen mußte.
In den zwei Jahrhunderten zwischen 1450 und 1650 erlebte die Astrologie eine erneute Blüte. An vielen Universitäten war sie ein nicht wegzudenkender Teil des

Standardlehrangebots. Unter den Dozenten befanden sich die bedeutendsten Astonomen jener Zeit.
In dem von den Lehren René Descartes (1596–1650) geprägten Rationalismus mit seiner mechanistischen Weltanschauung fand sich aber kein Platz mehr für die überkommenen Theorien der Astrologie. Der Rationalismus und später die Aufklärung drängten die Astrologie in die Ecke verstaubten Aberglaubens. Verschlimmert wurde die Situation durch den Dreißigjährigen Krieg: Verfall von Sitte und Moral, Existenzängste größten Ausmaßes, Teufels- und Hexenwahn schufen Bedingungen, in denen das »Geschmeiß der Geschäftsastrologen« (Kepler) wahre Triumphe feierte. Durch skrupellose Scharlatane, die sich mit verantwortungslosen Prognosen an den Ängsten der Bevölkerung bereicherten, erlebte die Astrologie einen katastrophalen Niedergang. Allmählich wurde es in gebildeten Kreisen unmöglich, sich zur Astrologie zu bekennen, was einer geistigen Bankrotterklärung gleichgekommen wäre. Die Folgen dieser Entwicklung sind bis heute unbewältigt.
Erst zu Beginn des 20. Jahrhunderts erhielt die Astrologie im deutschsprachigen Raum wieder Auftrieb. Wie sehr sie in Vergessenheit geraten war, erkennt man daran, daß vor 1914 von 5000 Deutschen kaum einer »sein« Tierkreiszeichen kannte! Dies sind gerade 0,02%! Heute weiß fast jeder, unabhängig davon, ob er an Astrologie glaubt oder nicht, das Tierkreiszeichen seiner Geburt.
Am Wiedererwachen des Interesses an der Astrologie hatte Karl Brandler-Pracht besonderen Anteil. Ab 1907 setzte er sich durch Buchveröffentlichungen und Kurse für eine Verbreitung der Horoskopie ein. Nicht zuletzt durch den Ersten Weltkrieg wuchs das Bedürfnis nach astrologischer Beratung erheblich. Krieg und wirtschaftlich-politisches Chaos schufen ein Klima von Unsicherheit und Angst, in dem das Metaphysische besonders gut

gedieh. Neben der hierdurch geförderten Vulgärastrologie (sie führte zu einem Verbot von Wahrsagerei und Horoskopie) erhielt jedoch auch die seriöse Astrologie Auftrieb: 1923 wurde in Düsseldorf die »Astrologische Zentralstelle«, 1924 die »Astrologische Gesellschaft in Deutschland« gegründet. Sie markierten Wendepunkte von okkultistischer Zukunftsdeutung zu ernsthafter Forschung.

In den zwanziger und dreißiger Jahren entfaltete sich eine rege astrologische Tätigkeit. Durch die Arbeiten Wittes und Siegrüns entstand die sogenannte »Hamburger Schule«. Reinholt Ebertin brachte sein bekanntes Buch »Kombination der Gestirneinflüsse« heraus, Thomas Ring schrieb die »Astrologische Menschenkunde«, C. E. Kühr die sehr zu Unrecht fast unbeachtet gebliebene »Psychologische Horoskopdeutung«. Die Astrologie erreichte eine ungeahnte neue qualitative und quantitative Blüte, die um so bedeutsamer scheint, als es jahrhundertelang um sie recht still gewesen war.

Im angelsächsischen Sprachraum waren es die Theosophen, die für eine erneute Verbreitung astrologischen Gedankengutes sorgten. Der bekannteste theosophische Astrologe war Alan Leo.

Von den Nationalsozialisten wurde die Astrologie anfangs geduldet oder gar gefördert. Ab 1935 wurden alle öffentlichen politischen Äußerungen von Astrologen verboten. Die Astrologie wurde als »Fachschaft« der »Deutschen Arbeitsfront« zugeordnet, um 1941 gänzlich verboten zu werden. Zahlreiche Astrologen kamen in Schutzhaft, ihre Bibliotheken wurden beschlagnahmt und vernichtet. Viele überlebten die KZ-Haft nicht.

So wurde das meiste vernichtet, was an altem Wissensgut und neuen Erkenntnissen in den letzten Jahrzehnten zusammengetragen worden war.

Die ernsthafte Astrologie erlitt damit erneut einen schwe-

ren Rückschlag, dessen Folgen bis heute nicht vollständig überwunden sind. Erst zu Beginn der siebziger Jahre begann das Interesse an Astrologie erneut stark zuzunehmen. Maßgeblich waren hieran angelsächsische Autoren beteiligt. Seit einigen Jahren herrscht ein ungebrochener, eher noch steigender Boom. Dabei hat sich das Bild der Astrologie deutlich gewandelt: Mathematisch-astronomische Kenntnisse werden angesichts von Hilfstabellen und Computerdiensten kaum noch benötigt. Das Interesse an Prognosen, der Vorhersage von Ereignissen, hat zugunsten einer stark psychologisch orientierten Deutung nachgelassen. Es gibt zahlreiche Astrologen, die Prognosen völlig ablehnen und sich ausschließlich auf die Charakteranalyse beschränken, während die Zukunftserforschung früher die Hauptaufgabe des Astrologen war.
Gegenwärtig besteht ein wenig die Gefahr, daß die Astrologie zu einer Hilfsdisziplin der Psychologie verkommt. Die Schwierigkeiten, sich (oberflächliche) Kenntnisse zu erwerben, sind geringer, die Anforderungen an astronomisches Verständnis gleich Null. Es ist schick, sich mit Astrologie zu beschäftigen, und so beziehen viele Psychologen und sogenannte Lebensberater diese in ihre Praxis mit ein. Die ehemalige Königin der Wissenschaften wird somit zu einem extravaganten Schnörkel therapeutischer Tätigkeit degradiert.
Damit soll der Wert der Astrologie für die Psychologie nicht bestritten werden, im Gegenteil. Leider werden nur allzuleicht die Schwerpunkte vertauscht: Es ist die Psychologie, die von der Astrologie lernen kann, nicht umgekehrt. Um diesem Anspruch zu genügen, reicht es freilich nicht aus, ein oder zwei Bücher zum Thema gelesen zu haben, hier ist jahrelanges intensives Studium notwendig.
Gegenwärtig gibt es in Deutschland fünf große astrologische Verbände, die sich vor wenigen Jahren in einem

Grundsatzpapier auf gemeinsame Statuten geeinigt haben. Diese Verbände bilden auch Astrologieinteressierte in der von ihnen vertretenen Schulrichtung aus, nehmen Prüfungen ab und stellen Diplome aus. Natürlich sind diese Diplome staatlich nicht anerkannt. Neben wirtschaftlichen Erwägungen geht es hier jedoch um den Versuch, sich gegen astrologische Scharlatanerie abzugrenzen.

Im Alltag hat sich astrologisches Gedankengut in der Terminwahl für das Weihnachtsfest (Wintersonnenwende) niedergeschlagen. Auch das (*) als Zeichen für Geburt ist astrologischen Ursprungs. Das gleiche gilt für Formulierungen wie »unter einem guten Stern geboren sein«, »unter einem guten Stern stehen«, »jovial« (unter Jupitereinfluß stehen = gutmütig, großzügig), »martialisch« (unter Marseinfluß stehen = kriegerisch), »saturnin« (unter Saturneinfluß stehen = streng). Auch die Namen der Wochentage sind astrologischen Ursprungs:

Montag, franz. Lundi, engl. Monday = Tag des Mondes.
Dienstag, franz. Mardi, engl. Tuesday = Tag des Mars.
Mittwoch, franz. Mercredi, engl. Wednesday = Tag des Merkurs.
Donnerstag, franz. Jeudi, engl. Thursday = Tag des Jupiters (= Thor).
Freitag, franz. Vendredi, engl. Friday = Tag der Venus (= Freia).
Samstag, franz. Samedi, engl. Saturday = Tag des Saturns.
Sonntag, franz. Dimanche, engl. Sunday = Tag der Sonne.

Die Reihenfolge der Wochentage ergibt sich aus der sogenannten *chaldäischen Reihe,* in der die Planeten in der Folge ihrer Umlaufgeschwindigkeit um die Erde kreisförmig angeordnet werden. Der schnellste Planet ist der Mond, dann folgen Merkur, Venus, Sonne, Mars und Jupiter. Der langsamste der sichtbaren Planeten ist Saturn. Stellt man diese Reihe als Kreis dar, so ergibt sich etwa folgendes Bild.

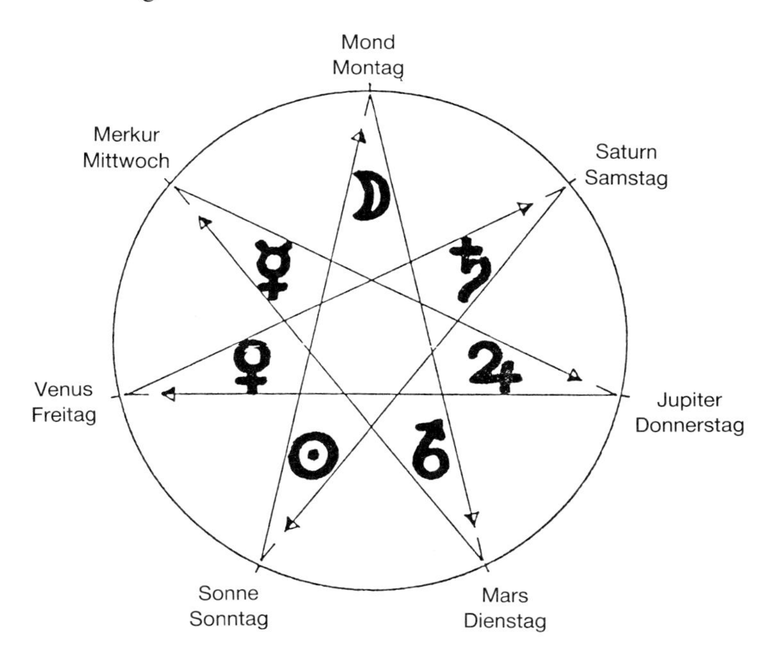

Verbindet man nun die Planeten in Form eines Siebensterns, so entsteht die Anordnung der Wochentage.

Was ist ein Horoskop?

Im Wort »Horoskop« steckt das lateinische »hora« (= die Stunde) sowie das griechische »skopein« (=betrachten). Ein Horoskop zu erstellen bedeutet somit, die Zeit(qualität) eines bestimmten Moments zu betrachten und zu begutachten. Graphisch gesehen, handelt es sich um nichts anderes als eine vereinfacht dargestellte, aber inhaltlich richtige »Himmelskarte«, die für einen bestimmten Augenblick und Ort berechnet wurde. In ihr sind die Positionen der Planeten sowie die von Sonne und Mond dargestellt.

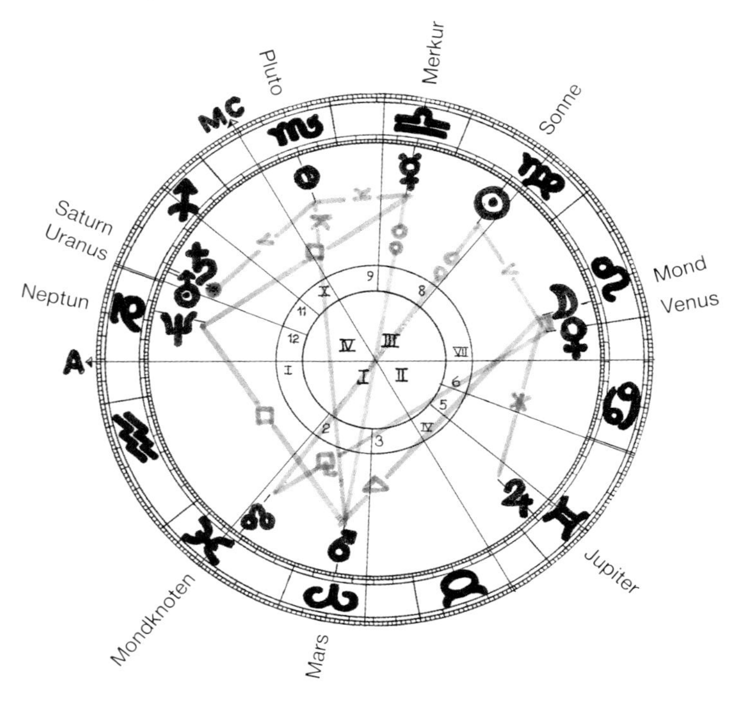

Um ein genaues Horoskop zu berechnen, benötigt der Astrologe das Geburtsdatum, die Geburtsminute (!) und den Geburtsort. Computerhoroskope, für die man lediglich den Geburtstag angeben muß, sind schon in der Berechnung falsch, von der Deutung ganz zu schweigen.

Was kann Astrologie leisten?

Diese Frage ist schwerer zu beantworten, als es zunächst scheinen mag. Der Grund dafür liegt darin, daß es kaum einen Lebensbereich gibt, in dem sich Astrologie nicht sinnvoll anwenden ließe! Die folgenden Abschnitte stellen die wichtigsten Themen der Astrologie vor, wobei die Liste nur einen ersten Eindruck vermitteln soll und keinen Anspruch auf Vollständigkeit erhebt.

Medizin. In der Antike und im Mittelalter hatte sich ein heute leider arg vernachlässigter Zweig der Astrologie herausgebildet, die sogenannte Iatromathematik. Dies waren Verfahren, mit denen man den günstigsten Zeitpunkt für medizinische Eingriffe, wie z. B. Operationen, auswählte. Für den berühmten Hippokrates, dessen Eid die Ärzte heute noch schwören, waren Ärzte, die nicht gleichzeitig auch die Astrologie beherrschten, Kurpfuscher. Paracelsus, der Begründer der modernen Medizin (er setzte als erster chemische Verbindungen als Heilmittel ein), war ebenfalls ein überzeugter Verfechter der Astrologie.
Die Astrologie wurde hier sowohl zur Diagnose der Erkrankung als auch zur Wahl der Therapie herangezogen. Besonders wichtig war sie für die Auswahl des richtigen Operationstermins. Man ging davon aus, daß kritische Operationen zu einem ungünstigen Termin nur mit Komplikationen oder gar tödlich verlaufen würden, während schwierige Eingriffe zu einem geeigneten Zeitpunkt gewagt werden konnten.
In moderner Zeit konnten diese Theorien teilweise bestätigt werden. So ist es eine astrologische Binsenweisheit, daß Operationen bei Vollmond sehr viel häufiger zu Blutstürzen (also kaum stillbaren Blutungen der Operations-

wunde) führen als Eingriffe während anderer Mondphasen. Statistische Untersuchungen in Krankenhäusern und Arztpraxen haben die Richtigkeit dieser Theorie erwiesen.

Während sich heute jedoch kaum ein Schulmediziner um diese Zusammenhänge schert, wäre noch im Mittelalter eine Operation zur Zeit des Vollmondes als medizinischer Kunstfehler bezeichnet worden. Man kann daher mit gutem Recht konstatieren, daß die Astrologie helfen kann, das Risiko bei medizinischen Eingriffen so gering wie möglich zu halten.

Eine weitere Möglichkeit liegt in der Auswahl von Medikamenten, die weitgehend vom astrologischen Konstitutionstyp abhängig sind. So reagieren viele Menschen überempfindlich oder gar allergisch auf bestimmte Substanzen, während andere sehr starke Dosen benötigen, um überhaupt einen Effekt zu verspüren.

Schließlich kann noch die geeignete Zeitphase für eine Therapie bestimmt werden. Dies ist z. B. dann sinnvoll, wenn es um Kuraufenthalte oder die Behandlung langjähriger chronischer Erkrankungen geht.

WARNUNG: Es ist inzwischen Mode geworden, nach astrologischen Kriterien gewählte homöopathische Mittel zu nehmen. Die Einnahme von Medikamenten ohne die Kontrolle eines verantwortungsvollen Arztes oder Heilpraktikers ist immer gefährlich. Wer die Einnahme solcher Mittel ohne fundierte medizinische Kenntnisse verordnet, handelt verantwortungslos und gesetzeswidrig.

Erziehung. Ein guter Astrologe kann bereits aus dem Horoskop eines Neugeborenen dessen Anlagen, seine Schwächen und Stärken ersehen. Eine entsprechende Beratung der Eltern kann diesen helfen, ihr Kind schon frühzeitig in geeigneter Weise zu unterstützen und zu fördern. Außerdem können die Wechselbeziehungen zwischen Eltern und Kind untersucht werden, so daß deutlich wird, wo Konflikte und Mißverständnisse vorprogrammiert sind und wo eine Ergänzung möglich scheint. Verantwortungsvolle astrologische Beratung kann somit dazu beitragen, dem Kind als eigenständiger Persönlichkeit gerecht zu werden und Geltung zu verschaffen.

Partnerschaft. Auch in der Beziehung zweier Menschen vermag die Astrologie einen sinnvollen Beitrag zu leisten. Dabei ist es unerheblich, ob es sich hier um Geschäftspartner, Freunde oder Eheleute handelt. Es kann aufgezeigt werden, in welchen Persönlichkeitsbereichen Ähnlichkeit herrscht, wo Gegensätze bestehen und wo Unvereinbares zu Mißverständnissen und Konflikten führt.
In einer weiterführenden Analyse können Lösungsmöglichkeiten entwickelt werden, wie man fruchtlose Auseinandersetzungen überwindet und lernt, Spannungen im zwischenmenschlichen Bereich kreativ zu nutzen.
Eine Variante der Partnerschaftastrologie ist die Teamberatung. Hier werden Menschen in einem Arbeitsteam zusammengefaßt, die aus astrologischer Sicht besonders gut miteinander harmonieren. Auf diese Weise können das Betriebsklima und die Produktivität erheblich gesteigert werden. Obwohl diese Möglichkeiten bis jetzt hauptsächlich in den USA genutzt werden, gibt es inzwischen auch einige europäische Firmen, die astrologische Teamberatung mit Erfolg einsetzen.

Firmenbetreuung. Ein weiteres Feld unterschiedlichster Möglichkeiten eröffnet sich hier. Neben der Teamberatung können Persönlichkeitsprofile von Mitarbeitern entwickelt werden, aus denen sich die Eignung für bestimmte Aufgaben besonders gut ersehen läßt. So läßt sich vermeiden, daß jemand mit einer Aufgabe überfordert wird, die ihm nicht liegt, während sein Talent ungenutzt bleibt. Zusätzlich ergeben sich jedoch Möglichkeiten, das Management zu unterstützen: Verhandlungen mit Geschäftspartnern, der Zeitpunkt für Investitionen, Phasen möglicher Rezessionen etc. können mit Hilfe des Firmenhoroskops berechnet werden und so zu einer erfolgreichen Unternehmensführung beitragen.

Persönlichkeitsentfaltung. Dies ist in meinen Augen der mit Abstand wichtigste Bereich der Astrologie. Es gibt kein vergleichbares Diagnoseinstrument, das mit solcher Präzision Fähigkeiten, Schwierigkeiten und Schicksalsaufgaben aufzuzeigen vermag. Das Horoskop spiegelt jedoch nicht nur Probleme und Schwierigkeiten, sondern auch ihre Lösungen wider. Meines Erachtens ist es deshalb allen psychodiagnostischen Verfahren überlegen.
Auch ein guter Therapeut oder Analytiker wird nicht selten mehrere Jahre benötigen, um Zugang zu den persönlichen Schwierigkeiten eines Klienten zu finden. Und selbst wenn er diese vollständig begriffen hat, ist dies noch keinerlei Garantie, daß er auch die geeignete Therapie wählt: Ein Bioenergetiker wird eben nicht so arbeiten wie ein Gestalttherapeut, ein Psychoanalytiker geht anders vor als ein Rolfer oder ein Verhaltenstherapeut. In der Therapie eines Klienten bleibt somit viel dem »Zufall« überlassen, was sehr zeitintensiv ist und die Chancen einer Gesundung nicht gerade erhöht. Ein kompetenter Astrologe kann jedoch nach wenigen Minuten, höchstens Stunden, sehr genau erkennen, wo die Schwierigkeiten eines Klienten liegen, und Lösungsvorschläge erarbeiten, die seiner persönlichen Konstitution angemessen sind. Das heißt, er kann den Klienten zu dem Therapeuten schicken, der für ihn geeignet ist.
Auch für die Menschen, die keinerlei therapeutische Hilfe benötigen, ist die Beschäftigung mit Astrologie sinnvoll.

Jeder kann durch die Arbeit mit dem eigenen Horoskop Bereiche der Persönlichkeit entdecken und dadurch auch nutzen, von deren Existenz er bislang kaum etwas wußte.
Schließlich vermag die Astrologie, dem Leben einen tieferen Sinn zu geben. Damit ist keinesfalls ihre gelegentlich unheilvolle Rolle als Religionsersatz gemeint. Vielmehr übernimmt, richtig verstanden, Astrologie die Funktion eines Kompasses: Sie zeigt uns die Richtung auf, in der wir suchen müssen, um das uns Gemäße zu entdecken.
Der wichtigste Aspekt richtig verstandener, entwicklungsorientierter Astrologie scheint mir, daß sie dem Menschen dazu verhilft, *seinen* Platz in der Welt zu finden, um sich selbst wie auch anderen gerecht werden zu können.

Wirken die Sterne?

Zweifellos haben Sonne und Mond einen starken Einfluß auf unsere Erde: Ohne die Sonne gäbe es kein Leben, ihr unterschiedlicher Einstrahlungswinkel »macht« die Jahreszeiten. Mit Sicherheit wird auch ein Kind, das im Winter zur Welt kam und dessen erste Lebenserfahrungen deshalb dicke beengende Kleidung, viel Dunkelheit und geheizte Räume bestimmen, eine andere Lebenshaltung entwickeln als eines, welches im Sommer geboren wurde.
Der Mond verursacht gemeinsam mit der Sonne Ebbe und Flut. Da der Mensch selbst zu etwa 70% aus Wasser besteht, wird es auch hier physikalisch meßbare Einflüsse geben. Was für Sonne und Mond gilt, trifft prinzipiell auch auf die Planeten zu: Es gibt Kräfte wie z.B. Anziehung (Gravitation) und Strahlung, die von ihnen ausgehen und auf die Erde einwirken.

In der Tat versuchen manche, so die Funktionsweise der Astrologie zu erklären. Es sind die gleichen, die eine Anerkennung der Astrologie als Naturwissenschaft anstreben. Viele Anhänger der konservativen klassischen Astrologie sind Vertreter dieser Richtung. Man stellt sich das in etwa so vor: Im Augenblick seiner Geburt bekommt ein Kind eine Art kosmischen Stempel aufgedrückt, der nun für den Rest seines Lebens sein Wesen bestimmt. Dies soll ähnlich wie bei einer Fotoplatte funktionieren, die ja auch nur Bruchteile von Sekunden belichtet werden muß. Hier gibt es dann zwei verschiedene Lehrmeinungen: Die einen glauben, daß der Mensch zum Zeitpunkt seiner Geburt gleichsam ein unbeschriebenes Blatt ist und sämtliche Charakteranlagen erst im Augenblick der kosmischen Prägung entstehen. Die anderen erkennen an, daß es sehr wohl genetische und umweltbezogene Einflüsse gibt. Diese Anlagen sollen von der kosmischen Prägung gehemmt oder gefördert werden.
Diese Sichtweise der Dinge mag bei Geburtshoroskopen von Menschen noch angehen. Es gibt jedoch kaum einen Astrologen, der nicht auch mit Staats- und Ereignishoroskopen arbeitet. Bei dieser Art von Horoskopen fällt es schwer, sich einen wie auch immer gearteten Körper vorzustellen, der durch die kosmische Strahlung geprägt wird.
Ein weiteres Argument gegen die Theorie des »kosmischen Stempels« ist die Erdkugel selbst: Sie hat immerhin einen Durchmesser von etwa 13000 km, mit einem Kern aus flüssigem Metall. Planeten, die weit unter dem Horizont stehen, müßten mit ihrer Strahlung die gesamte Erdkugel durchdringen, um dann schließlich das Neugeborene zu »belichten«. Wenn man weiß, daß bereits einfache Bleiplatten nahezu völlig strahlungsundurchlässig sind, und zudem berücksichtigt, wie unendlich gering die

kosmische Strahlung der weiter entfernten Planeten ist, so erscheint es unmöglich, daß Planeten, die unter dem Horizont stehen, irgendeine Wirkung haben sollen. Die Anhänger der naturwissenschaftlich orientierten Astrologie müßten also logischerweise auf die Deutung von Planeten, die unter dem Horizont stehen, verzichten. Dies ist aber nicht der Fall, im Gegenteil: Manche Positionen unter dem Horizont werden als besonders bedeutsam erachtet.

Ich denke, diese Überlegung zeigt, daß eine naturwissenschaftliche Erklärung der Astrologie, so wie sie oben beschrieben wurde, nicht haltbar ist; ihre Vertreter führen sich selbst ad absurdum. Womit aber nicht, wie bereits betont, abgestritten werden soll, daß physikalische Einflüsse existieren. Sie sind jedoch für die Astrologie nur von sehr eingeschränkter Bedeutung.

Wenn nicht so, wie aber funktioniert dann die Astrologie?

Die mittelalterlichen Astrologen bezeichneten die Planeten als die Buchstaben Gottes, mit denen er den Menschen seinen Willen kundtat. Diese Analogie drückt einen sehr wichtigen Gedanken aus: Die Sterne und Planeten sind keine mächtigen Götter, wie man noch in der Antike glaubte, sondern lediglich Anzeiger eines höheren Willens. Sie haben somit eine darstellende, veranschaulichende Funktion und keine kausale Wirkung.

Das heißt, so wie eine Uhr die Zeit anzeigt, ohne deshalb die Zeit zu machen oder sie auf irgendeine Art und Weise zu beeinflussen, so zeigen die Sterne die Geschehnisse auf der Erde an, ohne sie zu verursachen. Kein vernüftiger Mensch wird die Raumtemperatur dadurch anheben wollen, daß er ein Feuerzeug an ein Thermometer hält, oder wird - um ein anderes Beispiel anzuführen - glauben, daß er sein Auto nicht mehr tanken muß, weil er die Benzinuhr abgeschaltet hat.

Wenn man nun die Annahme akzeptiert, daß die Sterne am Himmel (exakter ausgedrückt: die Planeten) Geschehnisse auf der Erde anzeigen, ohne diese jedoch zu verursachen, erhebt sich dennoch die Frage, warum sie dies tun. Ein Zusammenhang zwischen astronomisch weit entfernten Planeten und den Magengeschwüren von Herrn Schulze ist schließlich nicht unbedingt ohne weiters einsehbar.

Eine von vielen möglichen Erklärungen - die im Grunde alle dasselbe meinen, aber unterschiedliche Begriffe gebrauchen - ist die von C. G. Jung so benannte *Synchronizität*. Synchronizität meint die Parallelität bzw. Gleichzeitigkeit von Prozessen, ohne daß diese in einem *kausalen* Zusammenhang stehen. Wenn ich also von der Parallelität zweier Abläufe weiß und die Entwicklung des einen vorhersehen kann, ist es mir möglich, Rückschlüsse auf den anderen zu ziehen. Nehmen wir an, die Entwicklung eines Menschen und die eines zum gleichen Zeitpunkt gepflanzten Baumes verliefen synchron und ich müßte bei einer Untersuchung des Baumes feststellen, daß es für seine Erhaltung notwendig ist, einige Äste zu entfernen, so könnte ich daraus schließen, daß dem Menschen, dessen Entwicklung mit der des Baumes parallel verläuft, in nächster Zukunft eine Operation bevorsteht.

Synchronizität setzt die Annahme einer *Zeitqualität* voraus. Das heißt, in diesem Modell ist Zeit nicht etwas, das neutral und wertfrei verstreicht, vielmehr birgt jeder Augenblick eine ganz bestimmte, für ihn charakteristische Qualität, die alle Prozesse in ihren Inhalten synchronisiert. Anders ausgedrückt: Nicht nur manche Entwicklungen verlaufen parallel, sondern alle. Alles, was zu einem bestimmten Zeitpunkt an einem bestimmten Ort geschieht, ist Ausdruck der gleichen Zeitqualität. Im folgenden das Beispiel einer bestimmten Zeitqualität und ihrer Ausdrucksformen auf verschiedenen Ebenen.

Beispiel Zeitqualität

Astrologische Entsprechung:	Mars
Prinzip:	Erregung, Aggression, Leistung
Wetter:	Föhn, Aprilwetter, Wetterumschwung
politische Ebene:	Streit, Kampf, Auseinandersetzung, Krieg
soziale Ebene:	Gewaltverbrechen, Schlägereien, Gereiztheit
Straßenverkehr:	Unfälle, unsinniges Rasen
persönliche Ebene:	Erregung, Streit, Sexualität
körperliche Ebene:	Schnitt, Verletzung, Wunde, Operation
Tier:	Raubtiere, Wolf
Metall:	Eisen, Stahl
Pflanze:	Brennessel, Zwiebel, Knoblauch

Wenn ich eine dieser Ebenen verstanden habe, kann ich auf die andere Rückschlüsse ziehen. So kann ich z.B. bei plötzlichen Wetterumschwüngen davon ausgehen, daß die Leute allgemein im gegenseitigen Umgang gereizter als üblich sind oder daß es zu einem Ansteigen von Verkehrsunfällen kommt etc.. Ein Mensch der sich (versehentlich) eine Verletzung zufügt, sich z.B. beim Brotschneiden in den Finger schneidet, kann in keiner ausgeglichenen Verfassung sein, da Verletzungen immer eine Entsprechung für Erregung und Aggression sind usw.
In der Astrologie müssen zwei verschiedene Zeitqualitäten unterschieden werden. Die eine gilt für alle Menschen, sie entspricht den oben beschriebenen Prinzipien. Nun werden aber nicht alle Menschen in einer aggressiven Zeitqualität gewalttätig, bauen Unfälle oder verletzten sich. Hier kommt die zweite, die *persönliche Zeitqualität*

ins Spiel, welche sich im individuellen Horoskop widerspiegelt: Das Horoskop zeigt, auf welche Reize ich wann und in welcher Form zu reagieren bereit bin. Jedes Ereignis setzt eine solche Reaktionsbereitschaft voraus. So wie eine richtig gestimmte Geige von allein zu klingen beginnt, wenn man auf einem Klavier ein »A« kräftig anschlägt, so können aktuelle Gestirnkonstellationen in mir schlummernde Anlagen und Charaktereigenschaften auslösen und aktivieren. Gestirnkonstellationen, die keine Entsprechung in meinem Wesen bzw. in meinem Horoskop finden, bleiben für mich bedeutungslos, sie stimulieren keine Resonanz.
Gegenüber all diesen Verfahren hat die Astrologie jedoch den Vorteil, daß sie rechnerisch exakt ist: Es stellt überhaupt keine Schwierigkeit dar, Planetenkonstellationen zu berechnen und zu interpretieren, die bereits Tausende von Jahren zurückliegen. Ich kann ohne weiteres ein Horoskop für das Jahr 2546 vor Christus um 4.00 Uhr morgens in Heidelberg berechnen und feststellen, welche Zeitqualität zu diesem Augenblick herrschte. Das gleiche läßt sich natürlich auch mit zukünftigen Ereignissen anstellen, so daß die Astrologie in der Tat das praktikabelste Instrument für die exakte Deutung vergangener und zukünftiger Ereignisse (= Zeitqualitäten) darstellt.

Über Zeitungshoroskope

Es ist wirklich erstaunlich, wie häufig Astrologie mit der Horoskop-Rubrik in Zeitschriften und Illustrierten in einen Topf geworfen wird. Ich weiß sogar von »Forschern«, die sich die Mühe machen und die Wochenprognosen der einzelnen Tierkreiszeichen aus verschiedenen Zeitschriften sammeln, um dann nachzuweisen, daß in

der Zeitschrift x zum Liebesleben des Widders genau das Gegenteil von dem steht, was man in der Zeitschrift y lesen kann.
Der »normale« Leser überfliegt aus Neugier sein Wochenhoroskop, freut oder ärgert sich darüber und hat das Ganze nach wenigen Minuten vergessen. Zeitungshoroskope werden im Regelfall als das erkannt, was sie sind: Unterhaltung. Und wir bräuchten über sie kein Wort zu verlieren, gäbe es nicht Leute, die Zeitungshoroskope allen Ernstes mit der seriösen Astrologie gleichsetzen.
Was haben also Zeitungshoroskope mit Astrologie zu tun? Im besten Falle unterteilt ein Astrologe die 12 Tierkreiszeichen in je 3 Dekanate, d. h. Zeiträume von jeweils 10 Tagen. Alle Menschen, die dem gleichen Dekanat eines Tierkreiszeichens angehören, haben eine relativ ähnliche Stellung der Sonne. Wenn man diese Sonnenstellung mit den momentanen Gestirnpositionen vergleicht, sind tatsächlich astrologische Aussagen allgemeinster Natur möglich: Man kann feststellen, ob das zentrale Lebensgefühl (= Sonne) eines Menschen gefördert wird und sich frei entfalten kann oder ob eher mit Spannungen, Herausforderungen und Widerständen zu rechnen ist. Dies gibt nicht viel her, denn was das zentrale Lebensgefühl eines Menschen ist, welche Dinge er als Förderung und welche er als Hindernis empfindet, kann nicht beantwortet werden. Noch nicht einmal die wahrscheinliche Intensität der Einflüsse kann festgestellt werden. Wie Sie bereits wissen, gehört zu einem richtigen Horoskop sehr viel mehr als nur die Sonnenstellung: Es müssen die neun übrigen Planeten, ihre Winkelbeziehungen zueinander, Aszendent, Medium Coeli etc. berücksichtigt werden. Alle diese Bestandteile greifen ineinander wie die Zahnräder einer Uhr, und keines kann unabhängig vom anderen betrachtet werden. Dies wäre, wie gesagt, der seltene Idealfall, der in seinen Ergebnissen

jedoch immer noch so unergiebig ist, daß man auf seine Nutznießung getrost verzichten kann.
Viel häufiger wird lediglich nach Tierkreiszeichen unterschieden; hier kann selbst der beste Astrologe keinerlei sinnvolle Aussagen mehr machen. So erstellt denn auch bei einigen Illustrierten die Horoskopseite gleich irgendein Redakteur, der sich Woche für Woche zu jedem Tierkreiszeichen einige freundliche Belanglosigkeiten ausdenkt. Hier erübrigt sich natürlich jede Diskussion.
Besonders in England und den USA schreiben viele seriöse Astrologen unter ihrem eigenen Namen oder häufiger noch unter Verwendung eines Pseudonyms die Horoskopseite von Zeitschriften und Illustrierten. Ausschlaggebend dafür sind meist finanzielle Gründe: Ihre eigentliche Arbeit, die zumeist aus Kursen und persönlichen Beratungen besteht, wirft nicht genug ab, um davon leben zu können. Sicherlich versuchen diese Kollegen, das Beste aus der Sache zu machen. Allerdings befinden Sie sich ungefähr in der gleichen Situation wie ein Arzt, der lediglich aufgrund von Puls und Lebensalter eine differenzierte Diagnose stellen soll ...

Lassen sich Lottogewinne vorausberechnen?

Auf diese Frage gibt es eine sehr einfache Antwort: Nein! Wenn ein Astrologe in der Lage wäre, Lottozahlen richtig vorauszusagen, könnte er sehr leicht von seinen Spielgewinnen leben. Dennoch lassen sich immer wieder Leichtgläubige von skrupellosen Geschäftemachern die Lottozahlen ausrechnen.
Derartige Praktiken haben den gleichen Wert wie die immer wieder auf der Szene auftauchenden »todsiche-

ren« Roulettesysteme mit »Gewinngarantie«: Der einzige, der gewinnt, ist derjenige, der solche Systeme erstellt - aber nicht beim Roulette, sondern durch den Verkauf seines »Programms«.
Es gibt zahlreiche bedauernswerte Menschen, für die das Glücksspiel zum Lebensinhalt geworden ist. Oft genug kann man hier von Sucht sprechen. In solchen Fällen mag die Hilfe eines fähigen und verantwortungsvollen Astrologen - allerdings in anderer Weise - nützlich sein: Durch die Auswahl »spielgünstiger« und »spielungünstiger« Zeiträume lassen sich - wenn sich der Klient daran hält - die Verluste einigermaßen eindämmen. Seltener sind jene sprichwörtlichen Glückspilze, die fast unvermeidlich bei jeder Lotterie einen Preis gewinnen. Solche Fälle gibt es tatsächlich, und sie sind auch astrologisch nachweisbar. Allerdings bedürfen diese Menschen wohl kaum der Unterstützung eines Astrologen: Ihre außergewöhnliche Veranlagung setzt sich von allein durch.
Abschließend sei zugegeben, daß ich mich selbst lange Zeit mit der Untersuchung von Zahlenreihen, der astrologischen Berechnung von Roulettezahlen usw. beschäftigt habe. In der Tat scheint es hier Möglichkeiten zu geben. Diese gehen über das normale astrologische Wissen jedoch weit hinaus, und es gibt keinen bekannten praktizierenden Astrologen, der hier fundierte Kenntnisse besitzt. Allerdings habe ich durch meine Spielbankexperimente Leute kennengelernt oder von Menschen gehört, die einen astrologischen Schlüssel zum Spielerfolg gefunden zu haben schienen. Selbst diese Personen waren nicht mit einem Schlag reich geworden, sondern erwarben sich erst durch eine Vielzahl kleiner Spielgewinne, die einen hohen Einsatz an Zeit, Kapital und Nervenkraft erforderten, ein gewisses Vermögen. Ich bin jedoch davon überzeugt, daß niemand von ihnen sein Geheimnis wohlfeil an Dritte weitergeben würde ...

Gibt es persönliche Glückszahlen?

Hier ist die Fragestellung etwas anders als im vorigen Abschnitt: Während man bei der Vorausberechnung von Lottozahlen herauszufinden hofft, wann welche Zahl fällt, sollen die persönlichen Glückszahlen quasi einen Dauertip darstellen, mit dem man irgendwann einmal den großen Treffer landet. Zusätzlich sind Glückszahlen natürlich wichtig bei der Wahl von Hotelzimmer-, Haus- und Autonummern, Reisedaten usw., usw. ...

Offensichtlich ist hier dem Aberglauben Tür und Tor geöffnet, und tatsächlich gibt es zu diesem Thema wenig Positives zu sagen. Die Numerologie, in ihrer heutigen Form oft eine Mischung aus teils halb verstandenen, teils unzulässig vereinfachten astrologischen und kabbalistischen Quellen, versucht jene persönlichen Glückszahlen aus dem Namen und/oder aus dem Geburtsdatum zu berechnen. Leider betreiben viele Astrologen diesen Unfug als zusätzliche Erwerbsquelle. Natürlich haben nicht alle Menschen, die denselben Namen tragen, das gleiche oder auch nur ein ähnliches Schicksal. Es ist ebenso nicht einsehbar, daß in ihrem Leben die gleichen Zahlen über Glück und Unglück entscheiden sollten. Dasselbe gilt für das Geburtsdatum: Es werden häufig einfach die Ziffern zusammengezählt, beispielsweise 1.1. 1920 = 1 + 1 + 1 + 9 + 2 = 14; hier wäre die persönliche Glückszahl also 14. Derartige Zahlenspielereien haben mit seriöser Astrologie nichts zu tun, werden aber leider oft genug irrtümlich mit ihr in Zusammenhang gebracht.

Allerdings werden in der Astrologie den einzelnen Planeten ebenfalls Zahlenwerte zugeordnet. So repräsentiert z.B. die Zahl 4 den Saturn. Man könnte nun vermuten, daß im Leben von Menschen, in deren Horoskop Saturn sehr bedeutsam steht, auch die Zahl 4 eine besondere

Rolle spielt. Dies ist wahrscheinlich sogar der Fall, aber die Zusammenhänge sind keinesfalls so plump, daß dies bereits ein sinnvoller Hinweis wäre, etwa im Glücksspiel auf die 4 zu setzen!
Grundsätzlich sollte man ein solch unschätzbares psychologisches Werkzeug wie die Astrologie nicht für kindische Spielereien mißbrauchen.

Über Glückssteine und Amulette

Die sogenannten astrologischen Monatssteine, bei denen jedem Tierkreiszeichen ein Edelstein zugeordnet wird, der glücksverheißend wirken soll, erfreuen sich immer noch einer gewissen Beliebtheit. Auch über diese Spielerei wird hier nicht diskutiert werden; wer daran glauben mag, soll dies tun.
Weniger bekannt sind echte astrologische Talismane und Amulette. Ihre Herstellung ist sehr aufwendig und erfordert tiefgehende astrologische Kenntnisse. Bei diesen Vorgehensweisen benötigt man das genaue Geburtshoroskop des Klienten, dessen Inhalte in Metalle, Edelsteine und bestimmte Symbole übersetzt werden.
So würde man als Grundmetall eines Amuletts, das den Wohlstand eines Klienten fördern soll, Zinn wählen, da dieses Metall Jupiter zugeordnet ist, der wiederum Besitz und Reichtum »beherrscht«. Jupiter hat in unserem Beispiel eine schwierige Beziehung zu Saturn, der für die wirtschaftliche Erfolglosigkeit des Klienten verantwortlich ist. Auf dem Amulett müßte sich deshalb an einer bestimmten Stelle eine winzige Menge Blei, das dem Saturn zugeordnete Metall, befinden usw. Schließlich kann das Amulett nur zu einer bestimmten Zeit hergestellt werden, nämlich dann, wenn die Gestirnkonstellationen hierfür günstig sind. Oft genug passiert es, daß man mit

der Herstellung eines geeigneten Amuletts Monate oder sogar Jahre wartet, und der günstige Zeitpunkt, in der das Werk vollbracht sein muß, dauert nur eine halbe Stunde. Solche Arbeiten lassen sich nicht am Fließband durchführen, und so kann man auch keine wirksamen Amulette und Talismane im Handel kaufen. Es gibt in Deutschland wieder einige Goldschmiede, die bereit sind, nach solchen astrologischen Anweisungen Amulette herzustellen, die Kosten hierfür sind allerdings nicht unerheblich.
Amulette wurden wahrscheinlich gemacht, seit es Menschen gibt, und ihre Herstellung nach astrologischen, magischen und wissenschaftlichen Kriterien erlebte im Mittelalter eine gewisse Blüte.
Meine persönliche Erfahrung hat gezeigt, daß der Umgang mit solchen Gegenständen erstaunliche Wirkungen haben kann. Allerdings ist die Gefahr vorhanden, sich hier in »schwarzmagische« Bereiche hineinziehen zu lassen. Noch sehr viel größer ist natürlich die Wahrscheinlichkeit, einem Scharlatan aufzusitzen, der sich durch den Betrug Gutgläubiger eine goldene Nase verdient.

Was sind kosmische Zwillinge?

Dies sind, im strengen Wortsinne, Menschen mit (nahezu) identischen Horoskopen. Die Geburten müssen also am gleichen Tag, ungefähr zur gleichen Zeit und ungefähr am gleichen Ort erfolgt sein. So sind eineiige Zwillinge, die kurz hintereinander zur Welt kommen, immer auch kosmische Zwillinge, doch nicht alle kosmischen Zwillinge müssen miteinander verwandt sein.
Oft wird der Begriff aber sehr viel allgemeiner gebraucht. So meint mancher damit Menschen, die lediglich am glei-

chen Tag im gleichen Jahr geboren sind, andere sprechen schon beim gleichen Geburtstag oder bei bestimmten Ähnlichkeiten im Horoskop von kosmischen Zwillingen.
Die Arbeit mit kosmischen Zwillingen ist das geeignete Forschungsinstrument, um festzustellen, welche Variationsbreite ein bestimmter Horoskopaspekt hat. Dies gilt sowohl für Charakteranlagen als auch Ereignisse. Die Arbeit mit kosmischen Zwillingen kann z.B. Fragen beantworten wie: Deutet ein bestimmter Horoskopaspekt nur auf Krankheit im allgemeinen hin, oder entspricht er präzise z.B. einem Magengeschwür (und damit keiner anderen Erkrankung)? Bedeutet diese oder jene Konstellation wirklich, daß ich mein Leben lang Schwierigkeiten im Partnerschaftsleben haben muß, oder ist es möglich, etwas daran zu verändern? Ist der Zeitpunkt meines Todes unabänderlich im Horoskop festgelegt? Letztlich geht es bei diesen Untersuchungen darum, festzustellen, in welchem Maße der freie Wille die »Wirkung« von Gestirnkonstellationen zum Guten oder zum Schlechten hin verändern kann.
Wäre die Überzeugung wahr, daß der Mensch über keinerlei freien Willen verfügt, vielmehr alles und jedes unabänderlich determiniert, also vorher bestimmt, und damit zwingend aus dem Horoskop ersichtlich ist, so müßten auch die Leben von kosmischen Zwillingen identisch verlaufen. D.h., sie müßten die gleichen Charakteranlagen, gleiches Äußeres und gleiches Schicksal besitzen. Jahrhundertelange (wenn auch auf sehr wenigen Daten beruhende) Erfahrungen mit kosmischen Zwillingen – sowie meine eigenen Forschungen – haben zweifelsfrei belegt, daß dem nicht so ist: Charakteranlagen und Lebensläufe kosmischer Zwillinge sind sich einerseits so ähnlich, daß sie einen schönen Beleg für die Astrologie darstellen. Andererseits gibt es aber zahlreiche Unter-

schiede, die sich nur auf den Einfluß des freien Willens zurückführen lassen. Beispielsweise mögen die Horoskope kosmischer Zwillinge eine außergewöhnliche mathematische Begabung aufzeigen. Während der erste jedoch eine Universitätslaufbahn einschlägt und womöglich aufsehenerregende Theorien entwickelt, wird der andere vielleicht ein Mathematiklehrer: Der eine hatte den Ehrgeiz, seine Begabung auszuschöpfen und zu entwickeln, dem zweiten waren auch seine anderen Interessen wichtig, z.B. ein ausgewogenes Privatleben.

Dreht sich die Sonne um die Erde?

Ein beliebtes Argument der Astrologiegegner ist ja die Behauptung, die Astrologen hätten anscheinend immer noch nicht begriffen, daß sich die Erde um die Sonne dreht und nicht umgekehrt. In der Tat waren es jedoch Astrologen, die als erste die Bewegung der Erde um die Sonne bewiesen.
Es gab schon in der griechischen Antike die Theorie, die Erde sei keine Scheibe, sondern eine Kugel, die sich um die Sonne drehe (Aristarchos von Samos). Sie geriet jedoch in Vergessenheit und wurde faktisch erst wieder von Nikolaus Kopernikus und Johannes Kepler aufgegriffen. Kepler war überzeugter Astrologe, Kopernikus selbst erstellte zwar keine Horoskope, sein wichtigster Schüler (Georg Joachim, der sich Rheticus nannte) arbeitete jedoch mit seiner Billigung und Zustimmung in diesem Metier. Jener Rheticus war es auch, der dafür sorgte, daß das Lebenswerk des Kopernikus nicht verlorenging. Kopernikus hatte nämlich in den Jahren von 1510 bis 1514 einen Vorbericht seiner Lehre verfaßt und an viele Mathematiker gesandt. Er wurde ignoriert und verlacht. Daraufhin beschloß er, auf jede weitere Veröffentlichung

zu verzichten. Das Werk »De revolutionibus orbium coelestium libri« über die Kreisbewegungen der Himmelskörper, an dem Kopernikus die nächsten Jahrzehnte arbeitete, mußte ihm von Rheticus regelrecht abgeschwatzt werden, damit dieser es publizieren konnte. Rheticus kopierte das Werk, machte es druckreif, erwarb beim König die Druckerlaubnis und trieb die notwendigen Gelder auf.

In der Folgezeit war es wieder ein Astrologe, er hieß V. Steinmetz, der in seiner Prognostik für 1552 die neue Lehre erwähnte; es handelt sich um den ersten in deutscher Sprache gedruckten Hinweis! Kurzum, es waren Astrologen, die dafür kämpften, daß die Erkenntnis des heliozentrischen Weltbildes allgemein bekannt und später schließlich anerkannt wurde. Von seinen »wissenschaftlichen« Zeitgenossen hingegen wurde Kopernikus nur verhöhnt!

Johannes Kepler selbst war überzeugter Astrologe, was seinen astronomischen Forschungen keinerlei Abbruch tat, im Gegenteil. Als bekannteste Beispiele seiner astrologischen Tätigkeit seien hier nur das berühmte Wallenstein-Horoskop sowie der Versuch einer auf sphärischen Verhältnissen aufgebauten kosmischen »Harmonielehre« (»Mysterium cosmographicum«) genannt. Kepler entdeckte die nach ihm benannten astronomischen Gesetze, mit denen sich die Geschwindigkeit und die Bahnen der Planeten berechnen lassen. Sie haben noch heute Gültigkeit und werden praktisch angewandt. Kepler entdeckte als erster, daß die Bewegungen der Planeten nicht kreisförmig, sondern elliptisch sind. Die gesamte zeitgenössische Astronomie baut auf Keplers Entdeckungen auf. So möchten es viele freilich nicht wahrhaben und streiten gar ab, daß dieser geniale Astronom auch Astrologe war.

Die Kernfrage ist jedoch: Wie kann ich nun weiter Horoskope auf die Erde berechnen, wenn ich doch weiß, daß in Wirklichkeit die Sonne das Zentrum unseres Planetensystems ist?

Dies ist leicht erklärt: Da die Astrologie versucht, die Verhältnisse auf der Erde zu beschreiben, müssen astrologische Berechnungen auch auf die Erde bezogen sein. Ein Horoskop stellt die Planetenpositionen so dar, wie sie von der Erde aus betrachtet erscheinen. Auch wenn wir wissen, daß die Sonne ein Fixstern, also »feststehend« im Gegensatz zu den »Wandelsternen« ist, so sehen wir sie dennoch im Osten auf- und im Westen untergehen. Genau dies ist für die Astrologie maßgeblich: die Verhältnisse am Himmel, so wie sie von der Erde betrachtet erscheinen.

Die Menschen haben seit Urzeiten den Himmel beobachtet und die Planetenbewegungen in Beziehung zum Geschehen auf der Erde gesetzt. Falls in Zukunft einmal Menschen auf dem Mond geboren werden sollten, so müßte das Horoskop auf die Gestirnpositionen berechnet werden, wie sie im Augenblick der Geburt am Mondhimmel sichtbar sind.

* Es gibt noch eine weitere Erklärung, warum es zulässig ist, Horoskope auf die Erde zu berechnen: Nicht nur die Erde dreht sich um die Sonne, sondern die Sonne selbst dreht sich wiederum um das sogenannte galaktische Zentrum. Die Milchstraße, also die Galaxie, von der unser Sonnensystem ein winziger Teil ist, bewegt sich ebenfalls mit rasender Geschwindigkeit durch den Weltraum. Das bedeutet: Es gibt keinen Planeten und keinen Stern, der wirklich stillsteht, alles ist in permanenter Bewegung begriffen. Wenn es keinen festen Punkt gibt, den wir als Zentrum des Universums anerkennen müssen, so bedeutet dies nichts anderes, als daß jeder beliebige Punkt mit gleichem Recht als Mittelpunkt der Welt angesehen werden könnte. Wenn ich die Bewegungen von Planeten und Sternen untersuchen will, muß ich willkürlich einen Ort

als feststehend annehmen, um zu messen, wie sich andere Himmelskörper *im Verhältnis zu diesem Ort* bewegen. Da ich jeden Ort als Mittelpunkt des Universums betrachten kann, darf ich auch jeden Ort als feststehend annehmen. Wenn ich diese Überlegung für die Erde anwende, dann dreht sich die Sonne - aus unserer Sicht - tatsächlich um die Erde! Diese Behauptung ist astronomisch völlig korrekt, da der Bezugspunkt per definitionem eben die (stillstehend gedachte) Erde ist. Sowohl Astronomen als auch Astrologen berechnen Gestirnspositionen auf die Erde. Dies ist für die Aufstellung eines Horoskops genauso wichtig wie z. B. bei der Berechnung der Koordinaten für einen Satellitenabschuß.

Was ist Geburtszeitkorrektur?

Niemand kann seine Geburtszeit mit völliger Sicherheit wissen. Selbst wenn die eigene Mutter Astrologin war und deshalb den Zeitpunkt der Geburt ihres Kindes genau gestoppt hat, besitzt man keine völlig exakte Geburtszeit: Der Augenblick, in dem das Leben eines Menschen als Individuum beginnt, ist der erste Atemzug. Ab diesem Augenblick beginnt der Kreislauf des Kindes selbständig zu arbeiten, die körperliche Einheit mit der Mutter (was die Versorgung mit Nahrung und Sauerstoff angeht) ist beendet. Dieser Augenblick kann aber nur annähernd zuverlässig festgestellt werden (manche Kinder sind schon einige Zeit auf der Welt, bevor sie selbsttätig zu atmen beginnen, während andere den ersten Atemzug schon im Mutterleib versuchen).
Da jedoch der genaue Geburtsaugenblick nach astrologischer Überzeugung über Charakter und Schicksal eines Menschen entscheidet, muß der Astrologe alles unternehmen, um diesen so zuverlässig wie nur irgend möglich

herauszufinden. Dies geschieht gewöhnlich mit Hilfe zurückliegender Ereignisse im Leben eines Menschen, die man mit dem Horoskop nach der angegebenen Geburtszeit vergleicht. Vier Minuten Zeitunterschied bei der Geburt bedeuten nach diesem Verfahren ein Lebensjahr Unterschied in der Auslösung eines Ereignisses. Wenn man also bei der Überprüfung zurückliegender Geschehnisse z. B. feststellt, daß ein Beinbruch statt mit 14 Jahren erst im 15. Lebensjahr auftrat, die Ehe statt mit 22 im 23. Lebensjahr geschlossen wurde und man nicht mit 25, sondern erst mit 26 Jahren ein Kind bekam, dann läßt sich mit großer Sicherheit sagen, daß die wirkliche Geburtszeit etwa vier Minuten früher liegt als angegeben. Geburtszeitkorrekturen sind also besonders dann wichtig, wenn man Aussagen über zukünftige Entwicklungen treffen möchte, schließlich ist dem Klienten kaum damit gedient, wenn man sich in seinen Prognosen um mehrere Jahre vertut. Aber auch für die Deutung des Geburtshoroskops kann die Korrektur der Geburtszeit sehr bedeutsam sein. Die ist vor allem dann der Fall, wenn der Aszendent oder irgendein anderer wichtiger Punkt »auf der Kippe steht«, wenn also z. B. unklar ist, ob der Aszendent noch in den Zwillingen oder schon im Krebs steht. Hier würden sich wesentliche Unterschiede in den Charakteranlagen ergeben. Allerdings ist ein erfahrener Astrologe bereits nach einem persönlichen Gespräch in der Lage, festzustellen, welcher Aszendent es sein muß.
Die Geburtszeitkorrektur ist mit der schwierigste Bereich in der Astrologie überhaupt, und es gibt nur eine Handvoll Könner, die sie wirklich beherrschen. Je ungenauer die Geburtszeitangabe ist, um so komplizierter wird die Korrektur. Wenn keinerlei Zeitangabe bekannt ist, also noch nicht einmal Aussagen wie »gegen Morgen«, »in der Nacht« etc., dann ist eine zuverlässige Korrektur fast unmöglich.

Wie wird man Astrologe?

Astrologie gilt nicht als wissenschaftliche Disziplin in dem Sinne, daß man sie auf einer Universität studieren könnte. Auch ansonsten ist eine staatlich anerkannte Ausbildung nicht möglich. Das bedeutet, der Titel »Astrologe« ist in keiner Weise geschützt, jeder darf sich so nennen. Zwar stellen private Astrologieschulen und Vereine gern Diplome aus – wie »psychologischer Astrologe«, »geprüfter Astrologe DAV«, »geprüfter Kosmobiologe« etc. –, und in den USA ist es sogar möglich, von (privaten) Universitäten verliehene astrologische Titel, z.B. »Professor of Astrology«, zu kaufen. Diese Diplome sind jedoch nicht allgemein akzeptiert. Da meist auch kommerzielle Interessen beteiligt sind (man verdient ja schließlich an seinen Schülern), hält sich der Wert solcher Urkunden in Grenzen. Ein Astrologe, der ein Diplom vorweisen kann, bietet nicht unbedingt die Gewähr, über eine besondere Qualifikation zu verfügen.

Nahezu alle älteren Astrologen sind weitgehend Autodidakten, die sich ihr Wissen durch das Studium der Literatur und durch eigene Praxis angeeignet haben. Dieser Weg ist nach wie vor denjenigen zu empfehlen, die sich eine eigene Meinung bilden und selbst herausfinden wollen, welche Schulrichtung der Astrologie und welcher Lehrer ihnen liegt. Sind erst einmal fundierte Grundkenntnisse vorhanden, kann man gezielt Kurse, Seminare oder auch eine der angebotenen privaten Ausbildungen auswählen, um sein Wissen zu vertiefen.

Da ein sehr großes Interesse an Fortbildung im astrologischen Bereich besteht, finden sich natürlich auch genügend Anbieter, man muß nur einmal die Kleinanzeigen der Tagespresse oder die Inserate in Fachzeitschriften studieren. Weil es keine übergeordnete und allgemein akzeptierte Kontrollinstanz gibt, ist es immer ein Risiko, eine Ausbildung zu buchen, ohne Näheres über das Institut und die Kursleitung zu wissen. Oft muß man nach Wochen oder Monaten feststellen, daß man viel Geld für eine Ausbildung bezahlt hat, die keineswegs seriös ist. Das kommt leider nicht selten vor, und dem Ruf der Astrologie wird damit sehr geschadet - neigt man doch vielfach dazu, die Praxis einzelner zweifelhafter Institute auf den ganzen Bereich der Astrologie zu übertragen. Besonders kritische Vorsicht bei der Belegung von Kursen und Seminaren ist also angebracht.*

* Die Schule für Transpersonale Astrologie bietet eine Ausbildung zum Berufsastrologen an. Nähere Auskünfte können Sie beim Autor unter der im Nachwort angegebenen Adresse anfordern.

Teil II
Grundlagen

Die Grundlagen der Astrologie

Im zweiten Teil dieses Buches wird das »Handwerkszeug« der Astrologie vorgestellt. Die wesentlichen Bausteine in der Horoskopinterpretation sind:

1. die Tierkreiszeichen,
2. die Häuser,
3. die Planeten und
4. die Aspekte (= Winkelbeziehungen zwischen Planeten).

Diese vier Grundelemente verbinden sich in jedem Horoskop auf individuelle Art und Weise. Aufgabe des Astrologen ist es, durch Kombination der verschiedenen »Einflüsse« zu angemessenen und sinnvollen Aussagen zu gelangen.
Zwischen Aspekten, Häusern, Planeten und Tierkreis bestehen gewisse Verwandtschaftsverhältnisse; d.h., zwischen den einzelnen Elementen gibt es Ähnlichkeiten. Diese Ähnlichkeiten lassen sich entsprechend den astrologischen Axiomen (= Grundannahmen) herleiten.
Astrologie kann nicht durch das Auswendiglernen von Entsprechungen erlernt werden, da eine unbegrenzte Anzahl von Kombinationen der einzelnen Horoskopelemente möglich ist. Der allein sinnvolle Zugang besteht im Begreifen der astrologischen Denkweise. Anders gesagt: Wenn Sie diese Regeln verstehen, nach denen Horoskop-

aussagen hergeleitet werden, können Sie diese bald selbst anwenden. Wenn Sie jedoch lediglich die Deutung lernen, ohne zu wissen, wie sie gewonnen wurde, lassen Sie sich auf eine Sisyphusarbeit ein.
Wesentlicher als eine unstrukturierte Detailkenntnis ist der Überblick über die verschiedenen Horoskopfaktoren. Deswegen sei zunächst eine kleine Themenübersicht und Zusammenfassung des folgenden Buchteils gegeben.

Basis jeder astrologischen Deutung ist der Tierkreis; die ersten Kapitel beschäftigen sich mit ihm. »Die Ekliptik« erklärt seine astronomische Grundlage, »Der Tierkreis« gibt eine erste Definition, während »Die Tierkreiszeichen« auf Herleitung und Bedeutung der einzelnen Tierkreisabschnitte eingeht. Aszendent und Medium Coeli (M.C.) sind außer den Planeten die wichtigsten Punkte im Tierkreis. Ihre Bedeutung in der Interpretation wird in den darauf folgenden Kapiteln besprochen. »Männliche und weibliche Zeichen«, »Die vier Elemente« und »Die Quadranten« unterteilen und ordnen den Tierkreis nach bestimmten Kriterien.
Eine Gruppe von Menschen, die durch etwas Gemeinsames gebildet wird, besteht dennoch aus einmaligen Individuen, die in »Untergruppen« unterteilt werden können: Man kann zwischen Männern und Frauen, Blonden und Dunkelhaarigen, Alten und Jungen, Großen und Kleinen etc. unterscheiden. In diesem Sinne sind die Ordnungskriterien der Tierkreiszeichen aufzufassen. Sie sollen das Verständnis der einzelnen Tierkreiszeichen erleichtern und nicht komplizieren.

Das zweite wichtige Werkzeug in der Horoskopdeutung sind die Häuser. Die Häuser besitzen eine enge inhaltliche Verbindung zu den Tierkreiszeichen. Die bei den Tierkreiszeichen beschriebenen Ordnungskriterien gelten auch für die Häuser; ein grundsätzliches Verständnis der Tierkreiszeichen läßt die Bedeutung der Häuser leicht erschließen.

Das dritte Werkzeug sind die Planeten. Sie unterscheiden sich von allen anderen Horoskopfaktoren durch die Tatsache, daß sie die einzigen aktiven Prinzipien darstellen. Tierkreiszeichen, Häuser und Aspekte bilden lediglich Rahmenbedingungen, die darauf warten, genutzt zu werden. Die Planeten hingegen sind aktiv formend. Tierkreiszeichen und Häuser lassen sich mit Wohnungen vergleichen, während die Planeten die Mieter symbolisieren. Im Kapitel »Die Zeichenherrscher« wird die Beziehung zwischen Tierkreiszeichen und Planeten beschrieben.

Das vierte Werkzeug, die Aspekte, beschreibt die Beziehung der verschiedenen Planetenenergien zueinander. Sie zeigen sozusagen, wie die Mieter eines Hauses miteinander umgehen, wer sich mit den anderen gut versteht, wer Streit sucht und wer unbeachtet im Hintergrund bleibt.

*

Die folgenden Abschnitte und Kapitel sind durch Symbole gekennzeichnet, um dem Leser auf den ersten Blick zu signalisieren, welchen Anforderungen der jeweilige Text gerecht werden soll.
Die mit **** markierten Abschnitte vermitteln die allernotwendigsten Informationen; die mit *** gekennzeichneten beschreiben die wichtigsten Grundlagen; die mit ** markierten befassen sich genauer mit der Materie; die mit * ausgezeichneten Passagen schließlich sollen Ergänzungen und weiterführende Informationen vermitteln.

⁂ Die Ekliptik

Unter der Ekliptik versteht man den größten Kreis, in dem die Erdbahnebene um die Sonne die Himmelskugel – die als unendlich groß gedacht wird – schneidet. Es ist der (näherungsweise) Kreis, den die Erde im Laufe eines Jahres beschreibt.
In dieser Bahn treten Sonnen- oder Mondfinsternisse auf (=Eklipsen; vom griechischen »ékleipsis«, was soviel heißt wie »das Verlassen« oder »Ausbleiben«), daher hat sie ihren Namen.
Von der Erde aus gesehen, ist die Ekliptik jedoch der Weg, den die Sonne innerhalb eines Jahres scheinbar am Himmel beschreibt; d.h., die Sonne steht nach ca. 365 Tagen wieder an dem Himmelspunkt, von dem aus sie ihre Wanderung begann.
Obwohl sich in Wirklichkeit die Erde mit ihrem Trabanten, dem Mond, um die Sonne dreht, empfinden wir die Erde als feststehend und können jeden Tag – einen wolkenlosen Himmel vorausgesetzt – die Sonne über das Firmament wandern sehen.
Es hängt vom Standpunkt des Betrachters ab, welchen Punkt man als bewegt und welchen man als unbewegt empfindet. So hat es fast jeder schon einmal erlebt, daß er in einem stehenden Zug, aus dem Fenster blickend, meinte, man würde losfahren – dabei verließ ein Zug auf dem Nachbargleis den Bahnhof. Wollte man nun z.B. lediglich die Geschwindigkeit messen, mit welcher die beiden Züge sich voneinander entfernen, ist es eigentlich nicht wesentlich, wer von beiden nun wirklich fährt. Ähnlich verhält es sich bei der Ekliptik. Rechnerisch sind scheinbare Sonnenbahn und wahre Erdbahn das gleiche. Da die Astrologie jedoch mit dem arbeitet, was wir am Himmel *sehen,* wollen wir unter der Ekliptik in erster

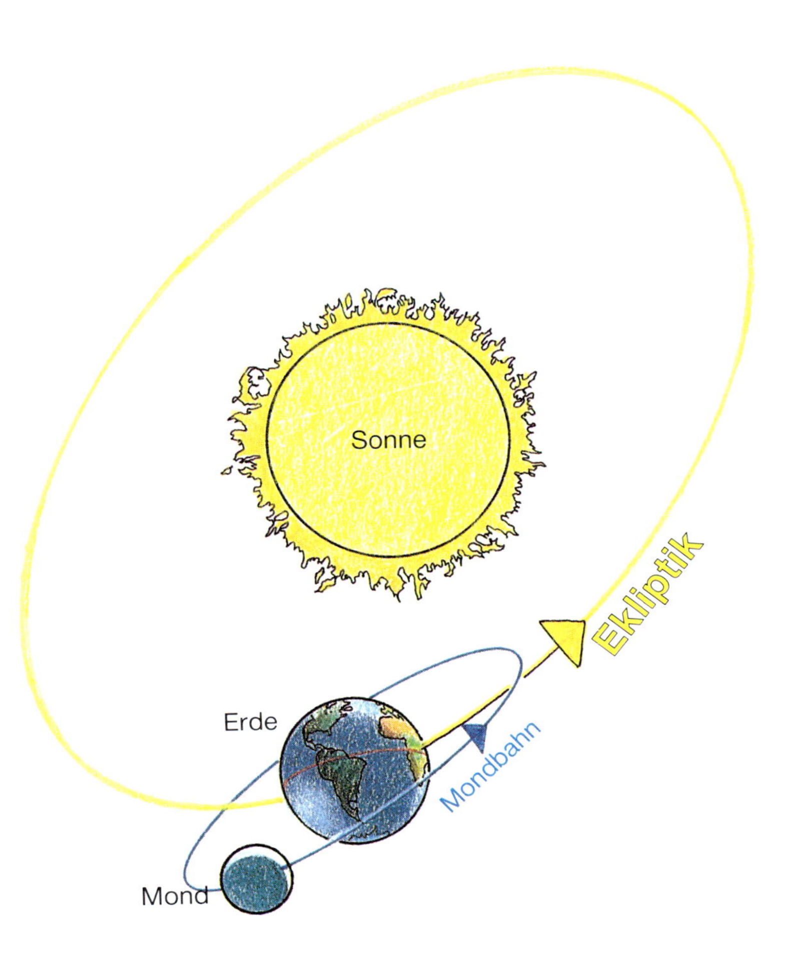

Linie die scheinbare Bahn der Sonne um die Erde verstehen.

Wenn man die Ekliptik in zwölf gleich große Abschnitte unterteilt, ergibt sich die Aufgliederung des Tierkreises in zwölf Zeichen.

⁂ Der Tierkreis

Die 12 Tierkreiszeichen:

♈ Widder/*Aries* (Ar)

♉ Stier/*Taurus* (Ta)

♊ Zwillinge/*Gemini* (Ge)

♋ Krebs/*Cancer* (Cn)

♌ Löwe/*Leo* (Le)

♍ Jungfrau/*Virgo* (Vi)

♎ Waage/*Libra* (Li)

♏ Skorpion/*Scorpio* (Sc)

♐ Schütze/*Sagittarius* (Sg)

♑ Steinbock/*Capricorn* (Cp)

♒ Wassermann/*Aquarius* (Aq)

♓ Fische/*Pisces* (Ps)

Fast jeder kennt die zwölf Tierkreiszeichen Widder, Stier, Zwillinge, Krebs, Löwe, Jungfrau, Waage, Skorpion, Schütze, Steinbock, Wassermann und Fische. Man kann sie sich als einen unsichtbaren, riesigen Kreis vorstellen, in dessen Mitte sich die Erde befindet.

Der Tierkreis wird auch Zodiak oder Zodiakus genannt. Er liegt auf der scheinbaren Sonnenbahn, der Ekliptik. Die Tierkreiszeichen sind auf der Ekliptik entgegen dem Uhrzeigersinn angeordnet (s. Abb.). Da jeder Kreis in 360 Grad eingeteilt wird, sind die einzelnen Tierkreiszeichen jeweils 30 Grad groß.

Alle Kreise messen 360 Grad, unabhängig davon, wie groß sie sind. Das bedeutet, daß ein einzelner Grad in

einem großen Kreis wesentlich »länger« als in einem sehr kleinen ist.
Je weiter ein Planet von der Sonne entfernt ist, um so größer wird seine Umlaufbahn.

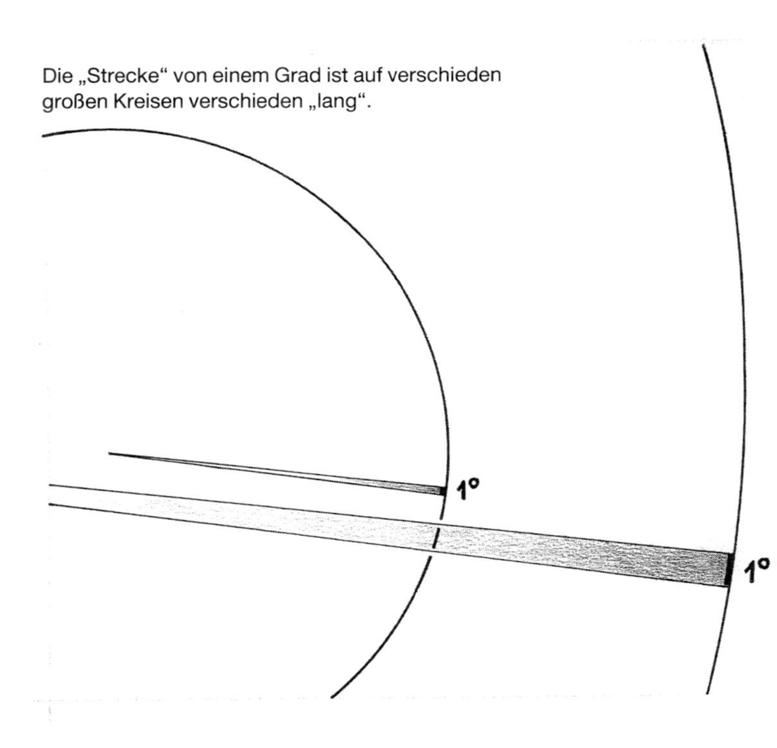

Die „Strecke“ von einem Grad ist auf verschieden großen Kreisen verschieden „lang“.

Schon allein deshalb, weil man bei gleicher Geschwindigkeit für eine größere Strecke mehr Zeit braucht als für eine kleine, bewegen sich die Planeten um so langsamer, je weiter sie von der Sonne entfernt sind. So schafft der sonnennächste Planet Merkur einen Umlauf durch den gesamten Tierkreis in etwa 88 Tagen, während der sonnenfernste Planet Pluto hierfür 248 Jahre benötigt.

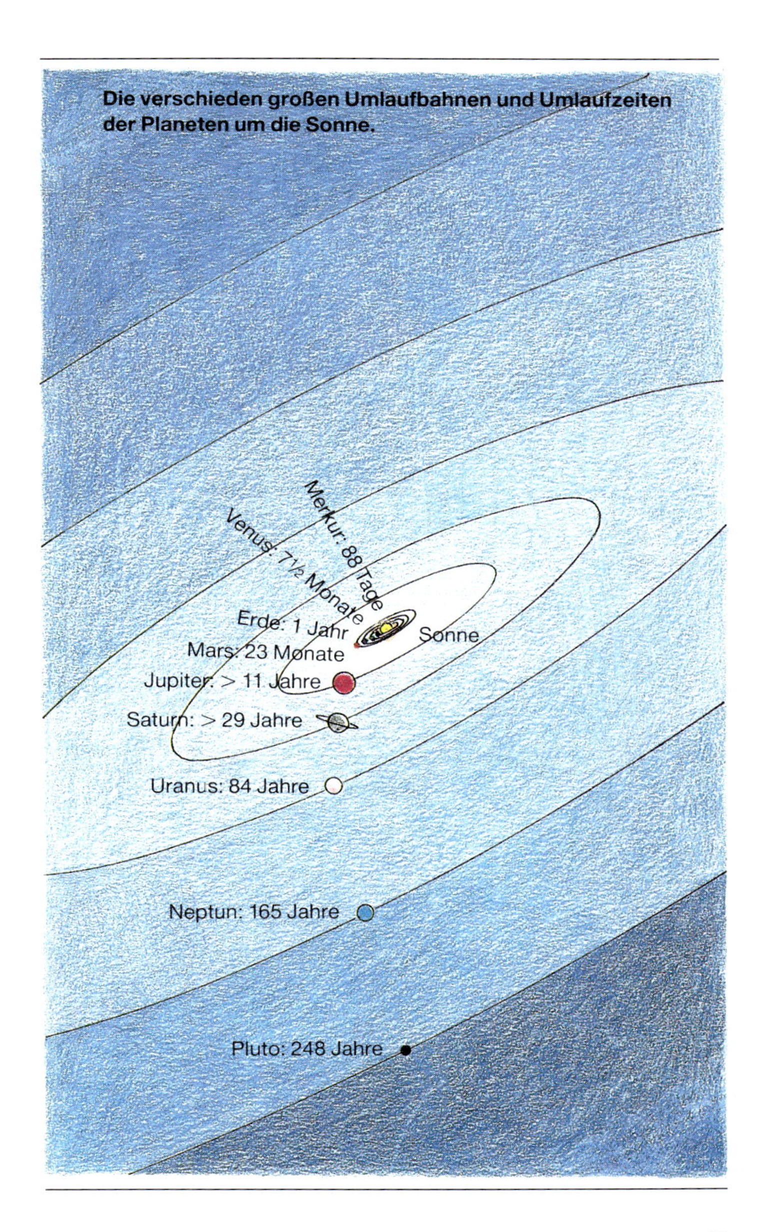
Die verschieden großen Umlaufbahnen und Umlaufzeiten der Planeten um die Sonne.
Merkur: 88 Tage
Venus: 7½ Monate
Erde: 1 Jahr
Sonne
Mars: 23 Monate
Jupiter: > 11 Jahre
Saturn: > 29 Jahre
Uranus: 84 Jahre
Neptun: 165 Jahre
Pluto: 248 Jahre

Die Tierkreiszeichen entsprechen »Wirkfeldern«, welche die Energien der durchlaufenden Planeten verändern und formen. So »wirkt« z.B. Mars im Stier anders als in den Zwillingen, Venus im Krebs bedeutet etwas anderes, als wenn sie den Steinbock durchläuft.

Man kann sich die Tierkreiszeichen als Nährboden vorstellen und die Planeten als Pflanzen: Die Erde bestimmt, wie gut oder schlecht eine Pflanze sich entfalten kann, sie hat Einfluß darauf, ob sie wild wuchert, langsam, aber beständig wächst oder ob sie verkümmert. Die Tierkreiszeichen sind, für sich genommen, bedeutungslos, sie müssen mit den sie durchlaufenden Planeten in Zusammenhang gesehen werden.

Der Tierkreis beginnt mit null Grad Widder, d.h. mit dem Übergang vom Fisch zum Widder. Im Jahresverlauf ist

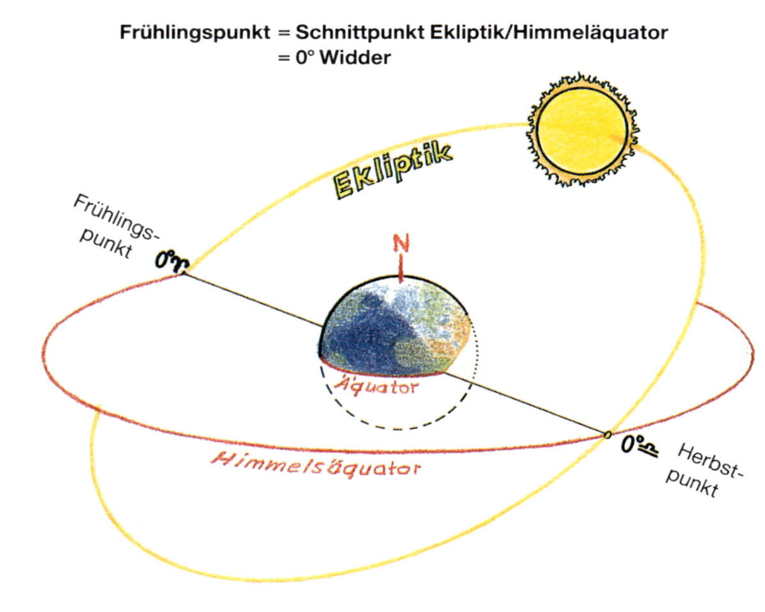

dies der Frühlingsanfang um den 21. März, der Tag, an dem die Sonne von den Fischen zum Widder wechselt. Rechnerisch ist dies der Schnittpunkt von Ekliptik und Himmelsäquator (Frühlingsäquinoktialpunkt), wobei der Himmelsäquator nichts anderes denn der als unendliche Fläche gedachte Erdäquator ist.

Die häufige Partyfrage »Welches Sternzeichen sind Sie?« birgt genaugenommen bereits zwei sachliche Fehler in sich. In der Astrologie gibt es keine Sternzeichen, sondern lediglich Tierkreiszeichen. Der Unterschied ist leicht erklärt. Mit Sternzeichen sind eigentlich die Stern*bilder* gemeint, die Tierkreiszeichen hingegen beziehen sich auf die Ekliptik. Während die Sternbilder feststehen, verändert sich der Beginn des Tierkreises (null Grad Widder = der Frühlingspunkt) sehr langsam, so daß sich heute die Tierkreiszeichen an anderen Stellen = als die Sternbilder befinden. Dort, wo sich das Tierkreiszeichen Krebs befindet, sehen wir das Sternbild Zwillinge usw. **

Als Folge der Präzession sehen wir heute das Sternbild Zwillinge im Krebs, das Sternbild Krebs im Löwen usw.

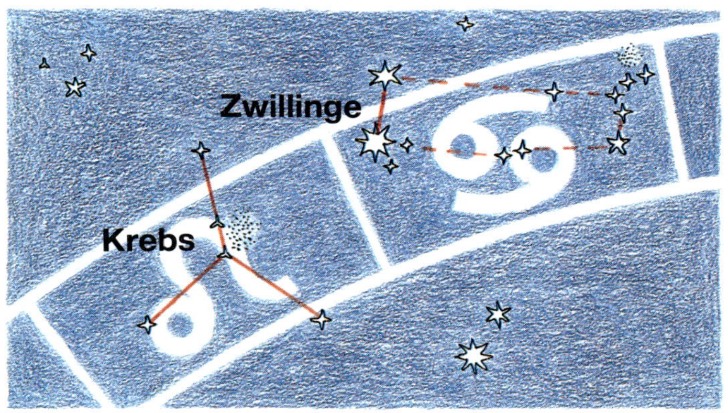

Vor ca. 2000 Jahren deckten sich Tierkreiszeichen und Sternbilder nahezu; demgegenüber besteht heute eine Verschiebung um fast ein Sternbild.
Um es noch einmal zu verdeutlichen: Der Tierkreis ist nichts anderes als eine Zwölfteilung der scheinbaren Sonnenbahn, deren Anfangspunkt sich unmerklich von Jahr zu Jahr ändert (die sogenannte Präzession), während die Sternbilder Gruppen von Fixsternen darstellen. Während der Tierkreis jedoch ein in zwölf gleich große Abschnitte unterteilter Kreis ist, sind die gleichnamigen Sternbilder sehr unterschiedlich groß (etwa zwischen 15 und 45 Grad) und überschneiden sich teilweise.
Der zweite Fehler liegt darin, daß niemand ein bestimmtes Tierkreiszeichen »ist«, alle Tierkreiszeichen sind ständig vorhanden und wie ein riesiger Gürtel um die Erde gebunden. Gemeint ist die Sonnenposition, die sich jedes Jahr zur gleichen Zeit wiederholt, so daß jeder problemlos sein »Sternzeichen« feststellen kann. Wenn jemand sagt: »Ich bin ein Skorpion«, meint er damit eigentlich: »Am Tag meiner Geburt stand die Sonne im Tierkreiszeichen Skorpion.«
Diese Unterscheidung mag vielleicht kleinkariert und wortklauberisch erscheinen. Sie ist es nicht, da die Sonne zwar einen sehr wichtigen, aber nicht den einzigen Punkt im Horoskop darstellt, so daß mancher, der sagt: »Ich bin ein Stier«, viel eher ein Zwilling oder Schütze ist.

Der Aszendent

Das lateinische Wort »ascendere« heißt »aufsteigen«, und der Aszendent ist das Tierkreiszeichen, das im Augenblick der Geburt über den Osthorizont tritt. Ihm genau gegenüber liegt der Deszendent (von »descendere« = »absteigen«).
Da jedes Tierkreiszeichen in 30 Grad unterteilt ist, kann man, wenn man seine genaue Geburtszeit kennt, auch den Tierkreisgrad bestimmen, den der Aszendent einnimmt. Man sagt dann z. B.: Jemand hat einen Aszendenten von 18 Grad Fische.
Astronomisch ist der Aszendent der Schnittpunkt von Osthorizont und Ekliptik.

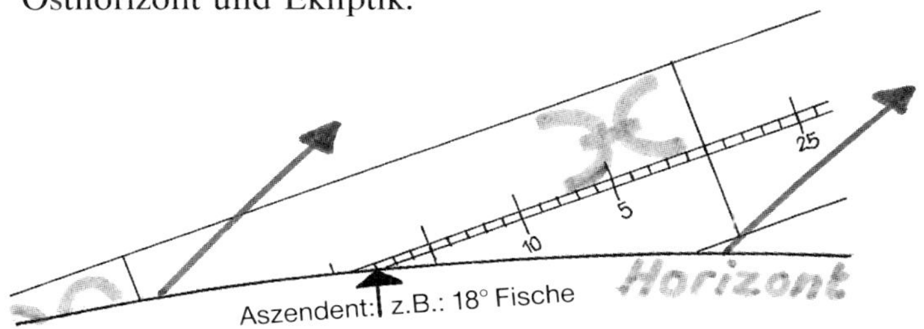

In der Astrologie ist der Aszendent gleichzeitig der Beginn des ersten Hauses. Er symbolisiert u. a. die Charakteranlagen, die Körperlichkeit sowie die frühe Kindheit.
Da sich die Ekliptik einmal pro Tag scheinbar um die Erde dreht, steigt etwa alle vier Minuten ein anderer Tierkreisgrad auf. Nehmen wir an, jemand ist an einem bestimmten Tag um 12.00 Uhr mittags geboren und hätte einen Aszendenten von 10 Grad Zwillinge, dann hätte eine andere Person, die am gleichen Tag, jedoch um 12.04 geboren wäre, bereits einen Aszendenten von 11 Grad Zwilling. Eine Stunde später ergäbe sich ein Aszendent von 26 Grad Zwillinge usw.

** Schnell aufsteigende und langsam aufsteigende Zeichen

Da die Ekliptik am Horizont »eiert«, steigen manche Tierkreiszeichen schneller, andere hingegen langsamer auf.

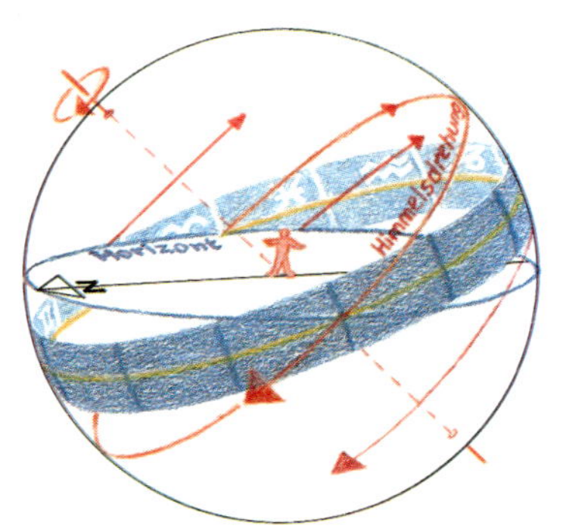

Schnell aufsteigende Zeichen

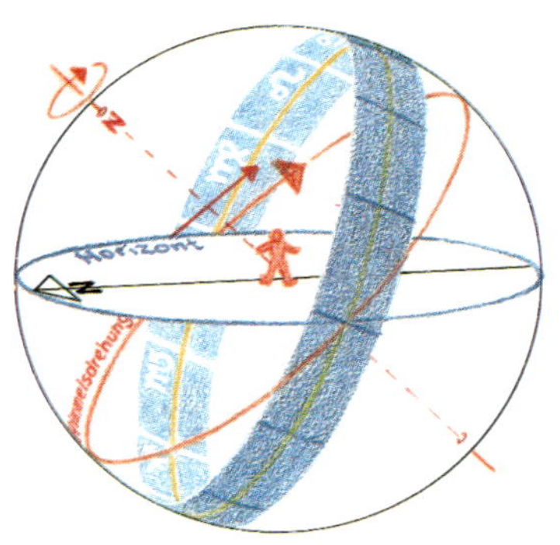

Langsam aufsteigende Zeichen

Durch die schiefe Lage des Tierkreiszeichens (hier Wassermann) kreuzen die einzelnen Grade sehr schnell hintereinander die Horizontebene. Noch deutlicher wird dieser Effekt, wenn wir uns das Tierkreiszeichen parallel zum Horizont vorstellen. In diesem Fall würden 30 Grad gleichzeitig aufsteigen:

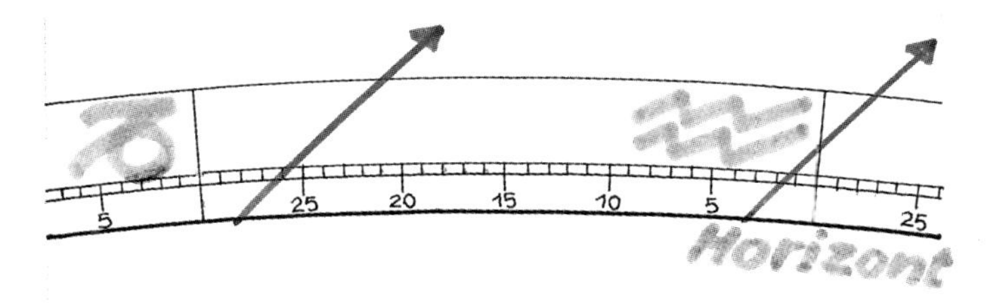

Schnell aufsteigende (=schief aufgehende) Zeichen sind: Steinbock, Wassermann, Fische, Widder, Stier und Zwillinge.
Langsam aufsteigende Zeichen sind: Krebs, Löwe, Jungfrau, Waage, Skorpion, Schütze.

Das Medium Coeli **

Genauso wichtig wie der Aszendent, aber wesentlich unbekannter ist das Medium Coeli (M.C.), die Himmelsmitte.
Astronomisch ist das M.C. der südliche Schnittpunkt von Ortsmeridian und Ekliptik. Dies bedeutet, daß alle Orte, die auf diesem Meridian (=Längengrad) liegen, zum gleichen Zeitpunkt das gleiche M.C. haben.
Das M.C. ist der höchste Punkt, den ein Planet über dem Horizont erreichen kann. So befindet sich z.B. die Sonne um 12.00 Uhr mittags (wahre Ortszeit) genau am M.C.
In der Astrologie ist das M.C. gleichzeitig der Beginn des 10. Hauses und symbolisiert damit u.a. die Berufung, das Entwicklungsziel und das Schicksal.

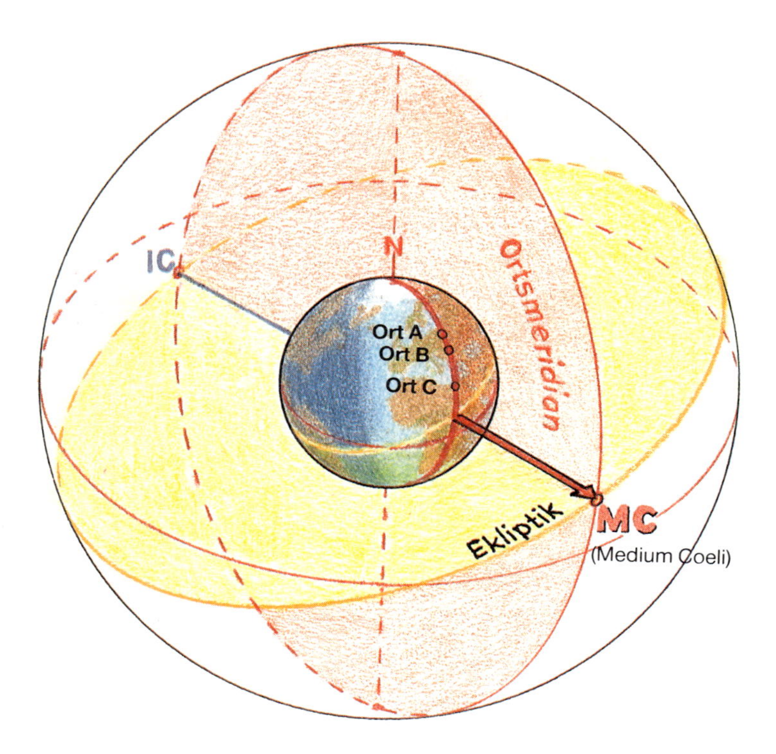

Der Punkt, der dem Medium Coeli gegenüberliegt, heißt Imum Coeli, die Himmelstiefe. Das Imum Coeli oder I.C. ist der Beginn oder die Spitze des 4. Hauses.

** Die Tierkreiszeichen

Wie wir inzwischen wissen, haben die Tierkreiszeichen nichts mit den gleichnamigen Sternbildern zu tun – im ersten Fall handelt es sich um die in zwölf gleiche Abschnitte geteilte Sonnenbahn, im zweiten hingegen um unterschiedlich große Gruppen von Fixsternen.

Der Zusammenhang zwischen Tierkreiszeichen und Sonnenbahn läßt sich am einfachsten über die Jahreszeiten bzw. über die Monate veranschaulichen: In jedem Monat steht die Sonne in einem anderen Tierkreiszeichen, das durch seine Einbindung in den Jahresrhythmus bereits einen deutlichen Hinweis auf die ihm zugeordneten Bedeutungen zuläßt.

So steht z. B. um den Jahreswechsel die Sonne am tiefsten über dem Horizont, die Nächte sind am längsten, die Tage am kürzesten. Der Januar ist deshalb mit der kälteste Monat – die Natur ist starr und klamm, die Gewässer sind gefroren.

Der Januar (genauer: 21. 12. bis 19. 1.) ist dem Steinbock zugeordnet. Menschen, die in dieser Zeit geboren wurden, spiegeln nach astrologischer Überzeugung die »Ausstrahlung«, d. h. die Zeitqualität, dieser Periode wider: Sie gelten als reserviert, zurückhaltend, asketisch, man wird mit ihnen nicht »warm«. Im Hochwinter ist das Wetter allgemein recht beständig, und so spricht man auch den Steinböcken Beständigkeit in ihren Zielen und Einstellungen zu. Die Natur ist unwirtlich, man muß mit den Vorräten haushalten, um zu überleben. Dementsprechend gelten Steinböcke als sparsam und ein wenig zu ernsthaft, gelegentlich sogar als freudlos.

Die Sonne drückt somit jeder Zeitphase ihren Stempel auf, der sich in den Entsprechungen der einzelnen Tierkreiszeichen niederschlägt.

Die Qualität der Tierkreiszeichen besteht jedoch auch dann, wenn sich die Sonne nicht in ihnen befindet, so wie eine Wohnung weiterexistiert, wenn der Mieter oder Besitzer gerade außer Haus ist. Um im Bild zu bleiben: Die Sonne ist gleichsam der Architekt und Erbauer der »Tierkreiszeichenhäuser«, die Planeten sind die häufig wechselnden Mieter, gelegentlich wohnt der Besitzer (= Sonne) selbst dort. Die Wirkung eines Planeten in

einem Tierkreiszeichen entsteht durch die Verbindung beider: Die Wohnung (= Tierkreiszeichen) ist für die Bedürfnisse des Mieters (= Planet) mehr oder weniger geeignet.
Hilfreich ist es auch, sich die Tierkreiszeichen als verschiedene Nährböden zu denken, während die Planeten den Pflanzen entsprechen, die auf ihnen wachsen. Schon hier wird deutlich, daß eine Unterscheidung in gute und schlechte Zeichen, wie dies leider auch heute noch allzuoft geschieht, völlig unsinnig ist: Kakteenerde mag für eine Sonnenblume nicht das optimale sein, einem Kaktus hingegen könnte man nichts Besseres bieten ... Es kommt – wie bereits betont – auf die Kombination von Tierkreiszeichen und Planeten an, die in einem Fall mehr, in einem anderen hingegen weniger geeignet ist.
Für sich genommen, sind die Tierkreiszeichen also wirkungslos, sie müssen durch die Planeten »aktiviert« werden, deren Kräfte sie verstärken, verändern, verfälschen oder schwächen können.

Im folgenden handelt es sich – um es ganz deutlich zu sagen – *nicht* um eine Beschreibung der einzelnen Tierkreiszeichen in dem Sinne, daß Löwe-Geborene (=Sonne im Löwen) jetzt nachschauen sollen, was zum Löwen geschrieben wurde etc. Dies ist lediglich *eine* (noch dazu nebensächliche) Möglichkeit. Meine Absicht war es vielmehr, die Tierkreiszeichen »pur«, d.h. ohne Beimischung irgendwelcher Planetenentsprechungen, zu beschreiben. Ich wollte damit die Möglichkeit zu einem leichteren Verständnis der den einzelnen Tierkreiszeichen zugrunde liegenden *Prinzipien* schaffen. Deshalb wurde bewußt eine konzentrierte und geraffte Darstellung gewählt, die auf die Auflistung mannigfacher Nebenbedeutungen verzichtet. Diese können den später folgenden Tabellen entnommen werden.

Widder

0–30 Grad des Tierkreises
Element: Feuer
Qualität: kardinal
Geschlecht: männlich

1. Mundanquadrant
Zeichenherrscher: Mars
Nebenherrscher: Pluto

Das Tierkreissymbol ♈ stellt das Gehörn des Widders dar. Es kann jedoch auch mit der Man-Rune ᛘ verglichen werden. Die Man-Rune repräsentiert die Bedeutungen: *Mensch, geboren werden, Frühling, Osten, Aufstieg.*

Der Tierkreisabschnitt Widder vereinigt alle nur denkbaren aktiven Aspekte (Feuer, kardinal, männlich), seine Energie ist auf das Konkrete, Körperliche (1. Quadrant) gerichtet. Die Widder-Qualität symbolisiert den *Beginn,* den *ungestümen Aufbruch.*
Der Eintritt der Sonne in das Zeichen Widder fällt mit dem Frühlingsbeginn zusammen: Endlich werden die Tage wieder länger als die Nächte, die Natur erwacht nach viermonatiger Ruhepause zu neuem Leben. Der Winter ist vorbei, bisher brachliegende Kräfte *drängen* danach, sich im Konkreten zu verwirklichen. Die Bäume »schlagen aus«, bilden neue Blätter, die Pflanzensäfte beginnen heftig zu zirkulieren. Das im vorigen Herbst gesetzte Saatgut fängt an zu keimen, die Wiesen ergrünen wieder, das Wild bringt seine Jungen zur Welt. Alles Lebendige setzt ein enormes Maß an *Energie* frei, um sich günstige Startbedingungen für das kommende Jahr zu verschaffen. So wie ein *Keim* in wenigen Stunden die Hülle der Samenkapsel sprengen kann, strebt die Widderenergie *ungestüm* nach außen, bahnt sich *impulsiv* und *pionierhaft* ihren Weg über alle Widerstände hinweg.
Der Widder repräsentiert somit spontane, ungezügelte Kraft. Geduld und Ausdauer sind nicht seine Stärken, es gilt, einen *Anfang* zu machen, »ohne lange zu fackeln«.
In die Widder-Zeit fällt das Osterfest. Hier feiern die Christen die Auferstehung Jesu von den Toten. Zeitpunkt und mythologischer Inhalt überschneiden sich mit älteren heidnischen Festen: Hase und Eier, beides uralte Fruchtbarkeitssymbole, sollen den Sieg des Lebens über den Winter, den Repräsentanten des Todes, darstellen. Die Natur erwacht, ein neuer Wachstumszyklus beginnt.

Körperliche Entsprechung: Kopf, Gesicht, Muskulatur.

Schlagwörter für das Widder-Prinzip: Beginn, Aufbruch, Erwachen, Pionier, Impuls, Anführer, Vorkämpfer.

Stier

30–60 Grad des Tierkreises
Element: Erde
Qualität: fix

Geschlecht: weiblich
1. Mundanquadrant
Zeichenherrscher: Venus

Das Stier-Symbol ♉ stellt den stilisierten Kopf einer Kuh dar. Die Wörter »Kuh« und »Erde« haben im Indogermanischen dieselbe Wurzel (Sanskrit: »go«). In der

Runenmythologie entspricht dem Stier die Feh-Rune ᚠ, die *Vieh, Geld, beweglichen Besitz* und *materiellen Wohlstand* verkörpert.
Zusätzlich ist ihm die Odil-Rune ᛟ, mit der Bedeutung *Grundbesitz* zugeordnet. Die Parallelen der Symbole sind unübersehbar.

So wie kein Zeichen stürmischer und aktiver als der Widder nach außen drängt, so erstrebt der Stier wie kein anderes die Absicherung im Materiellen. Es geht darum, den *Bestand* zu *sichern:* Die in der Widder-Phase mannigfach gebildeten jungen Triebe müssen sich nun im Erdreich *verwurzeln,* um gegen Wind und Wetter geschützt zu sein und so ein weiteres Wachstum zu ermöglichen. Nach der Sturm- und Drang-Periode der Widder-Zeit erfolgt nun eine Phase der Konsolidierung (= Sicherung).
Stierbetonte Prozesse verlaufen langsam, dafür aber auch um so unausweichlicher; entspräche der Widder einem Rennwagen, so wäre der Stier eine Dampfwalze. Der Stier ist ein Herdentier, er findet seine Stärke, Schutz und Geborgenheit in der Gruppe.
In der Zeitqualität entspricht dem Stier der (»Wonne«-)Monat Mai, die Frühjahrsstürme (einschließlich Frühjahrsputz!) sind vorbei, man hat *Ruhe* für eine *gemütliche* Pause, es ist die Zeit der Frühlingsfeste. *Tanz* und *Geselligkeit* – *»Wein, Weib,* und *Gesang«* – sind typische Stier-Analogien.
Dem Stier sind auch die »Frühlingsgefühle« zuzuordnen. Nach dem Erwachen des Lebenswillens (= Widder) entwickelt sich das Bedürfnis zur *Paarung.*
Diesem Zeichen entspricht eine *erdhafte Sinnlichkeit,* wie sie sich z. B. in der *Brunft* oder den Fruchtbarkeitsriten archaischer Völker (in denen oft der Stier verehrt wird) widerspiegelt.

Körperliche Entsprechung: der Hals, die Mandeln, die Stimmbänder, die Lippen, die Drüsen im allgemeinen, die Stimme.

Schlagwörter für das Stier-Prinzip: beständig, stur (= Stier), gesellig, absichernd, gemütlich, erdhaft, fruchtbar, sinnlich.

⁂ Zwillinge

60–90 Grad im Tierkreis	Geschlecht: männlich
Element: Luft	1. Mundanquadrant
Qualität: beweglich	Zeichenherrscher: Merkur

Das einer römischen Zwei ähnliche Symbol ♊ soll Zwillingskinder stilisieren. Eine weitere mögliche Interpretation ist die Ähnlichkeit mit dem Sternbild Zwillinge. Bei der Runendivination entspricht dem Zwillinge-Symbol wohl die Rad-Rune ᚱ mit den Bedeutungen *Rad, Weg, Reise.*

Nach Impuls (= Widder) und Wurzelbildung (= Stier) erfolgt nun die »Funktion in den Raum«, d.h., die Pflanze beginnt sich zu verzweigen, Verästelungen zu bilden. Da die Eigenart inzwischen gesichert ist, kann die *Kontaktaufnahme* mit der Umwelt erfolgen. Dies geschieht zum einen durch gesteigertes Längen- und Breitenwachstum, zum anderen durch die Blütenbildung: Die Natur stellt sich in all ihrer Pracht dar.
Alle körperlich-materiellen Prozesse, welche die Umwelt mit einbeziehen, sind dem Zwilling zuzuordnen. In der Flora ist dies z.B. die Photosynthese, die erst nach Keimung und Wurzelbildung ihre volle Kraft entfaltet (Parallele beim Menschen: die Atmung). Auch die Blüte bezieht die Umwelt mit ein, bedarf ihrer: Ihre Schönheit hat nur einen Sinn, wenn sie Beachtung findet. Farbe und Duft dienen dazu, *Insekten* anzulocken, um die Bestäubung zu ermöglichen.
Der Zwillings-Qualität entspricht deshalb die *Unruhe,* alles ist unterwegs, es geht darum, *Kontakte* und *Verbindungen* herzustellen, *Kommunikation* und *Information* sind von Bedeutung. Man darf nicht zu lange an einem Punkt (bei einem Thema) verweilen, es gilt, in *Bewegung,* d.h. auf dem laufenden, zu bleiben, den Anschluß nicht zu verpassen.
Auf den Menschen bezogen, symbolisiert dies *Neugier* und *Intellekt,* beides hat mit der Erfassung unserer Umwelt zu tun.
Als bewegliches Luftzeichen geht es dem Zwilling nicht um eine Wertung, sondern um die *aktuelle Information,* um *wissenschaftlichen Wissensdurst,* um *Begreifen.* Man betrachtet alles von zwei Seiten, sucht so *objektiv* wie

möglich zu *lernen* und zu *verstehen,* legt sich nicht vorschnell durch ein wertendes Urteil fest.
Dies ist die ideale Energie, um zu vermitteln, um unvoreingenommen Kontakte zu schaffen oder Erkenntnisse zu gewinnen. Ihr inhärent ist jedoch auch die Weigerung, allzusehr in die Tiefe zu gehen, sich zu sehr für Hintergründe zu interessieren, zu sehr nach Ursachen zu suchen und Dinge zu hinterfragen. So mag die vorurteilslose und offene Zwillings-Energie – auf die falsche Thematik angewandt – als Oberflächlichkeit erscheinen.

Körperliche Entsprechung: Hände, Arme, Lunge, Bronchien, Atmung, Sprache, Nervensystem, die Sinne.

Schlagwörter für das Zwillinge-Prinzip: Kommunikation, Kontakt, Offenheit, Unvoreingenommenheit, Unruhe, Selbstdarstellung, Jugend, Flirt.

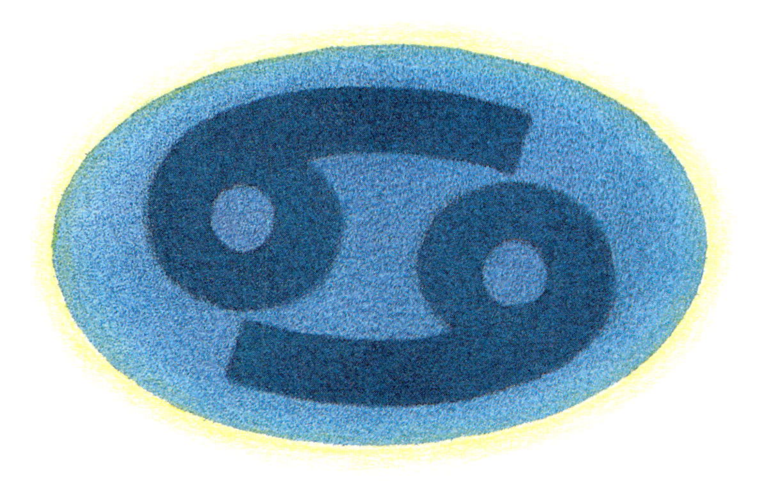

Krebs

⁂

90–120 Grad im Tierkreis	Geschlecht: weiblich
Element: Wasser	2. Mundanquadrant
Qualität: kardinal	Zeichenherrscher: Mond

Das Tierkreissymbol ♋ wird allgemein als die Scheren des Krebses interpretiert. Ursprünglich soll es aus der Darstellung der beiden Spiralen der auf- und absteigenden Sonnenbahn entstanden sein: Im Krebs erreicht die Sonne ihren höchsten Punkt über dem Horizont (Sommersonnenwende = der längste Tag des Jahres) und beginnt langsam »rückwärts« zu wandern.

Die Sommerhitze läßt nur ein begrenztes Maß an körperlicher Aktivität zu. Besinnlichkeit stellt sich ein, man findet vielleicht Zeit, ein gutes Buch zu lesen, und kommt körperlich wie auch seelisch »zur Ruhe«.
Widder symbolisiert den Aufbruch, das Keimen, Stier die Verwurzelung und Absicherung, Zwillinge die »Funktion

in den Raum« und die Blüte, der Krebs hingegen die *Befruchtung.*
Mit dem Ende des Zwillings-Zeichens hat die körperliche Entfaltung, Durchsetzung, Absicherung und Darstellung der Eigenart ihren Höhepunkt erreicht, die Entwicklung geht nun nach innen, man ist bereit, sich »beeindrucken« zu lassen. In der Natur ist der Frühling und mit ihm die Blütezeit zu Ende gegangen, die Pflanzen sind bestäubt und beginnen nun Fruchtstände auszubilden.
Der Krebs symbolisiert die *Empfängnis* und die *Schwangerschaft.* Im Seelischen ist dies das *Empfinden* (Empfinden/Empfängnis), das *Gefühl,* welches man zuläßt.
Die *Offenheit für Eindrücke* des Krebs-Zeichens macht nicht nur empfindsam, sondern auch *verwundbar.* Wie eine befruchtete Blüte sich verschließt, um die Entwicklung der Frucht zu schützen, verbirgt der Krebs seine Gefühle. Sie sind *privater* Natur, gehen Außenstehende nichts an.

Körperliche Entsprechung: weibliche Brust, Magen, Schleimhäute.

Schlagwörter für das Krebs-Prinzip: Empfinden, Gefühl, Empfängnis.

Löwe

⁂

120–150 Grad im Tierkreis
Element: Feuer
Qualität: fix

Geschlecht: männlich
2. Mundanquadrant
Zeichenherrscher: Sonne

Das Tierkreissympol ♌ kann als Löwenhaupt mit Mähne interpretiert werden. Ursprünglich stellte es wohl eine Schlange dar. Die Schlange hat zahllose mythologische

Bedeutungen. Im Sinne des Löwe-Prinzips repräsentiert sie durch ihre Fähigkeit, sich zu häuten, die Unsterblichkeit, das sich immer wieder erneuernde Leben. Mit dem Löwen gemein hat sie die Reizbarkeit, das »Aus-der-Haut-Fahren«.

Im Runenalphabet entspricht dem Löwe-Zeichen die Sig-Rune ᛋ 卐, deren Symbol durch den Mißbrauch bei den Nationalsozialisten zu trauriger Berühmtheit gelangte. Sie bedeutet *Sieg, Stärke,* Sonne, Heil, Wärme, *Fruchtbarkeit, Abwehr von Feinden.*

Im August, dem Löwe-Monat, spüren wir die größte Hitze des Jahres, weshalb die Sonne folgerichtig diesem Zeichen als Herrscher zugeordnet wurde.

Krebs symbolisiert Empfängnis und Schwangerschaft, Löwe hingegen die *Geburt:* Die Früchte der Natur gelangen zur *Reife.* Beim Menschen entspricht dies zum einen den Kindern, zum anderen dem *Ausdruck von Gefühlen.*

Die Natur ist schwer und übervoll von der gereiften Frucht, die *stolz* gezeigt wird. Während im Krebs die Empfindungen (= Empfangen) verborgen, geschützt werden, um sie vor Verletzung und Zerstörung zu bewahren, wird im Löwen *verschwenderisch* das Innerste nach außen gekehrt, die Natur präsentiert sich im *Überfluß.* So entspricht der Löwe wie kein anderes Zeichen dem Gefühl der *Stärke. Kraft* und *Mut* sind Kennzeichen des eigenen *Selbstbewußtseins.*

Was sich in den Fruchtständen entwickelt hat, drängt nach außen, will sichtbar werden. So ist dem Löwe-Prinzip jegliche Form von Unterordnung fremd, die seelische Eigenart muß sich entfalten können. Wie eine Mutter sich mit ihren Kindern identifiziert, so identifiziert sich der Löwe mit dem, was er seelisch hervorbringen kann. Dies kann bis hin zu übertriebener *Eigenliebe* und *Dominanzstreben* gehen.

In keinem Zeichen kann die Sonne mehr Kraft entwikkeln, so gesehen ist der Löwe das »stärkste« Tierkreiszeichen. Aus diesem Empfinden leitet sich der *Führungsanspruch* des Löwe-Prinzips ab, der ohne falsche Scham erund gelebt wird.
Wie der Widder, so ist auch der Löwe ein Feuerzeichen, beiden gemeinsam ist ein besonderes Maß an *Vitalität.* In der Natur zeigt sich dies in der Geschwindigkeit, mit der sich Entwicklungen vollziehen: Ein Saatkorn kann über Nacht keimen und mehrere Zentimeter wachsen (Widder). In der Löwe-Zeit können binnen weniger Tage halbentwickelte Früchte zur Reife gelangen.

Körperliche Entsprechung: Herz, Brust, Rücken.

Schlagwörter für das Löwe-Prinzip: emotionaler Ausdruck, Vitalität, Dominanzstreben.

⁂ Jungfrau

150–180 Grad im Tierkreis
Element: Erde
Qualität: beweglich

Geschlecht: weiblich
2. Mundanquadrant
Zeichenherrscher: Merkur

Das Tierkreissymbol ♍ stellt nach allgemeiner Lesart eine stilisierte Ähre dar. Im Runenalphabet entspricht ihm die Jar-Rune ᛃ, deren Bedeutung fruchtbare Jahreszeit, *Ernte,* Ackersegen ist.

Die Jungfrau-Zeit ist eine Zeit der *Arbeit.* Im Hochsommer gab es weniger zu tun, es galt, Getreide und Feldfrüchte reifen zu lassen. Jetzt, im September, ist viel *Fleiß* nötig, wenn die ganze *Mühe,* die beispielsweise für die Aussaat aufgewandt wurde, nicht vergebens gewesen sein soll: Die Ernte muß abgeschlossen sein, bevor der erste Herbstregen kommt, da die Früchte sonst verderben.
Hier ist man stark von den Launen der Natur abhängig, muß sich *anpassen:* Man kann nicht vor der Reife beginnen, doch die Felder müssen trocken sein. So bleiben einem oft nur wenige Tage, in denen die Arbeit getan sein muß.
Die in einem »verschwenderischen Überfluß« vorhandene Frucht (=Löwe) wird eingebracht, die Spreu wird vom Weizen getrennt, Schlechtes und Unreifes aussortiert, die Ernte gewogen und in der Scheune verstaut, der Lohn der Feldarbeiter ausgezahlt.
Der Ertrag muß *geordnet* werden, um eine Übersicht und *Planung* zu ermöglichen. Der Bauer muß entscheiden, was er selbst als *Vorrat* behält und was er verkaufen kann.

So repräsentiert das Jungfrau-Prinzip die *Anpassung an Umweltbedingungen,* die *praktische Vernunft,* die *Auslese,* den *Handel* (bewegliches Erdzeichen = Austausch von Materiellem) und den *Fleiß.*

Körperliche Entsprechung: Stoffwechsel, Verdauung, Darm.

Schlagwörter für das Jungfrau-Prinzip: Anpassung, Vernunft, Ordnung.

⁂ Waage

180–210 Grad im Tierkreis	Geschlecht: männlich
Element: Luft	3. Mundanquadrant
Qualität: kardinal	Zeichenherrscher: Venus

Das Tierkreissymbol ♎ wird üblicherweise als eine stilisierte Balkenwaage interpretiert. Es kann jedoch auch als Darstellung der untergehenden Sonne aufgefaßt werden: Der Herbst hat begonnen, und die Nächte werden wieder länger als die Tage.

Dem Zeichen entspricht die Beorc-Rune ᛒ mit den Bedeutungen Birkenzweig, Hochzeit, neues Leben, Frigg (germanische Himmelsgöttin).

Die Sonne in der Waage ist eine Zeit des *Ausgleichs:* Es ist nicht mehr so heiß wie im Sommer, aber auch noch nicht winterlich kalt; das Tierkreiszeichen beginnt mit der Tagundnachtgleiche. Die Ernte ist eingebracht (mit Ausnahme der Weinlese, welche der Waage zugeordnet ist), man kann sich ein wenig erholen, sich mit Freunden treffen, Feste feiern. In keinen Zeitraum fallen so viele Feste wie in diesen: Kirchweih, Kirmes, Erntedank oder das berühmte Oktoberfest. Ähnlich feierfreudig ist man nur noch im Mai; beide Zeichen (Stier und Waage) werden von der Venus beherrscht, der Geselligkeit, Lebensgenuß, »Wein, Weib und Gesang« zuzuordnen sind. Feiern kann man nur, wenn man sich verträgt, so wird in dieser Periode Streit geschlichtet, *Frieden* geschlossen. Da die Arbeit (Ernte) getan ist, hat man genug innere Gelassenheit und Freiraum, um auf den anderen zugehen zu können.
Der Übergang vom Sommer zum Herbst läßt die Natur *harmonischer, bunter* und farbenfroher denn je erscheinen: Das Herbstlaub leuchtet in allen Farben, Herbst- und Sommerblumen blühen um die Wette. So symbolisiert die Waage auch die *Schönheit,* die *Ästhetik* und damit nicht zuletzt die *Mode.*
In die Waage-Zeit fällt der Michaelistag. Michael hält eine Waage in der Hand und stellt damit die kosmische *Gerechtigkeit* dar. Michael war der Überwinder Luzifers.

Körperliche Entsprechung: Homöostasie (Gleichgewicht der physiologischen Körperfunktionen), Gleichgewichtssinn, die Hüften, die Nieren.

Schlagwörter für das Waage-Prinzip: Ausgleich, Harmonie, Gerechtigkeit, Frieden, Begegnung.

⁂ Skorpion

210–240 Grad im Tierkreis	3. Mundanquadrant
Element: Wasser	Zeichenherrscher: Pluto
Qualität: fix	Nebenherrscher: Mars
Geschlecht: weiblich	

Das Tierkreissymbol stellt einen Skorpion mit aufgerichtetem Schwanz dar. Das ♏ birgt in sich die Yr- oder Sterbe-Rune ᛣ. Sie ist die Umkehrung der Man-Rune ᛘ

und auch in ihrer Bedeutung polar: Frau, Tod, Untergang, Ende, erlöschen.

In der Tat ist die Skorpion-Periode eine Zeit des *Todes* oder doch der *Umwandlung:* Der pflanzliche Wachstumsprozeß erlischt, die einjährigen Pflanzen sterben ab, die Bäume verlieren ihre Blätter. Mit dem Skorpion endet der »Wachszyklus« der Natur.
Dezember bis März stagnieren alle Wachstumsprozesse, die Flora »schläft«. So wie der Mensch etwa ein Drittel seines Lebens im Schlaf zubringt (nämlich 8 von 24 Stunden), so ruht auch die Natur ein Drittel ihrer Zeit (nämlich 4 von 12 Monaten).
Die Skorpion-Phase zwingt das Augenmerk auf Dinge, die über das irdisch-körperliche hinausgehen. Allein schon der ständig grau verhangene Himmel und die permanenten Regenfälle sorgen für eine düster-nachdenkliche Stimmung. Die in diese Periode fallenden Feiertage geben beredtes Zeugnis der entsprechenden Zeitqualität: Allerseelen, Allerheiligen, Volkstrauertag, Buß- und Bettag, Totensonntag. Der Skorpion kündet vom Ende aller Dinge, von der Vergänglichkeit. Doch dies ist die Bedingung für neues Leben: Der Tod der Pflanzen schafft Platz für ihre Nachkommen. Ihre verrottenden Blätter werden zu Humus, der die schon jetzt in der Erde liegenden Samen im kommenden Jahr mit Nahrung versorgen wird.
Es geht nicht mehr um das Leben des einzelnen, da dieses der Vergänglichkeit unterworfen ist, sondern um die *Erhaltung der Art* und damit ums *Prinzip.* Die *Idee* soll erhalten bleiben und weiterleben, nicht der einzelne Organismus.
Wird dieses Thema übertrieben, so wird man *dogmatisch,* ja *lebensfeindlich* oder gar *unmenschlich:* Das Prinzip ist alles, der einzelne nichts. *Kollektive,* in denen die Interes-

sen des Individuums gänzlich ausgeschaltet sind, verkörpern diese Perversion.

Körperliche Entsprechung: After, Sexualorgane, Mastdarm, Prostata, Keimdrüsen.

Schlagwörter für das Skorpion-Prinzip: Prinzip, Umwandlung, Idee, Ideal.

Schütze

240–270 Grad im Tierkreis
Element: Feuer
Qualität: beweglich
Geschlecht: männlich

3. Mundanquadrant
Zeichenherrscher: Jupiter
Nebenherrscher: Neptun

Das Tierkreissymbol ♐ stellt einen Pfeil mit der Bogensehne dar. Ursprünglich entsprach dem Schützen ein geflügelter Zentaur der in sich animalische, menschliche und göttliche Eigenschaften vereint. Der Schütze ist das dritte Feuerzeichen, das dritte bewegliche Zeichen und das dritte Zeichen im dritten Quadranten. Die Zahl Drei repräsentiert Vollkommenheit – man denke nur an die Trinität (= Heilige Dreifaltigkeit) oder den Spruch: »Aller guten Dinge sind drei.«

Die Schütze-Zeit ist die Periode der *Hoffnung* und *Verheißung,* das Leben in der Natur ist schon verloschen, der

Winter noch nicht völlig hereingebrochen. Doch nach dem bedrückenden Sterben in der Pflanzen- und Tierwelt (=Skorpion-Zeit) erwächst die Hoffnung, daß es weitergehen möge. Nicht zufällig liegt im Schützen die Adventszeit, in der die Ankunft des Herrn erwartet wird.
Der Schütze-Zentaur zielt mit seinem Pfeil in den Himmel – er sucht die irdische Schwere, die Anbindung an das Körperlich-Vergängliche, zu überwinden. Dies kann echte *Religiosität,* Suche nach *Erkenntnis* und *Einsicht, Wissenschaftlichkeit* und *Philosophie,* aber auch *überspannte Weltfremdheit* sein – wer nur in den Himmel blickt, mag das Naheliegende übersehen.
Das Schütze-Zeichen repräsentiert das Versprechen, daß die *Schöpfung* mehr ist als ein ungeordnetes und mechanisches Geboren werden und Sterben, daß es einen *Sinn* gibt, der allem Sein zugrunde liegt.

Körperliche Entsprechung: Oberschenkel, Gesäß.

Schlagwörter für das Schütze-Prinzip: Hoffnung, Synthese, Einsicht, Sinnhaftigkeit.

Steinbock

**
**

270–300 Grad im Tierkreis
Element: Erde
Qualität: kardinal
Geschlecht: weiblich

4. Quadrant
Zeichenherrscher: Saturn
Nebenherrscher: Uranus

Das Tierkreissymbol ♑ wird gewöhnlich als das Gehörn des Steinbocks interpretiert. Als Sinnbild diente ursprünglich ein Zwitterwesen mit dem Kopf und den Läufen eines Bockes und dem Hinterleib eines Fisches, der Ziegenfisch. Die mythologische Bedeutung dieser Darstellung war das Streben aus der Tiefe nach dem Höheren. Es symbolisiert die Entwicklung aus dem Dunkeln, Unbewußten in das Helle, Bewußte.

In der Tat liegt am Beginn der Steinbock-Phase die Wintersonnenwende, also die längste Nacht des Jahres. Zu keiner Zeit ist die Sonne schwächer und kraftloser. Den-

noch werden während dieser Periode die Tage langsam wieder länger – der Talpunkt ist erreicht und wird durchschritten. Im alten Rom feierten die Anhänger des Mithraskultes am 25.12. das Fest der unbesiegten Sonne. Zum gleichen Datum feiern die Christen das Weihnachtsfest, das nicht absichtslos in einen Abschnitt heidnischer Sonnenwendfeste gelegt wurde: Religiöse Hingabe sollte in die »richtige« Richtung gelenkt werden.
In der Steinbock-Phase erreicht die Natur ihre größte *Starrheit,* alles Leben in der Natur scheint erloschen. Früher mußte man mit den Wintervorräten haushalten, um die Familie vor dem Hungertod zu bewahren. Es war eine Zeit der *Einschränkung,* der (unfreiwilligen) *Askese* und der *Not.* Fehler konnten lebensbedrohlich sein, so daß *Strenge, Zucht* und Gehorsam notwendig waren; für die Spontaneität der Sommermonate ist im Steinbock kein Platz. Ein Kennzeichen des harten Winters ist jedoch die Klarheit der Luft, der Blick ist nicht durch Dunst oder Staub getrübt. So bietet der Steinbock die Möglichkeit zur sachlichen *Objektivität.*
Eine lange Kälteperiode konnte nur überleben, wer Ausdauer besaß und *zäh* war, Impulsivität (= Widder) oder Kraft (= Löwe) waren von keinem Nutzen.
In der modernen Astrologie repräsentiert der Steinbock das *Gesetz,* den *Staat.* Auch dies läßt sich aus der zugeordneten Jahreszeit herleiten: In Notzeiten muß der Ausdruck der individuellen Eigenart *gehemmt* und *diszipliniert* werden. Vorräte mußten *rationiert,* Dienstleistungen übernommen werden. Einschränkungen werden nur dann ohne Murren geduldet, wenn es für sie feste *Regeln* gibt, wenn sie gerecht sind.

Körperliche Entsprechung: Knochen, Gelenke, die Knie.

Schlagwörter für das Steinbock-Prinzip: Einschränkung, Disziplin, Objektivität, Ausdauer.

Wassermann

♒

300–330 Grad im Tierkreis
Element: Luft
Qualität: fix
Geschlecht: männlich

4. Quadrant
Zeichenherrscher: Uranus
Nebenherrscher: Saturn

Das Tierkreissymbol ♒ ist vordergründig eindeutiger und unmißverständlicher als alle anderen Tierkreiszeichen: Es stellt Wasser dar. Nicht nur Anfänger der Astrologie haben damit Schwierigkeiten, daß ein Zeichen, welches im Namen sowie im Symbol Wasser darstellt, ausgerechnet dem Element Luft zugeordnet ist. Dieser scheinbare Widerspruch sei deshalb schnell erklärt: Das vollständige Symbol des Wassermanns ist der *Wasserträger,* wie es ihn

heute noch in manchen arabischen Ländern gibt. Seine Aufgabe war es, in der Trockenzeit zu den oft weit entfernten Quellen zu gehen, das Wasser in Tierhäute abzufüllen und es an den gewünschten Ort zu bringen, um die Menschen vor dem Verdursten zu bewahren.
Die Luftzeichen haben vermittelnden und kommunikativen Charakter - etwas von einem Ort an einen anderen zu bringen und es dort unter die Leute zu verteilen (der Wasserträger verkauft sein Getränk becherweise) hat mit Sicherheit einen solchen vermittelnden und kommunikativen Charakter.

In der römischen Mythologie entspricht Janus dem Symbolgehalt des Wassermanns. Der Name Januar geht zurück auf Janus, den Gott der Türen und des Eingangs, des (Jahres)anfangs. Janus hat ein Doppelantlitz: Ein Gesicht blickt nach hinten, in die Vergangenheit, das andere aber nach vorne, in die Zukunft. Dies ist bereits ein Ausdruck von *Gespaltenheit,* innerer *Anspannung*. Die *Gleichzeitigkeit von Gegensätzlichem* macht zwar weitsichtig, überlegen oder gar *genial,* sie kann jedoch auch eine Persönlichkeit zerbrechen.
Auch dies drückt sich bereits in Element und Qualität aus: »Feste Luft“ gibt es im Wortsinne nicht. Ein wesentliches Merkmal von Luft ist eben ihre Beweglichkeit. Das Empfinden von fixer Luft ergibt sich lediglich kurz vor Gewittern - die Vögel verstummen, die Natur ist unnatürlich ruhig, die Menschen *außergewöhnlich* gereizt, bis die ersten *Blitze* und der niederprasselnde Regen schließlich Erleichterung bringen.
In die Zeit des Wassermanns fällt der Fasching, eine Zeit, in der früher alle als verbindlich betrachteten Spielregeln außer Kraft gesetzt oder auf den Kopf gestellt waren. In manchen Gegenden trugen die Männer Frauen- und die Frauen Männerkleider. Mit der Kleidung wurden auch

die Geschlechterrollen gewechselt. Und an manchen Orten war es Sitte, in den Kirchen den Beischlaf zu vollziehen - ein Verhalten, das zu anderer Zeit mit dem Tode geahndet worden wäre.
Die Wassermann-Zeit hat also etwas *Exzentrisches*. Exzentrisch heißt außerhalb der Mitte sein, das Maß verlieren. Ihre Funktion ist es, falsche Ordnungsprinzipien niederzureißen, Regeln, die ihren Sinn verloren haben, ad absurdum zu führen. Auch der berühmte Till Eulenspiegel (sowie der Narr im allgemeinen) entspricht dem Wassermann-Prinzip. Durch die Überzeichnung bis hin zum *Bizarren* wird die Wahrheit sichtbar gemacht, während der, welcher sie beim Namen nennt, außerhalb steht, *vogelfrei* oder einfach *verrückt* ist.

Körperliche Entsprechung: Wirbelsäule, Unterschenkel.

Schlagwörter für das Wassermann-Prinzip: exzentrisch, angespannt, Gleichzeitigkeit von Gegensätzlichem, außergewöhnlich, originell.

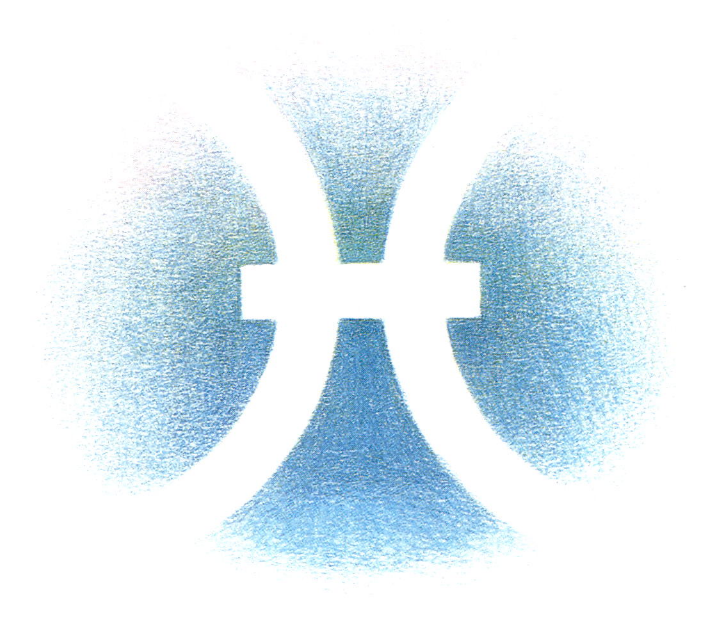

⁑⁑ Fische

330–360 Grad im Tierkreis	4. Mundanquadrant
Element: Wasser	Zeichenherrscher: Neptun
Qualität: beweglich	Nebenherrscher: Jupiter
Geschlecht: weiblich	

Das Tierkreissymbol ♓ stellt zwei Fische dar, von denen der eine stromabwärts, der andere stromaufwärts schwimmt. Beide sind miteinander verbunden.

Die Fische-Zeit ist in der Tat wasserreich: Die Schneeschmelze setzt ein, häufig kommt es zu Hochwasser und Überschwemmungen. Vorfrühlingsnebel, Wetterumschwünge, der feuchte Dunst, der ständig über den Fel-

dern liegt, gibt dieser Phase etwas Uneindeutiges, Unklares, Übergangsmäßiges.
Gleichzeitig sind die Fische jedoch ein Zeichen der Fruchtbarkeit: Alles Leben kommt aus dem Wasser. Die Fruchtbarkeit ist noch nicht geformt, sie ist lediglich Potential. Die Felder sind noch leer - man sieht ihnen nicht an, was auf ihnen wachsen wird, sie sind in ihrer Verwirklichung noch offen, unbestimmt und damit unbegrenzt. Die Fische-Periode ist der Vorbote des kommenden Jahres, ohne jedoch konkret zu versprechen, was es bringen wird.
Die Fische symbolisieren die größtmögliche Entfernung vom Stofflichen, Körperlichen: Der Winter nähert sich seinem Ende, die Vorräte gehen zur Neige oder sind aufgebraucht; hier begehen gläubige Christen die Fastenzeit. Dies entspricht der *Auflösung des Vordergründigen,* das Fleisch soll kasteit werden, um den Blick für das, was hinter dem Materiellen verborgen liegt, zu öffnen.
So wie die Felder noch ununterscheidbar sind, da sie keine Frucht tragen, so stellen die Fische die *All-Einheit* der Dinge dar: Die äußere Form ist das Trennende, die jedoch durch die *mystische Schau* überwunden werden kann. Alle Erscheinungen der materiellen Welt sind miteinander verbunden und lassen sich letztlich auf einen Ursprung zurückführen - dies ist die Qualität, die das Fische-Prinzip vermitteln soll. Die Fische sind Vollendung und gleichzeitig Vor-Anfang des Tierkreises. So repräsentieren sie die Möglichkeit zur *Erleuchtung,* zur *Überwindung des Stofflichen,* zur *Verwirklichung der Wahrheit.* Geht man den Kreis rückwärts statt vorwärts, so gelangen wir an das, was vor dem Anfang war. Dies ist das »Tohuwabohu«, das ungeordnete Durcheinander, von dem die Bibel berichtet, oder auch der leere Kreis, der die Vorstufe zum Yin-und-Yang-Symbol darstellt.
Beim Menschen entspricht dies dem pränatalen Zustand:

Das ungeborene Kind erlebt sich wohl als unbegrenztes Wesen, da es noch keine Individualität kennt, die erst das Empfinden für Trennendes ermöglicht. Dadurch, daß es in einer Fruchtblase schwimmt, welche die gleiche Temperatur wie sein Körper hat, kann es nicht zwischen Ich und Nicht-Ich unterscheiden, es erlebt sich real körperlich als unendlich.
Die Erfahrung des Nicht-begrenzt-Seins, das durch keinerlei Persönlichkeit geformte Empfinden, beschränkt sich beim »normalen« Erwachsenen auf das *Unbewußte,* es tritt bestenfalls noch in verschwommenen Bildern und *Träumen* in Erscheinung.

Körperliche Entsprechung: Hormonsystem, Füße.

Schlagwörter für das Fische-Prinzip: Auflösung von Konkretem, Überwindung des Stofflichen, das Unbewußte.

⁂ Männliche und weibliche Zeichen

Es gibt verschiedene Möglichkeiten, die Tierkreiszeichen nach Eigenschaften zu ordnen. Die älteste Unterscheidung ist wohl die der männlichen und weiblichen Zeichen. Möglich wären auch Bezeichnungen wie aktive und passive oder positive und negative Zeichen. Da diese Adjektive mißverständliche Wertungen assoziieren, sei darauf hingewiesen, daß die männlichen Tierkreiszeichen einen eher formenden, fordernden und die weiblichen einen mehr erhaltenden, bewahrenden Charakter haben. Beide Prinzipien bedingen einander, das allzu große Übergewicht einer Seite ist schädlich. Männliche und weibliche Zeichen sind in einem ausgeglichenen Verhältnis zueinander, was dem chinesischen Prinzip von Yin und Yang entspricht.

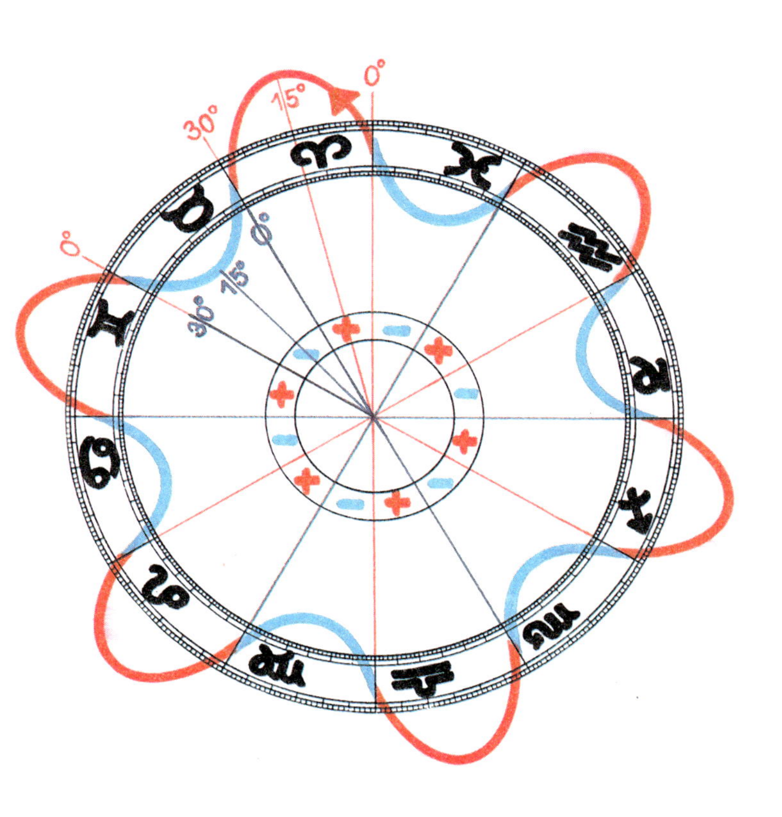

Wie aus der Abbildung ersichtlich wird, wechseln sich die männlichen und weiblichen Zeichen im Tierkreis ab. Dies ist keine willkürliche, schematische Anordnung, sondern entspricht den Verhältnissen in der Natur: In der männlichen Widder-Phase (April) beginnen die Pflanzen zu sprießen, die Saat des Vorjahres geht auf, die Bäume schlagen aus. – In der weiblichen Stier-Phase (Mai) hingegen beruhigt sich das stürmische Wachstum etwas: Es müssen noch Wurzeln gebildet werden, die Triebe sich verstärken, um Wind und Wetter standhalten zu können. – In der männlichen Zwillinge-Phase (Juni) beginnen die

Bäume Blüten zu bilden, während die weibliche Krebs-Phase (Juli) der Bestäubung der Pflanzen entspricht. Die männliche Löwe-Phase (August) symbolisiert wiederum die Fruchtbildung - man kann in diesem Sinne fortfahren ...

Auch wenn es offensichtlich ist, daß sich die Entwicklung im Jahresverlauf nicht an genaue Termine hält und sich auch innerhalb der verschiedenen Pflanzenarten erheblich unterscheidet, so denke ich doch, daß das grundsätzliche Prinzip der Differenzierung in männliche und weibliche Tierkreiszeichen deutlich geworden ist. Vor allem sollte sich gezeigt haben, daß eine Wertung wie etwa »männliche Zeichen = gut, weibliche Zeichen = schlecht« völlig unsinnig ist.

Der Energiefluß innerhalb der Tierkreiszeichen ist nicht überall gleich stark, sondern durchläuft eine phasische Entwicklung.

Graphisch ließe sich dies etwa so darstellen, wie es die Abbildung auf Seite 99 zeigt:

Wenn wir bei null Grad Widder beginnen, sehen wir, daß dort das Potential an positiver (»männlicher«) Ladung noch sehr gering ist, bis zum 15. Grad ansteigt, dort sein Maximum hat, um dann allmählich bei 30 Grad Widder auf Null abzusinken. Im Stier erfolgt nun die Bewegung in entgegengesetzter Richtung, da es sich ja um eine negative Ladung handelt: Bei 15 Grad Stier wird das höchste negative Potential freigesetzt, das dann allmählich ansteigt, um bei 30 Grad Stier (= null Grad Zwilling) wieder Null zu erreichen.

Es ergibt sich also eine Sinuskurve, die ihre Nullpunkte jeweils an den Zeichenübergängen hat, während die positiven und negativen Maxima jeweils auf dem 15. Grad der einzelnen Tierkreiszeichen liegen.

Wer mit Biorhythmik vertraut ist, wird vielleicht die Parallele zu den Biokurven bemerken. So entsprechen die

Nullgrade den kritischen Übergangstagen, die 15. Grade den Maxima der positiven und negativen Phasen.*

Die vier Elemente

Eine weitere Differenzierung des Tierkreises wird durch die Zuordnung der Zeichen zu den klassischen (aristotelischen) vier Elementen Feuer, Erde, Wasser, Luft vorgenommen.
Zu den männlichen Zeichen gehören Feuer und Luft, zu den weiblichen Erde und Wasser. Feuer und Luft ergänzen einander: Feuer benötigt zum Verbrennen Sauerstoff, sonst erstickt es. Luft wird durch Feuer (Hitze) aktiviert, dehnt sich aus und steigt nach oben (z. B. in einem Fesselballon). Erde hingegen kann nur fruchtbar sein, wenn sie Wasser enthält. Wasser wiederum benötigt die Erde als Begrenzung (z. B. ein Fluß). Feuer und Luft sind eher nach oben strebend, aktiv und damit den männlichen Zeichen zugehörig, während Wasser und Erde dazu neigen, in einem einmal eingenommenen Zustand zu verharren, und somit weibliche Zeichen sind.

Das Feuerdreieck wird aus den Tierkreiszeichen Widder, Löwe und Schütze gebildet. Diesen Zeichen sind Dominanzstreben, Impulsivität, Begeisterungsfähigkeit und Ehrgeiz gemeinsam. Dem Feuerelement entspricht das cholerische Temperament.

* In der von mir entwickelten Form »Transpersonaler Astrologie« spielen diese kritischen Grade eine besondere Rolle. Das gilt besonders dann, wenn sie von Aszendent, M.C., Sonne oder Mond besetzt sind. Da eine Beschreibung solcher Zusammenhänge über das hinausginge, was als Rahmen dieses Buches gedacht ist, sei der interessierte Leser auf mein Buch *Der Mond, Astrologisch-psychologische Entwicklungszyklen, Eine Einführung in die Transpersonale Astrologie,* München 1986, verwiesen.

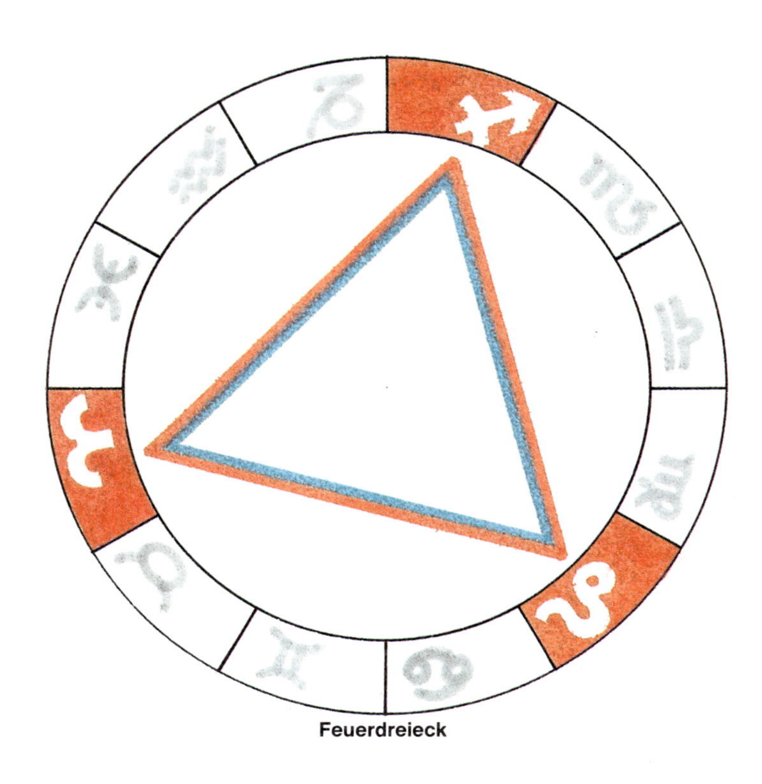

Feuerdreieck

Die Feuerzeichen repräsentieren die Energie, die notwendig ist, um neue Ideen wirklich in die Tat umzusetzen. Sie übernehmen die Rolle von Initiatoren, Vorkämpfern, Führern und Pionieren.

Schlagwort: Dominanz. *Farbe:* Rot.

Das Luftdreieck bilden die Tierkreiszeichen Zwillinge, Waage und Wassermann. Gemeinsame Eigenschaften sind: Begegnungsoffenheit, Neugier, Ungebundenheit und eine Tendenz zur Oberflächlichkeit, da die Vielzahl der häufig wechselnden Interessen eine intensivere Auseinandersetzung verhindert.

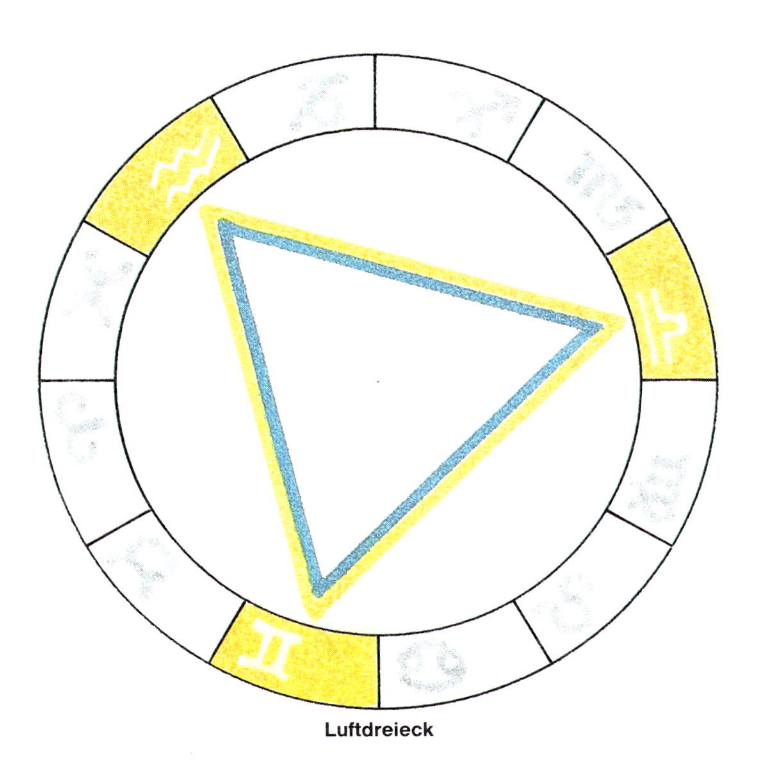

Luftdreieck

Dem Luftelement entspricht das sanguinische Temperament. Die Luftzeichen symbolisieren die Fähigkeit, Nachrichten und Wissen zu sammeln und weiterzuleiten. Sie sorgen dafür, daß notwendige Informationen unter die Leute gebracht werden.

Schlagwort: Kommunikation. *Farbe:* Gelb.

Das Erddreieck bilden die Tierkreiszeichen Stier, Jungfrau, Steinbock. Ihnen ist eine realistische und konkrete Orientierung gemeinsam.
Nach der astrologischen Tradition entspricht das Erdelement dem melancholischen Temperament, ich halte

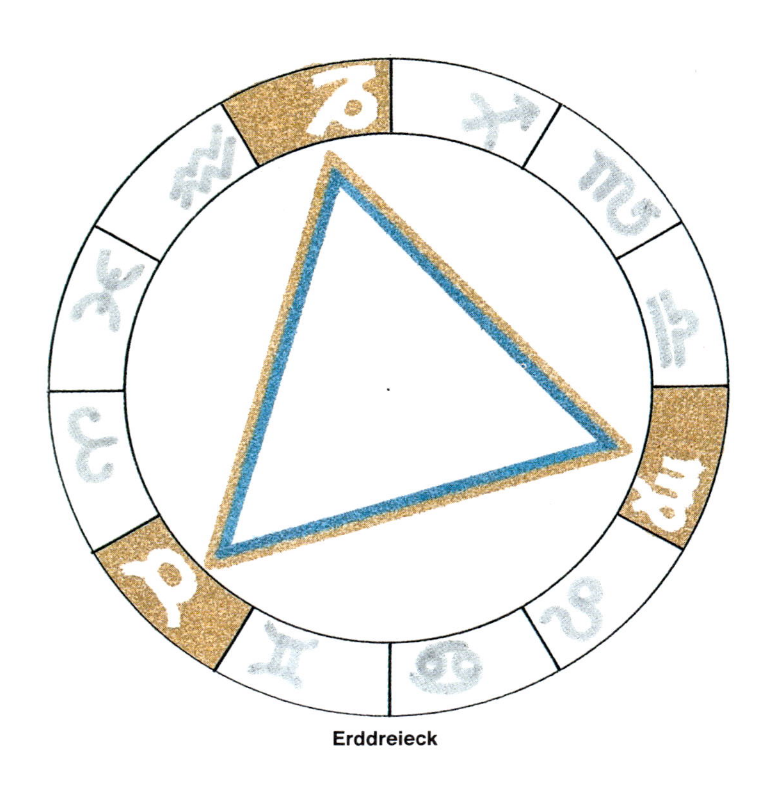

Erddreieck

jedoch die Zuordnung zum phlegmatischen Typus für sinnvoller.

Die Erdzeichen symbolisieren die Erhaltung des Bestehenden; das, was von den Feuerzeichen initiiert und von den Luftzeichen verbreitet wurde, wird von den Erdzeichen abgesichert, strukturiert, geordnet und verwaltet.

Schlagwort: Pragmatik. *Farbe:* Braun (Dunkelgrün, Grau).

Das Wasserdreieck bilden die Tierkreiszeichen Krebs, Skorpion und Fische. Gemeinsam ist ihnen die Orientierung am Emotionalen. Das Wasserdreieck symbolisiert

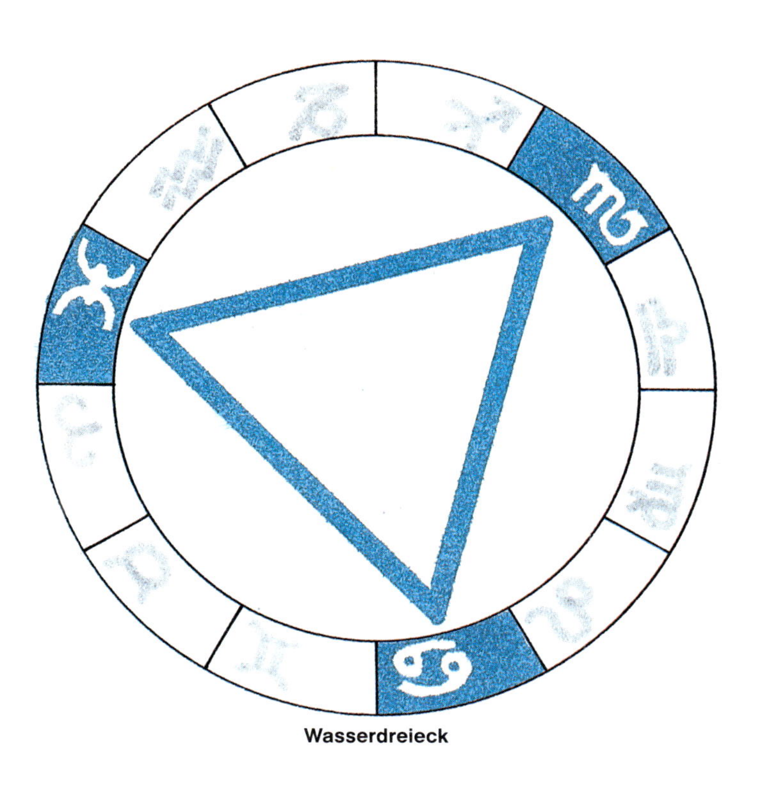

Wasserdreieck

Empfindsamkeit, Intuition, Kreativität und Stimmungsabhängigkeit; ihm entspricht das melancholische Temperament.

Die Wasserzeichen repräsentieren die Energien, die für die Entwicklung von neuen Ideen notwendig sind. Hierzu gehören Tagträumereien, die kreative Phantasie und die Möglichkeit, »ins unreine zu denken«. Das, was die Feuerzeichen in die Tat umsetzen wollen, wurde von den Wasserzeichen ausgedacht.

Schlagwort: Sensibilität.
Farbe: Blau (Grün).

⁂ Die drei Qualitäten

Die Aufteilung des Tierkreises in vier Elemente führt zu einer Dreiteilung. Es gibt eine weitere Zuordnung, und zwar in drei Qualitäten, aus der sich eine Vierteilung des Zodiakus ergibt. Man unterscheidet zwischen kardinalen, fixen und beweglichen Zeichen. Wie aus der Abbildung ersichtlich wird, gehören Widder, Krebs, Waage und Steinbock zu den kardinalen, Stier, Löwe, Skorpion und Wassermann zu den fixen und Zwillinge, Jungfrau, Schütze und Fische zu den beweglichen Zeichen.

Kardinalen Zeichen ist gemeinsam, daß sie dominante, initiative Energien verkörpern (in dieser Hinsicht besteht eine Ähnlichkeit mit den Feuerzeichen). Sie entwickeln Ideen und setzen Maßstäbe. Ihr Symbol ist der Pfeil.

Fixe Zeichen sind inhaltlich den Erdzeichen verwandt, sie stellen die Umgebung in die Realität dar. Ihr Symbol ist das Kreuz und der Kreis.

Die *beweglichen Zeichen* (auch *fallende* oder *labile Zeichen* genannt) haben gewisse Parallelen zu den Luftzeichen, sie entsprechen der Umsetzung und Verwertung der durch die fixen Zeichen verwirklichten Inhalte. Ihr Symbol ist die Spirale und der Stern.

Die kardinalen Zeichen können auch der Seele zugeordnet werden; sie ist der »Motor« der unsere Handlungen bestimmt. Die fixen Zeichen symbolisieren den Körper, den wir zur Ausführung unserer Pläne benötigen, während die fallenden Zeichen dem Geist entsprechen, der dafür sorgt, daß das, was wir uns erarbeitet haben, von uns begriffen und weitergegeben werden kann.

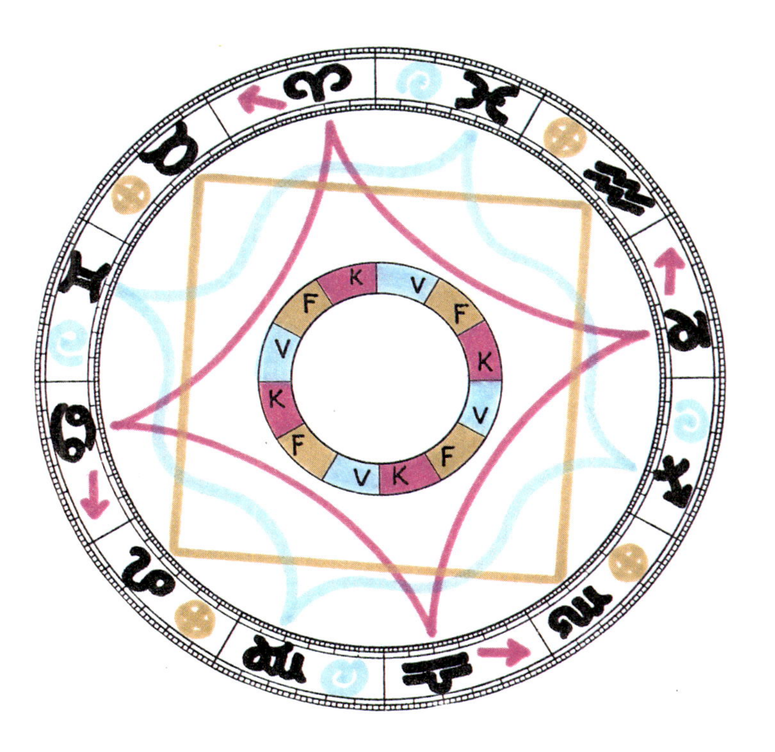

Der fortgeschrittene Leser erkennt leicht, daß die Unterscheidung in Elemente auf einer Dreieckstruktur, nämlich dem Trigon, beruht, während die Qualitäten auf dem Quadrat basieren. Daraus läßt sich schlußfolgern, daß die Elemente eher unterschiedliche, sich harmonisch ergänzende Aspekte verwandter Themen symbolisieren, während die Qualitäten unvereinbare und widersprüchliche Kriterien der gleichen Energieform repräsentieren. **
So sind z. B. die Zeichen Widder und Krebs beide der gleichen Qualität zugeordnet, nämlich der kardinalen; d. h., beide Tierkreiszeichen haben gemeinsam, daß sie die ursprüngliche Form einer Energie darstellen; sie sind gleichsam »Impulsgeber«. Während dies beim Widder

auf den instinktiven, körperlichen Bereich zutrifft, gilt dies beim Krebs jedoch für den Gefühlsbereich. Diese Energien sind also von der Form her gleich, vom Inhalt jedoch völlig verschieden. Bildhaft kann man sagen: Den Kardinalzeichen ist gemeinsam, daß sie Quellen sind. Aus der einen »Quelle« kann jedoch Glut und Lava geschleudert werden (Widder), während aus der anderen Mineralwasser plätschert (Krebs).
Die Beziehung der Zeichen Widder und Löwe, die beide dem Feuerelement entsprechen, verkörpert eine völlig andere Form von Gemeinsamkeit: Hier besteht keine Verwandtschaft in der Form, wie bei den Qualitäten, sondern eine Verwandtschaft im Inhaltlichen.
Um im Bild zu bleiben: Dem Löwen würden z. B. ein Feuer, die Verwüstung einer Landschaft entsprechen, die sich als Folge eines Vulkanausbruchs ergeben.

⁂ Zusammenfassung und weitere Unterscheidungskriterien

Fassen wir die bisher gemachten Unterteilungen der Tierkreiszeichen in einer Tabelle zusammen, so ergibt sich folgendes Bild:

	Wi	St	Zw	Kr	Lö	Ju	Wa	Sk	Sch	St	Wa	Fi
Geschlecht	+	–	+	–	+	–	+	–	+	–	+	–
Element	f	e	l	w	f	e	l	w	f	e	l	w
Qualität	k	f	b	k	f	b	k	f	b	k	f	b

Die Tabelle läßt sich vereinfachen, da ja die Geschlechter bereits in den Elementen enthalten sind (Feuer und Luft sind männlich, Erde und Wasser weiblich):

	kardinal	*fix*	*beweglich*
Feuer	Widder	Löwe	Schütze
Erde	Steinbock	Stier	Jungfrau
Luft	Waage	Wassermann	Zwillinge
Wasser	Krebs	Skorpion	Fische

Wenn wir Elemente und Qualitäten miteinander kombinieren, lassen sich folgende Entsprechungen herleiten:

Feuer

Widder = kardinales Feuer; Feuer, das in eine Richtung konzentriert wird, z. B. der Zündfunken, ein Schweißbrenner, ein Vulkan.

Löwe = fixes Feuer; Feuer, das auf einen Ort konzentriert wird, z. B. die Feuerstelle, der Herd, der Ofen.

Schütze = bewegliches Feuer; Feuer, das sich ausbreitet und weitergegeben wird, z. B. das olympische Feuer, die Fackel, die Kerze, an der andere Kerzen entzündet werden, der Großbrand.

Erde

Steinbock = kardinale Erde; Erde, die in eine Richtung konzentriert ist, z. B. das Gebirge.

Stier = fixe Erde; Erde, die begrenzt und unbeweglich ist, z. B. der Acker, die Weide, das (umzäunte) Grundstück, der Grundbesitz.

Jungfrau = bewegliche Erde; Erde, die verbreitet und verteilt wird, z. B. Blumenerde, Torf, Staub und Sand, der Schrebergarten.

Luft

Waage = kardinale Luft; Luft, die in eine Richtung konzentriert ist, z. B. der Wind, die Brise, der Windkanal, das Gebläse.

Wassermann = fixe Luft; Luft, die begrenzt und unbeweglich ist: z. B. die Ruhe vor dem Sturm, Zimmerluft, Luft in Ballons.

Zwilling = bewegliche Luft; Luft, die verbreitet und verteilt wird: Frühlingswind der die Blüten bestäubt, Wind aus ständig wechselnden Richtungen; die Luft an und für sich: schließlich ist es ihre elementare Eigenschaft, nicht greifbar zu sein und sich zu verteilen.

Wasser

Krebs = kardinales Wasser; Wasser, das in eine Richtung konzentriert ist, z. B. die Quelle, der Fluß, das (fließende) Leitungswasser.

Skorpion = fixes Wasser; Wasser, das begrenzt und unbeweglich ist, z. B. ein Tümpel, ein Teich, gefrorenes Wasser, alles Wasser, das nicht fließt (Flüssigkeit in Flaschen und Gefäßen, das stehende Leitungswasser).

Fische = bewegliches Wasser; Wasser, das verbreitet und verteilt wird, z. B. das Meer, die Gischt, Wasserdampf.

Diese Beispiele erheben keinen Anspruch auf Vollständigkeit. Der Leser mag vielmehr durch sie angeregt werden, sich selbst ein wenig im astrologischen Denken und Kombinieren zu üben. Versuchen Sie doch einmal, für Wasser Gefühl, für Feuer Temperament, für Luft Intellekt und für Erde Pragmatik einzusetzen. Beim Skorpion erhielte man beispielsweise die Kombination »fixes

Gefühl«, also Gefühle, die begrenzt und unbeweglich sind. Das wäre doch z. B. Starrsinn, aber auch Treue, Dickköpfigkeit, Beständigkeit der Gefühle usw.

In der folgenden Übersicht sollen zum einen noch einmal die vorangegangenen Tierkreisunterteilungen systematisch zusammengefaßt werden. Zum anderen werden weitere, vor allem in der klassischen Literatur gemachte Zuordnungen aufgelistet. Unabhängig davon, wie ihr Wert für eine Interpretation zu bemessen ist, erleichtert ihre Kenntnis dennoch das Verständnis mancher Begriffe in älteren, teilweise auch neuen Texten.

**

Unterteilung in Qualitäten

Kardinale Zeichen: Widder, Krebs, Waage, Steinbock.

Fixe (feste, nachfolgende) Zeichen: Stier, Löwe, Skorpion, Wassermann.

Bewegliche (labile, fallende) Zeichen: Zwillinge, Jungfrau, Schütze, Fische.

Unterteilung in Elemente

Feuerzeichen: Widder, Löwe, Schütze.

Erdzeichen: Stier, Jungfrau, Steinbock.

Luftzeichen: Zwillinge, Waage, Wassermann.

Wasserzeichen: Krebs, Skorpion, Fische.

Unterteilung in Jahreszeiten

Frühlingszeichen: Widder, Stier, Zwillinge.

Sommerzeichen: Krebs, Löwe, Jungfrau.

Herbstzeichen: Waage, Skorpion, Schütze.

Winterzeichen: Steinbock, Wassermann, Fische.

Unterteilung in Tag- und Nachtzeichen

Tagzeichen: Löwe, Jungfrau, Waage, Skorpion, Schütze, Steinbock.

Nachtzeichen: Wassermann, Fische, Widder, Stier, Zwillinge, Krebs.

Es gibt noch eine zweite Variante, Tag- und Nachtzeichen zu unterscheiden. Hier sind die männlichen mit den Nachtzeichen sowie die weiblichen mit den Tagzeichen identisch. Verwirrenderweise findet man in manchen Texten allerdings auch die umgekehrte Zuordnung (männliche = Tagzeichen, weibliche = Nachtzeichen):

Männliche und Nachtzeichen: Widder, Zwillinge, Löwe, Waage, Schütze, Wassermann.

Weibliche und Tagzeichen: Stier, Krebs, Jungfrau, Skorpion, Steinbock, Fische.

Unterteilung nach Norden und Süden

Nördliche Zeichen: Widder, Stier, Zwillinge, Krebs, Löwe, Jungfrau.

Südliche Zeichen: Waage, Skorpion, Schütze, Steinbock, Wassermann, Fische

Weitere Unterteilungskriterien

Äquinoktiale Zeichen: Widder, Waage.

Ausschweifende Zeichen: Widder, Stier, Löwe, Skorpion, Steinbock.

Benachbarte Zeichen: nebeneinanderliegende Zeichen (z. B. Widder und Stier).

Derbe Zeichen: die letzten 15 Grad Zwillinge, Skorpion, Schütze.

Direkt aufsteigende Zeichen: Krebs, Löwe, Jungfrau, Waage, Skorpion, Schütze.

Doppelkörperliche Zeichen: Zwillinge, Jungfrau, Schütze, Fische.

Fette Zeichen: die ersten 15 Grad Widder, Stier, Löwe.

Fleischige Zeichen: Jungfrau, Waage, Wassermann.

Fruchtbare Zeichen = Wasserzeichen.

Gehorsame Zeichen = südliche Zeichen.

Graziöse Zeichen: die ersten 15 Grad Zwillinge, Skorpion, Schütze.

Zeichen mit »guten Geistesgaben«: Zwillinge, Waage, Steinbock, Wassermann.

Häßliche Zeichen: Stier, Krebs, Steinbock.

Heiße und feuchte Zeichen: Zwillinge, Waage, Wasserman.

Heiße und trockene Zeichen = Feuerzeichen.

Herrschende Zeichen = nördliche Zeichen.

Idealistische Zeichen: Widder, Zwillinge, Löwe, Waage, Schütze, Wassermann.

Intellektuelle Zeichen: Widder, Zwillinge, Schütze.

Kalte und feuchte Zeichen = Wasserzeichen.

Kalte und trockene Zeichen = Erdzeichen.

Hinweis auf wenig Kinder: Stier, Waage, Schütze, Steinbock.

Körperliche Zeichen: Jungfrau, Waage.

Kurz aufsteigende Zeichen: Steinbock, Wassermann, Fische, Widder, Stier.

Krank machende Zeichen: Stier, Krebs, Skorpion, Steinbock, Wassermann.

Künstlerische Zeichen: Waage, Zwillinge, Jungfrau, Schütze.

Lang aufsteigende Zeichen = direkt aufsteigende Zeichen.

Lasterhafte Zeichen: Widder, Stier, Krebs, Skorpion, Steinbock.

Magere Zeichen: die letzten 15 Grad Widder, Stier, Löwe.

Materialistische Zeichen: Stier, Krebs, Jungfrau, Skorpion, Steinbock, Fische.

Menschliche Zeichen: Zwillinge, Jungfrau, Wassermann, die letzten 15 Grad Schütze.

Schöne Zeichen: Zwillinge, Jungfrau, Waage, die ersten 15 Grad Schütze.

Schuppige Zeichen = Wasserzeichen (angeblicher Hinweis auf Hautprobleme).

Schwächliche Zeichen: die ersten 15 Grad Zwilling, Skorpion und Schütze.

Starke Zeichen: die letzten 15 Grad Zwilling, Skorpion und Schütze.

Zeichen mit guter Stimme: Zwilling, Jungfrau, Waage, Wassermann, die ersten 15 Grad Schütze.

Stumme Zeichen = Wasserzeichen und die ersten 15 Grad Schütze.

Unfruchtbare Zeichen: Widder, Zwillinge, Löwe, Jungfrau.

Vierfüßige Zeichen: Widder, Stier, Löwe, Schütze, Steinbock.

Violente Zeichen: Skorpion, Steinbock.

Wohltätige Zeichen: Schütze, Fische.

Zornige Zeichen: Widder, Löwe, Steinbock.

⁑⁑ Die Häuser

Neben der Unterscheidung von zwölf Tierkreiszeichen gibt es auch zwölf Felder oder Häuser. Während die *Tierkreiszeichen* die *kosmische Ebene* repräsentieren, symbolisieren die *Häuser* die *individuellen Verhältnisse,* wie sie für einen gegebenen Anblick an einem bestimmten Ort gelten. Wie wir wissen, dreht sich die Erde nicht nur einmal im Jahr um die Sonne, sondern auch einmal täglich um sich selbst. Die jährliche Bewegung wird durch den Tierkreis dargestellt, während sich die tägliche Bewegung

Der äußere Tierkreis zeigt die Zuordnung der Zeichen zu den Jahreszeiten/Tageszeiten. Der innere Tierkreis zeigt die Entsprechungen von Tierkreiszeichen und Häusern.

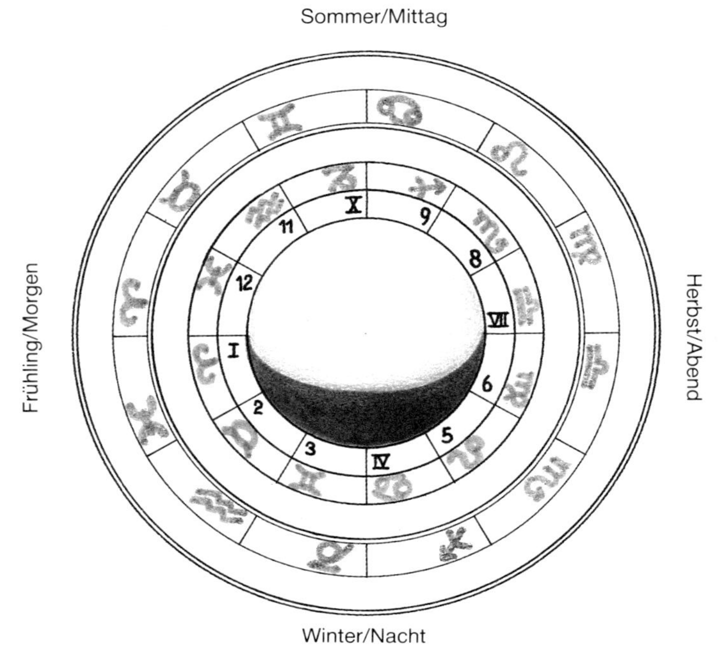

(d.h. die Drehung um die eigene Achse) in den Häusern widerspiegelt. Beide Prozesse weisen Parallelen auf; was das Jahr im großen ist, ist der Tag im kleinen.

Der Frühling ist gleichsam der Morgen des Jahres. Der Sommer ist die Jahres-, der Mittag hingegen die Tageszeit, in der die Sonne am höchsten über dem Horizont steht. Im Herbst werden die Tage kürzer als die Nächte, am Abend kündigt die Dämmerung bereits die Nacht an. Im Winter (in der Nacht) schließlich schläft die Natur, fast alle Wachstumsprozesse ruhen, um im Frühling (am Morgen) zu neuem Leben zu erwachen.

Es ergibt sich folgende Beziehung zwischen Tierkreiszeichen und Häusern:

Widder = 1. Haus	Waage = 7. Haus
Stier = 2. Haus	Skorpion = 8. Haus
Zwillinge = 3. Haus	Schütze = 9. Haus
Krebs = 4. Haus	Steinbock = 10. Haus
Löwe = 5. Haus	Wassermann = 11. Haus
Jungfrau = 6. Haus	Fische = 12. Haus

In der klassischen Astrologie haben die Häuser folgende Bedeutungen:

1. Haus: Anlagen, Persönlichkeitskern, frühe Kindheit, Erscheinung, Umstände der Geburt.

2. Haus: Sicherheit, Besitz, Gruppenbildung, der Körper, Tod des Partners.

3. Haus: Kommunikation, Selbstdarstellung, Geschwister, Intellekt, kurze Reisen.

4. Haus: Familie, seelischer Urgrund, die Mutter, das Heim, emotionaler Antrieb.

5. Haus: Gefühlsäußerung, Vergnügen, Freizeit, der Vater, Sexualität, Kinder, Haustiere.

6. Haus: Krankheiten, Untergebene, Bedienstete, Anpassung und Unterordnung.

7. Haus: Partner, offene Gegner, Ehepartner, geistige Interessen, persönliches Umfeld.

8. Haus: Tod, Erbschaften, geistige Bindung, Besitz des Ehepartners, Verausgabung und Opferung der Seele, das Erbgut, die Kriterien der Art, Wertmaßstäbe, Prinzipien, Vorstellungsinhalte, Ideologie.

9. Haus: soziales Milieu, Toleranz, geistige Selbstdarstellung, Philosophie, Religion, Glaube, Hoffnung, weite Reisen, Hobbys.

10. Haus: der Beruf (besser: die Berufung), gesellschaftliche Bedeutung, Wertmaßstäbe der Gesellschaft und unser persönliches Verhältnis dazu, Entwicklungsziel der Seele, die gesellschaftliche Position, die erreicht wird.

11. Haus: Freunde im Sinne von Gesinnungsgenossen, die Verwurzelung in der Gesellschaft, Individualität im Sozialverband, die Überwindung subjektiver Interessen, die Opposition, der Gegenkurs, die Reform, der Umschwung, das persönliche Freiheitspotential.

12. Haus: die geheimen Feinde, das Kloster, Gefängnis, Krankenhaus, Krankheiten (Seuchen), das Namenlose, Nirwana, die Auflösung alles Stofflichen, die Überwindung des Körperlichen, Meditation, Yoga, Unabhängigkeit von Reflexzwängen, überlegen bis weltfremd, idealistisch, altruistisch, scheinheilig, undurchschaubar.

Die Quadranten

Die Achsen Aszendent-Deszendent und Medium Coeli-Imum Coeli bilden ein Kreuz, welche das Horoskop in vier ungefähr gleich große Abschnitte unterteilt. Diese Abschnitte bezeichnet man als Quadranten, sie werden entgegen dem Uhrzeigersinn numeriert.
So gehören also die Häuser 1 bis 3 zum ersten, die Häuser 4 bis 6 zum zweiten, die Häuser 7 bis 9 zum dritten und die Häuser 10 bis 12 zum vierten Quadranten.
Jedem der vier Quadranten ist eine eigene Verwirklichungsebene zugeordnet, die gemäß der esoterischen Überlieferung den vier Körpern des Menschen entspricht: Der erste Quadrant repräsentiert den physischen, sichtbaren Körper, die zweite den seelischen, der dritte den geistigen oder mentalen, der vierte den kausalen Körper. In der praktischen Arbeit mit Horoskopen ist eine

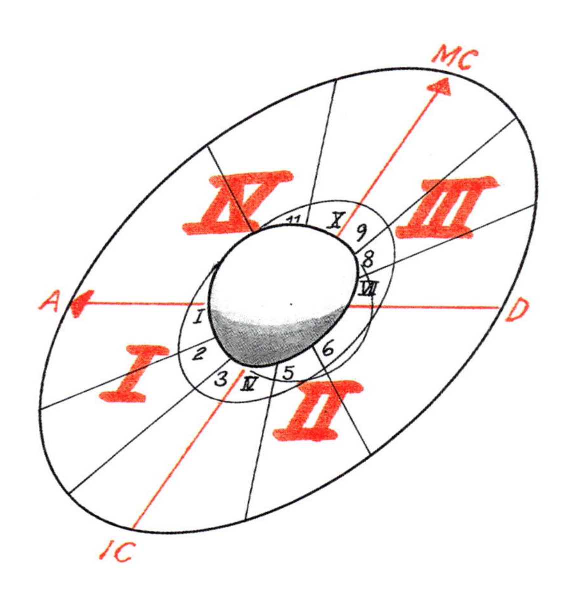

einfachere Zuordnung möglich: Körper, Seele, Geist und Schicksal.

Das erste Haus eines Quadranten (also die Häuser 1, 4, 7 und 10) symbolisiert immer das Thema an sich in seiner abstrakten, übergeordneten Form. So entspricht das 1. Haus z. B. sämtlichen körperlichen Anlagen, ohne etwas darüber auszusagen, welche Potentiale sichtbar werden und welche nicht. Das 4. Haus symbolisiert den seelischen Untergrund, unsere verborgensten Empfindungen und Wünsche. Das 7. Haus repräsentiert unsere geistigen Anlagen. Das 10. Haus entspricht unseren Anlagen im Schicksal.

** Die nachfolgenden, fixen Häuser stellen die räumliche Verdichtung dar. Die abstrakten Themen der vorausge-

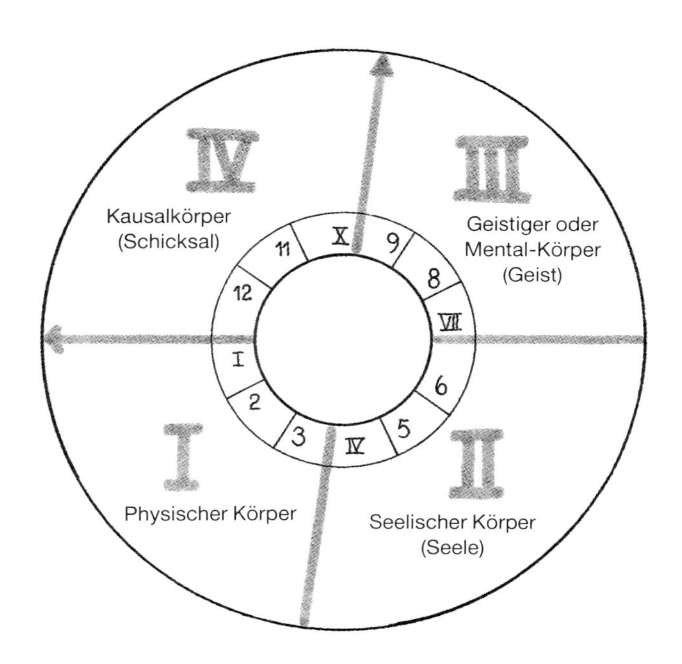

henden Häuser werden konkretisiert, damit stofflich und real:
Das 2. Haus entspricht unserer körperlichen Erscheinung, das 5. unserem konkreten seelischen Ausdruck, das 8. unserem geistigen Eigentum und das 11. schicksalhaften Ereignissen und ihren Konsequenzen.

Die beweglichen oder fallenden Häuser symbolisieren die Wechselwirkung eines Quadranten (= Körpers) zu seiner Umwelt. Sie haben damit grundsätzlich einen regulierenden und kommunikativen Charakter: Das 3. Haus zeigt die körperliche »Funktion in den Raum«, die Darstellung körperlicher Anlagen. Das 6. Haus zeigt die seelische Aussteuerung an die Umwelt, die Anpassung des Selbstausdrucks und die Darstellung des Emotionalen. Dem 9. Haus entspricht die Darstellung geistiger Anlagen. Das 12. Haus repräsentiert die Funktion des Schicksals, die geistige Anpassung.

Die Berücksichtigung des Quadranten ist deshalb von besonderer Wichtigkeit, weil durch sie die Verwirklichungsebene von Planetenkonstellationen bestimmt wird: Ein Planet im 11. Haus kann keine körperliche Entsprechung haben, sondern muß sich immer auf das Schicksalhafte beziehen, ein Planet im 2. Haus sagt nichts über unsere geistigen Anlagen aus usw.

Häuser und Quadranten **

Aus der Erfahrung mit Astrologieschülern weiß ich, daß ein tiefergehendes Verständnis der Häuserbedeutungen auf besondere Schwierigkeiten stößt. Dieses ist jedoch für den Zugang zur Horoskopinterpretation unerläßlich.

Es gibt viele verschiedene Möglichkeiten, sich der Häuserinterpretation anzunähern.
Die hier zugrundeliegende Kombination von Qualität und Quadrant ist eine davon. Sie soll zeigen, wie man folgerichtig astrologische Aussagen selbständig herleitet, indem man verschiedene Deutungselemente sinnvoll miteinander kombiniert.

Die Quadranten, von denen im vorangegangenen Kapitel die Rede war, lassen sich nach folgenden Kriterien unterscheiden:

Erster Quadrant: alles, was mit Statik, Materie, Körperlichkeit und Triebhaftem zu tun hat - die instinktive Eigenart.

Zweiter Quadrant: alles, was mit Vitalem, Seelischem, Prozeßhaftem zu tun hat - die emotionale Eigenart.

Dritter Quadrant: alles, was mit Bewußtsein, Begegnendem, außerhalb von mir Liegendem, aber in mein eigenes Wesen Integriertem zu tun hat.

Vierter Quadrant: alles, was über mich hinausgeht - sowohl im Sinne des Zeitgeistes - der Gesellschaft, des Staates - als auch im Sinne des Schicksals.

Wir unterscheiden kardinale, fixe und bewegliche Häuser (siehe auch das Kapitel »Die drei Qualitäten«).

Kardinale Häuser (1, 4, 7 und 10) entsprechen dem Thema des ihnen zugehörigen Quadranten, d.h., sie zeigen seine Möglichkeiten, die sie auch selbst zum Inhalt haben. Alles, was potentiell in einem Quadranten stattfinden kann, wird durch das Kardinalhaus angezeigt. Die Kardinalhäuser sind am wichtigsten und für das Horoskop unverzichtbar.

Die *fixen Häuser* (2, 5, 8 und 11) verdichten und konzentrieren die Themen der ihnen vorangehenden Kardinalhäuser. Sie nehmen aus dem »Topf der Möglichkeiten« das, was dann tatsächlich ins Reale geboren werden soll. Beispiel: Aus einer großen Anzahl Blumensamen (1. Haus) geht nur ein Teil auf und wird tatsächlich zu ausgewachsenen Pflanzen (2. Haus).

Die *beweglichen Häuser* – also die dritten Häuser eines Quadranten (3, 6, 9 und 12) – entsprechen der »Funktion nach außen«, der Einbeziehung der Umwelt. Dies geschieht je nach Zuständigkeit des Quadranten auf einer körperlichen, seelischen, bewußten oder schicksalhaften Ebene.

In der Kombination von Häusern und Quadranten ergeben sich nun folgende Korrelationen:

Erster Quadrant

1. Haus (kardinal): Sämtliche Themen des ersten Quadranten finden sich als Möglichkeit in Haus 1 – alles, was wir an Körperlichkeit in uns tragen, unser Potential im Materiellen entspricht dem 1. Haus.

2. Haus (fix): das, was real sichtbar, stofflich wird; der Körper.

3. Haus (beweglich): die Beziehung der Umwelt zum Körperlichen. Konkretes Beispiel: Im ersten Haus habe ich die Möglichkeit, eine Nase zu haben. Das ist eine Chance, im Körperlichen. Im zweiten Haus habe ich die Nase und im 3. Haus sehen die anderen meine Nase – die Umwelt ist mit einbezogen.
Außerdem: Ich kann mit der Nase riechen (= Zugang zur Umwelt). Das Riechen selbst ist allerdings dem zweiten Quadranten zuzuordnen (= Verhalten).

Zweiter Quadrant

4. Haus (kardinal): Hier steht das 4. Haus für all das, was wir als Potential im Seelischen sowie im Handeln haben. Alles, was in uns an Prozeßhaftem, Vitalem möglich ist, also all jenes, was sich in uns bewegen kann – im organischen wie im emotionalen Sinne –, ist bereits im 4. Haus angelegt und thematisiert.
Was von diesem Potential konkret wird, zum Ausdruck kommt, verwirklicht sich in Haus 5 (fix).
Das Einbeziehen der anderen, der Umwelt, entspricht Haus 6 (beweglich).
Beispiel: In Haus 4 bin ich verliebt, ohne daß notwendigerweise jemand davon weiß – schließlich entspricht Haus 4 der Intimsphäre, die beliebig verborgen werden kann. In Haus 5 äußere ich meine Gefühle. In Haus 6 erfahre ich die Reaktion des anderen, d. h., ich bekomme z. B. einen Korb und ziehe meine Lehren daraus ...

Dritter Quadrant

Auch hier gilt das gleiche Prinzip: Dem siebten Haus (kardinal, dritter Quadrant) entspricht alles, was außerhalb von mir liegt, aber in mein Leben integriert ist, bzw. potentiell integrierbar ist.
Beispiel: Der Ehepartner ist zwar selbstverständlich als eigenständige Person vorhanden, für mich subjektiv als solche aber leider nicht zugänglich. Für mich existiert lediglich mein »Bild des Partners«, das mehr oder weniger gut mit der Realität übereinstimmen mag.
Dies gilt auch für Wissen, das ich mir aneigne, für Freundschaften etc.
Das, was an Begegnendem konkret, verbindlich und prinzipiell wird oder den Stellenwert von Wertmaßstäben gewinnt, entspricht Haus 8 (fix).

Für die Einbeziehung der Umwelt steht wiederum das dritte Haus des Quadranten, Haus 9 (beweglich).
Beispiel: In Haus 7 lerne ich jemanden kennen (= Begegnung), die Möglichkeit einer Partnerschaft; in Haus 8 wird sie verbindlich, z. B. in Form einer Ehe (wie alle fixen Häuser, so stellt also auch Haus 8 einen Selektionsprozeß dar, der aus dem Möglichen das auswählt, was konkret werden soll). Das 9. Haus ist dann das gemeinsame Auftreten in der Umwelt, die Selbstdarstellung als Paar. Insofern zeigt sich in Haus 9 auch die Toleranzfähigkeit, die Flexibilität meiner Wertmaßstäbe.

Vierter Quadrant

Alles, was schicksalhaft ist, was dem »Zeitgeist« entspricht, was über mich als Person hinausgeht, auf das ich keinen erkennbaren Einfluß gewinnen kann, entspricht dem vierten Quadranten.
Sämtliche Möglichkeiten des vierten Quadranten konzentrieren sich im 10. Haus (kardinal). Dies ist u. a. die Begrenzung der seelischen Eigenart (Opposition zu Haus 4) im Sinne der gesellschaftlichen Konvention und Erwartung. Die Begrenzung durch Gesellschaftsnormen und Gesetze ist eine Beschränkung, aber ebenso ein Schutz: Schließlich soll ich ja auch vor den Übergriffen anderer bewahrt werden.
Die Konkretisierung der Möglichkeiten des 10. Hauses findet sich in Haus 11 (fix). Dem entspricht die Verwurzelung in der Gesellschaft (Verwurzelung im Körperlichen: Haus 2, Verwurzelung im Seelischen: Haus 5, Verwurzelung im Begegnenden: Haus 8).
Im 10. Haus geht es um die Form an sich, um die Möglichkeiten des vierten Quadranten. Erwartet (im Sinne von Haus 10) wird eine abstrakte Norm, die sich im Realen jedoch niemals vollkommen erfüllen kann. In dem

Moment, wo etwas Gestalt gewinnt, finden sich Abweichungen vom Anspruch.

Beispiele: Auch die genaueste Schraubenmaschine der Welt wird keine zwei identische Schrauben produzieren, ich werde immer Unterschiede (= Individualität innerhalb der Norm) nachweisen können. – Als Staatsbürger bin ich an Gesetze und Vorschriften gebunden – Haus 10 –, als Individuum werde ich ihnen aber nicht bis aufs i-Tüpfelchen entsprechen können. Ich als Individuum im Bezug zur Gesellschaft finde mich in Haus 11.* – Der Bundeskanzler als abstrakt-rechtsstaatliche Einrichtung, entspricht Haus 10. Helmut Kohl als Person des öffentlichen Interesses (nämlich weil sie Bundeskanzler ist) entspricht Haus 11.

Haus 12 steht für die Selbstdarstellung in der Gesellschaft sowie schicksalhafte, überpersönliche Beziehungen zu anderen: Die Bedeutung, welche man im 10. Haus erreicht, wird im 12. dargestellt.
Grundsätzlich steht Haus 12 für die Bedeutung, die unabhängig von Konvention, Zeitgeist und materieller Anbindung erreicht werden kann. Ist diese Unkonventionalität zu wesentlich, kann sie von der gesellschaftlichen Mehrheit nicht mehr nachvollzogen werden: Man ist unverstanden.
Haus 6 repräsentiert die subjektive, persönliche Anpassung. Haus 12 hingegen die objektive, auf andere bezogene Aussteuerung. Dies kann das Reglement sein, das ich durch meine Funktion in der Gesellschaft erleiden muß – daher kommen die klassischen Entsprechungen Psychiatrie und Gefängnis.

* Deshalb ist Haus 11 auch nicht das Haus der Freunde, sondern das der *Gesinnungsgenossen,* deren individueller Bezug zur Gesellschaft also ähnlich dem meinen ist. Persönliche Freunde finden sich selbstverständlich in Haus 7 und 8.

Der vierte Quadrant entspricht der Gesellschaft, die beweglichen Häuser den Beziehungen zu anderen, zur Umwelt. Das 12. Haus symbolisiert damit auch Prozesse, die das »Massenschicksal« betreffen. Hierzu gehören z. B. Katastrophen, Infektionskrankheiten und Seuchen.

Die Planeten

 **Sonne** (persönliches Verhalten) ✻✻✻✻

Aus astronomischer Sicht entspricht die Sonne dem *Zentrum* unseres Planetensystems. Sie ist der einzige Punkt, der sich ständig in (relativer) *Ruhe* befindet, während er von den übrigen Himmelskörpern unseres Systems umkreist wird.

Die Sonne ist es, welche die Planeten in ihren Bahnen festhält und sie durch ihre Gravitationskräfte daran hindert, ins Weltall zu entgleiten. Die von ihr ausgehende Energie in Form von Licht und Wärme schuf erst die Voraussetzungen für die Entstehung des Lebens auf der Erde. Auch daß die Planeten am Himmel leuchten, ist nur möglich, weil sie das Licht der Sonne widerspiegeln.

Diese Beispiele zeigen, daß die Sonne an sich sämtliche Qualitäten unseres Planetensystems verkörpert. Alles, was in unserer Welt an Wirklichkeit möglich ist, wird von der Sonne repräsentiert. Gut und böse, Schönes und Häßliches, hell und dunkel, heiß und kalt usw. sind gegensätzliche Prinzipien, welche die Sonne in sich vereint. Selbst Zeit und Raum sowie die 3 Dimensionen in der Form, wie wir sie kennen, gelten nur innerhalb unseres Sonnensystems, sind somit von der Sonne bestimmt und geprägt. Sie ist die alles in sich vereinende *aktive Urenergie,* von der die Planeten verschiedene Aspekte verkörpern.

Dies läßt sich am Beispiel des Lichtes veranschaulichen: Sonnenlicht enthält die Summe aller Farben und ist deshalb farblos (weiß). Durch die Zerlegung des Lichtes mit Hilfe eines Prismas können jedoch die einzelnen Farben sichtbar gemacht werden. Die verschiedenen Regenbogenfarben symbolisieren Charaktereigenschaften, die wiederum bestimmten Planeten zugeordnet sind. So entspricht Dunkelblau der Treue und Ernsthaftigkeit (= Saturn), Aggression und Gewalt zeigt sich in einem grellen Rot (= Mars), Liebe und Harmonie repräsentiert das Weinrot (= Venus). Wie die Farben des Regenbogens, so verkörpern die Planeten festumrissene, in der Sonne als Qualität und Energie verankerte Eigenschaften, die erst dann sichtbar werden, wenn man sie aus der Gesamtheit, aus der Einheit, trennt, so wie auch die Regenbogenfarben erst sichtbar werden, wenn man das farblose Licht zerlegt. Insofern läßt sich die Sonne mit einem Regisseur vergleichen, der, ohne selbst sichtbar in Erscheinung zu treten, die Handlungen der Schauspieler (d.h. der Planeten) steuert.
Von der Erde aus gesehen, dem für uns maßgeblichen Blickwinkel, ist die Sonne alles andere als unbewegt und unveränderlich: Ihre Stellung am Himmel, ihre Wärme und Helligkeit hängen ab von der Jahres- und Tageszeit sowie - beim Horoskop - vom Ort der Geburt. So gibt es im Leben jedes einzelnen ein anderes Hauptthema, eine andere, persönliche Form von Urenergie, die jede Handlung beeinflußt und prägt.
Im individuellen Horoskop zeigt die Stellung der Sonne die aktive Essenz unseres Charakters, den Persönlichkeitskern. Die Sonne entspricht unserem *Selbstbewußtsein,* unserem *Verhalten* und *Handeln.*

Wesensmerkmale:
+ Charakter, Persönlichkeit, Vitalität, Führungsqualitä-

ten, Ausgeglichenheit, Menschenkenntnis, Großzügigkeit, Weitblick.
– Haltlosigkeit, schwache Gesundheit, labil, beeinflußbar, opportunistisch, eingebildet, rücksichtslos, selbstherrlich, krankhafter Ehrgeiz, egoistisch.

Körperliche Entsprechung: Herz, Solarplexus, Kreislauf, Vitalität, Sympathikus.

Soziale Entsprechung: Autorität, Vater, der Mann (mittleres Lebensalter), Herrscher, König, Präsident, Ehemann.

Edelstein: Diamant, Topas.

Metall: Gold.

Hauptfarbe: »Lichtfarben«, klar, durchsichtig, farblos.
Nebenfarbe: Gold, Orangerot.

Tier: Phönix, Hundsaffe, Löwe.

☽ **Mond** (Wahrnehmung und Empfinden) ⁑⁑

Gemeinsam mit der Sonne nimmt der Mond eine Sonderstellung ein. Die Astrologen des Mittelalters nannten sie »Lichter«, da die Sonne den Taghimmel, der Mond den Nachthimmel erleuchtet. Beide Planeten erscheinen von der Erde aus betrachtet sehr viel größer als alle anderen Himmelskörper; miteinander verglichen wirken sie jedoch gleich groß. Kein anderer Planet verändert so unübersehbar deutlich seine äußere Erscheinung wie der Mond, ständig befindet er sich in Phasen der Zu- und Abnahme, wobei Voll- und Neumond die Extreme und Wendepunkte dieser periodischen Bewegung bilden.
Während die Sonne dem Bewußtsein entspricht, symbolisiert der Mond *das Unbewußte*. Am Tag herrscht das Offensichtliche, Überschaubare, in der Nacht hingegen das *Verborgene, Private, Heimliche*.

Unser Wort »Laune« geht auf das lateinische »luna« (= »Mond«) zurück. So wie der Mond wechselhaft und unbeständig in seiner äußeren Erscheinung ist, so spricht man auch den Stimmungen etwas Unberechenbares zu.
Die Sonne verkörpert das aktiv formende, der Mond jedoch das *passiv empfangende Urprinzip.* Astronomisch zeigt sich dies im von der Sonne abhängigen Erscheinungsbild des Mondes: Die Mondphasen entstehen ja lediglich durch die verschiedenen Winkel, die Sonne und Mond zueinander bilden. Je nach ihrer Stellung kann die Sonne den Mond vollständig, teilweise oder überhaupt nicht beleuchten. So ist der Mond ein Spiegel des Sonnenlichtes, allerdings ein Spiegel, der nicht alles reflektiert, sondern durch seine eigene Position am Himmel eigene Akzente setzt, indem er manches betont, anderes jedoch vernachlässigt oder völlig wegläßt. Auf diese Weise symbolisiert der Mond unser persönliches *Fenster zur Wirklichkeit,* er zeigt, welche Erscheinungsformen für uns Bedeutung haben und welche nicht.
Im Leben eines Maikäfers hat die Farbe Rot keine besondere Bedeutung, sie wird von ihm nicht wahrgenommen, ist nicht Teil seiner subjektiven Wirklichkeit. Der berühmte Stier wird jedoch sehr wohl auf das sprichwörtliche rote Tuch reagieren.
So ist auch die Wahrnehmung jedes einzelnen selektiv, d.h., bestimmte Dinge nehmen wir sehr deutlich zur Kenntnis, während uns andere völlig entgehen. Ein Musiker wird sich z.B. an ein Musikstück, das er während einer Autofahrt gehört hat, noch genau erinnern können, aber vielleicht keine Ahnung haben, in welchem Modell er saß oder auch nur welche Farbe das Fahrzeug hatte. Dem Autonarr hingegen entgeht kein interessantes Detail seines Hobbys, während er vielleicht noch nicht einmal bemerkt, daß das Radio überhaupt läuft.
Im individuellen Horoskop gibt der Mond deshalb Auf-

schluß über unsere *persönliche Wahrnehmung*, unsere *Empfindungen* und *Gefühle*.
Sonne und Mond verkörpern die aktive und die passive Seite des Gefühls: Man kann lieben (aktiv) und geliebt werden (passiv) ...

Wesensmerkmale:
+Empfinden, Gefühl, Mitgefühl, Mütterlichkeit, Intuition, gesellig, volkstümlich, Geborgenheit.
–Oberflächlichkeit, unbeständig, launisch, unlogisch, stimmungsabhängig, unselbständig, beeinflußbar.

Körperliche Entsprechung: Gehirn (als Organ, nicht als Funktion), Brust, Körperflüssigkeit, Lymphe, Magen, Menstruation, Eisprung, Muttermilch, Parasympathikus.

Soziale Entsprechung: Mutter, Frau (in den mittleren Jahren), Ehefrau, das Volk.

Edelstein: Mondstein, Perle.

Metall: Silber.

Hauptfarbe: Milchweiß.
Nebenfarbe: Dunkelgrün.

Tier: Katze, alle Nachttiere.

Merkur (das Vermittelnde, Intellekt) ⁂

Merkur und Venus sind die sogenannten inneren Planeten, d.h., sie befinden sich in größerer Nähe zur Sonne als zur Erde. Johannes Kepler bezeichnete Merkur als den »Mond der Sonne«. Tatsächlich entfernt sich Merkur niemals weiter als 28 Grad von der Sonne, wobei er sie in schnellem Lauf überholt, um wenig später zurückzueilen. Zudem ist Merkur (wenn wir vom Mond einmal absehen)

der schnellste Planet. Diese beiden Eigenschaften, nämlich die hohe Geschwindigkeit der Bewegung in Verbindung mit häufigen Richtungswechseln, waren wohl die Gründe, warum man den Planeten mit dem Götterboten Merkur (Hermes) verband.
Sonne und Mond verkörpern in der Astrologie die Kräfte des Aktiven, Handelnden und des Passiven, Wahrnehmenden. Beide Qualitäten hängen voneinander ab: Nur das, was in mir als subjektive Wirklichkeit angelegt ist (Mond), kann ich auch in konkretes Verhalten (Sonne) umsetzen. (Beispiel: Nur wenn mir ein Tisch gefällt [Mond], werde ich ihn kaufen und mir die Mühe machen, ihn nach Hause zu befördern [Sonne].)
Sonne und Mond können jedoch völlig verschiedene Sprachen sprechen, d.h., sie sind im persönlichen Horoskop für unterschiedliche Wissensbereiche zuständig. Um eine Verständigung zwischen beiden Sphären zu erreichen, ist deshalb ein Dolmetscher und Bote notwendig. Dieser Dolmetscher und Bote muß natürlich beide Sprachen beherrschen, d.h. an beiden Planetenqualitäten Anteil haben. In astronomischer Hinsicht hat Merkur Ähnlichkeit mit dem Mond: So wie der Mond die Erde in engem Abstand umkreist, so bewegt sich auch Merkur in großer Nähe zur Sonne. Gleichzeitig ist Merkur jedoch durch ebendiese Nähe zur Sonne auch mit ihrer Planetenqualität vertraut.
So kommt also im persönlichen Horoskop Merkur die Aufgabe zu, zwischen dem Unbewußten und Bewußten, zwischen Wahrnehmung und Handeln zu vermitteln. Dies geschieht mit Hilfe des *Intellekts,* er ermöglicht uns, unsere Wahrnehmungen zu ordnen und zu bewerten, zu entscheiden, was wichtig ist und was nicht.
Dabei sagt Merkur nicht nur etwas über unsere individuelle Form von *Intelligenz* aus, sondern gibt auch Auskunft über unsere persönliche *Koordinationsfähigkeit* und

Anpassung an Umweltbedingungen. Merkur zeigt auf, was für eine Art von *Auffassungsgabe* wir besitzen, ob wir nur langsam, dafür aber um so gründlicher *lernen,* ob wir in unserem *Denken* eher sprunghaft sind oder ob wir große Zusammenhänge besonders gut erfassen und dafür vielleicht eher die Details vernachlässigen.

Wesensmerkmale:
+ Geschicklichkeit, beweglich, Intelligenz, gute Auffassungsgabe, reaktionsschnell, redegewandt, literarische Begabung, kaufmännische Begabung.
– Plumpheit, ungeschickt, verlogen, Neigung zu Betrug, verschlagen, beschränkte Auffassungsgabe.

Körperliche Entsprechung: Nerven, Hände, Stoffwechsel, Bronchien, Hirn- und Lungentätigkeit.

Soziale Entsprechung: Kind, junger Mann (Pubertät), Kaufmann, Händler, Dieb, Rechtsanwalt, Schriftsteller, die Post.

Edelstein: Achat.

Metall: Quecksilber.

Hauptfarbe: Signalgelb.
Nebenfarbe: Hellgrau, Opalisierend, Sandfarbe.

Tier: Affe, Insekten, Chamäleon.

♀ **Venus** (Hingabe, Ergänzung, Absicherung) ⁑⁑

Venus ist der schönste, hellste und strahlendste Planet am Himmel. Vielleicht war dies der Grund, warum man ihn in der Antike mit der Göttin der *Schönheit* Venus (Aphrodite) gleichsetzte. Auch die Venus ist als sogenannter innerer Planet an die Sonne gebunden, sie kann sich nur bis zu 48 Grad von ihr entfernen (siehe auch bei »Merkur«). Venus im persönlichen Horoskop zeigt unser Gefühl für *Ästhetik,* unseren individuellen *Geschmack,* unseren Zugang zur *Kunst.* Zusätzlich repräsentiert die Venus unser *Hingabepotential,* d.h. die Art, wie wir uns auf nahestehende Menschen einlassen.

Da Venus das Bedürfnis und die Fähigkeit zur *Ergänzung* repräsentiert, sind ihr auch die *Partner,* zu denen wir uns hingezogen fühlen, zugeordnet. Die Stellung der Venus im Horoskop zeigt uns, welche Form von *Beziehung* wir anstreben. Auf einer höheren Eben symbolisiert sie auch den *Ausgleich der Kräfte* - wie Justitia, die ohne Ansehen der Person (d.h. mit verbundenen Augen) das Für und Wider abwägt, um mit ihrem Urteil der *Gerechtigkeit* zu dienen.

Im persönlichen Horoskop repräsentiert Venus die innere und äußere Balance, also die Wesensmerkmale, Charaktereigenschaften und Personen, die wir benötigen, um mit uns selbst im *Gleichgewicht* zu sein.

Da Venus neben dem Zeichen Waage ebenso den Stier regiert, gibt sie auch Aufschluß darüber, auf welche Weise wir *Sicherheit im Materiellen* suchen und finden. Sie zeigt unser Verhältnis zu persönlichem *Besitz* an.

Wesensmerkmale:

+ Ästhetik, freundlich, friedliebend, ausgleichend, gerecht, harmonisch, künstlerisch begabt.

– Oberflächlichkeit, wankelmütig, unentschlossen, besitzgierig, eitel.

Körperliche Entsprechung: der venöse Blutkreislauf, Venen, Nieren, Blase, Zellgewebe im allgemeinen, Kehle, Mandeln, Stimmbänder, Hals, Lippen, Drüsen.

Soziale Entsprechung: die junge Frau, die Geliebte, die Prostituierte, der Künstler, die Modebranche, Touristik.

Edelstein: Aquamarin, Granat.

Metall: Kupfer.

Hauptfarbe: Dunkelrot.
Nebenfarbe: Schneeweiß, Grasgrün, Lodengrün, Hellblau, Rosa.

Tier: Schaf, Reh, Hase.

 **Mars** (Impuls, Energie, Durchsetzung) 

Der rote Planet wurde von alters her dem Kriegsgott Mars zugeordnet. Zum einen wahrscheinlich, weil seine Farbe ein wenig an Blut erinnert, zum anderen auch aufgrund der exzentrischen Umlaufbahn, die ihm den Anstrich des Unberechenbaren gibt: Mars bewegt sich häufig rückwärts, bildet seltsame Schleifen am Himmel und ist, je nach seiner Entfernung von der Erde, mal hell und deutlich, dann wieder recht schwer zu erkennen. Mars und Venus sind die unmittelbaren Nachbarn der Erde, wobei Venus der sonnennähere Planet ist.
Im Horoskop zeigt Mars, wie wir unsere persönlichen Interessen *durchsetzen,* wie wir uns im *Wettstreit* mit anderen verhalten. Während die Sonne unsere Lebensenergie im allgemeinen repräsentiert, gibt Mars Aufschluß über unsere *Tatkraft.* Er entspricht auch der *Triebnatur* des Menschen und repräsentiert damit unsere *instinktive Eigenart.* Neben seinem Bezug zur *Gewalt* ist Mars auch die *Sexualität* zugeordnet. Dies ist besonders deshalb interessant, weil neuere Forschungen nachgewiesen haben, daß die Gehirnzentren, welche für die »Produktion« von *Aggression* verantwortlich sind, sich direkt neben denen befinden, welche die Sexualität steuern. Bei sehr hoher sexueller oder aggressiver Erregung kann

quasi der Funke von einem Hirnareal auf das andere überspringen. So leistet – zumindest in diesem Falle – die Wissenschaft einen durchaus unfreiwilligen Beitrag zur Begründung astrologischer Überlieferung.
Die noch aus unserer animalischen Vergangenheit überkommenen *Reiz-Reaktions-Muster* sind Mars zuzuordnen; d.h., was in uns eine unwillkürliche Reaktion hervorruft, die sich bewußter Kontrolle entzieht, ist marsgesteuert. Dies mag *Wut, Ärger, Schmerz, Angst, Erregung* oder *Begehren* sein. Allen diesen Empfindungen gemeinsam ist, daß sie sich unserem bewußten Willen entziehen: Sowenig man beschließen kann, Angst zu haben, sowenig lassen sich Wut und Ärger willentlich hervorrufen. Man kann diese Empfindungen lediglich steuern und kontrollieren. Es ist deshalb ein sehr großes Mißverständnis, wenn man – wie es nicht selten geschieht – Mars dem Willen zuordnet: Willen bedeutet, Herr seiner selbst zu sein, bewußt seine gewählten Ziele verfolgen zu können, ohne sich beirren zu lassen. Ein *Choleriker* jedoch ist seiner *Tobsucht* ausgeliefert, er könnte sie wahrscheinlich noch nicht einmal beherrschen, wenn er es wollte. Wille im Sinne eines höheren Bewußtseins ist der Sonne zuzuordnen, Mars hingegen ist dem *Instinktiven* und dem *Animalischen* verhaftet.

Wesensmerkmale:
+Tatkraft, Durchsetzungskraft, Initiative, sportlich, spontan, impulsiv, engagiert.
–Gewalttätigkeit, Antriebsschwäche, cholerisch, aggressiv, unberechenbar, wenig ausdauernd.

Körperliche Entsprechung: der arterielle Blutkreislauf, die Arterien, (arterielles) Blut, Hämoglobin, die Galle, Adrenalin, der Herzschlag, die Muskulatur, Fingernägel, Schneide- und Eckzähne, Haare, Muskeltonus, das rechte

Ohr, Geschlechtsorgane, After ([stechende] Schmerzen, [Schnitt]wunden).

Soziale Entsprechung: junger Mann, Liebhaber, Soldat, Sportler, Kämpfer, Metzger, Scharfrichter, Chirurg, Stahlarbeiter, Dreher, Schlosser, alle metallverarbeitenden Berufe.

Edelstein: Saphir, Rubin.

Metall: Eisen.

Hauptfarbe: Grellrot.
Nebenfarbe: Schwarzbraun, Schwarzmetallic, Dunkelblau metallic, Stahlgrau, Eisblau (Hellblau), Türkis, Giftgrün, Rostrot.

Tier: Wolf, alle Raubtiere.

♃ **Jupiter** (das »Große Glück«, Erweiterung, Vereinigung) ⁑⁑

Jupiter ist der größte und nach der Venus auch der hellste Planet in unserem Sonnensystem. Mit ihm beginnen die transmarsischen Planeten, die sich durch besonders große Entfernung von der Sonne und entsprechend lange Umlaufzeiten auszeichnen. Während Mars die Sonne in etwa zwei Jahren umrundet, braucht Jupiter hierzu bereits zirka zwölf Jahre. Saturn benötigt etwa 29 ½ Jahre, Uranus 84, Neptun 164 und Pluto etwa 248 Jahre.
Ab Jupiter verlieren die Planeten an der rein individuellen Bedeutung im Horoskop: Sie bewegen sich so langsam, daß sie eher Zeitströmungen und Generationsaspekte verkörpern. Die Zeichenstellung der transmarsischen Planeten sollten deshalb in der individuellen Deutung unberücksichtigt bleiben.

Jupiter im persönlichen Horoskop versinnbildlicht die Kräfte in uns, die eine *Erweiterung* und *Ausdehnung* ihrer selbst anstreben. Hierzu gehören z. B. das Streben nach *Wissen* und *Weisheit,* die Fähigkeit zum *Lernen* und die *Toleranz.* Alles, was geeignet ist, unseren *geistigen Horizont* zu erweitern, ist dem Jupiter unterstellt. Deshalb wurden ihm in der klassischen Astrologie sowohl die *weiten Reisen* als auch die *Philosophie* zugeordnet. Jupiter repräsentiert darüber hinaus die *moralischen Grundsätze,* die *Lebenserfahrung* und die *Religion.* Seine Stellung im persönlichen Horoskop zeigt an, in welchem Maße unsere *Weltanschauung* mit den gesellschaftlichen Wertmaßstäben in Einklang steht. Indirekt zeigt sich dadurch, in welchen Lebensbereichen wir *Erfolg* haben können und *öffentliche Anerkennung* finden.

Jupiter wurde im Mittelalter fast ausschließlich als das *Große Glück,* als »Fortuna major«, bezeichnet. Man betrachtete und betrachtet ihn als den Glücksplaneten schlechthin. Diese Ansicht führte zu einer Vielzahl von Irrtümern, die auch heute noch nicht bereinigt sind: Jupiter muß als der in der zeitgenössischen Astrologie am wenigsten verstandene Planet gelten.

Jupiter ist mit dem griechischen Zeus und dem germanischen Donar (auch Thor genannt) identisch. Name und Bedeutung zeigen sich noch heute in Wort »Donnerstag«: Donar war in der Tat der Donnergott, der mit Blitzen, Hagel und Sturm wütete. Wie wir bereits wissen, ist Jupiter auch der Herrscher eines Feuerzeichens (Schütze), so daß hier eine eindeutige cholerische Komponente vorliegt.

Jupiter im Geburtshoroskop gibt Auskunft über die Lebensbereiche, in denen wir uns ohne Schwierigkeiten durchsetzen können, in denen man uns *Autorität* und *Macht* zubilligt. Jupiterkonstellationen zeigen uns die Lebensbereiche, in denen wir unseren Wirkungskreis nahezu ungehindert ausdehnen können. Es ist naheliegend, dies mit Glück und Erfolg gleichzusetzen: Der Mangel an äußerem Widerstand und das Gelingen von Plänen werden als besonders erstrebenswert empfunden. Übersehen wird hierbei, daß es durchaus ein *Zuviel des Guten* gibt, das in seinen Auswirkungen ähnlich verheerend sein mag wie ein eklatanter Mangel. Alle Formen von *Maßlosigkeit* und *Selbstherrlichkeit* müssen ebenfalls Jupiter zugeordnet werden.

Wesensmerkmale:
+ Großzügigkeit, Toleranz, weise, erfolgreich, einsichtig, religiös, moralisch, vereinigend, »jovial«, positiv, optimistisch, wohlwollend, gnädig.
– Selbstherrlichkeit, autoritär, dünkelhaft, cholerisch, materialistisch, habgierig, Trägheit, maßlos, undiszipliniert, bombastisch, übertrieben, kitschig, geschwätzig.

Körperliche Entsprechung: Leber, Fett, Cholesterin, Körperwachstum, Thymusdrüse, Geruchssinn, Dickdarm, Körperentgiftung.

Soziale Entsprechung: Männer in reiferen Jahren (etwa Anfang Fünfzig – Mitte Sechzig) Richter, Priester, gehobene Positionen im Immobilien- und Bankenwesen.

Edelstein: Topas.

Metall: Zinn.

Hauptfarbe: Purpur, Violett.
Nebenfarbe: Ziegelrot, alle Formen von Blaurot (»die Schwellung«).

Tier: Pferd.

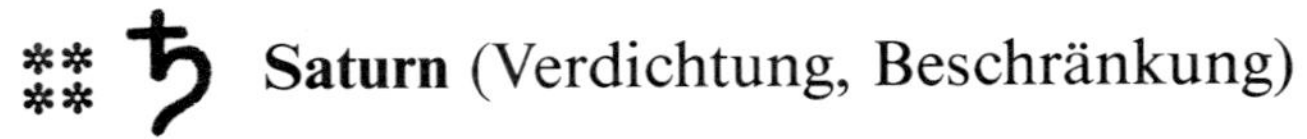

Saturn (Verdichtung, Beschränkung)

Selbst der astrologische Laie glaubt zu wissen, daß von Saturn nichts Gutes zu erwarten ist: So wie Jupiter das »Große Glück« verkörpern soll, wurde im Gegenzug Saturn das »Große Unglück« (»Malfortuna major«) zugewiesen. In Wirklichkeit handelt es sich lediglich um polare Prinzipien, die einander bedingen und ergänzen. Ausdehnung ohne Begrenzung (Jupiter) gewänne schnell inflationären Charakter, würde zu Maßlosigkeit und Übertreibung führen.

Saturn repräsentiert das *Gesetz.* Alle Prozesse, die einer festen *Struktur* und *Form* bedürfen, sind ihm zugeordnet. Im menschlichen Körper sind dies z. B. die *Knochen:* Die *Festigkeit* unseres Skeletts ist ein wesentlicher form- und haltgebender Faktor unserer körperlichen Existenz.

Saturn im Horoskop zeigt, wo unsere persönlichen *Grenzen* liegen, wo wir lernen müssen, uns gegen andere *abzugrenzen,* oder wo wir uns durch eine allzu *starre* Haltung *isolieren.* Unsere *individuellen Maßstäbe* und das Ausmaß ihrer Übereinstimmung mit denen der Gesellschaft, in der wir leben, wird ebenfalls durch Saturn versinnbildlicht.

Saturn repräsentiert alle Prozesse, die *Zeit* zu ihrer Vollendung benötigen. Alles geht *langsam,* oft auch ein wenig *mühsam* vonstatten, dafür ist das Erreichte dann von außergewöhnlicher *Stabilität.* Saturn zeigt *Erfahrungen* auf, deren *Lektionen* wir niemals vergessen sollten. Er weist auf das *Erarbeitete* und durch *Leiden* Begriffene hin, dem wir *treu* bleiben sollten, ohne dabei *starrsinnig* zu werden.

Verstoßen wir gegen unsere persönlichen Überzeugungen und Einsichten, ergeben sich *Schuldgefühle* und ein *schlechtes Gewissen,* die durch *Reue* und *Sühne* überwunden werden können.

Wesensmerkmale:
+ Treue, beständig, konsequent, zuverlässig, sorgfältig, genau, ausdauernd, widerstandsfähig, sparsam, gerecht, genügsam, Konzentration, tiefschürfend.
– Starrsinn, zwanghaft, uneinsichtig, geizig, grausam, gnadenlos, isoliert, einsam, beschränkt, pessimistisch, depressiv.

Körperliche Entsprechung: Milz, Knochen, Skelett (Mahlzähne), Haut und Haare, Gelenke, Arteriosklerose, alle Erstarrungsprozesse, das Gehör, das rechte Ohr.

Soziale Entsprechung: alte Menschen, das Altersheim, das Krankenhaus, das Gefängnis, das Kloster, alle Berufe, die mit mühseliger körperlicher Arbeit verbunden sind, insbesondere Bergleute, (Berg)bauern, Mönche, Asketen, aber auch Bürokraten.

Edelstein: Black Star, schwarze Perlen.

Metall: Blei.

Hauptfarbe: Dunkelblau.
Nebenfarbe: Grau, Schwarz.

Tier: Ziege, Steinbock, Kamel, Krokodil, Schlange.

 **Uranus** (Exzentrizität, Gegenreaktion) 

In der klassischen Astrologie war unser Sonnensystem mit Saturn vollendet. Man nannte ihn deshalb »Hüter der Schwelle«; jenseits dieser Schwelle sollte das Abgründige, das Chaos lauern. In der Tat wurde durch die Siebenheit der Planeten eine kosmische Harmonie und Symmetrie erzeugt, die zu durchbrechen keiner, der sich um eine strukturierte Weltsicht bemühte, ein Interesse haben konnte.

Genau dies ist das Wesen des Uranus: scheinbar Geordnetes, Festgefügtes und Erstarrtes über den Haufen zu werfen, um eine erneute lebendige Entwicklung zu ermöglichen. Hierbei ist Aufgabe und Funktion des Uranus *exzentrisch,* d.h. aus der Balance, außerhalb der Mitte. Dies wird bereits durch das Uranus-Symbol deutlich ♅ : Die Sonne, die in sich ruhende, unveränderliche Lebensenergie, wird durch eine nach außen drängende Energie (durch den Pfeil dargestellt) aus dem Gleichgewicht gebracht. Uranus verkörpert immer und notwendigerweise *Extreme,* ist damit *radikal.* Nur durch das Extrem kann der *Gegenkurs zum Bestehenden* gesteuert, eine *Erneuerung* ermöglicht werden.
Viele Astrologen ordnen Uranus eine revolutionäre Wirkung zu. Dies ist nur insoweit richtig, als Umwälzungen des Bestehenden angestrebt werden. In einem kommunistischen Staat z.B. würde Uranus durchaus konterrevolutionär wirken: Menschen mit starker Uranus-Betonung würden sich hier wohl für kapitalistische Interessen einsetzen.
Im persönlichen Horoskop zeigt Uranus die Lebensbereiche an, in denen wir aus dem allgemein Üblichen *ausbrechen* können. In diesem Sinne gibt er Aufschluß über unsere *Individualität* und *Originalität.* Uranus hat einen Bezug zum *kreativen Denken,* zur *Fähigkeit, Gegensätzliches zu überwinden,* sowie zur *Technik.*

Wesensmerkmale:
+ Originalität, eigenständig, technisch begabt, kreativ, spontan, rasche Auffassungsgabe.
– Unkonzentriertheit, zerfahren, schizophren, unbeständig, unzuverlässig, unruhig, nervös.

Körperliche Entsprechung: Schilddrüse, Neurotransmitter, Nervenfunktionen, Thyroxin.

Soziale Entsprechung: Reformer, Querulanten, die Opposition, Erfinder, Techniker, Atomphysiker, Astrologen, Außenseiter, Hofnarren, Karnevalisten, »Till Eulenspiegel«.

Hauptfarbe: Pink, Lila.
Nebenfarbe: alle glänzenden Lacke, metallische und glitzernde Farben, Laserfarben, je zwei Komplementärfarben.

Tier: Flamingo, Strauß, Emu, Schnabeltier.

♆ **Neptun** (das Transzendente, Auflösung des Vordergründigen) ⁂

Wie alle transsaturnischen Planeten, so verkörpert auch Neptun Seins- und Erfahrungsbereiche, die über die Notwendigkeiten des Alltäglichen hinausgehen. Sie werden deshalb von vielen als lästig, überflüssig oder gar als bedrohlich empfunden. Doch der Mensch lebt nicht vom Brot allein, wie schon das Bibelwort sagt. Die *Suche* nach echter Sinnhaftigkeit ist letztlich das, was uns vom Tier unterscheidet. Wird diese Suche unterlassen oder ins Körperliche verdrängt, so hat das möglicherweise die *Sucht,* die Flucht in die *Selbsttäuschung* und ein Leben in der *Illusion* zur Folge.
Im persönlichen Horoskop verkörpert Neptun die *Auflösung des Vordergründigen,* die Wahrheit hinter den Dingen. Er zeigt die Lebensbereiche an, in denen wir zu unmittelbarer Erkenntnis gelangen können. Die durch Neptun vermittelten Erfahrungen sind *spiritueller* Natur. So fühlen sich Menschen mit starker Neptun-Betonung im Horoskop zu *Meditation* und *Yoga,* zu *Exerzitien* und zur *Mystik* hingezogen.
Die Planeten jenseits der Schwelle des Saturn repräsentie-

ren die Wirklichkeit eines vieldimensionalen Raumes, in dem die uns bestimmenden Kriterien Raum, Zeit und Materie ihre Bedeutung verloren haben. Sie bieten damit einen Zugang zu höheren Wahrheiten, repräsentieren jedoch auch gleichzeitig die Spannung zwischen Überwirklichkeit und Realität.

So kann Neptun im persönlichen Horoskop die Lebensbereiche anzeigen, in denen wir *weltfremd,* voller *Illusionen* und *unrealistisch* sind. Im Extremfall können sich *Traumwelt* und Realität so stark vermischen, daß es schwerfällt, zwischen beiden zu unterscheiden. Daher ergeben sich betonte Neptun-Stellungen sowohl in den Horoskopen von *Hochstaplern, Betrügern* und weltfremden *Spinnern,* als auch in denen von Medien, Sensitiven, Hellsehern und *Idealisten.*

Da Neptun grundsätzlich Aspekte einer anderen Wirklichkeit darstellt, sind seine Wirkungen auf den physischen Bereich wenig vorteilhaft: Hier ergibt sich eine Tendenz zu erhöhter *Infektionsneigung,* die Abwehrkräfte sind geschwächt, die körperliche Konstitution ist eher kränklich.

Wesensmerkmale:
+ Intuition, einfühlsam, altruistisch, hilfsbereit, idealistisch, hellsichtig, medial, religiös, spirituell.
– zerbrechlich, unrealistisch, weltfremd, illusorisch, hochstaplerisch, ungesund, betrügerisch, schwach.

Körperliche Entsprechung: Epiphyse (Zirbeldrüse), das Hormonsystem.

Soziale Entsprechung: Pflegebedürftige, Hilflose, Infektionskrankheiten, Seuchen, unbeachtete Außenseiter, Mönche, Mediale, Hellseher, Betrüger, Sektenmitglieder.

Hauptfarbe: Hellgrün, Wasserblau.

Nebenfarbe: alle fluoreszierenden Farben, Pastelltöne, Aquarellfarben.

Tier: Qualle, Tintenfisch.

♇ **Pluto** (Macht, Kollektiv, Umwandlung)

Der bisher äußerste Planet unseres Sonnensystems ist Pluto. Im Horoskop symbolisiert er *Urkräfte,* welche im verborgenen schlummern, um uns im Notfall über uns selbst hinauswachsen zu lassen. Im nachhinein, wenn man eine solche Situation überstanden hat, sagt man dann: »Ich weiß selbst nicht, wie ich dies fertiggebracht habe ...«
Pluto repräsentiert die über viele Generationen hinweg gesammelten Erfahrungen der Sippe, die sich im *Erbgut* niederschlagen. In diesem Sinne entspricht Pluto unserer persönlichen Form des *kollektiven Unbewußten:* Alles, was wir an *Vorstellungsbildern,* an *archetypischen Abgründen* und auch an *verdrängten Ängsten* in uns haben, sind nichts anderes als zu persönlichen Charaktereigenschaften verdichtete Erfahrungen, Einstellungen und Erlebnisse unserer *Vorfahren.* Hieraus ergibt sich auch unsere *Einbindung in die Gruppe,* in die *geistige Gemeinschaft,* in die *Wertmaßstäbe der Sippe* und die *Erhaltung der Art.*
Menschen mit einer besonderen Plutobetonung im Horoskop können im Extremfall sich und andere für ihre *Ideale* und *Wertmaßstäbe opfern.* Konkret tritt dies dann auf, wenn die Erhaltung der Art den Tod des Individuums notwendig macht. Das ist z.B. beim bereits sprichwörtlichen Spinnenmännchen der Fall, das sich nach der Begattung vom Weibchen fressen läßt, um durch diesen Proteinschub die Versorgung des Nachwuchses zu garantieren.

Oder man denke nur an die Kamikazeflieger im Japan des zweiten Weltkrieges - auch hier war augenscheinlich die *Erhaltung der Art* (sprich: die Verteidigung der Nation) sehr viel bedeutsamer als das eigene Leben.
Alle Verhaltensweisen, in denen *Prinzipien* über subjektive Bedürfnisse gestellt werden, sind Pluto zuzuordnen.
Ene weitere wesentliche Bedeutung Plutos zeigt sich in seinem Bezug zum Rituellen: *Rituale* sind reglementierte, vorgeschriebene Verhaltensweisen, die subjektives, spontanes Verhalten normieren. Rituale können somit als ins *Kollektive* vergrößerte Verhaltensvorschriften gelten. Die Gleichschaltung von Verhalten setzt einen Sog von *magisch* wirkenden Energien frei, denen sich selbst ein unbeteiligter Außenstehender kaum entziehen kann. (Man denke z.B. an die Wirkungen mancher Massenkundgebungen, die Machtstrukturen innerhalb des Militärs und Polizeiapparates, die ritualisierten Verhaltensweisen in manchen Sekten etc.) Im persönlichen Horoskop kann ein überstarker Hang zum Rituellen ins *Zwanghafte* abgleiten. Außerdem zeigt Pluto Art und Weise des individuellen *Charismas* an.

Wesensmerkmale:
+Charisma, gruppenwirksam, konsequent im Denken, verbindlich, konzentriert, präzise, tiefschürfend, starke Vorstellungskraft, Opferbereitschaft, größter Einsatz.
–Demagoge, Verführer, zwanghaft, ideologisch, intolerant, rücksichtslos, unmenschlich, Raubbau an den eigenen Kräften treibend.

Körperliche Entsprechung: Prostata, Keimdrüsen, Mastdarm, Tumore, degenerative Prozesse, Testosteron, Steroide.

Soziale Entsprechung: Machtmenschen, Diktatoren, Tyrannen, Demagogen, Dogmatiker, Ideologen, Abdekker, Totengräber, Brauerei, Schnapsbrennerei, Destillation.

Hauptfarbe: Schwarzgrün, stumpfes Schwarz.
Nebenfarbe: »Unsichtbar« (schwarzes Loch), alle Mischungen greller Farben mit Schwarz, Giftgrün.

Tier: Gottesanbeterin, Spinne, Fledermaus, Motte, Viren.

☊ Die Mondknoten *

Kaum ein Horoskopfaktor hat in den letzten Jahren soviel Aufmerksamkeit erregt wie die Mondknoten. Sie sind regelrecht in Mode gekommen, und es gibt einige Astrologen, die ihre Interpretation auf die Deutung der Mondknoten beschränken.
Die Mondknoten sind nichts anderes als die Schnittpunkte von Ekliptik und Mondbahn, die sich gleichförmig retrograd (= rückläufig) durch den Tierkreis bewegen. Sie stellen somit lediglich eine rechnerische Größe dar, am Himmel sind sie nicht zu sehen. Mondknoten haben mit der ursprünglichen Anschauungsastrologie nichts mehr zu tun. Schon aus diesem Grund scheint es unvernünftig, ihnen eine den Planeten gleichwertige oder gar überlegene Bedeutung beizumessen.
Die Mondknoten bewegen sich sehr langsam durch das Horoskop, für die Durchquerung eines Tierkreiszeichens benötigen sie etwa 1⅓ Jahre, für den gesamten Tierkreis 15 Jahre. Man unterscheidet einen nördlichen, aufsteigenden und einen südlichen, absteigenden Mondknoten. Beide liegen sich immer exakt gegenüber, so daß in den Ephemeriden (= Tabellen des täglichen Gestirnstands) nur der aufsteigende Mondknoten angegeben zu werden braucht.

In der antiken Astronomie und Astrologie wurden die Mondknoten hauptsächlich gebraucht, um Finsternisse vorherzuberechnen - Sonnen- und Mondfinsternisse sind nur möglich, wenn Oppositionen und Konjunktionen (siehe Kapitel »Aspekte«) zwischen Sonne und Mond in unmittelbarer Nähe zu den Mondknoten stattfinden. Es scheint sinnvoll, die Auslegung der Mondknoten auf diesen engbegrenzten Bereich zu beschränken: Konjunktionen zu den Planeten sowie zum Aszendenten und M.C. mögen sinnvoll zu interpretieren sein; Aspekte, Hausstellungen oder gar die Position in den Tierkreiszeichen zu deuten, erscheint mir maßlos übertrieben. Nach meiner Erfahrung kann die Mondknotenachse unser persönliches Verhältnis zur Gesellschaft, zum Publikum und zur Öffentlichkeit verkörpern, wobei die Unterscheidung zwischen aufsteigendem und absteigendem Mondknoten mit (angeblich) völlig verschiedenen Bedeutungsinhalten nach meinem Dafürhalten getrost übergangen werden kann. Wahrscheinlich ist der Astrologieanfänger gut beraten, wenn er auf die Berücksichtigung der Mondknoten zunächst völlig verzichtet.

* Die Planetoiden

Neben den großen Planeten in unserem Sonnensystem gibt es zirka 50000 kleinere Himmelskörper - quasi kleine Planeten -, es sind zum Teil winzige Brocken, die man als Planetoiden (=planetenähnlich) bezeichnet. Von etwa 1800 dieser Himmelskörper kennt man die Bahnelemente (Bahnelemente nennt man die Kenngrößen, die sich bei der Bahnbestimmung der Planeten ergeben).
Die meisten Planetoiden befinden sich zwischen den Bahnen von Mars und Jupiter. Da dort auch eine Lücke

klafft, in der sich eigentlich nach astronomischen Symmetriegesetzen ein Planet befinden sollte, vermuten manche, daß die Planetoiden Trümmer eines ehemaligen großen Planeten sind, der vielleicht explodierte oder durch den Aufprall mit einem anderen Himmelskörper zerstört wurde.
Manche Astrologen versuchen, die wichtigsten (wer entscheidet das?) dieser Planetoiden mit in die Horoskopdeutung einzubeziehen. Dagegen ist natürlich nichts einzuwenden, doch muß es sich hier notwendigerweise eher um Forschungsarbeit handeln, da es zu den Planetoiden keinerlei astrologische Überlieferung gibt. Es ist fraglich, ob sie einen sinnvollen Beitrag zu einem vertieften astrologischen Verständnis leisten können.
Prinzipiell das gleiche gilt für den in den siebziger Jahren entdeckten Planetoiden Chiron, der sich auf einer Umlaufbahn zwischen Saturn und Uranus befindet. Ähnlich wie die Mondknoten hat er in den letzten Jahren einen wahren Boom erlebt. Viele Horoskope werden auf ihre Chiron-Stellung hin untersucht, und nach bewährter Manier wird von dem Namen (Chiron [Cheiron] war in der griechischen Mythologie ein Zentaur) auf die astrologische Bedeutung geschlossen, ohne erst einmal die Erfahrungen der Praxis abzuwarten.
Die bekanntesten Planetoiden sind neben Chiron: Vesta, Juno, Ceres und Pallas. Wer mit ihnen arbeiten möchte, sei auf die entsprechende Fachliteratur verwiesen. Dem Anfänger ist hiervon allerdings dringend abzuraten.

** Rückläufigkeit von Planeten

Alle Planeten, mit Ausnahme von Sonne und Mond, werden gelegentlich rückläufig, d.h., sie bewegen sich für eine bestimmte Zeit der Tierkreisrichtung entgegen. Ob ein Gestirn rückläufig ist oder nicht, können wir problemlos einer Ephemeride (=Gestirnstandstabelle) entnehmen. Dort ist die Rückläufigkeit von Planeten mit einem R angegeben. (Ausführliche Hinweise zum Gebrauch von Ephemeriden finden Sie in Teil III: Horoskopberechnung).

Dem Auszug aus einer Ephemeride vom Juni 1985 können wir z.B. entnehmen, daß Jupiter am 6. Juni rückläufig (R) wurde. Wir sehen auch, daß in den darauffolgenden Tagen die Gradzahlen nicht wie sonst üblich zunehmen, sondern die Werte kleiner werden.

Am 4. Oktober 1985 wird Jupiter wieder direktläufig, dies wird in der Ephemeride mit einem D gekennzeichnet.

Während ein Planet seine Bewegungsrichtung ändert, scheint er für kurze Zeit stillzustehen, man sagt dann: Ein Planet ist »stationär«. Manchmal wird dies mit einem S gekennzeichnet. In der Astrologie wird ein Planet stationär genannt, wenn seine tägliche Bewegung weniger als eine Bogenminute beträgt. So war Jupiter vom 1. bis zum 11. Juni und vom 1. bis zum 8. Oktober stationär.

Wie wir wissen, kann die Rückläufigkeit nur eine scheinbare sein, schließlich bewegen sich die Planeten relativ gleichförmig in kreisähnlichen Bahnen um die Sonne. In der Tat ist die Rückläufigkeit ein Effekt, der sich durch die Betrachtung von der Erde aus und durch ihre Eigenbewegung erklärt. Lassen Sie mich dies an einem Beispiel veranschaulichen:

Stellen wir uns zwei Läufer vor, von denen der eine die Erde, der andere den Mars symbolisieren soll. Zusätzlich

JUNE 1985

LONGITUDE											
1 S	16 37 40.9	10♊27.4	17♉ 9.1	10♏25.2	2♊28.7	25♈16.3	24♊21.3	16♒56.3	23♏38.2	16♐13.3	2♑49.9	2♏22.2
2 S	16 41 37.5	11 24.9	17 5.9	25 18.4	4 35.9	26 7.8	25 1.6	16 57.0	23R34.0	16R10.9	2R48.4	2R21.0
3 M	16 45 34.1	12 22.3	17 2.7	10♐ 8.9	6 44.6	27 0.0	25 41.8	16 57.4	23 29.9	16 8.4	2 47.0	2 19.8
4 T	16 49 30.6	13 19.8	16 59.5	24 49.2	8 54.4	27 52.8	26 22.1	16 57.7	23 25.8	16 5.9	2 45.5	2 18.6
5 W	16 53 27.2	14 17.2	16 56.4	9♑12.3	11 5.1	28 46.1	27 2.2	16 57.8	23 21.7	16 3.5	2 44.0	2 17.5
6 T	16 57 23.7	15 14.6	16 53.2	23 13.1	13 16.6	29 40.0	27 42.4	16R57.6	23 17.7	16 1.0	2 42.4	2 16.4
7 F	17 1 20.3	16 12.0	16 50.0	6♒48.7	15 28.6	0♉34.5	28 22.6	16 57.4	23 13.8	15 58.6	2 41.0	2 15.3
8 S	17 5 16.8	17 9.4	16 46.8	19 58.6	17 40.7	1 29.4	29 2.7	16 56.9	23 9.9	15 56.1	2 39.4	2 14.2
9 S	17 9 13.4	18 6.8	16 43.7	2♓44.3	19 52.7	2 24.9	29 42.7	16 56.2	23 6.0	15 53.6	2 37.9	2 13.2
10 M	17 13 10.0	19 4.1	16 40.5	15 9.2	22 4.4	3 20.8	0♋22.8	16 55.3	23 2.2	15 51.2	2 36.3	2 12.2
11 T	17 17 6.5	20 1.5	16 37.3	27 17.5	24 15.4	4 17.2	1 2.8	16 54.2	22 58.5	15 48.7	2 34.7	2 11.2
12 W	17 21 3.1	20 58.8	16 34.1	9♈13.9	26 25.5	5 14.0	1 42.7	16 53.0	22 54.8	15 46.3	2 33.2	2 10.2
13 T	17 24 59.6	21 56.2	16 30.9	21 3.4	28 34.6	6 11.3	2 22.7	16 51.5	22 51.1	15 43.8	2 31.6	2 9.3
14 F	17 28 56.2	22 53.5	16 27.8	2♉50.9	0♋42.3	7 9.0	3 2.6	16 49.9	22 47.5	15 41.3	2 30.0	2 8.4
15 S	17 32 52.8	23 50.8	16 24.6	14 40.6	2 48.5	8 7.0	3 42.4	16 48.0	22 44.0	15 38.9	2 28.4	2 7.5
16 S	17 36 49.3	24 48.2	16 21.4	26 36.5	4 53.0	9 5.5	4 22.3	16 46.0	22 40.5	15 36.5	2 26.8	2 6.6
17 M	17 40 45.9	25 45.5	16 18.2	8♊41.7	6 55.8	10 4.3	5 2.1	16 43.8	22 37.1	15 34.0	2 25.2	2 5.8
18 T	17 44 42.4	26 42.8	16 15.1	20 58.4	8 56.6	11 3.5	5 41.9	16 41.4	22 33.8	15 31.6	2 23.6	2 5.0
19 W	17 48 39.0	27 40.1	16 11.9	3♋28.3	10 55.4	12 3.0	6 21.6	16 38.8	22 30.5	15 29.2	2 22.0	2 4.2
20 T	17 52 35.5	28 37.3	16 8.7	16 11.9	12 52.1	13 2.9	7 1.3	16 36.1	22 27.3	15 26.8	2 20.3	2 3.5
21 F	17 56 32.1	29 34.6	16 5.5	29 9.4	14 46.7	14 3.1	7 41.0	16 33.1	22 24.2	15 24.5	2 18.7	2 2.8
22 S	18 0 28.7	0♋31.9	16 2.4	12♌20.4	16 39.1	15 3.5	8 20.7	16 30.0	22 21.2	15 22.1	2 17.1	2 2.1
23 S	18 4 25.2	1 29.1	15 59.2	25 44.3	18 29.3	16 4.3	9 0.3	16 26.7	22 18.2	15 19.8	2 15.5	2 1.5
24 M	18 8 21.8	2 26.4	15 56.0	9♍20.5	20 17.3	17 5.4	9 39.9	16 23.2	22 15.3	15 17.4	2 13.9	2 0.9
25 T	18 12 18.3	3 23.6	15 52.8	23 8.5	22 3.0	18 6.8	10 19.5	16 19.5	22 12.5	15 15.1	2 12.2	2 0.3
26 W	18 16 14.9	4 20.9	15 49.7	7♎ 7.7	23 46.5	19 8.4	10 59.0	16 15.7	22 9.7	15 12.8	2 10.6	1 59.7
27 T	18 20 11.5	5 18.1	15 46.5	21 17.3	25 27.7	20 10.4	11 38.5	16 11.7	22 7.0	15 10.6	2 9.0	1 59.2
28 F	18 24 8.0	6 15.3	15 43.3	5♏36.1	27 6.7	21 12.6	12 18.0	16 7.5	22 4.5	15 8.3	2 7.4	1 58.8
29 S	18 28 4.6	7 12.5	15 40.1	20 1.8	28 43.4	22 15.0	12 57.4	16 3.2	22 2.0	15 6.1	2 5.8	1 58.3
30 S	18 32 1.1	8 9.7	15 36.9	4♐31.1	0♌17.8	23 17.7	13 36.9	15 58.7	21 59.6	15 3.9	2 4.2	1 57.9

DECLINATION												
1 S	16 37 40.9	22N 1.1	16N57.5	14S 16.6	20N18.7	7N52.3	24N 7.0	16S 22.0	16S 24.9	22S 45.4	22S 15.0	3N50.4
4 T	16 49 30.6	22 24.2	16 54.8	26 28.7	21 58.0	8 37.5	24 12.4	16 22.3	16 22.2	22 44.7	22 15.0	3 50.5
7 F	17 1 20.3	22 43.7	16 52.1	23 31.9	23 20.2	9 24.9	24 15.9	16 23.1	16 19.7	22 44.0	22 15.1	3 50.3
10 M	17 13 10.0	22 59.6	16 49.4	10 7.8	24 20.7	10 14.1	24 17.6	16 24.4	16 17.2	22 43.2	22 15.2	3 50.1
13 T	17 24 59.6	23 11.8	16 46.6	6N 2.0	24 56.6	11 4.4	24 17.4	16 26.2	16 14.9	22 42.5	22 15.3	3 49.7
16 S	17 36 49.3	23 20.4	16 43.9	20 10.3	25 7.4	11 55.4	24 15.4	16 28.5	16 12.8	22 41.7	22 15.4	3 49.2
19 W	17 48 39.0	23 25.3	16 41.2	27 6.1	24 54.8	12 46.6	24 11.5	16 31.4	16 10.8	22 41.0	22 15.5	3 48.6
22 S	18 0 28.7	23 26.5	16 38.4	22 1.1	24 21.5	13 37.7	24 5.9	16 34.7	16 9.0	22 40.2	22 15.6	3 47.8
25 T	18 12 18.3	23 24.0	16 35.7	6 33.2	23 31.0	14 28.2	23 58.4	16 38.5	16 7.4	22 39.5	22 15.7	3 47.0
28 F	18 24 8.0	23 17.7	16 32.9	12S 25.0	22 26.7	15 17.6	23 49.2	16 42.8	16 6.0	22 38.8	22 15.8	3 45.9

denken wir uns einen unbewegten Pfeiler, der den Fixsternhimmel vertritt. Der »Läufer Erde« rennt auf der Innenbahn, der »Läufer Mars« außen, der Pfeiler befin-

OCTOBER 1985

LONGITUDE												
1 T	0 38 40.8	7♎45.8	10♉41.5	29♈42.3	14♎ 6.0	10♍51.1	13♍15.1	7♒ 7.8	24♏51.8	14♐36.4	0♑56.7	3♏37.0
2 W	0 42 37.4	8 44.8	10 38.3	11♉32.0	15 47.2	12 4.6	13 52.9	7R 7.4	24 57.4	14 38.3	0 57.3	3 39.2
3 T	0 46 33.9	9 43.8	10 35.1	23 18.8	17 27.5	13 18.2	14 30.8	7 7.2	25 3.0	14 40.3	0 58.0	3 41.5
4 F	0 50 30.5	10 42.9	10 31.9	5♊ 6.1	19 6.9	14 31.9	15 8.6	7D 7.3	25 8.8	14 42.4	0 58.7	3 43.7
5 S	0 54 27.0	11 42.0	10 28.8	16 58.1	20 45.5	15 45.6	15 46.4	7 7.5	25 14.5	14 44.5	0 59.4	3 46.0
6 S	0 58 23.6	12 41.1	10 25.6	28 59.3	22 23.3	16 59.4	16 24.3	7 7.9	25 20.4	14 46.6	1 0.2	3 48.3
7 M	1 2 20.1	13 40.3	10 22.4	11♋14.5	24 0.3	18 13.3	17 2.1	7 8.6	25 26.3	14 48.8	1 1.0	3 50.6
8 T	1 6 16.7	14 39.5	10 19.2	23 48.4	25 36.6	19 27.2	17 39.9	7 9.4	25 32.2	14 51.0	1 1.8	3 52.9
9 W	1 10 13.2	15 38.7	10 16.1	6♌45.3	27 12.1	20 41.1	18 17.7	7 10.4	25 38.2	14 53.3	1 2.7	3 55.3
10 T	1 14 9.8	16 38.0	10 12.9	20 8.4	28 46.8	21 55.1	18 55.5	7 11.6	25 44.2	14 55.6	1 3.6	3 57.6
11 F	1 18 6.3	17 37.4	10 9.7	3♍59.1	0♏20.8	23 9.2	19 33.3	7 13.1	25 50.3	14 58.0	1 4.5	3 60.0
12 S	1 22 2.9	18 36.8	10 6.5	18 16.5	1 54.1	24 23.3	20 11.1	7 14.7	25 56.5	15 0.3	1 5.5	4 2.3
13 S	1 25 59.4	19 36.2	10 3.3	2♎57.1	3 26.7	25 37.4	20 48.8	7 16.5	26 2.7	15 2.8	1 6.5	4 4.7
14 M	1 29 56.0	20 35.6	10 0.2	17 54.5	4 58.6	26 51.6	21 26.6	7 18.5	26 8.9	15 5.2	1 7.5	4 7.1
15 T	1 33 52.6	21 35.1	9 57.0	3♏ 0.4	6 29.8	28 5.9	22 4.3	7 20.7	26 15.1	15 7.7	1 8.5	4 9.4
16 W	1 37 49.1	22 34.6	9 53.8	18 5.6	8 0.3	29 20.1	22 42.1	7 23.1	26 21.5	15 10.3	1 9.6	4 11.8
17 T	1 41 45.7	23 34.1	9 50.6	3♐ 1.6	9 30.1	0♎34.5	23 19.8	7 25.7	26 27.8	15 12.8	1 10.7	4 14.2
18 F	1 45 42.2	24 33.7	9 47.5	17 41.4	10 59.2	1 48.8	23 57.5	7 28.5	26 34.2	15 15.5	1 11.8	4 16.6
19 S	1 49 38.8	25 33.3	9 44.3	2♑ 0.4	12 27.6	3 3.2	24 35.2	7 31.4	26 40.6	15 18.1	1 13.0	4 19.0
20 S	1 53 35.3	26 32.9	9 41.1	15 56.3	13 55.4	4 17.6	25 12.9	7 34.6	26 47.1	15 20.8	1 14.2	4 21.4
21 M	1 57 31.9	27 32.6	9 37.9	29 29.2	15 22.4	5 32.1	25 50.6	7 38.0	26 53.6	15 23.5	1 15.4	4 23.8
22 T	2 1 28.4	28 32.3	9 34.7	12♒40.2	16 48.7	6 46.6	26 28.3	7 41.5	27 0.2	15 26.3	1 16.7	4 26.2
23 W	2 5 25.0	29 32.0	9 31.6	25 31.8	18 14.2	8 1.1	27 5.9	7 45.2	27 6.8	15 29.1	1 17.9	4 28.7
24 T	2 9 21.5	0♏31.7	9 28.4	8♓ 6.6	19 39.0	9 15.7	27 43.6	7 49.1	27 13.4	15 31.9	1 19.2	4 31.1
25 F	2 13 18.1	1 31.5	9 25.2	20 27.5	21 2.9	10 30.3	28 21.2	7 53.2	27 20.0	15 34.8	1 20.6	4 33.5
26 S	2 17 14.7	2 31.3	9 22.0	2♈37.2	22 26.0	11 45.0	28 58.9	7 57.5	27 26.7	15 37.7	1 21.9	4 35.9
27 S	2 21 11.2	3 31.1	9 18.9	14 38.1	23 48.2	12 59.6	29 36.5	8 2.0	27 33.4	15 40.6	1 23.3	4 38.4
28 M	2 25 7.8	4 31.0	9 15.7	26 32.5	25 9.5	14 14.3	0♎14.1	8 6.6	27 40.2	15 43.5	1 24.7	4 40.8
29 T	2 29 4.3	5 30.9	9 12.5	8♉22.5	26 29.7	15 29.1	0 51.8	8 11.4	27 46.9	15 46.5	1 26.2	4 43.2
30 W	2 33 0.9	6 30.8	9 9.3	20 10.3	27 48.9	16 43.9	1 29.4	8 16.4	27 53.7	15 49.5	1 27.7	4 45.6
31 T	2 36 57.4	7 30.7	9 6.1	1♊58.0	29 6.8	17 58.7	2 7.0	8 21.6	28 0.6	15 52.6	1 29.2	4 48.1
DECLINATION												
1 T	0 38 40.8	3S 4.8	15N 2.0	10N32.9	4S 54.9	8N36.2	7N41.7	19S 20.6	17S 8.7	22S 36.0	22S 20.0	2N30.1
4 F	0 50 30.5	4 14.5	14 59.0	23 23.8	7 8.5	7 16.1	6 58.0	19 20.5	17 13.2	22 36.7	22 20.2	2 27.3
7 M	1 2 20.1	5 23.7	14 56.0	27 34.9	9 17.2	5 54.1	6 14.0	19 20.0	17 17.8	22 37.4	22 20.3	2 24.5
10 T	1 14 9.8	6 32.3	14 53.1	19 39.8	11 20.5	4 30.3	5 29.6	19 19.1	17 22.5	22 38.2	22 20.4	2 21.8
13 S	1 25 59.4	7 40.2	14 50.1	1 41.4	13 17.7	3 5.1	4 45.1	19 17.7	17 27.2	22 39.0	22 20.5	2 19.0
16 W	1 37 49.1	8 47.1	14 47.0	18S 0.5	15 8.3	1 38.8	4 0.4	19 15.8	17 32.0	22 39.9	22 20.6	2 16.4
19 S	1 49 38.8	9 52.9	14 44.0	27 38.3	16 51.7	0 11.7	3 15.5	19 13.4	17 36.8	22 40.8	22 20.7	2 13.8
22 T	2 1 28.4	10 57.4	14 41.0	22 3.9	18 27.3	1S 15.7	2 30.6	19 10.7	17 41.6	22 41.7	22 20.8	2 11.3
25 F	2 13 18.1	12 0.4	14 38.0	7 26.4	19 54.5	2 43.2	1 45.6	19 7.4	17 46.5	22 42.6	22 20.9	2 8.8
28 M	2 25 7.8	13 1.7	14 35.0	9N 9.4	21 12.6	4 10.6	1 0.6	19 3.8	17 51.3	22 43.6	22 20.9	2 6.4
31 T	2 36 57.4	14 1.2	14 31.9	22 34.4	22 20.8	5 37.3	0 15.6	18 59.7	17 56.2	22 44.6	22 21.0	2 4.1

det sich in einer Bahnkurve. Der »Läufer Erde« ist schneller als sein Kontrahent. Da er diesen in der ersten Runde überholt hat, befindet er sich jedoch hinter ihm.

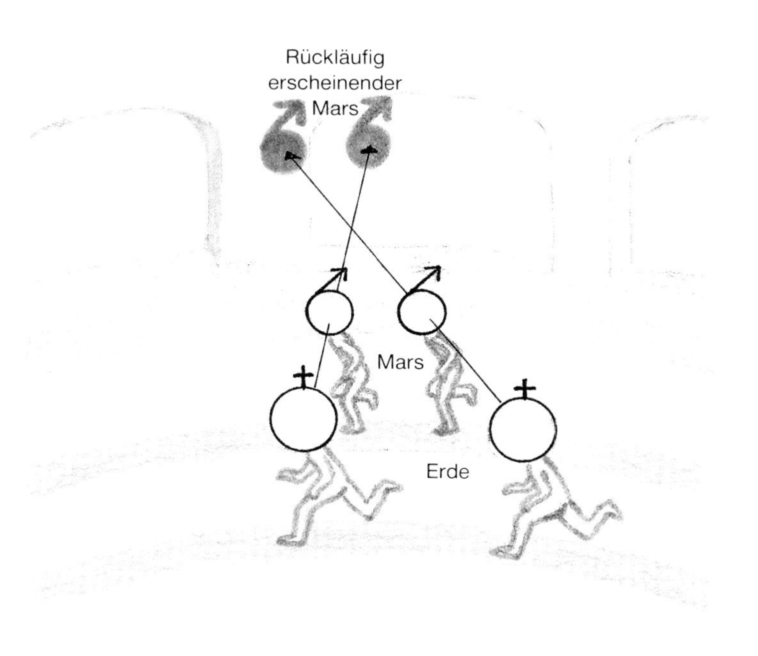

Es ergibt sich also folgendes Bild: »Läufer Mars« bewegt sich ein erhebliches Stück vor »Läufer Erde«, er befindet sich fast in einer Blickrichtung mit dem Pfeiler.
Jetzt hat »Läufer Mars« den Pfeiler erreicht. »Läufer Erde« überholt jedoch »Läufer Mars« auf der Innenbahn, und plötzlich befindet sich »Läufer Mars« wieder vor dem Pfeiler! Da sich der Pfeiler mit Sicherheit nicht bewegt hat, scheint »Läufer Mars« rückwärts gelaufen zu sein. Dies stimmt natürlich nicht, denn wir wissen, daß »Läufer Erde« selbst rennt und dadurch den Blickwinkel verändert.
Dem vergleichbar spielt es sich am Himmel ab: Die Planeten werden von der Erde gelegentlich »links überholt«. Da wir die Bewegung der Erde nicht merken, sehen wir das Zurückbleiben der Planeten als Rückläufigkeit.

Rückläufigkeit eines inneren Planeten

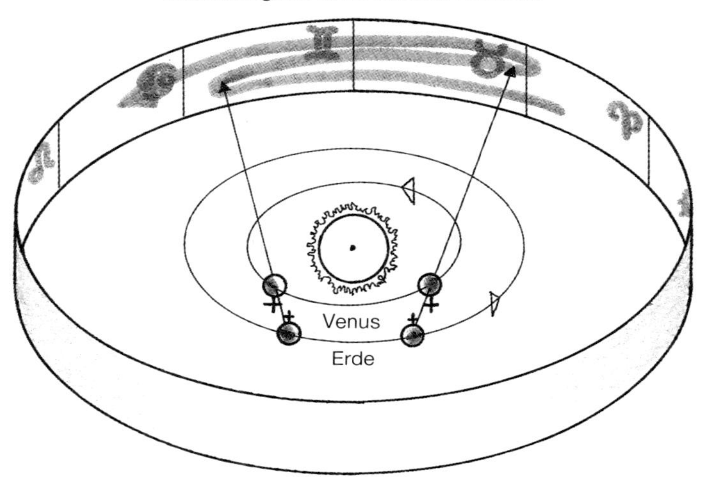

Rückläufigkeit eines äußeren Planeten

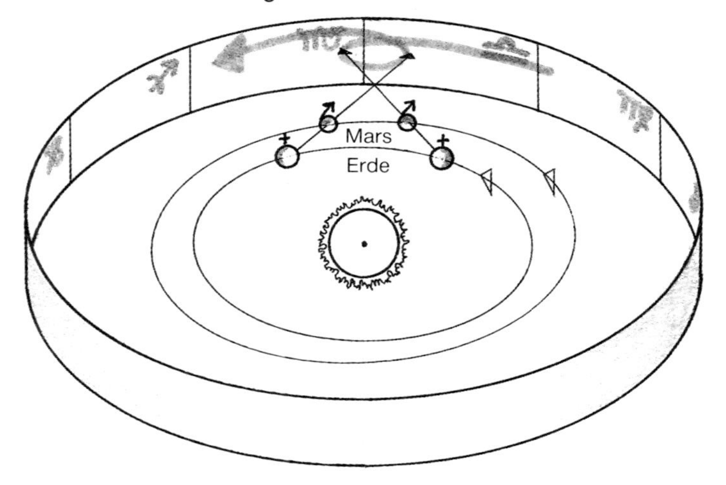

Rückläufigkeit ist immer ein Hinweis auf große Erdnähe von Planeten (denken Sie an die Läufer, die sich während des Überholvorgangs auch am nächsten sind). Dies bedeutet umgekehrt, daß ein rückläufiger Planet weit von der Sonne entfernt sein muß. Ein rückläufiger äußerer Planet kann also niemals eine Konjunktion zur Sonne haben. Ein äußerer Planet, der in Opposition zur Sonne steht, muß hingegen immer rückläufig sein!

Die Zeichenherrscher

Jedem Tierkreiszeichen ist mindestens ein Planet zugeordnet, der dort seine Energie besonders gut entfalten kann. Besonders deutlich wird dies am Beispiel der Sonne: Die Sonne entwickelt ihre größte Kraft im August, dem Zeichen Löwe, folgerichtig ist dies auch das Zeichen ihrer Herrschaft.
Solange nur die sieben klassischen Planeten bekannt waren (zu denen im astrologischen Sinne auch Sonne und Mond gehören), gab es ein sehr schönes und harmonisches System, Tierkreiszeichen und Planeten einander zuzuordnen: Sonne und Mond nahmen eine Sonderstellung ein, da sie die hellsten und (der Anschauung nach) größten Himmelskörper sind. Sie beherrschten die Zeichen Löwe und Krebs - die Monate Juli und August sind die lichtreichsten und wärmsten Monate des Jahres.
Alle anderen Planeten herrschten über zwei Tierkreiszeichen, so daß sich eine vollkommene Beziehung der heiligen Siebenheit (Planeten) zur heiligen Zwölfheit (Tierkreiszeichen) ergab. Man ließ dabei die Planeten gleich einem Fächer durch den Tierkreis wandern, wobei die Reihenfolge der Planeten ihrer Entfernung von der Sonne entsprach: Die Zeichen Zwillinge und Jungfrau wurden

von »Sonnenmond« Merkur beherrscht, Stier und Waage von der Venus, Widder und Skorpion vom Mars, Fische und Schütze vom Jupiter und Wassermann und Steinbock vom Saturn. So befand sich der sonnenfernste Planet auch in den Zeichen seiner Herrschaft am weitesten von der Sonne entfernt.

Man unterscheidet Taghäuser und Nachthäuser der Planeten, die Nachthäuser befinden sich auf der Mondseite, die Taghäuser auf der Sonnenseite*. Taghäuser sind Löwe, Jungfrau, Waage, Skorpion, Schütze und Steinbock. Nachthäuser sind Krebs, Zwilling, Stier, Widder, Fische und Wassermann. Sonne und Mond besitzen nur ein Haus (Sonne/Taghaus, Mond/Nachthaus), die fünf klassischen Planeten hatten sowohl ein Tag- als auch ein Nachthaus. (Die Begriffe Tag- und Nachthaus meinen Tierkreiszeichen und dürfen nicht mit den zwölf Häusern oder Feldern verwechselt werden!)

Dieses System drückte eine vollkommene Harmonie aus; keinem Astrologen konnte eigentlich daran gelegen sein, daß weitere Planeten gefunden würden. Der große Kepler selbst hat aus Gründen der Harmonie heraus die Entdekkung weiterer Planeten ausgeschlossen. Doch wie wir wissen, kam es anders: 1781 entdeckte F.W. Herschel eher zufällig den Planeten Uranus. Sinnigerweise entspricht dem Uranus das Zerbrechen alter Formen, die Zerstörung scheinbarer Sicherheit, die Exzentrizität, das Erschüttern von Erstarrtem. Seine Entdeckung war ein heilsamer Schock für all jene Astrologen, die in der Astrologie ein Wissen sahen, dem nichts mehr hinzuzufügen war. In der Tat hatte die Weiterentwicklung astrologischen Gedankengutes in den vorangegangenen Jahrhunderten sta-

* Ein bekannter Astrologe hat hier in seinem Lehrbuch fälschlicherweise von »Morgen- und Abendweite« gesprochen. Dies wurde von zahlreichen Kollegen eifrig nachgeplappert - ein bedauerliches Zeugnis fehlender astronomischer Grundkenntnisse.

Die »alten« Zeichenherrscher

gniert. Das wurde nun anders: Die Astrologen waren gezwungen, sich der größten denkbaren Herausforderung zu stellen.
Viele weigerten sich einfach, Uranus als Planeten im astrologischen Sinne anzuerkennen. Auch als man später Neptun und Pluto entdeckte, wurden diese von manchen als bedeutungslos ignoriert - der Erhalt der Symmetrie der geheiligten Siebenheit war offenbar wichtiger als die Chance neuer Erkenntnis. Noch heute gibt es einige wenige Astrologen, die diesen Weg gehen, der bekannteste war sicherlich H. Kündig. Die indische Astrologie, die noch sehr viel konservativer als die europäisch-angloamerikanisch geprägte Astrologie ist, erwähnt nicht einmal die Existenz der Transsaturnier.

Die »neuen« Zeichenherrscher

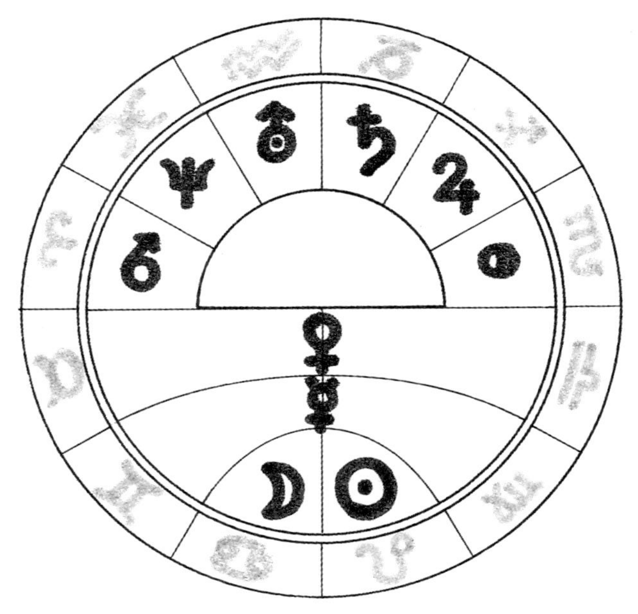

Diese Haltung ist im Westen jedoch die Ausnahme, die radikalen Verfechter der alten Schule bilden eine Minderheit, und das ist wohl auch gut so: Alles Lebendige ist einer Entwicklung unterworfen – die Wahrheit von heute ist der Irrtum von morgen. Warum sollte ausgerechnet die Astrologie davon ausgenommen sein? Und vor allem: Worin liegt der Sinn, Tatsachen zu verleugnen?
1846 schließlich wurde Neptun entdeckt – zwei Astronomen (Leverrier und Adams) hatten unabhängig voneinander aus Bahnstörungen des Uranus einen weiteren Planeten berechnet, der auch prompt ganz in der Nähe der vermuteten Stelle von der Berliner Sternwarte geortet werden konnte.
Man war sich in Astrologenkreisen ziemlich schnell dar-

über einig, daß Neptun den Fischen und Uranus dem Wassermann zuzuordnen sei. Man gab ihnen jedoch zunächst etwas verschämt die Rolle von Mit- oder Nebenherrschern.
Allerdings – die geschlossene, perfekte Harmonie war dahin, es war ein Bruch entstanden. Dies wurde auch nicht besser durch die Entdeckung des Pluto (C. Tombaugh, 1930), den manche dem Widder, die meisten europäischen Astrologen jedoch dem Skorpion zuordnen.
So zogen einige moderne Astrologen die Konsequenz und verzichteten ganz auf die Lehre der Häuserherrscher, während andere auf die Entdeckung zweier weiterer Planeten jenseits des Pluto hoffen, so daß dann endlich jedes Tierkreiszeichen einen eigenen Herrscher besitzt.
Eines scheint jedoch von allen Astrologen übersehen worden zu sein: Wenn ein »neuer« Planet der Qualität eines Tierkreiszeichens besser zu entsprechen scheint als der alte Herrscher, so hat die ursprüngliche Aussage dennoch nicht ihre Berechtigung verloren: Pluto mag der Skorpion-Energie genauer entsprechen als der frühere Herrscher Mars. Dennoch bleibt die Verwandtschaft zwischen Mars und Skorpion bestehen. Dies wird von vielen Astrologen auch anerkannt, und man läßt Mars weiterhin als Nebenherrscher gelten. Wenn ich diese Überlegung für richtig halte, muß ich jedoch auch die Konsequenz ziehen und Pluto als Nebenherrscher des Widders zulassen! Nicht umsonst ordnen viele amerikanische Astrologen den Pluto dem Widder zu, während ihn die Europäer lieber im Skorpion sehen wollen. Führe ich diese Überlegung zu Ende, so wird Neptun Nebenherrscher des Schützen und Uranus Nebenherrscher des Steinbocks.
Das Phantastische an dieser Hypothese ist, daß so die verlorengegangene Symmetrie zwanglos und folgerichtig wiederhergestellt wird: Die Planeten sind mit ihrer Entfernung von der Sonne distanzierteren Tierkreiszeichen

Herrscher und Nebenherrscher

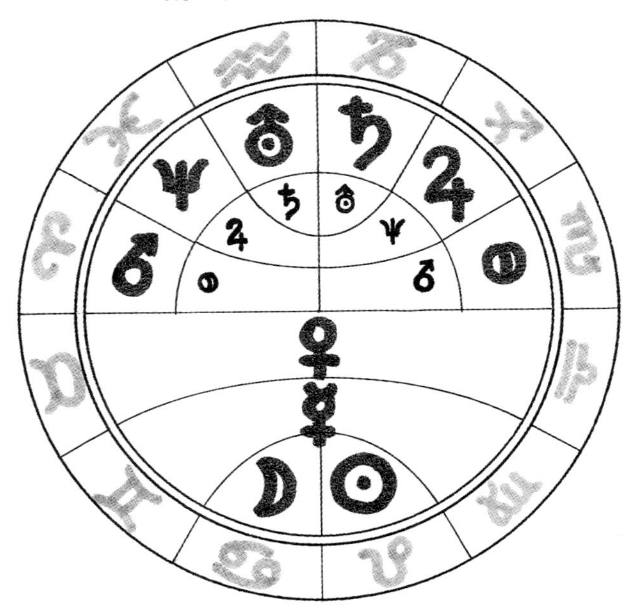

zugeordnet. In den Zeichen Steinbock und Wassermann schließlich ist der Fächer voll entfaltet, die Entwicklung mit Saturn, dem Hüter der Grenze, abgeschlossen.
Die neuentdeckten Planeten gelten allgemein als »höhere Oktaven« der alten. Sie sollen feinstoffliche Schwingungsebenen von besonders subtiler »Wirkung« repräsentieren.
Mit den Zuordnungen dieser Planeten beginnt sich der Fächer wieder zu schließen, und zwar folgerichtig in der Reihenfolge ihrer Entfernungswerte: Uranus folgt auf Saturn, Neptun auf Uranus und Pluto auf Neptun.
So wird die Ordnung der Alten nicht umgeworfen oder zerstört, sondern erweitert und fortgeführt. Es läßt sich schlußfolgern, daß der nächste zu entdeckende Planet

jenseits von Pluto zu finden sein wird und daß seine Herrschaft in den Zeichen Stier und Waage liegt. Der voraussichtlich äußerste Planet unseres Sonnensystems wird hingegen die Zeichen Zwillinge und Jungfrau beherrschen.

Aspekte

Unter Aspekten versteht man in der Astrologie bestimmte Winkelverhältnisse, welche die Planeten einschließlich Sonne und Mond – von der Erde aus gesehen – zueinander bilden. Das lateinische Wort »aspectare« heißt »anblicken«, aber auch »wohin gerichtet sein«, »liegen«. Die Perspektive, der Blickwinkel zweier oder mehrerer Planeten zueinander, hat eine eigenständige Bedeutung. Praktisch heißt dies: wenn z. B. Mars und Pluto 90 Grad voneinander entfernt stehen, sie sich auf eine andere Art beeinflussen, als wenn sie 120 Grad voneinander entfernt sind.

Man spricht von einem »exakten Aspekt«, wenn der Unterschied zwischen theoretischer Entfernung und tatsächlichem Abstand beim vorliegenden Aspekt geringer als 1 Grad ist. Bei einem größeren Unterschied nennt man den Aspekt »plaktisch«.

Obwohl eigentlich jede Distanz zwischen zwei Planeten etwas aussagt, berücksichtigt man in der Praxis nur einige wenige Aspekte. Ihnen schreibt man eine herausragende »Wirkung« zu, über die sich auch die meisten Astrologen einig sind. Neben den allgemein bekannten und anerkannten Grundaspekten gibt es eine Vielzahl weiterer Aspekte, über welche die Ansichten sehr verschieden sind. Während die einen sie für äußerst wichtig halten, bleiben sie von anderen völlig unbeachtet.

Grundsätzlich begehen die meisten den Fehler, Aspekte viel wichtiger zu nehmen, als es ihnen eigentlich

zukommt. Sie sind zwar für eine umfassende Deutung unverzichtbar, bilden aber lediglich das letzte Glied einer langen Kette von Deutungselementen, die es zu berücksichtigen gilt. Wenn man sich bei der Horoskoperstellung zu sehr oder fast ausschließlich auf die Aspekte stützt, werden Fehldeutungen sicher unvermeidlich sein: Ich benötige zwar zum Autofahren unbedingt ein Lenkrad, mit einem Lenkrad allein kann ich allerdings noch lange nicht losfahren...
Der Grund für die Überbewertung der Aspekte liegt wohl auch darin, daß sie so leicht aufzufinden sind: Zumindest die Hauptaspekte können schon nach kurzer Übung mit einem Blick erkannt werden, während andere Deutungselemente weit schwieriger zu erarbeiten sind.

✻✻✻✻ Konjunktion ☌

Eine Konjunktion nennt man die Stellung zweier (oder mehrerer) Planeten am gleichen Ort im Horoskop (null Grad Entfernung). Die Konjunktion ist der wichtigste Aspekt überhaupt. Ihre Bedeutung ist für sich genommen weder gut noch schlecht, sie hängt vielmehr von den beteiligten Planeten ab. Bildlich gesprochen sitzen zwei in einem Boot, sie sind aufeinander angewiesen, ob ihnen dies gefällt oder nicht. Passen die entsprechenden Energien zusammen, so ist das Ergebnis hervorragend. Beide rudern harmonisch in eine Richtung. Geraten hingegen zwei unvereinbare Kräfte aneinander, so wird mit aller Macht in entgegengesetzter Richtung gerudert, so daß man trotz großer Anstregung nicht von der Stelle kommt.
Die Wirkung einer Konjunktion hängt also vollständig davon ab, wir sehr die entsprechenden Planetenprinzipien miteinander harmonieren.

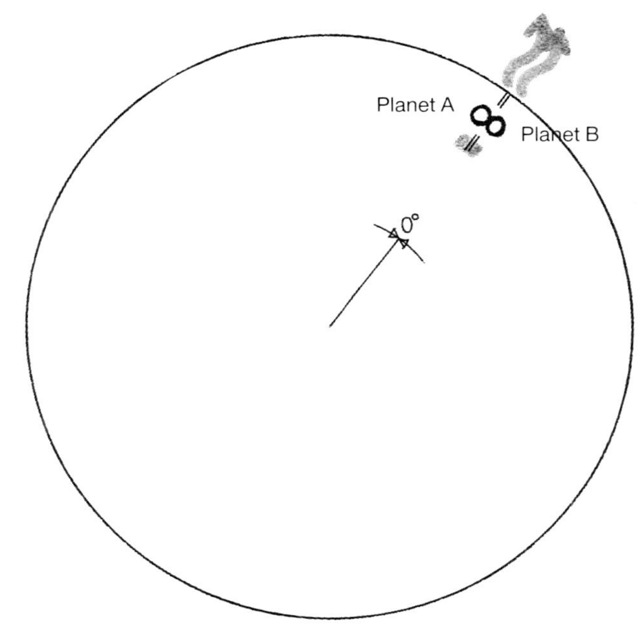

Konjunktion; Prinzip: Zwei Kräfte wirken in eine Richtung, auf ein Ziel hin. Sie können sich gegenseitig schwächen oder stärken; dies hängt davon ab, welche Planeten an der Konjunktion beteiligt sind.

Opposition ☍

In der Opposition stehen sich zwei Planeten genau gegenüber, d.h., sie sind 180 Grad voneinander entfernt. Man bezeichnet die Opposition gern als »Spannungsaspekt«. In der Tat kann man sich die beteiligten Planeten als zwei entgegengesetzte Pole vorstellen. Dies muß keineswegs negativ sein: »Gegensätze ziehen sich an«, Oppositionen symbolisieren das Bedürfnis nach Ausgleich und Ergänzung.

Gleichzeitig entsprechen sie »offensichtlichen Konflikten«, sie veranschaulichen also Schwierigkeiten, über

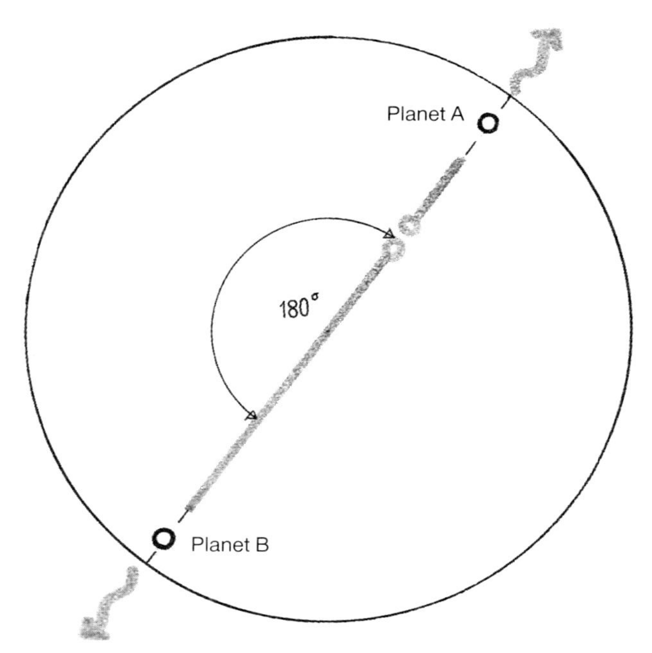

Opposition; Prinzip: Polare Spannung, zwei Kräfte wirken in entgegengesetzter Richtung, aber auf einer Achse. Die beteiligten Prinzipien »reiben sich«. Diese Reibung kann entweder schöpferisch-motivierend oder aber behindernd und destruktiv wirken. Auch hier muß besonders auf die beteiligten Planeten geachtet werden.

deren Thematik und Bedeutung wir uns bewußt sind. Dementsprechend können wir mit ihnen umgehen und sogar aus einer scheinbaren Schwäche eine Stärke machen.

Oppositionen sind jedoch in einer Hinsicht unbequem: Sie lassen es nicht zu, daß man sich mit Erreichtem zufriedengibt, sie fordern die permanente Verbesserung des Bestehenden.

Trigon △

Das Trigon entspricht einem Abstand von 120 Grad. Es gilt als der harmonischste Aspekt überhaupt; die betroffenen Planetenkräfte verbinden sich in höchstmöglichem Maße. Auch hier muß die Wirkung keineswegs immer positiv sein. So mag ein Trigon unter Umständen Passivität und Faulheit bedeuten, da es möglicherweise an Herausforderungen fehlt.
Trigone verweisen lediglich auf eine Verbindung ohne jeglichen »Reibungsverlust«, die angesprochenen Themen können sich also ohne innere und äußere Widerstände verwirklichen. Bildlich gesprochen entsteht aus

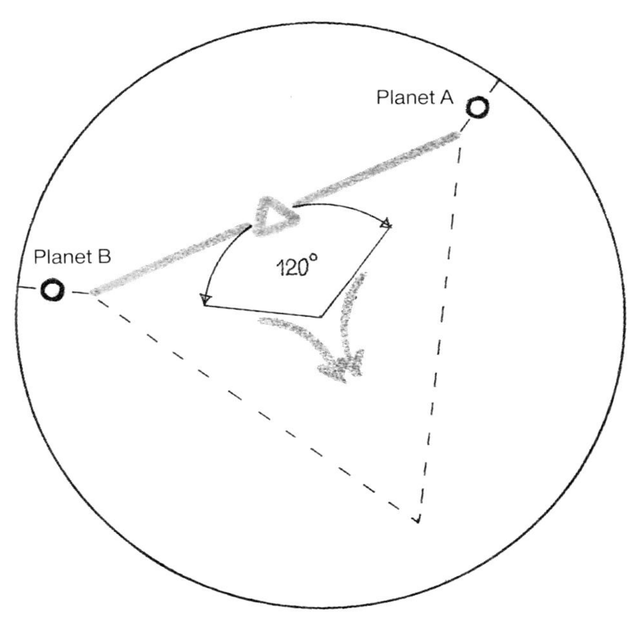

Trigon; Prinzip: Verbindung (Verschmelzung) zweier Energien zu einer dritten (Synthese).

zwei Kräften eine dritte, welche die beiden anderen in sich trägt, gleichzeitig jedoch eine neue und eigenständige Wirkung hat. So haben z.B. Wasserstoff und Sauerstoff bestimmte chemische Eigenschaften. Bringt man jedoch Wasserstoff und Sauerstoff im Verhältnis 2 zu 1 zusammen, so entsteht unter bestimmten Bedingungen Wasser. Wasser hat andere Eigenschaften als Wasserstoff und Sauerstoff. Aus der Verbindung von zwei Energien (bzw. Stoffen) ist also eine dritte, neue Energieform entstanden. Genau dies wird durch das Prinzip des Trigons symbolisiert.

** ** Quadrat □

Das Quadrat entspricht einem Winkelabstand von 90 Grad. Es gilt als schwierigster Aspekt. Richtig ist, daß es Hindernisse und Widerstände symbolisiert, die jedoch durchaus eine schöpferische Herausforderung darstellen können. In der Entwicklung der Aspekte geht das Quadrat dem Trigon voraus - bevor etwas zu einer harmonischen Verbindung zweier Kräfte werden kann, müssen erst Spannungen und Hindernisse überwunden werden, die massive Energien freisetzen. Um das obige Beispiel wieder aufzugreifen: Bei der Verbindung von Wasserstoff und Sauerstoff kommt es auch erst einmal zur sogenannten Knallgasreaktion, der Wasserstoff verbrennt explosionsartig, bevor schließlich Wasser entsteht.
Im Horoskop eines Menschen zeigt das Quadrat Problemfelder an, deren Bedeutung und Hintergründe nicht offensichtlich sind. Es entspricht unfertigen Charaktereigenschaften und Fähigkeiten, die erst noch entwickelt und vervollkommnet werden müssen. Dies ist gelegentlich ein schwieriger und schmerzhafter Vorgang. Auf der anderen Seite entsprechen Quadrate einem sehr viel höheren Energieniveau als z.B. Trigone. Dies besagt, daß

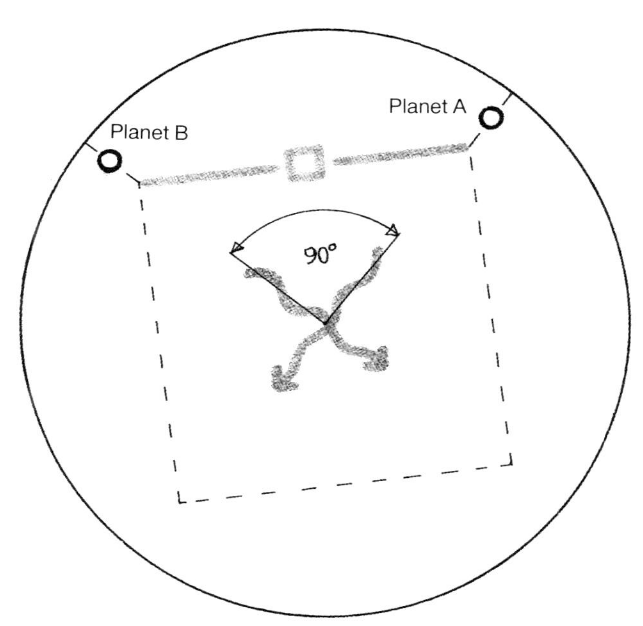

Quadrat; Prinzip: Aufeinanderprallen von (scheinbar) Unvereinbarem, Blockade, immense Freisetzung von Energie.

Quadrate nicht nur Spannungen und Schwierigkeiten anzeigen, sondern auch die Kraft und Fähigkeit, sie zu lösen.

Sextil ⚹

Das Sextil entspricht einem Abstand von 60 Grad. Es wird in der modernen Astrologie zunehmend vernachlässigt - sehr zu Unrecht, wie ich meine. Das Sextil kann in seiner Bedeutung als eine Mischung von Konjunktion und Trigon verstanden werden: Zwei Kräfte »sitzen in einem Boot«, verbinden sich jedoch auch teilweise zu etwas Neuem. Dieses Neue ist unbeständig und vorläufi-

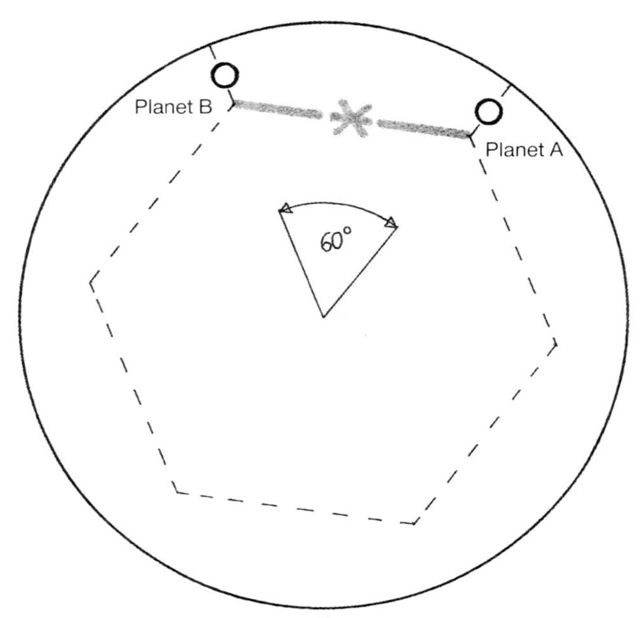

Sextil; Prinzip: Zweckverbindung, Übergangslösung, nüchtern, opportunistisch, Möglichkeit, Unruhe, Bewegung, Kontakt.

ger Natur. Es zeigt die Möglichkeit einer echten Verbindung an, ohne diese selbst schaffen zu können. Sextile haben so eine gewisse Katalysatorfunktion, sie deuten Chancen und Ereignisse an, deren Verwirklichung jedoch erst erarbeitet werden muß.

** Halbquadrat <

Wie der Name schon sagt, entspricht dieser Aspekt einem halben Quadrat, also einem Winkel von 45 Grad. Es ist auch in seiner Wirkung dem Quadrat verwandt. Es entspricht oft weniger konkreten Hindernissen als einer (unbewußten) Anspannung, einer nervlichen Überreizung

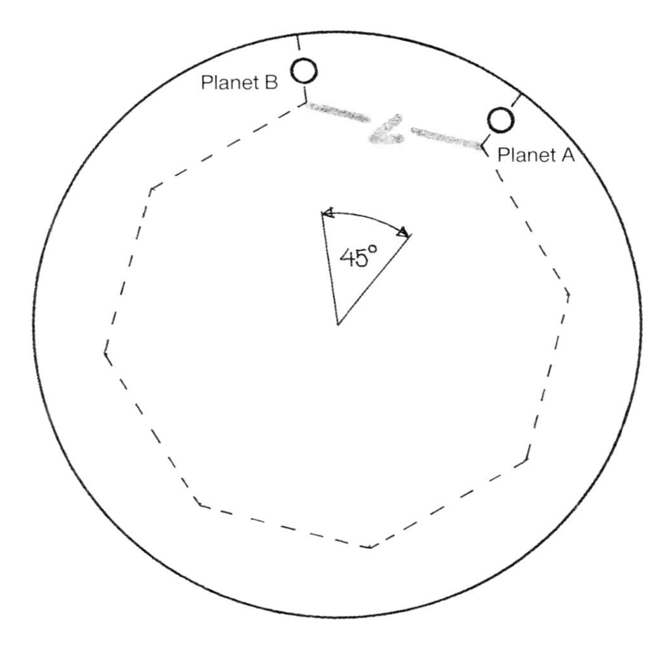

in den angesprochenen Lebensbereichen. Im Horoskop eines Menschen scheinen Halbquadrate eher von psychologischer als von »konkreter« Bedeutung zu sein. Anders ist ihre Bedeutung in Ereignishoroskopen: Hier kommt ihnen bei Exaktheit (=Abweichung vom theoretischen Aspekt kleiner als 1 Grad) ein oft überragender Stellenwert zu.

Anderthalbquadrat ⚼ **

Das Anderthalbquadrat entspricht einem Winkel von 135 Grad. Während Halbquadrate auf sich anbahnende, latente Problemfelder hindeuten, entsprechen Anderthalbquadrate eher »Folgeschäden«: Sie haben eine hemmende, blockierende und verschleppende Wirkung, die

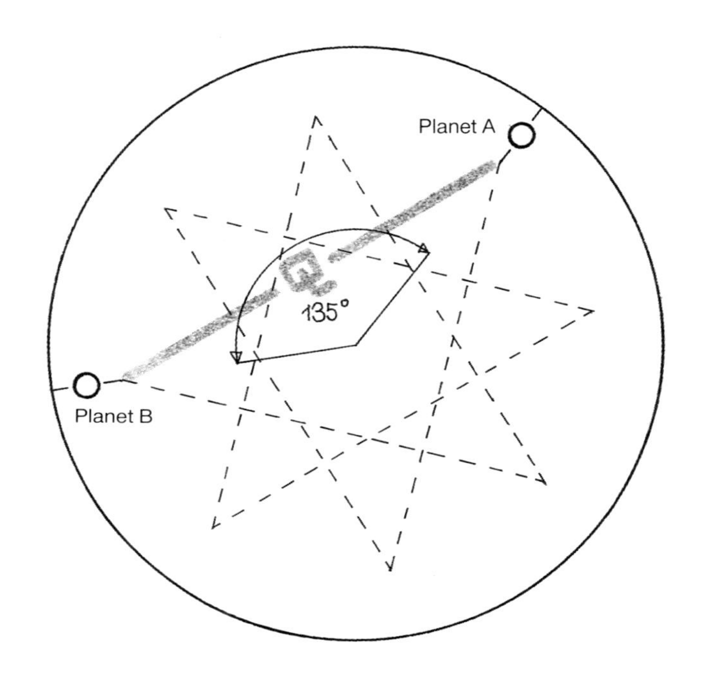

man z. B. auf karmische Ursachen zurückführen kann. Anderthalbquadrate entsprechen alten, schlecht verheilten Wunden, die immer wieder aufbrechen. Anderthalbquadrate sind deshalb so schwierig zu bewältigen, weil man sich weigert, sich mit den von ihnen aufgezeigten Themen auseinanderzusetzen. So zeigt sich ihre Wirkung vor allem im Unbewußten.

* Quintil Q

Das Quintil entspricht einem Winkel von 72 Grad. Während es im angelsächsischen Sprachraum zunehmend als sehr bedeutungsvoll erkannt wird, bleibt es in Mitteleuropa weitgehend unbeachtet. Dies mag einen sehr praktischen Grund haben: Man kann die großen Aspekte

(Konjunktion, Opposition, Quadrat, Trigon, Sextil) auf einen Blick erkennen, beim Quintil muß man jedoch ein wenig rechnen. Im Zeitalter des Computers sollte dies zwar kein Hindernis mehr darstellen, in der Zwischenzeit hat man allerdings die Bedeutung des Aspekts weitgehend vergessen. Dies ist um so bedauerlicher, als die Zahl Fünf (Quintil = fünfter Teil des Kreises) den Menschen symbolisiert: Wir haben fünf Finger und Zehen, die Addition der vier Extremitäten und des Kopfes ergibt fünf, wir sprechen von fünf Sinnen etc.
Quintile sind in ihrer Bedeutung ähnlich den Trigonen, mit dem Unterschied, daß sie zum Schöpferischen herausfordern. Planeten, die zueinander im Quintil stehen, zeigen Lebensbereiche an, in denen man die Wirklichkeit durch kreatives, künstlerisches Handeln und Schaffen überhöhen möchte.

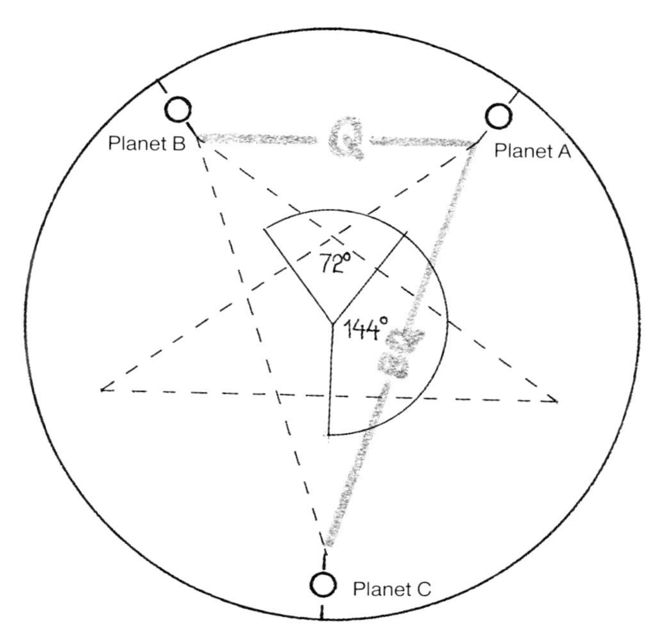

* Biquintil BQ

Dieser Aspekt entspricht einem Winkel von 144 Grad. Er wird in der Tradition meist ähnlich dem Quintil und damit als positiv angesehen, doch scheint das Biquintil in bestimmten Fällen auf verborgene Widrigkeiten hinzudeuten. In vielen Fällen bleibt es aber völlig bedeutungslos, so daß sein Stellenwert in jedem Einzelfall genau untersucht werden muß.

* Quinkunx ⊼

Von den kleinen Aspekten wird der Quinkunx noch am meisten beachtet, er entspricht einem Winkel von 150 Grad. Der Quinkunx weist in seiner Wirkung auf das Zusammengehen von eigentlich Unvereinbarem hin; d.h.,

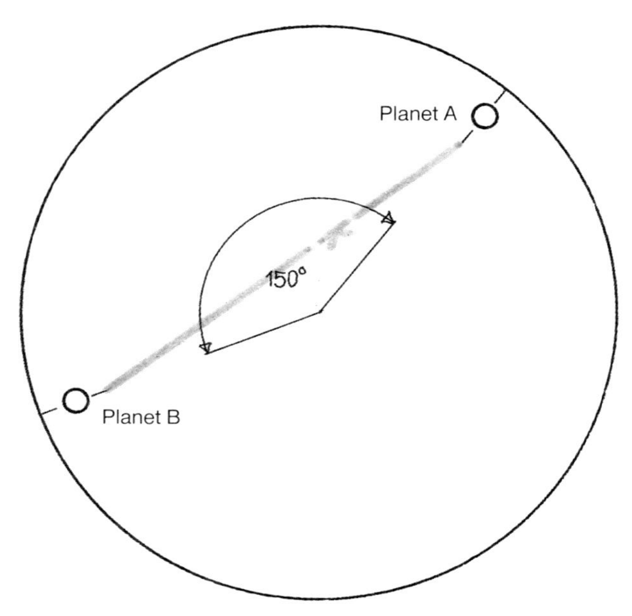

Dinge, die nicht zueinanderpassen, werden miteinander verbunden. Dies kann die Gefahr von Irrtümern und Illusionen mit sich bringen.
Grundsätzlich ist der Quinkunx in seiner Wirkung weder positiv noch negativ, er zeigt einen neutralen Schwebezustand im Unklaren an. Die Arbeit mit Quinkunx-Aspekten mag deshalb dabei helfen, die Bereiche herauszufinden, in denen man sich selbst nicht recht versteht.

Nonagon N *

Das Nonagon entspricht einem Winkel von 40 Grad. Es wurde in der mittelalterlichen Astrologie beachtet, ist in der heutigen Astrologie jedoch weitgehend in Vergessenheit geraten. Eine entscheidende Ausnahme stellt hier die

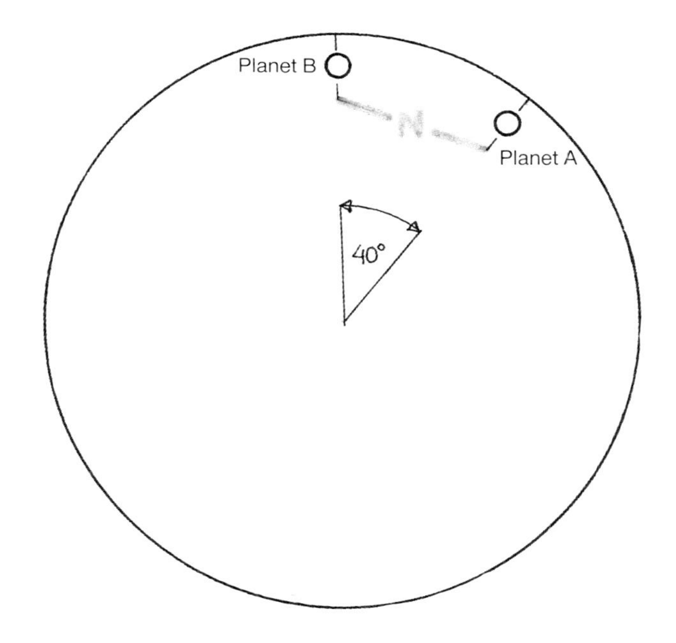

indische Astrologie dar – sie mißt dem Nonagon eine überragende Wichtigkeit bei. Das Nonagon entspricht der Zahl Neun (40 Grad sind ein Neuntel des Kreises). Diese Zahl symbolisiert das höchste Selbst im Menschen, die größtmögliche Form von Individualität. In einer differenzierten Horoskopanalyse mag die Berücksichtigung von Nonagonen hilfreich sein, um herauszufinden, in welchen Lebensbereichen ein Mensch besondere (spirituelle) Entwicklungsmöglichkeiten hat.

* Tao T

Tao heißt ein selten beachteter Aspekt mit einem Winkelabstand von 165 Grad. Er soll auf schicksalhafte Widrigkeiten und Rückschläge sowie auf Krisen und einen möglichen Hinterhalt hinweisen.

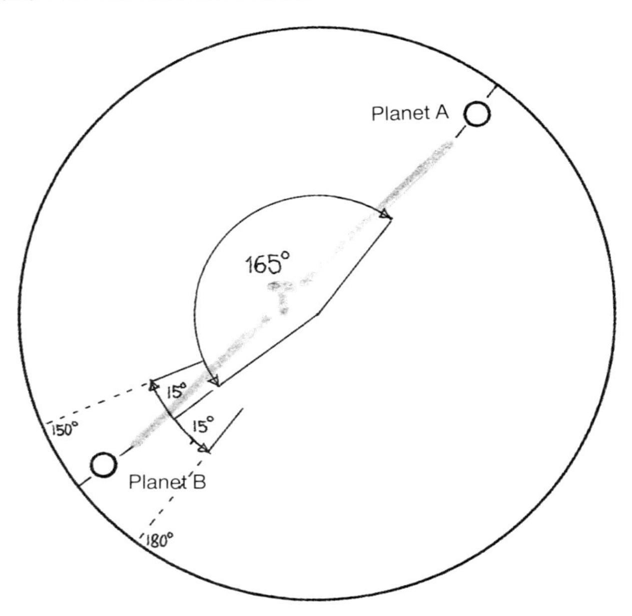

Bilin BL

*

Bilin ist ein zu Unrecht völlig vernachlässigter bzw. unbekannter Aspekt; er entspricht einem Winkel von 75 Grad. In Winkeln zum Aszendenten und zum M. C. tritt seine Bedeutung sehr deutlich in Erscheinung: Er hat hier eine selbstzerstörerische Wirkung. Bilin-Aspekte zeigen an, in welchen Lebensbereichen jemand Energien gegen sich selbst richtet, ohne dies bewußt wahrzunehmen. Möglicherweise besteht hier ein Zusammenhang mit unbewältigten Schuldgefühlen, dem unbewußten Verlangen, etwas abbüßen zu müssen.

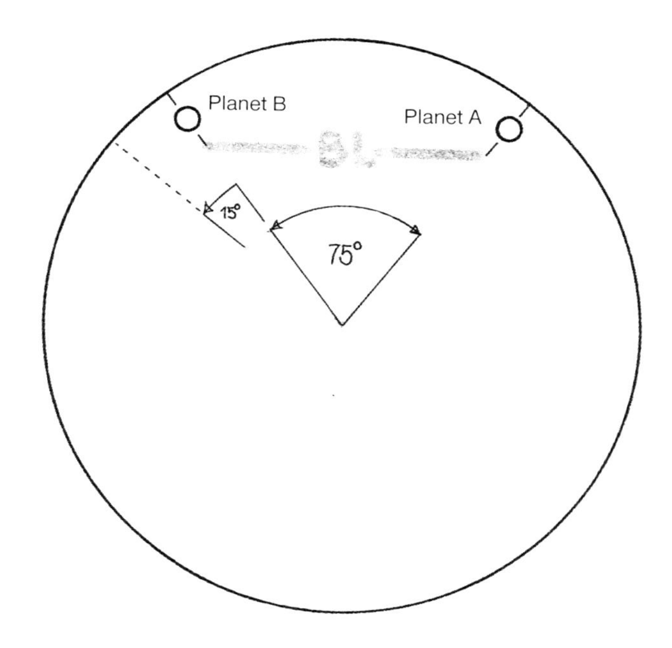

** Spiegelpunkt ⏀

Unter Spiegelpunkten versteht man Planetenpositionen, die – in entgegengesetzter Richtung – gleich weit von der Widder-Waage-Achse entfernt sind.
So ist der Spiegelpunkt von 15 Grad Widder 15 Grad Fische, der von 22 Grad Stier 8 Grad Wassermann usw.

Man kann sich hier mit einer einfachen Tabelle helfen:

Widder – Fische
Stier – Wassermann
Zwillinge – Steinbock
Krebs – Schütze
Löwe – Skorpion
Jungfrau – Waage

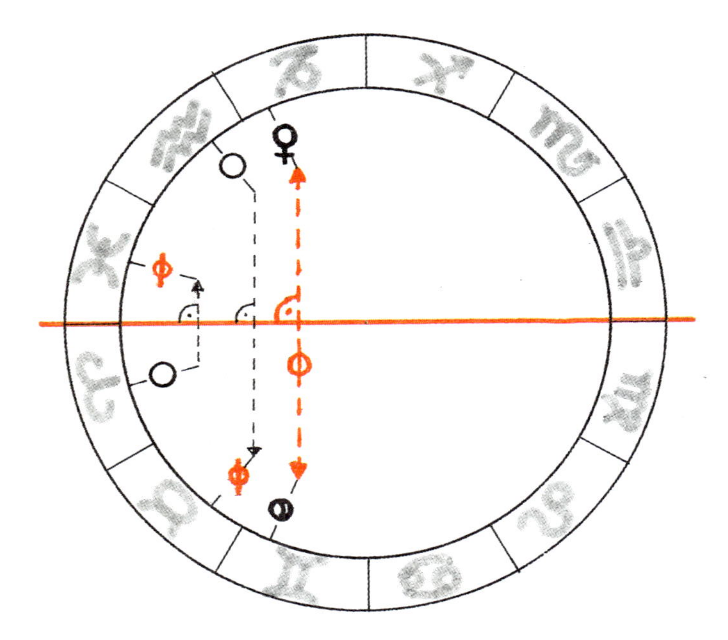

Die Planeten lassen sich also z. B. vom Krebs in den Schützen oder vom Skorpion in den Löwen spiegeln. Hierbei muß man die ursprüngliche Gradzahl lediglich von 30 abziehen, um die exakte Spiegelpunktposition zu erhalten: Die Venus steht in 23 Grad Steinbock. Steinbock läßt sich laut Tabelle in die Zwillinge spiegeln; 30 – 23 = 7, also ist der Spiegelpunkt der Venus in 7 Grad Zwilling. Diese Form des Spiegelpunktes wird in der klassischen Astrologie auch Gegenantiszie genannt. Unter der Antiszie versteht man hingegen die Spiegelung über die Krebs-Steinbock-Achse. Es ist jedoch unnötig, beide Aspekte gleichzeitig zu berücksichtigen, da sich die Spiegelpunkte immer genau gegenüberliegen.
In der Interpretation sind Spiegelpunkte nur bedeutsam, wenn sie von einem Planeten (oder einer Häuserspitze) besetzt sind. Wenn also z. B. Venus auf 23 Grad Steinbock, Pluto jedoch auf 7 Grad Zwilling stehen würde. – Spiegelpunkte können wie abgeschwächte Konjunktionen gewertet werden.
Der astrologisch-astronomische Hintergedanke der Antiszien war die Gleichheit der Deklination und damit der Tagesbögen; d.h., beide Planeten brauchen die gleiche Zeit, um über den Horizont zu wandern, und stehen gleich hoch über dem Äquator. Dies ist jedoch nur dann der Fall, wenn sich beide genau auf der Ekliptik befinden, was eher die Ausnahme als die Regel ist. In den anderen Fällen wird so getan, als ob der Planet genau auf der Ekliptik stünde, was mit seiner wahren Position natürlich nichts zu tun hat. Die besten Ergebnisse wird man bei der Arbeit mit Spiegelpunkten unzweifelhaft dann erhalten, wenn man insbesondere solche berücksichtigt, in denen gleichzeitig auch eine exakte (weniger als 1 Grad Ungenauigkeit) Deklinationsparallele besteht. Bei den Gegenantiszien handelt es sich um die Beziehungen von südlicher und nördlicher Deklination. Hier wäre beim einen *

Planeten der Tagesbogen um genau den Betrag länger als 12 Stunden (null Grad Widder = Tagundnachtgleiche), als er beim anderen kürzer ist. Das arithmetische Mittel beider Tagesbögen beträgt somit immer zwölf Stunden.
Die Problematik, daß Spiegelpunkte nicht die wahre, sondern nur die ekliptikale Position eines Planeten berücksichtigen, gilt für diesen Fall natürlich gleichermaßen. Es ist hilfreich zu wissen, daß sich die größten Abweichungen bei Mond, Merkur und Pluto ergeben können. Sonne, Uranus und der Mondknoten befinden sich immer auf der Ekliptik, so daß sich hier keine Unterschiede zwischen Spiegelpunkten und Deklinationsparallelen ergeben.

** Parallelen ||

Unter Parallelen versteht man den gleichen Abstand zweier Planeten vom Äquator. Es gibt eine nördliche (N) und eine südliche (S) Deklination. Parallelen findet man in der Ephemeride (Gestirnstandstabelle) unter der Rubrik »declination«. Parallelen in gleicher Richtung (beide nördlich oder beide südlich) spricht man eine der Konjunktion ähnliche Wirkung zu, während die Parallele in entgegengesetzter Richtung (ein Planet nördlich, der andere südlich), die sogenannte Gegenparallele, der Opposition entsprechen soll.
Die Meinungen über den Stellenwert der Parallelen gehen sehr auseinander. Während sie in den letzten Jahrzehnten von vielen Astrologen als völlig bedeutungslos angesehen wurden, scheint man sich jetzt in zunehmendem Maße wieder mit ihnen zu beschäftigen.

Parallel A, B und D. Gegenparallel A und C bzw. B und C, bzw. D und C.

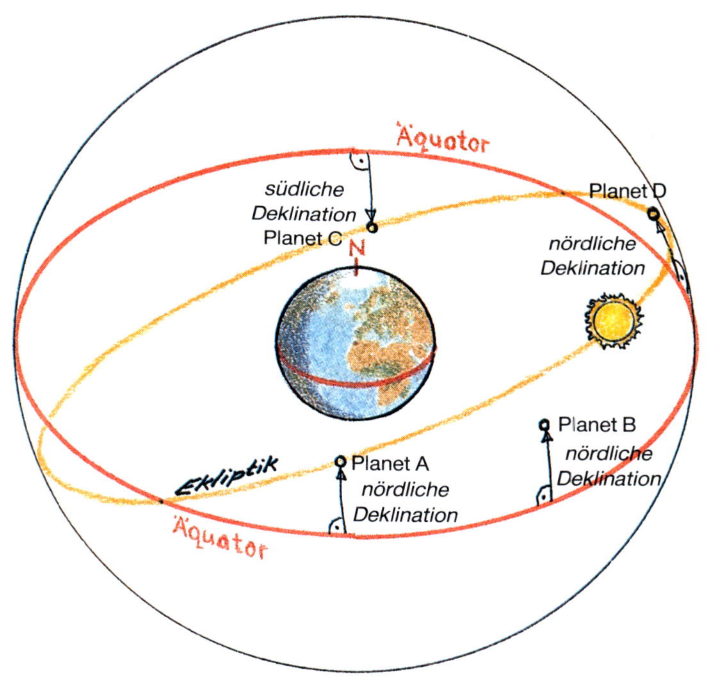

Halbsummen **

Halbsummen wurden früher Äquidistanzpunkte oder Schnittpunkte genannt. W. Koch sprach von Medianen. Gemeint ist damit das arithmetische Mittel zweier Planeten. Beispiel: Ein Planet steht in 10 Grad Widder, ein anderer in 20 Grad Widder (10 + 20) : 2 = 15 – die Halbsumme beider Planeten befindet sich also in 15 Grad Widder. Zweites Beispiel: Ein Planet steht auf 12 Grad Stier (= 42 Grad im Tierkreis), ein anderer auf 16 Grad Krebs (= 106 Grad im Tierkreis): (42 + 106) : 2 = 74 – die

Halbsummen entstehen immer doppelt:
die naheliegende H_1 und die fernliegende H_2

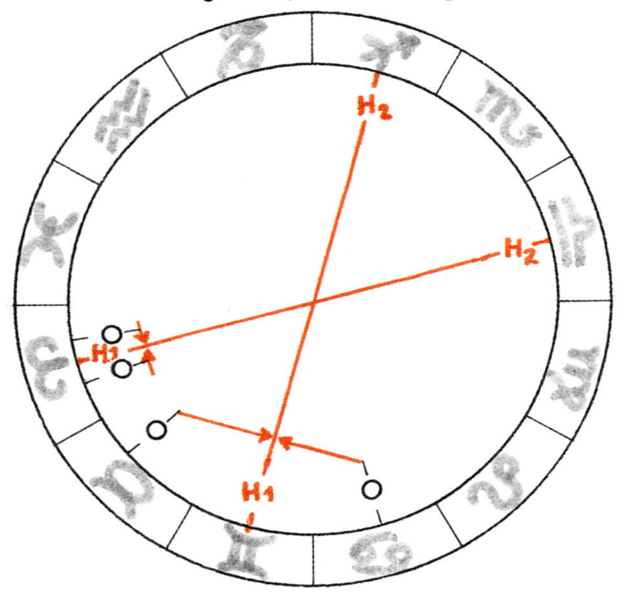

gesuchte Halbsumme befindet sich also in 14 Grad Zwilling.

Der Gebrauch von Halbsummen ist in der Astrologie inzwischen allgemein anerkannt. Sie waren bereits Bestandteil der Astrologie der Antike und des Mittelalters. Es ist jedoch das Verdienst Alfred Wittes, diese längst vergessene Technik wieder aufgegriffen und bekannt gemacht zu haben.

Allerdings wird den Halbsummen ein sehr unterschiedlicher Stellenwert beigemessen: Während manche Astrologieschulen in großem Umfang mit Halbsummen arbeiten (Kosmobiologen, Aalener Schule, Hamburger Schule), vertritt die Mehrheit der Astrologen die Ansicht, daß nur wenige Halbsummen bedeutsam sind, die ganz bestimmte

Bedingungen erfüllen müssen. Meist werden Halbsummen nur dann berücksichtigt, wenn sich in ihnen ein Planet, der Aszendent oder das M.C. befindet.

Sensitive Punkte *

Bei dieser Technik handelt es sich um konstruierte Punkte, die nach dem Schema a+b−c=d berechnet werden, wobei d dem sensitiven Punkt entspricht. Der bekannteste sensitive Punkt ist der sogenannte Glückspunkt, das »Pars fortuna«: Aszendent + Sonne − Mond = Glückspunkt. Die sensitiven Punkte kamen ursprünglich aus der arabischen Astrologie und wurden dort ausschließlich mit dem Aszendenten berechnet. Es gab Punkte für Krankheit, Alter, Liebe, Tod, Kinder, Reichtum etc. (Die »Hamburger Schule« erweiterte die sensitiven Punkte ins Uferlose: Sämtliche Planeten einschließlich AS und M.C. können miteinander sensitive Punkte bilden.)
Die meisten Astrologen lehnen jedoch den Gebrauch der sensitiven Punkte (gleich, welcher Prägung) als künstlich und konstruiert ab.

Der Orbis ****

Das Wort »Orbis« bezeichnet den Umkreis eines Aspekts. Gemeint sind damit die Grenzen, innerhalb deren ein Aspekt Gültigkeit hat. Es kommt nur sehr selten vor, daß zwei Planeten z.B. genau an der gleichen Stelle im Horoskop stehen, also eine völlig exakte Konjunktion bilden. Meist weichen sie von dieser exakten Position ein wenig ab, so daß beispielsweise der Mond auf 23 Grad Widder und der Mars auf 26 Grad Widder steht.

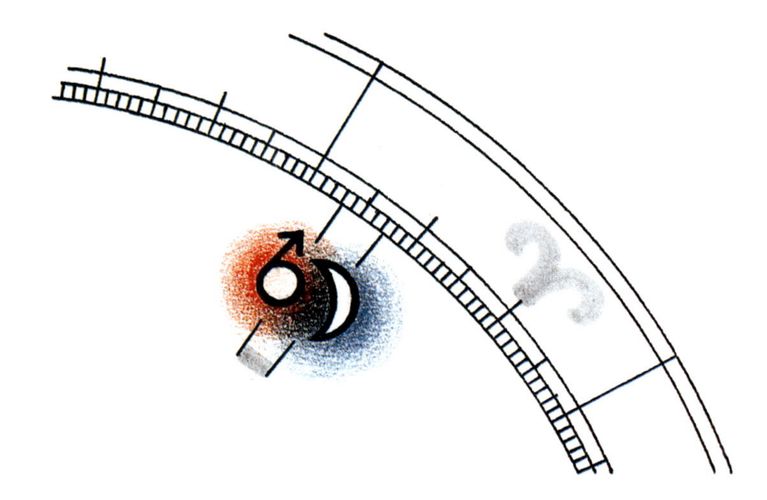

Auch dieser Aspekt wird noch eine Konjunktion genannt, obwohl er von dem geforderten Null-Grad-Abstand abweicht. Das gleiche gilt für die anderen Aspekte, und es stellt sich die Frage, innerhalb welcher Grenzen ein Aspekt noch gilt und ab wann der Orbis überschritten ist. Viele Astrologen haben hier versucht, komplizierte Regelsysteme aufzustellen, in denen für jeden Aspekt und jeden Planeten der exakte Orbis festgelegt werden sollte. Dies ist jedoch in der Praxis unsinnig: Jedes Horoskop ist anders, und es gibt eine sehr große Anzahl von Kriterien zu berücksichtigen, um im Einzelfall zu entscheiden, ob ein Aspekt noch gilt oder nicht. Deshalb schlage ich dem Anfänger folgendes Verfahren vor:

1. Berücksichtigen Sie vorläufig nur die sogenannten großen Aspekte: Konjunktion, Opposition, Trigon, Quadrat und Sextil.
2. Arbeiten Sie mit einem Orbis von 7 Grad in beiden Richtungen. So würde z.B. ein Quadrat von 83 bis 97 Grad gelten.

3. Beziehen Sie die Geschwindigkeit der Planeten in Ihre Überlegungen mit ein: Je schneller sich ein Planet bewegt, um so größer wird der zulässige Orbis. So mag eine Konjunktion zwischen Sonne und Mond trotz 10 Grad Orbis noch Gültigkeit haben, während ein Sextil zwischen Neptun und Pluto schon bei 3 Grad Orbis unwirksam wird.
4. Bedenken Sie, daß Astrologie nicht nach dem »Lichtschalterprinzip« funktioniert: je größer der Orbis, um so schwächer ist die Wirkung eines Aspektes. Und es ist nahezu unmöglich, präzise gerade den Punkt anzugeben, ab dem der Aspekt *überhaupt* keine Wirkung mehr hat...
5. Wählen Sie den Orbis lieber zu klein als zu groß.

Falls Sie mit den kleinen Aspekten (Halbquadrat, Nonagon usw.) arbeiten wollen, sollten Sie grundsätzlich als äußersten Orbis 1 Grad nehmen. So liegen Bilin und Quintil z.B. nur 3 Grad auseinander. Bei einem Planetenabstand von 73,5 Grad und einem Orbis von nur 1,5 Grad hätten wir in diesem Fall schon zwei Aspekte gleichzeitig! Es gibt viele Astrologen die bei den kleinen Aspekten sogar nur 30 Bogenminuten als Orbis zulassen.
Durch die eigene Arbeit mit Horoskopen werden Sie »von ganz allein« Sicherheit im Umgang mit Aspekten bekommen - eine Sicherheit, die auf Erfahrung beruht und somit theoretischen Erwägungen und Lehrsätzen überlegen ist.

Grundsätzliches zu den Aspekten **

Es können drei Grundprinzipien unterschieden werden, nach denen Aspekte gebildet werden.
Das *erste Verfahren* ist die Konstruktion symmetrischer

Vielecke, deren Eckabstände, auf dem Tierkreis gemessen, die Aspekte ergeben. Praktisch sind dies die Ergebnisse ganzzahliger Divisionen: 360 : 1 = Konjunktion, 360 : 2 = Opposition, 360 : 3 = Trigon usw.

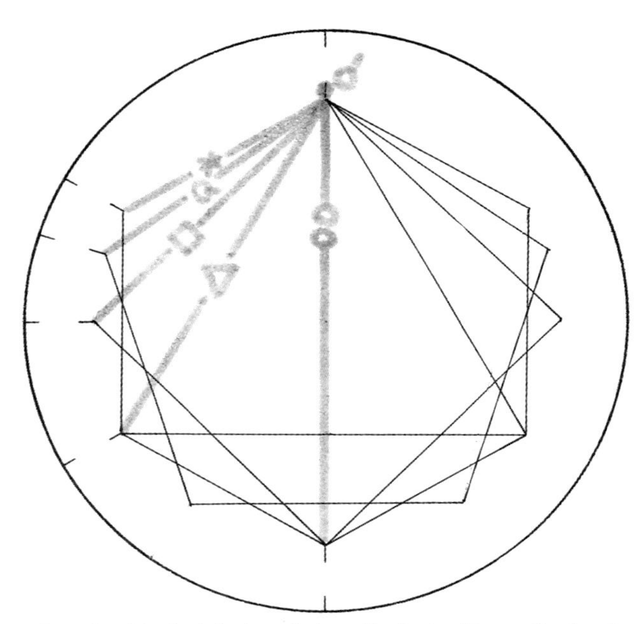

Das »Eineck« (Konjunktion) und das »Zweieck« (Opposition) nehmen hier eine gewisse Sonderstellung ein, die sie in ihrer Bedeutsamkeit heraushebt.

Das *zweite Verfahren* arbeitet mit einer fortlaufenden Halbierung des Kreises.

Diese Technik wird inzwischen von manchen so weit getrieben, daß neben Halb- auch Viertel-, Achtel-, Sechzehntel- und Zweiunddreißigstelquadrate berücksichtigt werden.

Wobei der letzte Aspekt einem Winkel von 2 Grad 48 Minuten 45 Sekunden entspricht!

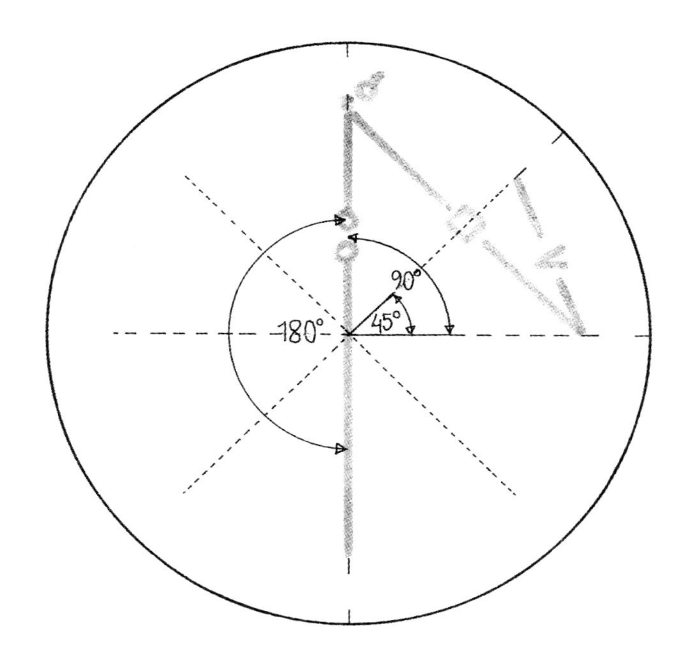

Das *dritte Verfahren* ist die sogenannte 30-Grad-Reihe, d. h., alle Planetenpositionen, die 30 Grad oder ein Vielfaches davon voneinander entfernt sind, werden als bedeutsame Aspekte angesehen.
Wenn wir die Aspekte heraussuchen, die sich mit jedem dieser drei Verfahren bilden lassen, so kommen wir auf Konjunktion, Opposition und Quadrat. Dies sind in der Tat die bedeutsamsten Aspekte.
Zwar bilden alle nach dem zweiten Verfahren gebildeten Aspekte (fortlaufende Kreisteilung) symmetrische Figuren, nur das Halbquadrat ist jedoch ein ganzzahliger Quotient und somit von übergeordneter Bedeutung.
Halbsextil, Sextil und Trigon erfüllen ebenfalls zwei Kriterien (30-Grad-Reihe und Symmetrie), sie sind deshalb in ihrer Bedeutung dem Halbquadrat gleichwertig. Eine

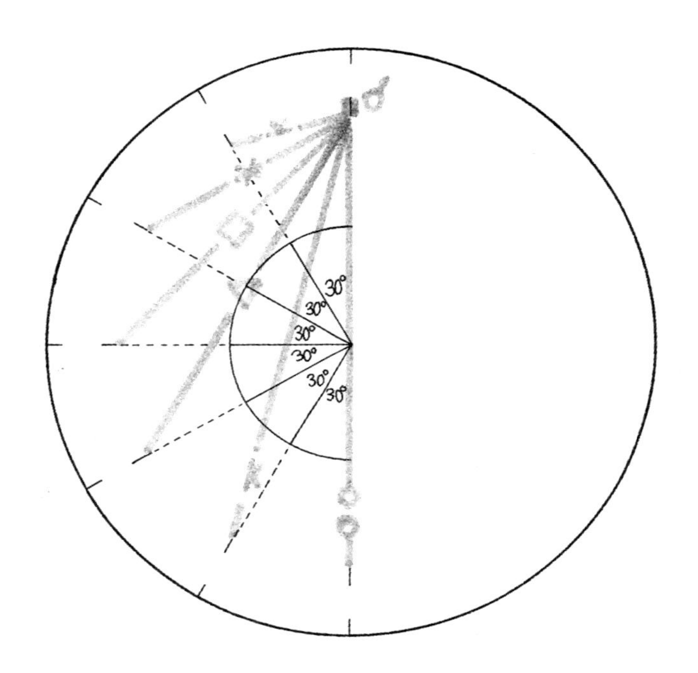

Ausnahme bildet hier das Halbsextil, dem wohl zu Recht keine übermäßig große Beachtung geschenkt wird.
Weitere Aspekte entstehen aus den Vielfachen symmetrischer Aspekte. So ist z. B. das Anderthalbquadrat ein Vielfaches des Halbquadrats, das Biquintil das Doppelte des Quintils usw. Diese Aspekte sind deshalb grundsätzlich weniger bedeutsam als die symmetrischen, weil sie aus diesen abgeleitet wurden. In ihrer Wirkung sind sie unklar, problematisch, behindernd und dunkel.
Das Ausbrechen aus der Symmetrie kommt einer Störung der Ordnung gleich. Die Balance geht verloren oder wird bewußt aufgehoben, um dem Chaos Tür und Tor zu öffnen. Dies waren die Gründe, warum man insbesondere in der mittelalterlichen Magie der Störung der Symmetrie eine gradezu satanische Wirkung beimaß.

Teil III
Horoskopberechnung

Was benötigt man zur Horoskopberechnung?

**
**

Glücklicherweise sind die Zeiten vorbei, in denen ein Astrologe gleichzeitig auch Astronom sein mußte, um durch Himmelsbeobachtung und komplizierte trigonometrische Formeln die Planetenpositionen zu bestimmen. Heute brauchen Sie zur Horoskopberechnung lediglich einen Bleistift, ein Horoskopformular und ein paar Tabellen.

Die wichtigsten und unersetzlichen Hilfsmittel sind die *Häusertabellen* und die *Ephemeriden.*

In den Häusertabellen können Sie Aszendent, Medium Coeli (M.C.) sowie die anderen Häuserspitzen ablesen. Ich empfehle hier »Die globalen Häusertabellen« des O.W. Barth Verlags, München. Es gibt noch viele andere Häusertabellen, die angeboten werden. Grundsätzlich sollten Sie jene benutzen, die nach der Methode des Placidus berechnet sind (ich beziehe mich ausschließlich auf die Placidus-Werte).

Ephemeriden sind Gestirnstandstabellen, aus denen Sie die Planetenpositionen für jeden Tag ablesen können. Zu empfehlen wäre hier zum einen die »Europa Ephemeride« (1900–1950 und 1950–2005) des Metz Verlags, Zürich, sowie die »Rosenkreutzer Ephemeride« (1900–2000) des Bauer Verlags, Freiburg. Sie können aber auch jede andere Ephemeride verwenden. Sie sollten darauf achten, daß es sich um Mitternachtsephemeriden handelt. Dies ist jedoch bei allen neueren Ephemeriden der Fall, ältere sind allerdings auf die Mittagsstände berechnet.

Zusätzlich benötigen Sie noch ein Verzeichnis, in denen die Längen- und Breitengrade aller wichtigen (deutschen) Städte angegeben sind. Allen Ansprüchen genügt hier das Werk »Die geographischen Positionen Europas«, das im Eberlin Verlag, Freiburg, erschienen ist.

Schließlich braucht man noch eine Zeitzonentafel sowie ein Verzeichnis der Sommerzeiten. Beides ist jedoch in den meisten Häusertabellen sowie in der »Europa Ephemeride« enthalten.

Als Horoskopformulare empfehle ich (aus Gründen, die ich später erklären werde) die Formulare BH 17,5 (Bestellnummer 6341) des Bauer Verlags, Freiburg.

All diese Artikel bekommen Sie in einer guten esoterischen Buchhandlung. Sie können Sie jedoch auch in jeder anderen Buchhandlung oder direkt bei den Verlagen bestellen.

Um die Horoskopberechnung zu erlernen und die hier behandelten Beispiele nachzuvollziehen, brauchen Sie sich zunächst jedoch noch nicht in Unkosten zu stürzen, da die benötigten Seiten aus den Tabellen im Text abgedruckt sind. Am Ende des Buches finden sie ein Horoskopformular, das Sie direkt benutzen können.

Mancher wird sich fragen, warum die Tabellen denn nicht einfach in diesem Buch mit abgedruckt sind, zumal es ja Einführungen gibt, in denen so etwas geschieht. Der Grund ist einfach: Nicht umsonst sind die Verzeichnisse von Häuserspitzen und Gestirnständen so teuer: Sie sind sehr umfangreich. In vielen Einführungen behilft man sich mit sehr groben Vereinfachungen, indem man die Planetenstände für Zeiträume von zehn Tagen oder gar einem Monat angibt. Die Folge ist, daß die Rechenergebnisse sehr ungenau werden. So ungenau, daß man sie eigentlich nicht mehr verwenden kann. Mit den hier abgedruckten Tabellen können Sie die Beispielhoroskope genau berechnen. Wenn Sie sich später weiterhin mit Astrologie beschäftigen wollen, kommen Sie nicht umhin, sich die vollständigen Ephemeriden anzuschaffen.

Die Berechnung des Horoskops

Vor keinem Bereich scheint der Astrologieneuling mehr Respekt zu haben als vor dem Berechnen von Horoskopen. In Wirklichkeit ist dies jedoch sehr einfach. Es ist vor allem unvergleichlich viel leichter, als ein Horoskop zu deuten.

Obwohl also die Berechnung eines Horoskops für jeden, der die vier Grundrechenarten beherrscht, in ungefähr dreißig Minuten zu erlernen ist, haben viele Angst davor und wollen dieses leidige Thema völlig vermeiden. Offensichtlich spielen hier unangenehme Erinnerungen an die Schulzeit eine gewisse Rolle. Prinzipiell ist es auch durchaus möglich, Horoskope zu interpretieren, ohne die Berechnung zu beherrschen: Es gibt heute zahlreiche Computerdienste, welche diese Arbeit preisgünstig übernehmen. Dennoch spricht viel dafür, sich mit den Grundlagen der Horoskopberechnung vertraut zu machen; denn gelegentlich sind Computerberechnungen fehlerhaft, dies ist insbesondere dann der Fall, wenn eine falsche Geburts- bzw. Ortszeit angenommen wurde. Natürlich können verkehrt berechnete Horoskope nicht richtig gedeutet werden, deshalb ist es auf jeden Fall nützlich, wenn man die von anderen berechneten Horoskope auf ihre Richtigkeit überprüfen kann. Noch wichtiger jedoch

ist, daß das selbständige Berechnen eines Horoskops wesentlich zum Verständnis der Astrologie beiträgt.
Es kommt also darauf an, wie intensiv Sie sich mit Astrologie beschäftigen wollen: Wenn Sie lediglich ungefähr wissen möchten, was ein Horoskop ist und was die Planeten darin bedeuten, so kommen Sie sicherlich ohne eigene Berechnungen aus. Wollen Sie jedoch tiefer in dieses Fachgebiet eindringen, so ist eine Beschäftigung mit den astronomischen und rechnerischen Grundlagen unverzichtbar.
Auch hier muß zwischen der reinen Berechnung und einem tieferen Verständnis der Zusammenhänge unterschieden werden. Die Berechnung eines Horoskops läßt sich, wie gesagt, in etwa einer halben Stunde lernen, damit verstehen Sie jedoch noch nicht, was Sie da eigentlich tun. So kann man z. B. verhältnismäßig schnell ein Auto fahren, ohne zu verstehen, warum es fährt und was seine einzelnen Funktionen bedeuten. Dies wird normalerweise auch ausreichen, für einen Kraftfahrzeugmechaniker jedoch sicher nicht. Hinzu kommt, daß ein etwas tieferes Verständnis der Materie auch hilft, Fehler zu vermeiden. Ein Astrologe, der die Berechnung eines Horoskops beherrscht und begreift, kann bestimmte Rechenfehler nicht machen, weil er weiß, daß die Resultate sinnlos bzw. unmöglich sind.

** Längen- und Breitengrade

Bei dem Spiel »Schiffeversenken« malt man auf einem karierten Blatt Papier innerhalb einer viereckigen Umgrenzung einige Kästchen aus. Diese sollen Schiffe symbolisieren. Der Spielgegner tut das gleiche auf einem anderen Blatt Papier. Nun versucht man, durch abwech-

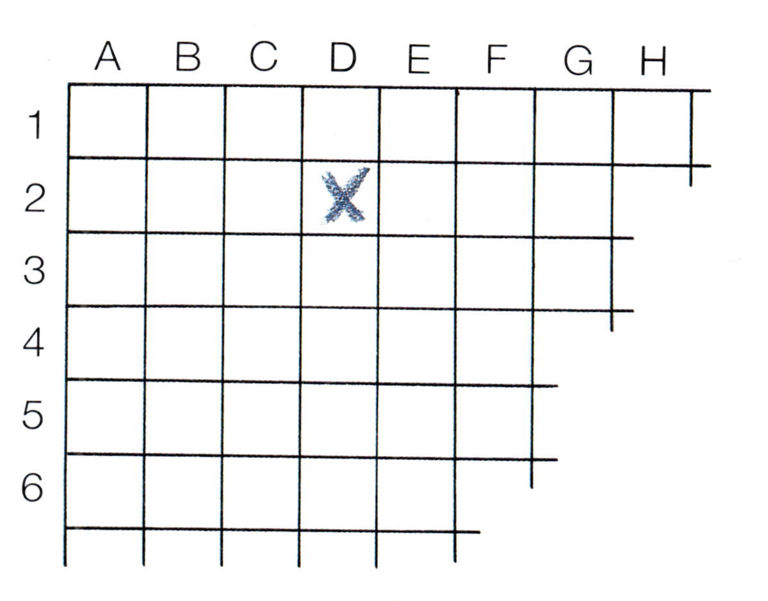
A B C D E F G H
1
2
3
4
5
6
X

selndes Raten die Felder herauszufinden, auf denen die gegnerischen Schiffe stehen; wer zuerst alle Schiffspositionen des Gegners herausgefunden hat, ist Sieger. Damit man weiß, welches Kästchen der andere meint, sind beide Spielfelder auf die gleiche Weise gekennzeichnet.

Meist wählt man für die obere Reihe Buchstaben und für die seitliche Zahlen. Durch die Kombination von einem Buchstaben mit einer Zahl ist jedes Kästchen genau definiert, A 1 kann z. B. nur das Kästchen in der linken oberen Ecke sein.

Dieses Prinzip wird auch zur Bestimmung von Orten auf der Erdkugel angewandt. Die Zahlen entsprechen den sogenannten Breitenkreisen. Der Äquator teilt die Erde in

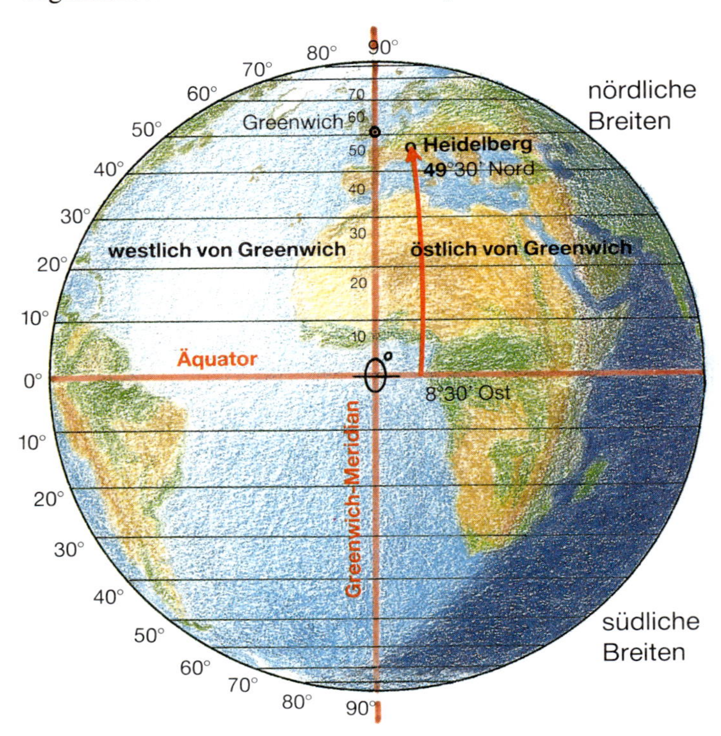

eine nördliche und eine südliche Halbkugel; alle Orte, die über dem Äquator liegen, gehören zur nördlichen Hemisphäre. Jede dieser Halbkugeln hat man in neunzig Breitenkreise (=Breitengrade) unterteilt. Die Breitenkreise über dem Äquator nennt man nördliche Breiten, was häufig mit einem Pluszeichen abgekürzt wird. Die Breitenkreise unterhalb des Äquators werden dementsprechend südliche Breiten genannt und mit einem Minuszeichen abgekürzt. Die Breite des Äquators ist null Grad, die des Nordpols +90 Grad, die des Südpols −90 Grad. Alle Orte, die auf dem gleichen Breitengrad liegen, sind gleich weit vom (Nord)pol entfernt und weisen deshalb ähnliche klimatische Verhältnisse auf.
Den Buchstaben beim »Schiffeversenken« entsprechen dagegen die Längengrade. Sie ähneln ein wenig den Schnitzen einer Apfelsine: Zu den Polen hin werden sie immer schmaler, zur Mitte (dem Äquator) hingegen dikker. Die Längengrade werden auch Meridiane genannt.
Da eine Kugel keinen natürlichen Anfang hat, muß man sich auf einen solchen Anfangspunkt einigen, ihn definieren. Bei den Breitenkreisen war dies nicht schwierig: Der Äquator bot sich als Trennlinie an. Bei den Längenkreisen gibt es eine solche Möglichkeit jedoch nicht. So wählte man Greenwich in der unmittelbaren Nähe von London und beschloß, daß durch diesen Ort der Null-Meridian gehen sollte. Diese Entscheidung hat außer der Einigung keinerlei tiefere Bedeutung. Man hätte genausogut Hamburg, New York oder irgendeinen anderen Ort auf der Erde auswählen können, an welchem die Zählung der Längengrade beginnen sollte.
Wenn man den Nullpunkt gefunden hat, gibt es zwei Möglichkeiten weiterzuzählen: Entweder man zählt in einer festgelegten Richtung im Kreis herum, oder man zählt in beide Richtungen und erhält so eine östliche und eine westliche Halbkugel. Auf das letztere Verfahren hat

man sich bei der Einteilung der Längengrade geeinigt. Da jeder Kreis 360 Grad hat, ist die Erde in 180 Längengrade östlich und 180 Längengrade westlich von Greenwich unterteilt. Während die Breitenkreise etwas über die Klimazone aussagen, haben die Längenkreise mit der Zeitrechnung und dem Tagesverlauf zu tun: Die Erde dreht sich im Laufe eines Tages einmal um ihre Achse, und zwar von Westen nach Osten; d.h., je weiter östlich (von Greenwich) ein Ort liegt, um so früher geht dort die Sonne auf, um so früher beginnt dort der Tag.

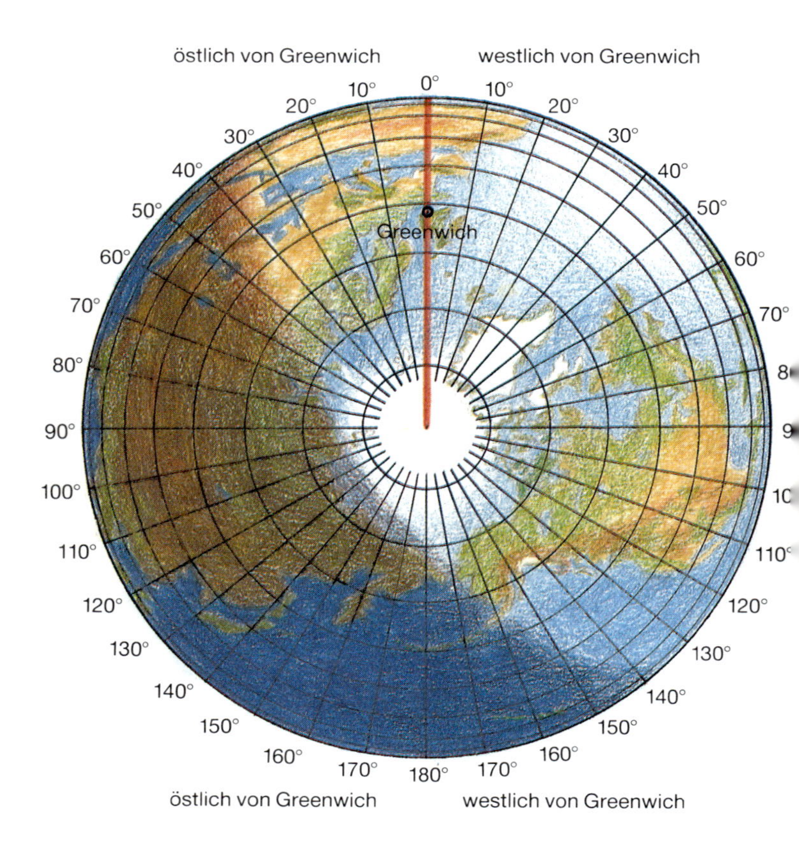

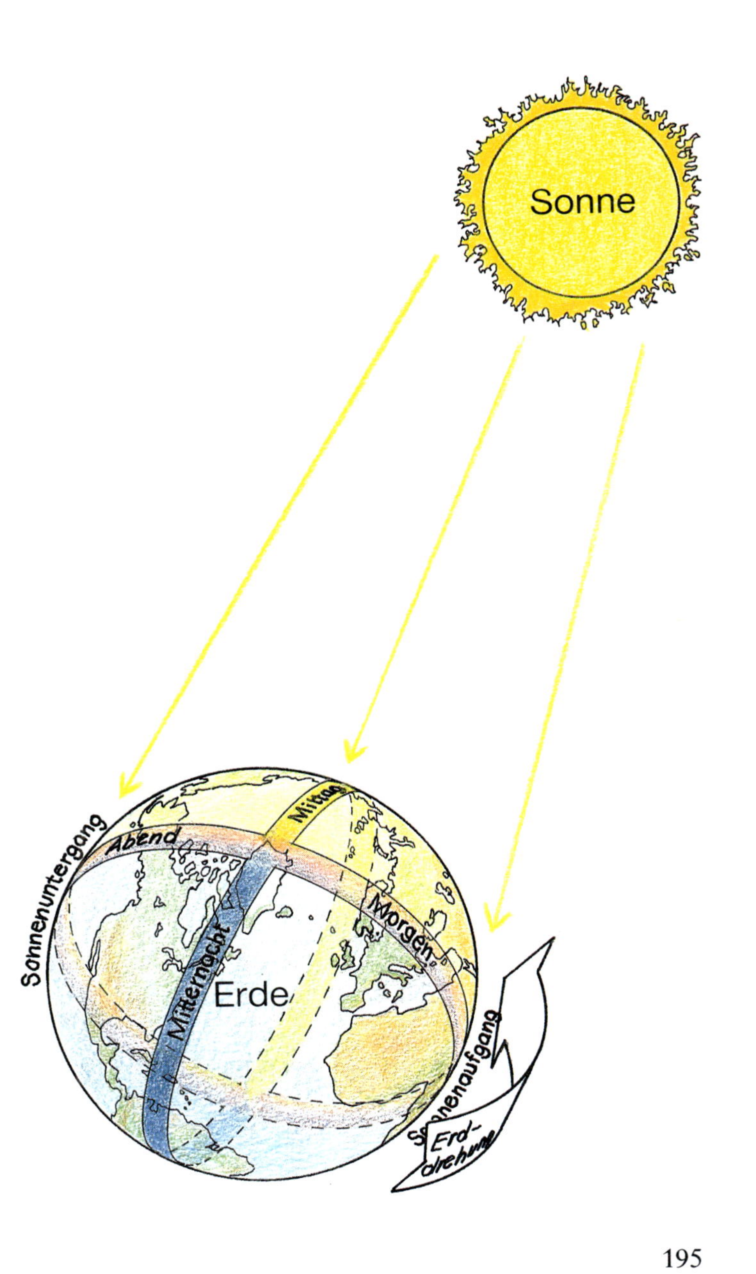
Sonne
Sonnenuntergang
Abend
Mittag
Morgen
Mitternacht
Erde
Sonnenaufgang
Erd-
drehung

** Die verschiedenen Zeitarten

In unseren Breiten gilt normalerweise die MEZ, die mitteleuropäische Zeit. Neuerdings gibt es bei uns auch die MESZ, die mitteleuropäische Sommerzeit. Der Astrologe muß jedoch noch verschiedene andere Zeitarten wie Sternzeit und Ortszeit berücksichtigen. Dies mag ein wenig kompliziert klingen, doch keine Sorge, letztlich müssen Sie wirklich nichts anderes machen, als einige Zahlen zu addieren und subtrahieren.

Der bürgerliche Tag

Unsere normale Zeitrechnung ist von der Sonne abhängig: 12.00 Uhr mittags ist dann, wenn die Sonne ihren höchsten Punkt über dem Horizont erreicht hat. Die Zeit, die sie braucht, um erneut den höchsten Punkt über dem Horizont zu erreichen, ist ein bürgerlicher Tag. Dieser Tag ist in 24 Stunden unterteilt, diese in jeweils 60 Minuten.

** Genaugenommen müßte man noch zwischen dem *mittleren* und dem *wahren* bürgerlichen Tag unterscheiden: Dadurch, daß die Bahn der Erde nicht genau kreisförmig ist, sondern eher einer Ellipse gleicht, sowie durch die Neigung der Erde zur scheinbaren Sonnenbahn (die sogenannte Schiefe der Ekliptik), braucht die Sonne von einem Mittag (= Meridiandurchgang) zum nächsten nicht immer genau gleich lang. Beim *wahren bürgerlichen Tag* sind also 24 Stunden manchmal länger und manchmal kürzer. Deshalb erfand man die *mittlere Sonne,* die sich gleichförmig auf dem Himmelsäquator bewegt. Aus dieser Hilfskonstruktion ergibt sich die mittlere Sonnenzeit und damit auch der *mittlere Sonnentag*. Die deutsche Abkürzung ist hierfür MOZ (mittlere Ortszeit), die internationale Abkürzung LMT (»local mean time«). Dies ist, nebenbei bemerkt, der Grund, warum sich in Horoskopen, die auf 12.00 Uhr Ortszeit (ebenjene mittlere Ortszeit) berechnet sind, die Sonne nicht genau am Medium Coeli (M.C.) steht*. Wenn im folgenden von Ortszeit die Rede ist, so ist damit immer die mittlere Ortszeit gemeint.

Damit wäre alles in schönster Ordnung, wenn sich nicht folgendes Problem ergäbe: Durch die Drehung der Erde um ihre eigene Achse haben nur die Orte, die genau auf einem Längengrad liegen, zur gleichen Zeit Mittag. Alle Orte, die sich östlich vom eigenen Ort befinden, haben früher, alle, die westlich liegen, haben dagegen später Mittag. So hätte eigentlich fast jedes Dorf seine eigene Uhrzeit, die sich bereits von der des Nachbarortes unterscheidet. In der Tat hat man bis zur zweiten Hälfte des 19. Jahrhunderts auf diese Art die Zeit gemessen. Man bezeichnet sie sinnvollerweise als *Ortszeit*. Mit dem Aufkommen der Eisenbahn erwies sich diese Praxis jedoch als sehr unhandlich: Für jeden Ort müßten eigene Fahrpläne geschrieben werden, und die Fahrgäste hätten komplizierte Rechnungen anzustellen, um herauszufinden, wie lange eigentlich eine Fahrt dauert, da die Ankunftszeiten ja bereits wieder für die Zeitrechnung des Ankunftsortes berechnet wären...

Man einigte sich deshalb schnell darauf, die sogenannten *Zonenzeiten* einzuführen (1884). Als Ausgangspunkt nahm man den Null-Meridian in Greenwich bei London, die dort geltende Zeit nennt man Weltzeit (WZ), Greenwich-Zeit oder auch GMT (»Greenwich mean time«) bzw. UT (»universal time«). Von ihr leiten sich die gebräuchlichen Zonenzeiten ab, die sich in der Regel um ganze Stunden von der Weltzeit unterscheiden.

Als Bezugspunkte nimmt man gewöhnlich Orte, die auf

* Ein Phänomen, das sich viele Astrologen nicht erklären können (sie wissen es ja nun).

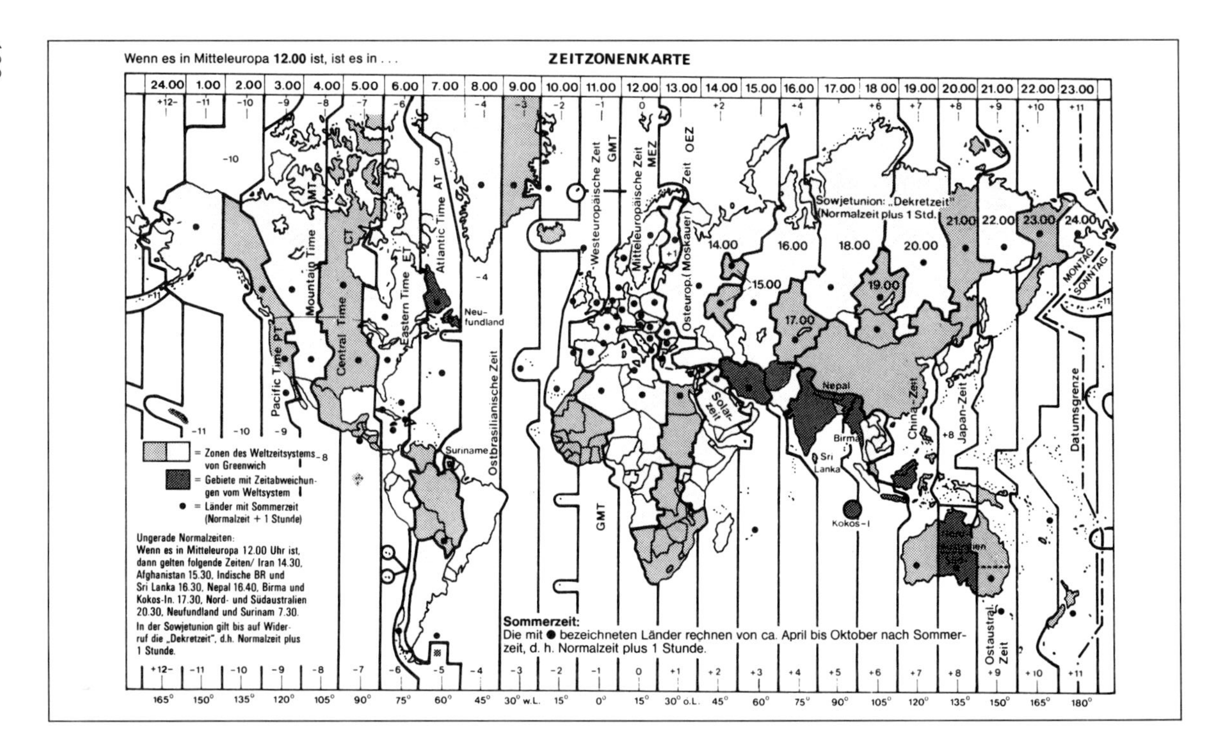

Wenn es in Mitteleuropa 12.00 ist, ist es in . . .
ZEITZONENKARTE
24.00 1.00 2.00 3.00 4.00 5.00 6.00 7.00 8.00 9.00 10.00 11.00 12.00 13.00 14.00 15.00 16.00 17.00 18 00 19.00 20.00 21.00 22.00 23.00
Pacific Time PT
Mountain Time MT
Central Time CT
Eastern Time ET
Atlantic Time AT
Neu-
fundland
Ostbrasilianische Zeit
Suriname
Westeuropäische Zeit GMT
Mitteleuropäische Zeit MEZ
Zeit OEZ
Osteurop. (Moskauer)
GMT
Solar-
zeit
Sowjetunion: „Dekretzeit"
(Normalzeit plus 1 Std.)
14.00
15.00
16.00
17.00
18.00
19.00
20.00
21.00
22.00
23.00
24.00
Nepal
Birma
Sri
Lanka
Kokos-I
China-Zeit
Japan-Zeit
Ostaustral. Zeit
Datumsgrenze
MONTAG
SONNTAG
= Zonen des Weltzeitsystems von Greenwich
= Gebiete mit Zeitabweichungen vom Weltsystem
= Länder mit Sommerzeit (Normalzeit + 1 Stunde)
Ungerade Normalzeiten:
Wenn es in Mitteleuropa 12.00 Uhr ist, dann gelten folgende Zeiten/ Iran 14.30, Afghanistan 15.30, Indische BR und Sri Lanka 16.30, Nepal 16.40, Birma und Kokos-In. 17.30, Nord- und Südaustralien 20.30, Neufundland und Surinam 7.30.
In der Sowjetunion gilt bis auf Widerruf die „Dekretzeit", d.h. Normalzeit plus 1 Stunde.
Sommerzeit:
Die mit ● bezeichneten Länder rechnen von ca. April bis Oktober nach Sommerzeit, d. h. Normalzeit plus 1 Stunde.
+12 -11 -10 -9 -8 -7 -6 -5 -4 -3 -2 -1 0 +1 +2 +3 +4 +5 +6 +7 +8 +9 +10 +11
165° 150° 135° 120° 105° 90° 75° 60° 45° 30° w.L. 15° 0° 15° 30° o.L. 45° 60° 75° 90° 105° 120° 135° 150° 165° 180°

Meridianen liegen, die sich in 15 Grad Abständen von Greenwich befinden. So bezieht sich unsere mitteleuropäische Zeit auf den 15. Längengrad östlich von Greenwich, der durch Görlitz geht. Die mitteleuropäische Zeit unterscheidet sich also um eine Stunde von der Greenwich-Zeit: mitteleuropäische Zeit = Greenwich-Zeit + 1 Stunde.

Die Ortszeit

Um ein Horoskop zu berechnen, benötigen wir jedoch wieder die Ortszeit. Wir müssen also unsere gewohnte mitteleuropäische Zeit in die Ortszeit umrechnen. Dies ist sehr einfach: Wir wandeln die mitteleuropäische Zeit in Greenwich-Zeit (also MEZ – 1 Stunde = GMT) und zählen (bei einer Geburt in Deutschland) die Länge in Zeit hinzu. Dies geschieht z. B., indem wir im Anhang der Ephemeriden (z. B. Europa Ephemeride) den Geburtsort nachschlagen, dort ist die Länge in Zeit für alle größeren Städte verzeichnet.

Ort	Breite			Länge			Länge			Korr. Sternzeit	
	o	/		o	/		h	m	s	m	s
Aachen	50	46,4	N	6	05,5	E	00	24	22	– 00	04
Aalen	48	50,2	N	10	05,7	E	00	40	23	– 00	06
Ahlen	51	45,7	N	7	54,1	E	00	31	36	– 00	05
Amberg	49	26,8	N	11	51,8	E	00	47	27	– 00	08
Ansbach	49	17,9	N	10	34,1	E	00	42	16	– 00	07
Arnsberg (Westf.)	51	23,6	N	8	04,3	E	00	32	17	– 00	05
Aschaffenburg	49	58,3	N	9	09,6	E	00	36	38	– 00	06
Augsburg	48	22,3	N	10	53,5	E	00	43	34	– 00	07
Aurich	53	28,1	N	7	29,3	E	00	29	57	– 00	05
Baden-Baden	48	45,6	N	8	14,5	E	00	32	58	– 00	05
Bamberg	49	53,8	N	10	54,0	E	00	43	36	– 00	07
Bayreuth	49	56,6	N	11	34,7	E	00	46	19	– 00	07
Berchtesgaden	47	38,0	N	13	00,4	E	00	52	01	– 00	09

Einem Längenunterschied von 1 Grad entspricht ein Zeitunterschied von 4 Minuten. Diese Länge in Zeit nennt man auch *Ortszeitkorrektur,* die wir nun lediglich zur Greenwich-Zeit addieren müssen, um die Ortszeit zu erhalten, also MEZ – 1 Stunde (= GMT) + Ortszeitkorrektur = Ortszeit.

Beispiel: Wir wollen die Ortszeit der Geburt für jemanden berechnen, der um 21.00 Uhr in Aachen geboren wurde: 21 – 1 = 20; die Ortszeitkorrektur für Aachen beträgt 24 m 18 s, so daß diese Person um 20.24 Uhr Ortszeit geboren wurde.

** Bei Geburten in Orten mit westlicher Länge hingegen muß die Ortszeitkorrektur subtrahiert werden. Dies kommt für Geburten in der Bundesrepublik freilich nicht in Betracht, da sie ja östlich von England liegt.

**** Die Sternzeit

Der Unterschied zwischen Greenwich-Zeit, mitteleuropäischer Zeit und Ortszeit liegt nur im Beginn ihrer Zählung, d.h., die Tage beginnen zu unterschiedlichen Zeitpunkten, sind aber immer gleich lang.
Etwas anders verhält es sich mit der für die Astrologie wichtigen *Sternzeit:* Ein Sterntag ist um etwa 4 Minuten kürzer als ein bürgerlicher Tag. Um genau zu sein: Ein Sterntag dauert 23 h 56 m 4,1 s.
Anschaulich kann man sich dies als eine Uhr vorstellen, die pro Tag vier Minuten vorgeht: Wenn in »normaler« Zeitrechnung 24 Stunden vergangen sind, sind in Sternzeit 24 Stunden und vier Minuten vergangen. Einen Tag später geht die Sternenuhr schon 8 Minuten vor, den Tag darauf 12 Minuten usw.
Was ist nun die Sternzeit? Wie der Name bereits sagt,

Der Unterschied zwischen Ortszeit und Sternzeit summiert sich im Lauf eines Vierteljahres auf 6 Stunden.

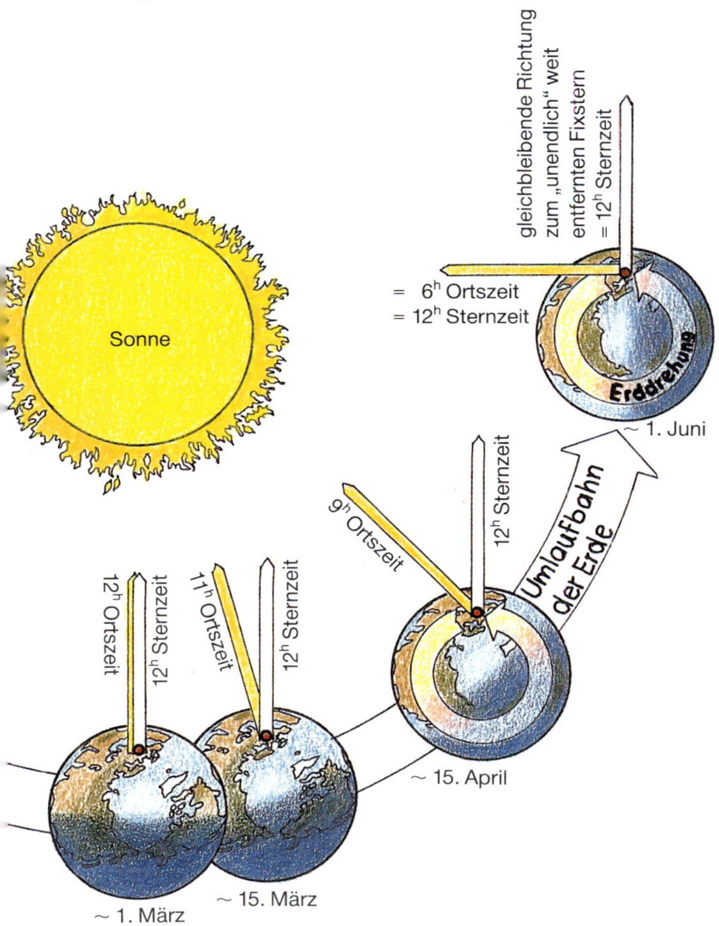

bezieht sich diese Zeitrechnung nicht auf die Erde, sondern auf den Sternenhimmel. Ein Sterntag ist deshalb die Zeit, die ein Fixstern benötigt, um erneut an der genau gleichen Stelle am Himmelsgewölbe sichtbar zu sein. Wenn wir einen Stern durch ein festgestelltes Fernrohr beobachten, so wird dieser im Laufe der Nacht, bedingt durch die Drehung der Erde um sich selbst, langsam aus unserem Gesichtsfeld verschwinden. Genau 24 Sternstunden später ist er wieder an der gleichen Stelle zu beobachten.

Woher kommt der Unterschied zwischen der bürgerlichen und der Sternzeit? Dadurch, daß sich die Erde nicht nur um ihre eigene Achse, sondern auch um die Sonne dreht, braucht sie für einen bürgerlichen Tag ein klein wenig mehr als eine Umdrehung um sich selbst. Damit die Sonne ihren höchsten Punkt über dem Horizont (also Mittag) erreichen kann, muß die Erde durch ihre Drehung noch das Stück Weg ausgleichen, das sie an diesem Tag auf ihrer Bahn um die Sonne zurückgelegt hat.

Die Fixsterne hingegen sind, im Vergleich zur Sonne, unendlich weit von der Erde entfernt, so daß ihre Bewegung um die Sonne für ihre Beobachtung praktisch keine Rolle spielt. Anschaulich kann man sich das so vorstellen: Für die Entfernung zwischen Köln und Tokio ist es praktisch unerheblich, ob ich sie vom Wohn- oder vom Badezimmer meiner Wohnung aus messe.

So kann man sich die Erde im Verhältnis zu den außerordentlich weit entfernten Fixsternen als feststehend denken. Die gleiche Blickrichtung haben wir dann, wenn sich die Erde exakt einmal um sich selbst gedreht hat.

Für die Berechnung eines Horoskops benötigen wir nun die *Sternzeit des Geburtsaugenblicks*. Diese zu erfahren ist nicht weiter schwierig, da die Sternzeit des Geburtstages in jeder Ephemeride verzeichnet ist. Meist wird hier die internationale Bezeichnung »Sideral Time« gebraucht. Die in den Ephemeriden angegebene Sternzeit bezieht sich auf null Uhr Greenwich-Zeit, wir müssen Sie nur zur Ortszeit addieren, um die (Orts)sternzeit des Geburtsau-

Von jedem Punkt der Umlaufbahn betrachtet steht der Fixstern in der gleichen Richtung.

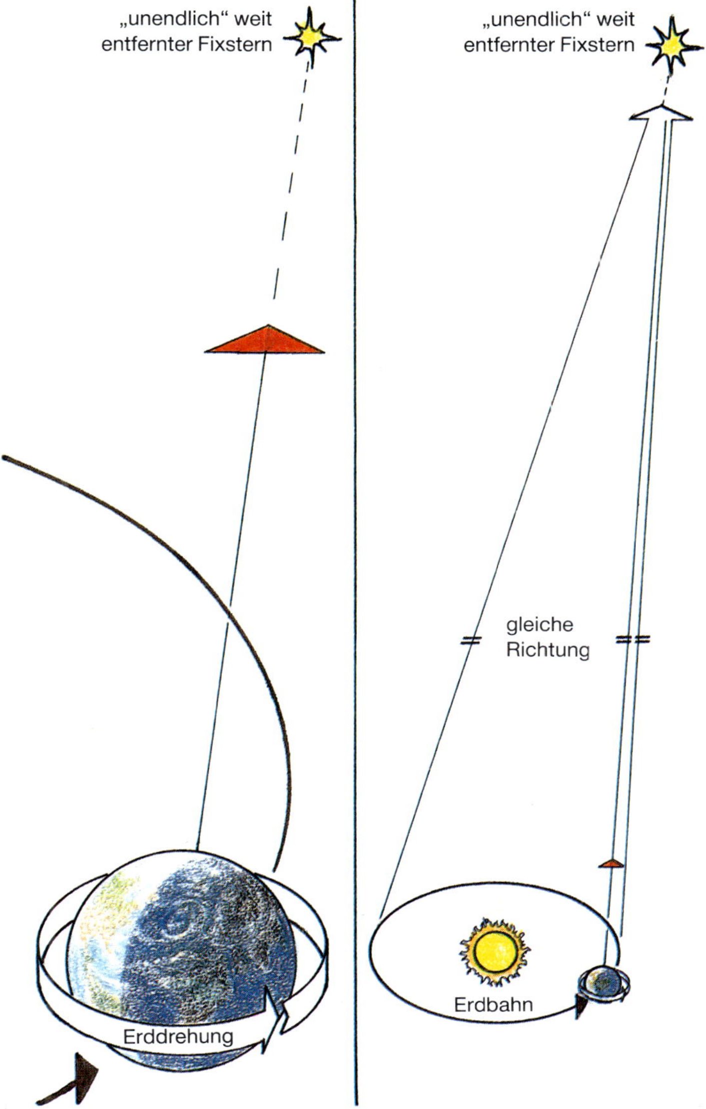

„unendlich" weit entfernter Fixstern

Erddrehung

„unendlich" weit entfernter Fixstern

gleiche Richtung

Erdbahn

genblicks zu erhalten. Diese ist natürlich abhängig vom Datum; wir erinnern uns: Die Sternzeituhr geht pro Tag 4 Minuten vor, »Starttermin« ist hier der 22. September, null Uhr. Pro Tag geht die Uhr weitere 4 Minuten vor, um nach etwa einem Jahr wieder für einen Augenblick mit der bürgerlichen Zeit übereinzustimmen.

Beispiel: Nehmen wir an, unsere »Versuchsperson« wäre am 1.11. 1950 in Aachen geboren. Die Ortszeit hatten wir ja schon berechnet, sie lautete 20.24 Uhr. Die Sternzeit für den 1.11. 1950 ist 2 h 38 m 51 s, also rund 2 h 39 m. Somit lautet die Rechnung: 20 h 24 m (= Ortszeit) + 2 h 39 m (= Sternzeit) = 23 h 03 m Ortssternzeit des Geburtsaugenblicks.

Wenn Sie in Ihrer Rechnung einmal mehr als 24 Stunden erhalten, so ziehen Sie diese einfach ab. Beispiel: Ortssternzeit des Geburtsaugenblicks: 28 h 30 m = 4 h 30 m. Am Geburtstag ändert sich damit natürlich nichts!

** ** Die Häuser

Sobald wir die Ortssternzeit des Geburtsaugenblicks berechnet haben, können wir die Häuserspitzen, d.h. die Anfänge der verschiedenen Häuser, direkt aus der Tabelle ablesen.
In unserem Beispiel war die Geburt um 23.03 Uhr Ortssternzeit in Aachen erfolgt. Ganz oben links ist die jeweilige Sternzeit angegeben, wobei die Abstände jeweils 4 Minuten betragen. Für den »Hausgebrauch« reicht es völlig, die nächstgelegene Sternzeit auszuwählen, der hierdurch entstehende Fehler ist auf jeden Fall kleiner als 1 Grad. Die nächstgelegene Zeitangabe wäre hier 23 h 04 m.

Lat.	11	12	ASC	2	3
0	17 ♈ 21	18 ♉ 28	17 ♊ 6 55	14 ♋ 44	13 ♌ 32
5	17 34	19 31	19 4 59	16 1	14 2
10	17 48	20 37	21 6 29	17 18	14 32
15	18 2	21 48	23 13 12	18 37	15 2
20	18 18	23 4	25 27 13	19 59	15 33
21	18 21	23 21	25 55 6	20 15	15 40
22	18 24	23 37	26 23 23	20 32	15 46
23	18 28	23 54	26 52 6	20 49	15 53
24	18 31	24 11	27 21 17	21 7	16 0
25	18 35	24 29	27 50 57	21 24	16 6
26	18 38	24 47	28 21 7	21 42	16 13
27	18 42	25 6	28 51 48	22 0	16 20
28	18 46	25 25	29 23 4	22 18	16 27
29	18 50	25 45	29 54 55	22 37	16 34
30	18 54	26 5	0 ♋ 27 24	22 56	16 41
31	18 58	26 26	1 0 32	23 15	16 49
32	19 2	26 48	1 34 21	23 34	16 56
33	19 6	27 10	2 8 54	23 54	17 4
34	19 11	27 33	2 44 13	24 14	17 11
35	19 15	27 57	3 20 20	24 35	17 19
36	19 20	28 21	3 57 18	24 56	17 27
37	19 25	28 47	4 35 10	25 17	17 36
38	19 30	29 13	5 13 58	25 39	17 44
39	19 36	29 41	5 53 46	26 2	17 53
40	19 41	0 ♊ 9	6 34 36	26 25	18 1
41	19 47	0 39	7 16 31	26 48	18 10
42	19 53	1 10	7 59 36	27 13	18 20
43	19 59	1 43	8 43 55	27 37	18 29
44	20 6	2 17	9 29 30	28 3	18 39
45	20 12	2 53	10 16 26	28 29	18 49
46	20 19	3 31	11 4 48	28 56	19 0
47	20 27	4 11	11 54 39	29 24	19 10
48	20 35	4 53	12 46 6	29 52	19 21
49	20 43	5 37	13 39 12	0 ♌ 22	19 33
50	20 52	6 24	14 34 4	0 53	19 45
51	21 1	7 15	15 30 47	1 24	19 57
52	21 11	8 8	16 29 27	1 57	20 10
53	21 21	9 5	17 30 10	2 31	20 23
54	21 32	10 7	18 33 2	3 6	20 37
55	21 44	11 13	19 38 12	3 43	20 51
56	21 57	12 25	20 45 45	4 21	21 6
57	22 11	13 43	21 55 49	5 0	21 22
58	22 26	15 8	23 8 31	5 42	21 39
59	22 42	16 42	24 24 0	6 25	21 56
60	23 0	18 26	25 42 23	7 10	22 14
61	23 19	20 22	27 3 49	7 58	22 33
62	23 40	22 33	28 28 26	8 47	22 54
63	24 3	25 3	29 56 21	9 39	23 15
64	24 30	27 58	1 ♌ 27 44	10 34	23 38
65	24 59	1 ♋ 27	3 2 41	11 32	24 2
66	25 32	5 48	4 41 20	12 32	24 27

Das Medium Coeli (M.C.) ist für alle Orte, die auf demselben Längengrad liegen, gleich. Der Aszendent und die sogenannten Zwischenhäuser sind jedoch von der Breite des Geburtsortes abhängig. Aus diesem Grund ist das M.C. ganz oben in der Mitte der Tabelle eingetragen, während die übrigen Häuserspitzen nach Breitengraden aufgelistet sind. Breite heißt im Englischen »latitude« und wird mit »Lat.« abgekürzt. Wir finden ihre Werte in der Tabelle ganz links. Da Aachen eine Breite von 50 Grad 46,4 Minuten Nord hat (diesen Wert können wir der Ephemeride entnehmen), ist für uns die Reihe 51 maßgeblich. Auch hier können wir den Fehler, der durch den Unterschied zwischen 50 Grad 46 Minuten und 51 Grad entsteht, als geringfügig vernachlässigen.

Wir erhalten nun folgende Werte:

AS (= Aszendent) = 15 Grad 30 Minuten Krebs (♋)
Spitze (= Anfang) des 2. Hauses = 1 Grad 24 Minuten Löwe (♌)
Spitze des 3. Hauses = 19 Grad 57 Minuten Löwe (♌)
Spitze des 11. Hauses = 21 Grad 1 Minute Widder (♈)
Spitze des 12. Hauses = 7 Grad 15 Minuten Zwillinge (♊)
M.C. (= Spitze des 10. Hauses) = 14 Grad 47 Minuten Fische (♓)

Wie Sie bereits wissen, haben die Spitzen gegenüberliegender Häuser die gleiche Gradzahl. Wenn also z.B. die Spitze des 2. Hauses auf 13 Grad Widder liegt, so muß die Spitze des 8. Hauses auf 13 Grad Waage liegen usw.
Falls Sie Schwierigkeiten haben, zu den angegebenen Häuserspitzen auch die zugehörigen Tierkreiszeichen zu finden: Sie werden oben in der Tabelle angegeben und gelten so lange für eine Spalte, bis sich das Tierkreiszeichen ändert.
Nun können Sie die Häuserspitzen in ein Horoskopfor-

* 01. 11. 1950 Aachen $23^{h}03$ Ortszeit

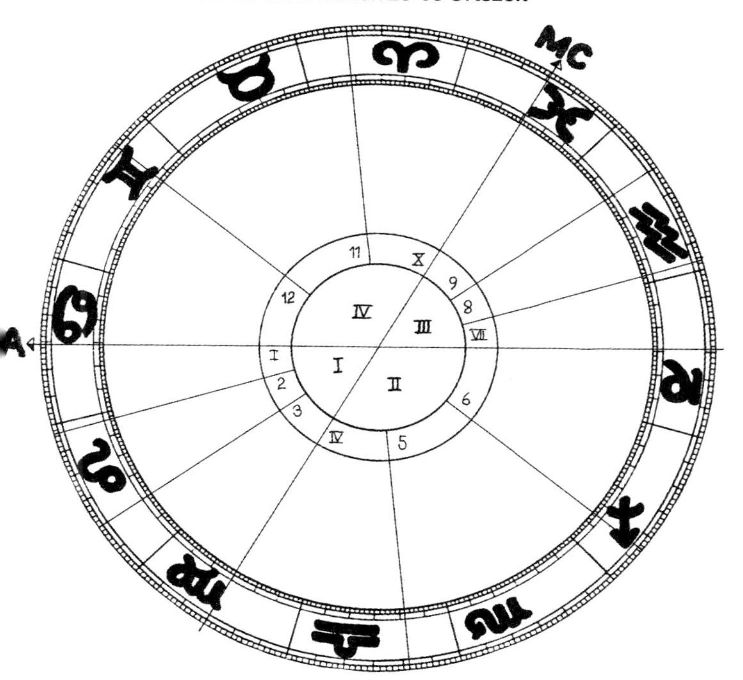

mular eintragen, wobei Sie folgende Hinweise beachten sollten: Die Zählung in einem Horoskop erfolgt immer entgegen dem Uhrzeigersinn. Die Tierkreiszeichen müssen (gegen den Uhrzeigersinn) in das Formular eingetragen werden, wobei mit dem Zeichen des Aszendenten am linken Rand begonnen wird. In unserem Beispiel wäre dies also Krebs. Die Achsen der Häuser (d.h. die Linien, die gegenüberliegende Häuser miteinander verbinden) müssen immer durch die Mitte der Horoskopzeichnung verlaufen. Durch die Ungleichheit der Häuser kann es durchaus vorkommen, daß zwei Hausspitzen im gleichen Tierkreiszeichen beginnen. In unserem Beispielhoroskop liegen das 2. und 3. sowie das 8. und 9. Haus im gleichen Zeichen. Aszendent und Medium Coeli werden betonter dargestellt als die übrigen Hausspitzen.

⁂ Die Planeten

Die Planetenpositionen können mit einer Ausnahme direkt aus der Ephemeride übernommen werden. Dies liegt daran, daß sich die Planetenstände im Laufe eines Tages nur relativ wenig ändern. Ausnahme ist hier der Mond: Er legt pro Tag etwa 12 Grad zurück, so daß hier

*** 01. 11. 1950 Aachen 23h03 Ortszeit**

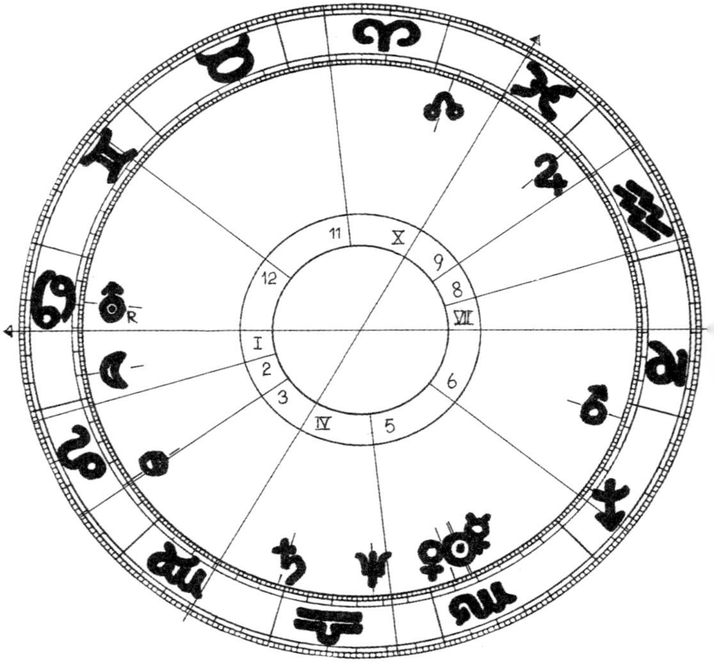

DAY	EPHEMERIS SIDEREAL TIME h m s	☉ ° ′	☊ ° ′	☽ ° ′	☿ ° ′	♀ ° ′	♂ ° ′	♃ ° ′	♄ ° ′	♅ ° ′	♆ ° ′	♇ ° ′
LONGITUDE												
1 W	2 38 51.0	7 ♏ 60.0	26 ♓ 0.9	14 ♋ 56.9	7 ♏ 33.2	4 ♏ 44.2	26 ♐ 3.9	27 ♒ 41.4	28 ♍ 7.4	9 ♋ 22.5	17 ♎ 52.2	19 ♌ 45.6
2 T	2 42 47.5	9 0.0	25 57.7	27 6.6	9 11.2	5 59.5	26 48.6	27 43.0	28 13.7	9 R 21.6	17 54.3	19 46.2
3 F	2 46 44.1	10 0.1	25 54.5	9 ♌ 30.5	10 48.7	7 14.8	27 33.3	27 44.9	28 19.9	9 20.7	17 56.4	19 46.7
4 S	2 50 40.6	11 0.2	25 51.4	22 13.1	12 25.7	8 30.1	28 18.1	27 47.0	28 26.1	9 19.7	17 58.5	19 47.2
5 S	2 54 37.2	12 0.3	25 48.2	5 ♍ 18.6	14 2.4	9 45.4	29 3.0	27 49.2	28 32.3	9 18.7	18 0.6	19 47.7
6 M	2 58 33.7	13 0.5	25 45.0	18 50.7	15 38.6	11 0.7	29 47.9	27 51.7	28 38.3	9 17.6	18 2.7	19 48.2
7 T	3 2 30.3	14 0.7	25 41.8	2 ♎ 51.2	17 14.4	12 16.0	0 ♑ 32.9	27 54.3	28 44.4	9 16.5	18 4.8	19 48.6
8 W	3 6 26.9	15 1.0	25 38.6	17 19.5	18 49.8	13 31.3	1 18.0	27 57.2	28 50.3	9 15.3	18 6.8	19 49.0
9 T	3 10 23.4	16 1.2	25 35.5	2 ♏ 12.0	20 24.9	14 46.7	2 3.2	28 0.2	28 56.2	9 14.1	18 8.8	19 49.4
10 F	3 14 20.0	17 1.5	25 32.3	17 21.5	21 59.6	16 2.0	2 48.4	28 3.5	29 2.1	9 12.8	18 10.8	19 49.7
11 S	3 18 16.5	18 1.9	25 29.1	2 ♐ 38.2	23 34.0	17 17.4	3 33.7	28 6.9	29 7.9	9 11.5	18 12.9	19 50.0
12 S	3 22 13.1	19 2.3	25 25.9	17 51.1	25 8.1	18 32.8	4 19.1	28 10.6	29 13.6	9 10.2	18 14.9	19 50.4
13 M	3 26 9.6	20 2.7	25 22.8	2 ♑ 49.7	26 41.8	19 48.1	5 4.5	28 14.4	29 19.3	9 8.8	18 16.9	19 50.6
14 T	3 30 6.2	21 3.1	25 19.6	17 26.2	28 15.3	21 3.5	5 49.9	28 18.5	29 24.9	9 7.3	18 18.8	19 50.9
15 W	3 34 2.7	22 3.5	25 16.4	1 ♒ 36.1	29 48.4	22 18.9	6 35.4	28 22.7	29 30.4	9 5.9	18 20.8	19 51.1
16 T	3 37 59.3	23 4.0	25 13.2	15 18.1	1 ♐ 21.3	23 34.2	7 21.0	28 27.0	29 35.8	9 4.3	18 22.7	19 51.2
17 F	3 41 55.9	24 4.5	25 10.1	28 33.7	2 54.0	24 49.6	8 6.6	28 31.6	29 41.2	9 2.7	18 24.6	19 51.4
18 S	3 45 52.4	25 5.0	25 6.9	11 ♓ 26.1	4 26.4	26 5.0	8 52.3	28 36.4	29 46.5	9 1.1	18 26.5	19 51.5
19 S	3 49 49.0	26 5.5	25 3.7	23 59.5	5 58.5	27 20.4	9 38.0	28 41.3	29 51.7	8 59.4	18 28.3	19 51.6
20 M	3 53 45.5	27 6.0	25 0.5	6 ♈ 18.0	7 30.5	28 35.7	10 23.8	28 46.5	29 56.9	8 57.7	18 30.2	19 51.6
21 T	3 57 42.1	28 6.6	24 57.4	18 25.7	9 2.2	29 51.1	11 9.6	28 51.8	0 ♎ 2.0	8 56.0	18 32.0	19 51.6
22 W	4 1 38.7	29 7.2	24 54.2	0 ♉ 25.9	10 33.6	1 ♐ 6.5	11 55.5	28 57.2	0 7.0	8 54.2	18 33.8	19 51.6
23 T	4 5 35.2	0 ♐ 7.8	24 51.0	12 21.4	12 4.9	2 21.9	12 41.4	29 2.9	0 12.0	8 52.4	18 35.6	19 51.6
24 F	4 9 31.8	1 8.4	24 47.8	24 14.3	13 35.9	3 37.3	13 27.4	29 8.7	0 16.8	8 50.5	18 37.4	19 51.6
25 S	4 13 28.3	2 9.1	24 44.6	6 ♊ 6.4	15 6.6	4 52.7	14 13.4	29 14.7	0 21.6	8 48.6	18 39.1	19 R 51.5
26 S	4 17 24.9	3 9.7	24 41.5	17 58.9	16 37.1	6 8.0	14 59.5	29 20.9	0 26.3	8 46.7	18 40.8	19 51.3
27 M	4 21 21.4	4 10.4	24 38.3	29 53.2	18 7.3	7 23.4	15 45.6	29 27.2	0 30.9	8 44.7	18 42.5	19 51.2
28 T	4 25 18.0	5 11.1	24 35.1	11 ♋ 51.0	19 37.2	8 38.8	16 31.8	29 33.7	0 35.5	8 42.7	18 44.2	19 51.0
29 W	4 29 14.6	6 11.9	24 31.9	23 54.2	21 6.7	9 54.2	17 18.0	29 40.4	0 40.0	8 40.7	18 45.9	19 50.8
30 T	4 33 11.1	7 12.7	24 28.8	6 ♌ 5.7	22 35.9	11 9.6	18 4.3	29 47.2	0 44.3	8 38.6	18 47.5	19 50.6
DECLINATION												
1 W	2 38 51.0	14 S 10.8	1 S 35.1	27 N 30.2	13 S 38.4	12 S 8.0	24 S 41.5	13 S 25.4	2 N 36.0	23 N 25.5	5 S 33.6	22 N 47.9
4 S	2 50 40.6	15 8.0	1 38.9	16 55.8	15 29.6	13 26.9	24 44.7	13 23.0	2 29.0	23 25.8	5 35.9	22 48.2
7 T	3 2 30.3	16 3.0	1 42.7	1 S 34.7	17 13.7	14 42.8	24 45.5	13 19.9	2 22.2	23 26.1	5 38.2	22 48.6
10 F	3 14 20.0	16 55.6	1 46.4	20 46.9	18 50.1	15 55.4	24 43.9	13 16.3	2 15.7	23 26.4	5 40.4	22 49.2
13 M	3 26 9.6	17 45.6	1 50.2	28 29.4	20 18.0	17 4.3	24 39.9	13 12.0	2 9.4	23 26.8	5 42.6	22 49.7
16 T	3 37 59.3	18 32.8	1 54.0	19 29.0	21 37.0	18 9.1	24 33.4	13 7.2	2 3.4	23 27.1	5 44.8	22 50.4
19 S	3 49 49.0	19 17.0	1 57.8	2 36.6	22 46.3	19 9.5	24 24.5	13 1.7	1 57.6	23 27.5	5 46.8	22 51.2
22 W	4 1 38.7	19 58.1	2 1.6	14 N 16.3	23 45.5	20 5.2	24 13.1	12 55.7	1 52.2	23 27.9	5 48.8	22 52.1
25 S	4 13 28.3	20 36.0	2 5.3	25 59.2	24 33.8	20 55.7	23 59.3	12 49.1	1 47.0	23 28.4	5 50.7	22 53.0
28 T	4 25 18.0	21 10.4	2 9.1	27 43.2	25 10.6	21 40.9	23 43.0	12 42.0	1 42.1	23 28.8	5 52.5	22 54.0

die Geburtszeit sehr wohl von Bedeutung ist. Die Mondposition berechnen Sie folgendermaßen: Sie nehmen die Greenwich-Zeit des Geburtsaugenblicks (Sie erinnern sich: Greenwich-Zeit = MEZ – 1 Stunde), teilen diesen

Wert durch 2 und zählen ihn zu der in der Ephemeride angegebenen Zeit hinzu. In unserem Beispiel beträgt die Greenwich-Zeit der Geburt 20.00 Uhr (21.00 Uhr MEZ), der Unterschied zur in der Ephemeride angegebenen Mond-Position beträgt somit 10 Grad, also 14 Grad 56,9 Minuten Krebs + 10 Grad = 24 Grad 56,9 Minuten Krebs. Jetzt brauchen Sie nur noch die Planetenpositionen abzulesen und in ein Horoskopformular einzutragen!

** Das Koordinatensystem von Kugeln

Koordinatensysteme dienen der Bestimmung (d.h. dem Auffinden) von Punkten auf einer Fläche oder im Raum. Um einen bestimmten Punkt auf einer Kugel zu finden, benötige ich zunächst drei Größen:

1. einen festgelegten Bestimmungskreis, den sogenannten Fundamentalkreis,
2. eine »Polachse«, die rechtwinklig durch den Fundamentalkreis hindurchgeht,
3. einen willkürlich festgelegten Anfangspunkt auf dem Fundamentalkreis.

Das Prinzip läßt sich am einfachsten am Beispiel eines Kreisels veranschaulichen: Die Achse, um die der Kreisel rotiert, entspricht der Polachse, der Kreis, der am weitesten von beiden Polen entfernt ist und die Drehung um sich selbst sowie die Fliehkraft repräsentiert, ist der Fundamentalkreis.

Wenn ich einen Anfangspunkt auf diesem Grundkreis kenne, kann ich jeden beliebigen Punkt auf der Kugel eindeutig festlegen und auffinden: Ich brauche nur zu zählen, wieviel Grad ich auf dem Grundkreis wandern muß, um mich senkrecht unter dem gesuchten Punkt zu befinden, und dann die Entfernung messen, die sich der Punkt über oder unter dem Grundkreis befindet.

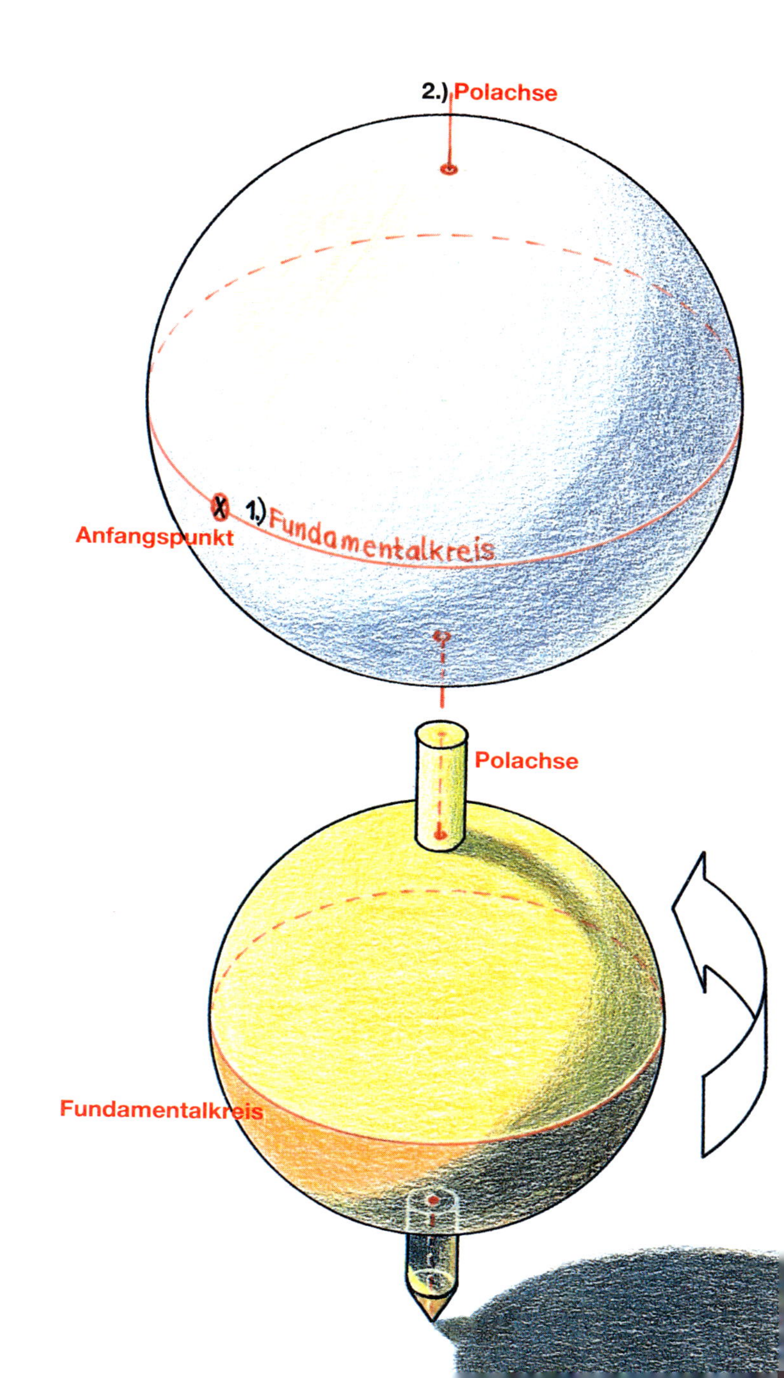
2.) Polachse
1.) Fundamentalkreis
Anfangspunkt
Polachse
Fundamentalkreis

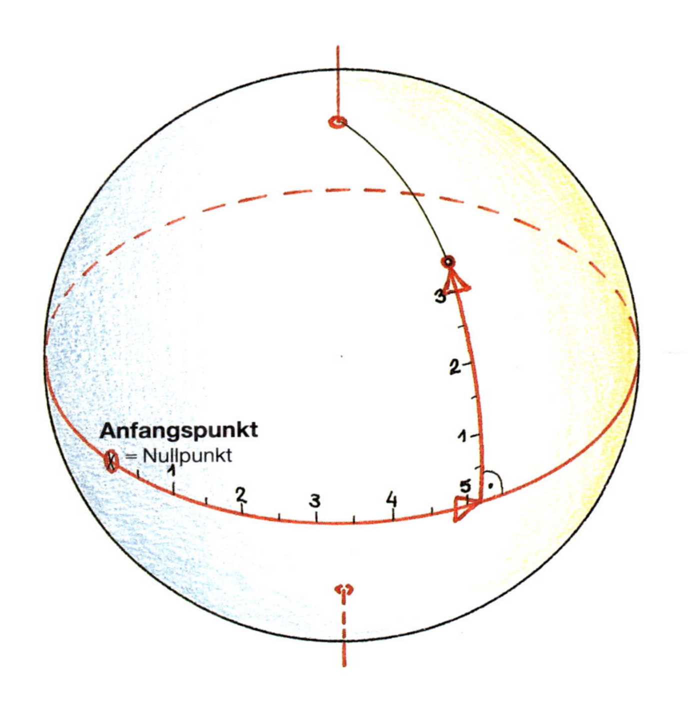

Dies ist im Prinzip schon alles; sämtliche astronomischen und astrologischen Messungen und Berechnungen erfolgen nach dieser Methode. Die Unterschiede ergeben sich nur dadurch, daß die Grundkreise, die Zählweise und die Anfangspunkte wechseln. Das Prinzip ist jedoch, wie gesagt, immer das gleiche!

** Das Äquator-System

Der Fundamentalkreis des Äquator-Systems ist der Äquator. Seine Pole sind der Nord- und Südpol. Der Anfangspunkt ist die Stelle auf dem Äquator, über der senkrecht der Ort Greenwich bei London liegt. Diese Stelle ist willkürlich festgelegt.

Der Äquator teilt die Erde in eine südliche und eine nördliche Hälfte. Jede dieser Hälften ist in 90 Abschnitte unterteilt, die sogenannten Breitenkreise. Den Abstand zwischen zwei Breitenkreisen nennt man Breitengrad.
Dann gibt es die sogenannten Meridiane, die alle sowohl durch den Nord- als auch den Südpol gehen und den Äquator rechtwinklig schneiden. Den Abstand zwischen zwei Meridianen nennt man Längengrad. Einen dieser Meridiane nennt man *Null-Meridian,* ebenjenen, welcher durch Greenwich geht. Seine Projektionsstelle auf dem Äquator ist der Längengrad null. Von Greenwich aus werden 180 östliche und 180 westliche Meridiane gezählt, so daß sich eine Gesamtzahl von 360 Meridianen bzw. 360 Längengraden ergibt.
Wenn ich nun die Länge und Breite eines Ortes kenne, kann ich problemlos seine Position auf der Erdkugel bestimmen. Beispiel: Heidelberg befindet sich etwa auf 49 Grad 30 Minuten nördlicher Breite und 8 Grad 30 Minuten östlicher Länge (s. Abb. auf Seite 192). Ich zähle also auf dem Äquator 8½ Längengrade in östlicher Richtung und gehe auf dem dort befindlichen Meridian senkrecht nach oben (also in nördlicher Richtung), bis ich die Mitte zwischen dem 49. und 50. Breitenkreis erreicht habe. Dies ist die Position von Heidelberg, kein anderer Ort auf der Erde weist diese Koordinaten auf. Da sich die Werte auf die Erde beziehen, nennt man sie auch geographische Länge und geographische Breite.

Das Ekliptik-System **

Das Ekliptik-System ist nach den gleichen Prinzipien aufgebaut wie das Äquator-System. Es dient jedoch in besonderem Maße zur Bestimmung der Planetenpositionen. Der »Äquator« im Ekliptik-System ist die scheinbare

Sonnenbahn, eben die Ekliptik. Wie im Äquator-System gibt es einen Nord- und einen Südpol. Der Anfangspunkt auf der Ekliptik ist null Grad Widder, von dem ab die einzelnen Grade und Tierkreiszeichen entgegen dem Uhrzeigersinn gemessen werden. Die Planetenpositionen in ekliptikaler Länge sind die Werte, mit denen in einem »normalen« Horoskop gearbeitet wird.

Im Unterschied zum Äquator-System wird auf dem Fundamentalkreis nur in eine Richtung gezählt. Zusätzlich gibt es jedoch noch die sogenannte ekliptikale Breite. Sie entspricht dem Abstand, den ein Planet in nördlicher oder südlicher Richtung von der Ekliptik hat.

Die Planetenbahnen bewegen sich also nicht genau auf

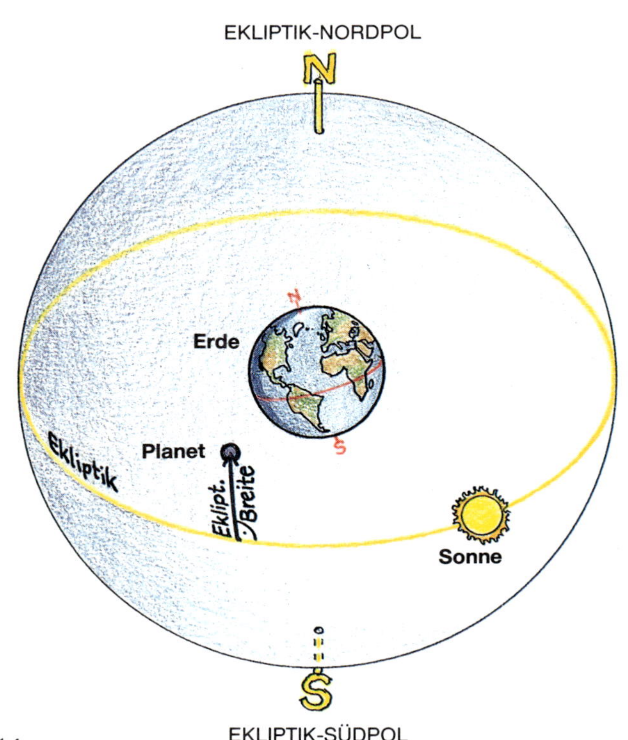

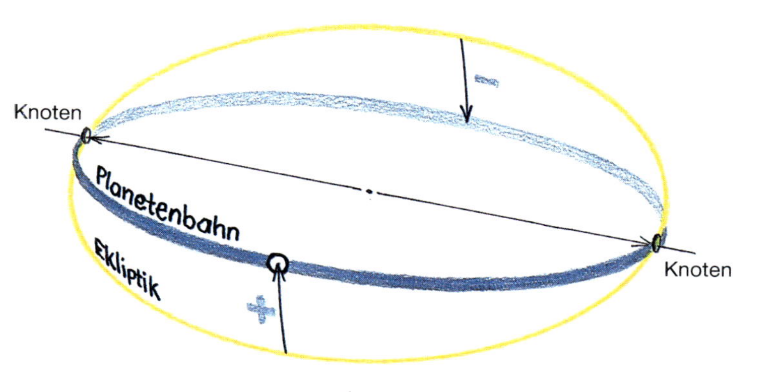

der Ekliptik, sondern stehen ein wenig schief zu ihr. Die größte ekliptikale Breite hat Pluto mit etwa 17 Grad. Durch ihre Schiefe schneiden die Planetenbahnen die * Ekliptik an zwei Stellen. Die Positionen nennt man Plane-

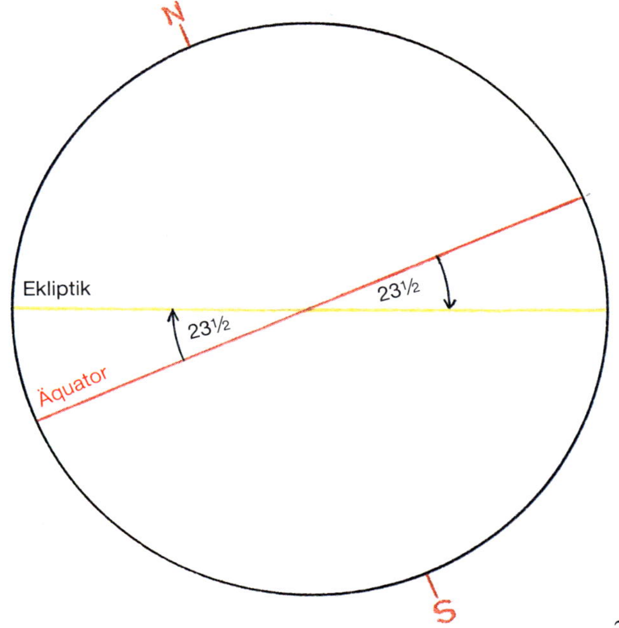

tenknoten. Die bekanntesten sind die Mondknoten. Die Planetenknoten liegen sich immer genau 180 Grad gegenüber.*

Der wesentliche Unterschied zwischen dem Ekliptik- und dem Äquator-System liegt in der Schiefe der Ekliptik: Die scheinbare Sonnenbahn ist um etwa 23,5 Grad gegen den Äquator geneigt. Auf diese Weise ergibt sich auch der Anfangspunkt des Ekliptik-Systems: Null Grad Widder entspricht einem Schnittpunkt zwischen Ekliptik und Äquator (der andere entspricht null Grad Waage).

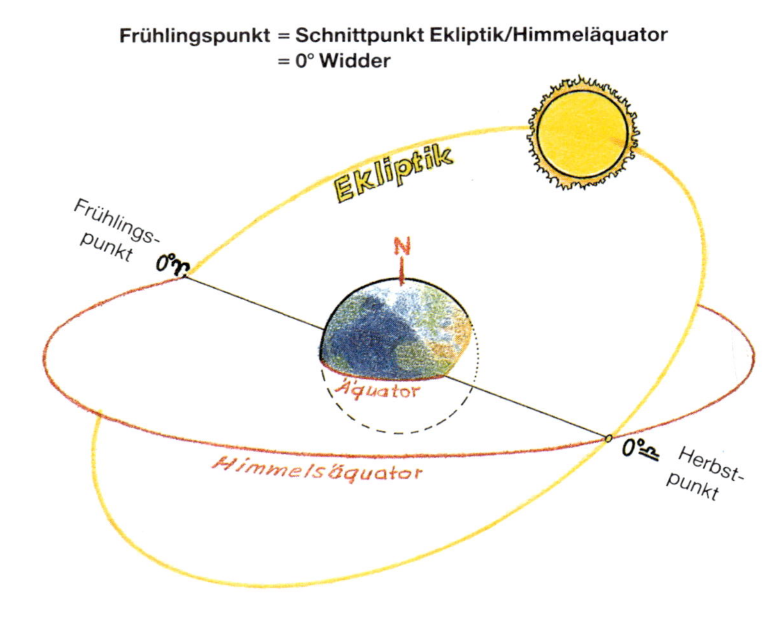

* In der üblichen Horoskopdarstellung werden nicht die wirklichen Positionen der Planeten benutzt, sondern lediglich ihre Projektionen auf die Ekliptik.

Der Himmelsäquator **

Im letzten Satz des vorigen Abschnittes haben wir, strenggenommen, ein wenig vorgegriffen: Schnittpunkte im hier gemeinten Sinne können sich ja eigentlich nur zwischen Kreisen ergeben, die gleich groß sind. Sicherlich bestehen jedoch Größenunterschiede zwischen scheinbarer Sonnenbahn und Äquator. In der Praxis ist dies allerdings bedeutungslos: Jeder Kreis hat 360 Grad, unabhängig von seiner Größe. Auch ein Winkel verändert sich ja nicht, wenn man seine Schenkel verlängert.

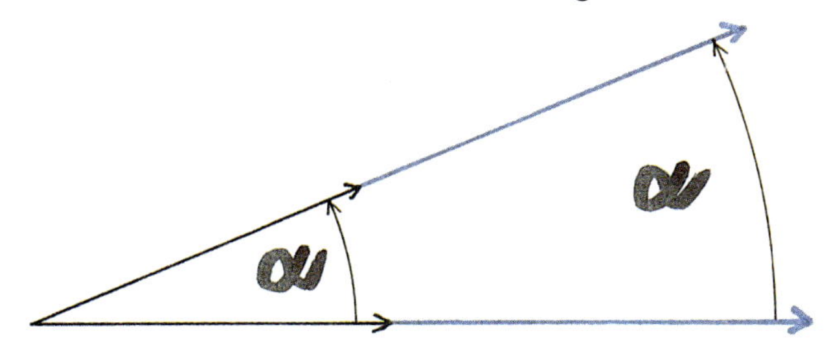

In der Astronomie arbeitet man nicht nur mit dem Erdglobus, sondern auch mit einem Himmelsglobus. Man stellt sich einfach den Äquator als unendlich große Fläche vor, so daß man die Position eines Planeten im Verhältnis zu diesem Himmelsäquator bestimmen kann.
Diese Werte werden *Deklination* genannt. Positionen über dem Äquator haben nördliche (+) Deklination, Planeten, die unter dem Äquator stehen, haben südliche (−) Deklination. Deklination und geographische Breite sind also gleich! Ihr einziger Unterschied besteht darin, daß sich der eine Wert auf Planetenstellungen, der andere auf Erdorte bezieht. So wie die Deklination der geographischen Breite entspricht, so repräsentiert die AR (»ascensio recta« = gerade Aufsteigung) die geographische Länge. Die AR wird jedoch ab dem Widder-Punkt entge-

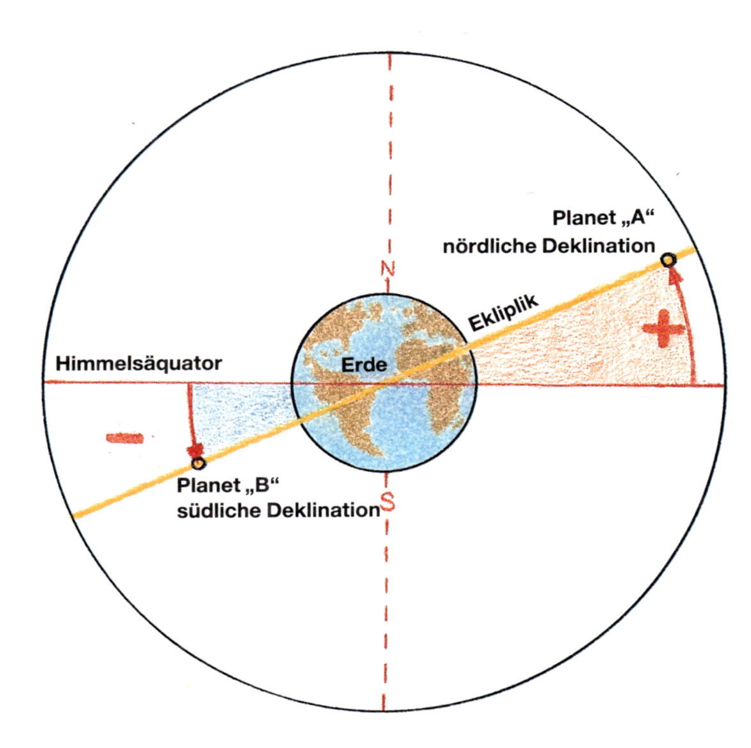

gen dem Uhrzeigersinn auf dem Äquator gemessen, während man bei der geographischen Länge vom Null-Meridian durch Greenwich ausgeht und von dort sowohl in östlicher als auch in westlicher Richtung mißt.

** Das Horizont-System

Das Äquator-System bezieht sich auf die Erde als Ganzes, das Ekliptik-System beschreibt die Beziehung der Planeten zur scheinbaren Sonnenbahn, während das Horizont-System die (räumlich-zeitlichen) Verhältnisse am Geburtsort darstellt. Der Punkt senkrecht über dem Beobachter wird *Zenit,* der senkrecht unter ihm *Nadir* genannt. Sie entsprechen somit den Polen des Horizont-Systems.

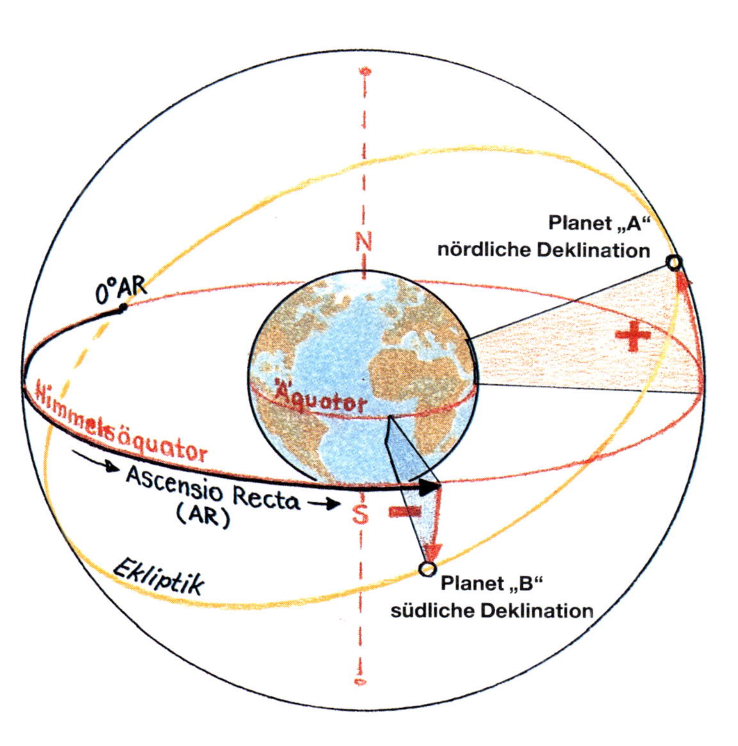

Der »Äquator« im Horizont-System ist der sogenannte Horizontkreis, wobei strenggenommen zwischen dem scheinbaren und dem wahren Horizont unterschieden werden muß.

Der scheinbare Horizont entspricht einer die Erdkugel am Geburtsort berührenden Tangentialebene, während der wahre Horizont eine hierzu parallele, durch den Erdmittelpunkt gehende Ebene darstellt. Die Entfernung von rund 6400 Kilometern zwischen Erdmittelpunkt und Erdoberfläche spielt bei den unendlichen Entfernungen des Weltraums praktisch keine Rolle.

Der Anfangspunkt im Horizont-System liegt üblicherweise genau im Osten. Von ihm aus wird dann in nördlicher Richtung weitergezählt. Die Länge auf dem Hori-

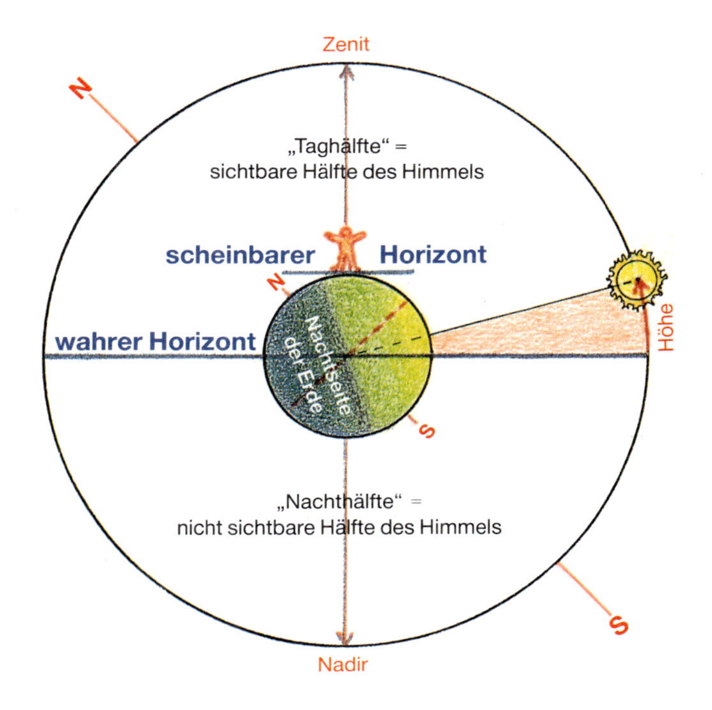

zontkreis wird *Azimut* genannt. Die Höhe über (oder unter) dem Horizont wird auch *Höhe* genannt. Sie entspricht der geographischen Breite im Äquator-System.

Der Horizont teilt die Himmelskugel in eine unsichtbare Nacht- und eine sichtbare Taghälfte: Alle Planeten, die sich über dem Horizont befinden, sind in der Taghälfte; alle, die sich unter dem Horizont befinden, stehen in der Nachthälfte. (Diese sind natürlich nicht identisch mit den Tag- und Nachthälften der Erde.)

Im Horoskop repräsentiert die Aszendentenachse den Horizont: Der Aszendent ist der Tierkreisgrad, der im Augenblick der Geburt im Osten aufsteigt. Die Häuser 7 bis 12 entsprechen somit der Taghälfte, die Häuser 1 bis 6 hingegen der Nachthälfte.

Der Azimutwert bleibt in der »normalen« Astrologie völ-

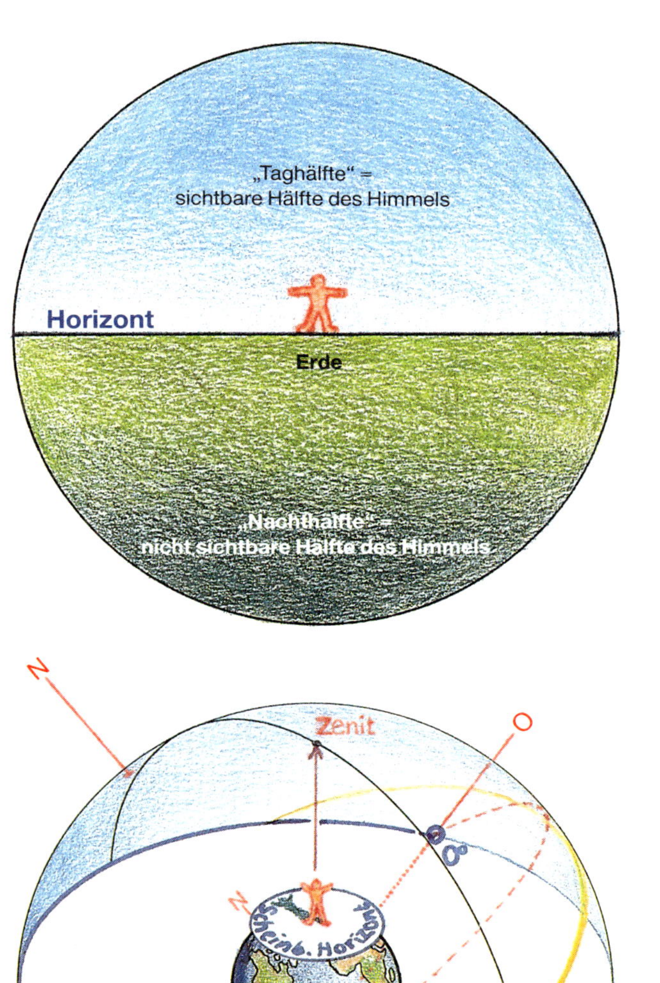
„Taghälfte" =
sichtbare Hälfte des Himmels
Horizont
Erde
„Nachthälfte" =
nicht sichtbare Hälfte des Himmels

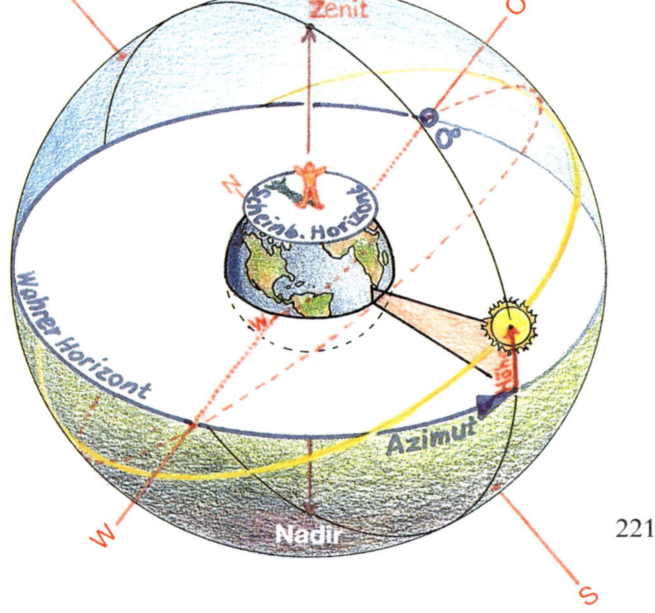
N
Zenit
O
Scheinb. Horizont
Wahrer Horizont
Azimut
W
Nadir
S

lig unberücksichtigt, die Höhe zeigt sich indirekt in der Hausposition eines Planeten: Planeten in den Häusern 9 und 10 stehen am höchsten über dem Horizont, Planeten direkt am Aszendenten und am Deszendenten stehen auf dem Horizont, Planeten in den Häusern 3 und 4 stehen am tiefsten unter dem Horizont.

** Schnittpunkte der Fundamentalkreise

Die Fundamentalkreise der drei Koordinatensysteme weisen bedeutsame Schnittpunkte auf. Einer davon ist z. B. der Schnittpunkt zwischen Himmelsäquator und Ekliptik: Er entspricht dem Anfangspunkt der Ekliptik (und der AR), d. h., dem Widder- oder auch Frühlingspunkt.
Der Schnittpunkt des (oberen) Meridians mit der Ekliptik ist das Medium Coeli, die Spitze des 10. Hauses.
Der Schnittpunkt des Osthorizonts mit dem Äquator entspricht der AO des Aszendenten (AO = »ascensio obliqua« = schiefe Aufsteigung).
Der Schnittpunkt zwischen (oberem) Meridian und Äquator ist die AR des M. C. (AR = »ascensio recta« = gerade Aufsteigung).

** Übersicht der Koordinatensysteme

Die Fundamentalkreise entsprechen immer der Waagerechten im Koordinatensystem (Abszisse), die Breite entspricht der Senkrechten (Ordinate).

Äquator-System

Fundamentalkreis: geographische Länge (östlich und westlich von Greenwich).
Breite: geographische Breite (nördlich und südlich vom Äquator).

Ekliptik-System

Fundamentalkreis: ekliptikale Länge (Ephemeriden Angabe).
Breite: ekliptikale Breite (Ephemeridenangabe bzw. Umrechnung aus Deklination und ekliptikaler Länge).

Himmelsäquator

Fundamentalkreis: AR (= gerade Aufsteigung, auf dem Äquator gemessen).
Breite: Deklination (Ephemeridenangabe).

Horizont-System

Fundamentalkreis: Azimut (wird meist nicht berücksichtigt).
Breite: Höhe (entsprechend der Hausposition).

Die Häuserkonstruktion nach Placidus *

Nahezu alle Astrologen arbeiten mit den Häusern, in der klassischen Astrologie sind sie sogar von entscheidender Bedeutung. Dennoch wissen nur wenige, was die Häuser sind und wie sie sich errechnen. Sicherlich ist es heute nicht mehr notwendig und sinnvoll, die Häuserspitzen »von Hand« zu berechnen, dafür gibt es Tabellen und Computer. Dennoch sollte man - so man Astrologie ernsthaft betreibt - schon wissen, womit man arbeitet. Die Unwissenheit auf diesem Gebiet zeigt sich nicht zuletzt im Streit um die richtige Häusermethode. Placidus, GOH (fälschlich Koch-Häuser genannt), Regiomontanus und Campanus sind die bekanntesten. Es gibt allerdings noch einige Dutzend andere.

In den letzten Jahren und Jahrzehnten erfreut sich insbesondere das GOH-System (»Häuser des Geburtsortes«) zunehmender Beliebtheit, während die meisten Astrologen die Placidus-Häuser verwenden. Fragt man Astrologen, warum sie sich für die sogenannten Koch-Häuser entschieden haben, wird meist angeführt, daß sie die besten und genauesten seien. Dies läßt den Eindruck entstehen, als hätte Placidus im Mittelalter noch nicht richtig rechnen können und Walter Koch hätte dessen Fehler behoben. Dieser Eindruck ist falsch: Sämtliche bekannteren Häusersysteme sind rechnerisch richtig, was allerdings nichts über ihre inhaltliche Berechtigung aussagt.
Das Grundproblem der Häuserkonstruktion ist die Drittelung der durch Aszendent und M.C. aufgespannten Quadranten. Hierzu gab und gibt es sehr unterschiedliche Lösungsvorschläge, die in ihrer Konstruktion formal völlig korrekt sind.
Hier ist nicht der Ort, die Häuserproblematik eingehend zu diskutieren. Zum GOH-System sei nur soviel gesagt: Man kann die Berechtigung einiger Häusersysteme in Erwägung ziehen, die GOH-Häuser gehören nicht dazu. Dies liegt einfach daran, daß sie einer wichtigen Voraussetzung eines Horoskops widersprechen. Laut Definition ist ein Horoskop die Abbildung von Gestirnkonstellation, bezogen auf einen *bestimmten Augenblick* und einen bestimmten Ort. Leider bilden sich die Häuserspitzen im GOH-System *vor* und *nach* der Geburt und können daher nicht auf ein Radixhoroskop angewandt werden. – Wer hierüber Genaueres wissen möchte, sei auf die Literaturhinweise im Anhang verwiesen.
Ich möchte nun kurz das Prinzip der Placidus-Häuser darstellen. Wie wir wissen, ist die Helligkeitsdauer, d.h. die Zeit, welche die Sonne über dem Horizont steht, nicht jeden Tag gleich lang. Sie ist abhängig von der Jahreszeit und dem Breitengrad, unter dem wir geboren sind.

Die Zeit, welche die Sonne braucht, um über den Horizont zu wandern, heißt *Tagbogen,* die Zeit, welche sie sich unter dem Horizont befindet, wird *Nachtbogen* genannt.
Untersuchen wir der Anschaulichkeit halber zwei Extremfälle: den kürzesten und den längsten Tag des Jahres. Der kürzeste Tag des Jahres ist der 21. Dezember, die Sonne geht an diesem Tag erst sehr spät auf und sehr früh wieder unter, selbst um 12.00 Uhr mittags steht sie außergewöhnlich niedrig über dem Horizont.
Nehmen wir der Einfachheit wegen an, daß an diesem Tag die Zeit zwischen Sonnenaufgang und Sonnenuntergang 6 Stunden betrage. Wir hätten also einen Tagbogen von 6 Stunden. Der längste Tag des Jahres ist der 21. Juni, an keinem Tag geht die Sonne früher auf und später unter, und an keinem Tag steht sie um 12.00 Uhr mittags höher über dem Horizont.
Nehmen wir an, der Tagbogen betrage in diesem Fall 18 Stunden. Wir wissen, daß sich die Sonne am 21. 12. auf null Grad Steinbock (= Wintersonnenwende) befindet, am 21.6. jedoch auf null Grad Krebs. Wir könnten also auch sagen: Null Grad Steinbock hat am 21. 12. einen Tagbogen von 6 Stunden, und null Grad Krebs hat am 21.6. einen Tagbogen von 18 Stunden, denn die Bewegung der Ekliptikstelle ist ja unabhängig davon, ob sich die Sonne auf ihr befindet oder nicht.
So wie nun null Grad Steinbock und null Grad Krebs einen bestimmten Tagbogen haben, so hat dies auch jede andere Ekliptikstelle, d. h., jeder Tierkreisgrad hat seinen eigenen Tagbogen (= die Zeit, die er braucht, um den Horizont zu überqueren).
Die Häuserspitzen nach Placidus errechnen sich aus den Tagbögen der einzelnen Ekliptikstellen. Der Tierkreisgrad, der gerade aufgeht, entspricht dem Aszendenten. Die Ekliptikstelle, die ein Sechstel ihres Tagbogens

Tagbogen und Nachtbogen am kürzesten Tag des Jahres

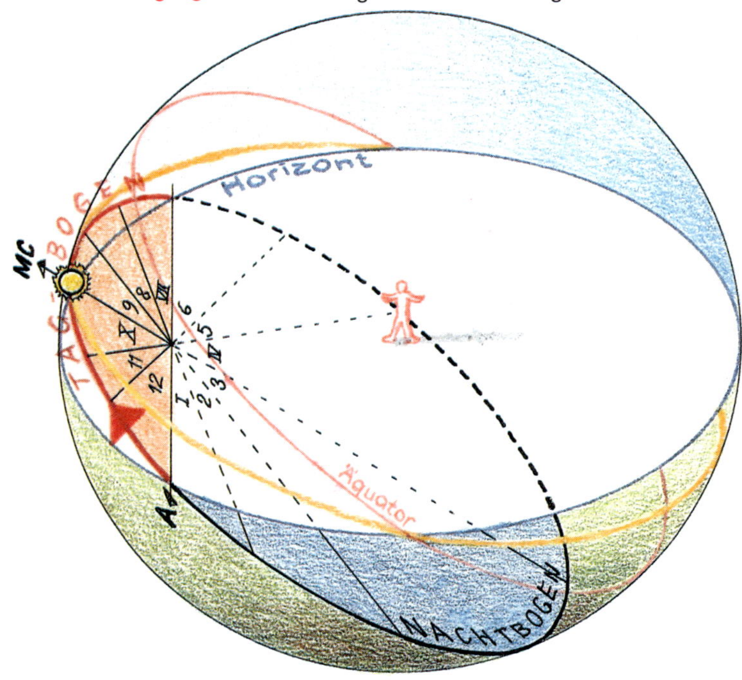

zurückgelegt hat, entspricht der Spitze des 12. Hauses. Diejenige, die zwei Sechstel ihres Tagbogens zurückgelegt hat, der Spitze des 11. Hauses; diejenige, die drei Sechstel (also die Hälfte) ihres Tagbogens zurückgelegt hat, entspricht dem M.C. Die Ekliptikstelle, die vier Sechstel ihres Tagbogens zurückgelegt hat, entspricht der Spitze des 9. Hauses, diejenige, die fünf Sechstel zurückgelegt hat, entspricht der Spitze des 8. Hauses. Der Tierkreisgrad, der gerade seinen gesamten Tagesbogen zurückgelegt hat, ist der Deszendent.

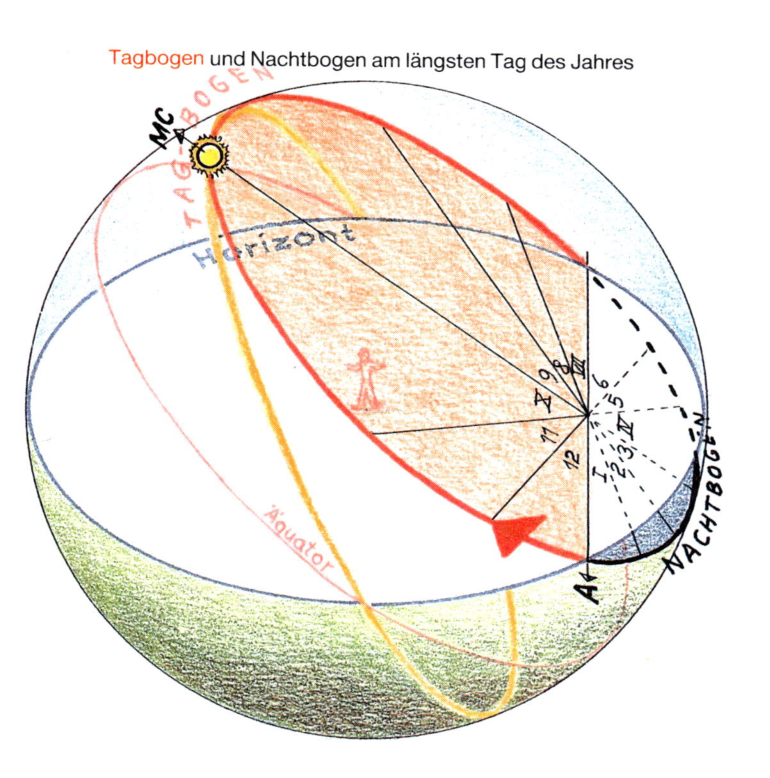

Tagbogen und Nachtbogen am längsten Tag des Jahres

Da sich die Häuserspitzen 12 und 6, 11 und 5 usw. immer gegenüberliegen, genügt es, die Häuserspitzen über dem Horizont festzustellen. Dies erklärt im übrigen auch die Sechsteilung des Tagbogens: Erst Tag- (sechs Häuser über dem Horizont) und Nachtbogen (sechs Häuser unter dem Horizont) zusammen ergeben eine ganze Umdrehung (zwölf Häuser).

Praktisch bedeutet dies: Wenn in unserem Beispiel der Tierkreisgrad null Grad Steinbock vor einer Stunde aufgegangen wäre, befände er sich an der Spitze des 12. Hau-

ses bzw. wäre mit dieser identisch. Nach zwei Stunden über dem Horizont entspräche er der Spitze des 11. Hauses usw. Null Grad Steinbock hingegen müßte bereits seit 15 Stunden aufgegangen sein, um der Spitze des 8. Hauses zu entsprechen.
Die Tagbögen der einzelnen Tierkreisgrade verändern sich mit dem Datum und der geographischen Breite. Als Häuserspitzen kommen immer nur die Grade in Betracht, die ein Sechstel oder ein Vielfaches davon ihres individuellen Tagbogens zurückgelegt haben.

⁂ Praktische Horoskopberechnung

Falls Ihnen die Zusammenhänge der verschiedenen Zeitarten, die Beziehung von Ortssternzeit und M.C., die Bedeutung von Länge und Breite noch nicht völlig klar sind, so sollten Sie sich deswegen keine allzu großen Sorgen machen: Es braucht eine Weile, bis einem die astronomischen Grundlagen der Astrologie in Fleisch und Blut übergehen. Ich werde im folgenden Abschnitt ein Verfahren beschreiben, wie Sie ein Horoskop berechnen können, ohne daß Sie ständig Hintergründe und Bedeutungen im Kopf behalten müssen.
Dennoch sollten Sie nicht vergessen, was am Anfang des Kapitels »Die Berechnung des Horoskops« gesagt wurde: Obwohl Sie in der Praxis keinerlei astronomische Kenntnisse benötigen, um Horoskope berechnen und deuten zu können, kommen Sie ohne sie nicht aus, wenn Sie ein tieferes Verständnis der Astrologie anstreben. Dies gilt insbesondere dann, wenn Sie sich den Aussagen anderer nicht auf Treu und Glauben ausliefern, sondern den Wahrheitsgehalt astrologischer Theorien selbst überprüfen wollen.

Zusätzlich gewinnen Sie ein Kontrollinstrument, um Rechenfehler auszuschließen. Dieser Punkt sollte nicht unterschätzt werden: Ich habe mir einmal die Mühe gemacht, die in einem bekannten astrologischen Kalender behandelten Beispielhoroskope nachzurechnen. Von 36 Horoskopen wiesen nur 3 keine wesentlichen Fehler in der Berechnung auf! Es ist offensichtlich, daß man falsch berechnete Horoskope nicht richtig interpretieren kann. Deshalb kann auf diesen Punkt gar nicht genug Sorgfalt verwandt werden. Dementsprechend vorsichtig sollten Sie mit Ihren eigenen Horoskopberechnungen umgehen, insbesondere dann, wenn Sie das folgende Schnellverfahren anwenden: Prüfen Sie sicherheitshalber Ihre Ergebnisse mehrmals nach, bevor Sie eine umfangreiche Deutung auf einem falsch berechneten Horoskop aufbauen!
Das folgende Schnellverfahren gilt für Geburten östlich von Greenwich, also für alle Geburten in der Bundesrepublik Deutschland sowie für Orte und Zeiträume, in denen mit MEZ (mitteleuropäischer Zeit) gerechnet wird. Falls statt der MEZ Sommerzeit gilt, muß noch einmal eine Stunde abgezogen werden.

Schnelle Horoskopberechnung ⁑⁑

Geburtszeit
– 1 Stunde
+ Länge in Zeit (= Ortszeitkorrektur; steht in der Ephemeride unter dem Geburtsort)
+ Sternzeit des Geburtstages (steht in der Ephemeride unter dem angegebenen Geburtstag [= »Sideral Time«])
= Sternzeit des Geburtsaugenblicks (falls dieser Wert größer als 24 Stunden ist, dann 24 von diesem Wert subtrahieren).

Die Sternzeit des Geburtsaugenblicks benötigen Sie, um die Häuserspitzen (also die Häuseranfänge) aus der Häusertabelle abzulesen; die Zeit steht oben; vergessen Sie nicht, die Werte unter der Breite des Geburtsortes abzulesen.
Tragen Sie die Häuserspitzen in ein Horoskopformular ein: einmal unten rechts, in die Rubrik »Häuser«, zum anderen direkt in die Zeichnung. Hier gehen Sie folgendermaßen vor: Den größten Teil des Formulars nimmt der Horoskopkreis ein. Falls Sie die im Kapitel »Was benötigt man zur Horoskopberechnung?« empfohlenen Vordrucke oder die am Ende des Buches abgebildeten Zeichnungen verwenden, werden Sie feststellen, daß noch keine Tierkreiszeichen eingetragen sind. Die entsprechenden Felder (die Kästchen im Außenkreis) sind leer. Der Grund hierfür ist einfach: Die Aszendentenachse sollte in der Horoskopdarstellung möglichst waagerecht liegen. Wenn wir Formulare verwenden, in denen der Tierkreis bereits vorgedruckt ist, geschieht es oft genug, daß wir die Zeichnung drehen oder gar auf den Kopf stellen müssen. In Formularen ohne Tierkreiszeichendarstellung zeichnen Sie das Aszendentenzeichen in das linke äußere Kästchen ein. So erhalten Sie immer eine annähernd waagerechte Darstellung des Aszendenten. Die anderen Tierkreiszeichen tragen Sie entsprechend ein, wobei Sie nicht vergessen sollten, daß die Reihenfolge der Tierkreiszeichen entgegen dem Uhrzeigersinn verläuft! Die Tierkreiskästchen sind in 30 Grad aufgeteilt, wobei die etwas größeren Striche jeweils dem 5., 10., 15., 20. und 25. Grad entsprechen.
Wenn Sie die Häuserspitzen eintragen, müssen Sie darauf achten, daß sämtliche Achsen genau durch die Mitte des Kreisformulars verlaufen. Ist dies einmal nicht der Fall, so ist das ein untrüglicher Hinweis, daß Sie sich verzeichnet haben.

Wie Sie bereits am abgebildeten Beispielhoroskop gesehen haben, stellt man die Hauptachsen Aszendent-Deszendent und Medium Coeli-Imum Coeli dicker als die anderen Hausspitzen und etwas über den Kreis hinausragend dar.
Die Planetenpositionen können Sie in der Ephemeride unter dem entsprechenden Geburtsdatum einfach ablesen und in die Rubrik »Planeten« auf Ihrem Formular eintragen. Ausnahme ist hier wie gesagt der Mond: Nehmen Sie die Greenwich-Zeit der Geburt, teilen Sie diese durch 2 und zählen Sie zur in der Ephemeride angegebenen Mondposition hinzu. Dies ist dann die Mondposition zum Zeitpunkt der Geburt, die Sie nun ebenfalls in die Tabelle eintragen können. Die Planetenpositionen können nun in das Horoskopformular eingetragen werden, wobei Sie wie bei den Häuserspitzen darauf achten müssen, daß im Tierkreis *gegen den Uhrzeigersinn* gezählt wird.

BEISPIEL

Wir wählen als Beispiel eine Geburt, die am 1.1.1960 um 14.00 Uhr in Berlin erfolgt ist:

		14.00 Uhr MEZ
–1 Std.	=	13.00 Uhr GMT
+Länge in Zeit	=	13.53 Uhr Ortszeit
+Sternzeit		6.39 Uhr
	=	20.32 Uhr Sternzeit der Geburt

In der Häusertabelle (Seite 232) ist die Sternzeit links oben angegeben. Direkt rechts daneben steht das Medium Coeli (M.C.). In der mittleren Spalte kann der Aszendent abgelesen werden, in den benachbarten Spalten sind die Hausspitzen angegeben. Da sich immer zwei

20 h 32 m MC 5 ≈ 37 58 **RAMC 308°**

Lat.	11		12		ASC			2		3	
0	6 ♓	14	8 ♈	43	10 ♉	25	1	9 ♊	39	7 ♋	21
5	5	56	8	56	11	49	2	10	55	8	0
10	5	38	9	10	13	19	19	12	14	8	40
15	5	19	9	26	14	58	1	13	37	9	22
20	4	58	9	44	16	47	55	15	5	10	5
21	4	54	9	47	17	11	33	15	23	10	14
22	4	50	9	51	17	35	49	15	42	10	23
23	4	45	9	55	18	0	45	16	1	10	32
24	4	40	9	59	18	26	24	16	20	10	42
25	4	36	10	3	18	52	47	16	40	10	51
26	4	31	10	8	19	19	59	17	0	11	1
27	4	26	10	12	19	48	2	17	21	11	11
28	4	21	10	17	20	16	59	17	42	11	21
29	4	16	10	21	20	46	54	18	4	11	31
30	4	10	10	26	21	17	51	18	26	11	42
31	4	5	10	31	21	49	54	18	48	11	52
32	3	59	10	37	22	23	7	19	12	12	3
33	3	53	10	42	22	57	35	19	35	12	14
34	3	47	10	48	23	33	23	20	0	12	26
35	3	41	10	54	24	10	37	20	25	12	37
36	3	35	11	0	24	49	23	20	51	12	49
37	3	28	11	7	25	29	49	21	18	13	2
38	3	22	11	14	26	12	0	21	45	13	15
39	3	14	11	21	26	56	5	22	14	13	28
40	3	7	11	28	27	42	13	22	43	13	41
41	2	59	11	36	28	30	33	23	14	13	55
42	2	52	11	44	29	21	16	23	45	14	9
43	2	43	11	53	0 ♊	14	33	24	18	14	24
44	2	35	12	3	1	10	36	24	52	14	40
45	2	26	12	13	2	9	39	25	28	14	56
46	2	16	12	23	3	11	57	26	5	15	12
47	2	6	12	35	4	17	46	26	43	15	30
48	1	56	12	47	5	27	24	27	24	15	48
49	1	45	13	0	6	41	11	28	6	16	6
50	1	33	13	14	7	59	28	28	50	16	26
51	1	21	13	29	9	22	38	29	37	16	47
52	1	7	13	45	10	51	7	0 ♋	26	17	8
53	0	54	14	3	12	25	22	1	17	17	31
54	0	39	14	23	14	5	51	2	12	17	55
55	0	23	14	44	15	53	8	3	10	18	21
56	0	6	15	8	17	47	44	4	11	18	48
57	29 ≈	47	15	35	19	50	13	5	16	19	17
58	29	27	16	5	22	1	11	6	26	19	47
59	29	6	16	38	24	21	13	7	41	20	20
60	28	42	17	17	26	50	51	9	1	20	56
61	28	16	18	1	29	30	36	10	27	21	34
62	27	47	18	53	2 ♋	20	51	12	1	22	16
63	27	15	19	54	5	21	53	13	42	23	1
64	26	39	21	8	8	33	46	15	32	23	52
65	25	59	22	38	11	56	21	17	33	24	47
66	25	12	24	34	15	29	8	19	45	25	50

Hausspitzen gegenüberliegen, genügt es, die Positionen der Häuser 11, 12, 2 und 3 zu berechnen. Auf der anderen Seite im Tierkreis finden sich dann die Spitzen der Häuser 5, 6 und 9. Das Haus 7 steht dem Aszendenten (As) gegenüber, das Haus 4 dem M.C.
Wir müssen nun lediglich die Hausspitzen unter der Breite von Berlin ablesen. Wie wir dem Buch »Die geographischen Positionen Europas«, dem Anhang der Ephemeride oder einem Atlas entnehmen können, hat Berlin eine geographische Breite von etwa 52° 30′ Nord. In der Tabelle sind die Werte immer auf ganze Grade gerundet, wir lesen deshalb unter 53° Nord ab. Wir finden also folgende Häuserspitzen:

As = 12° 25′ Zwillinge
II = 1° 17′ Krebs
III = 17° 31′ Krebs
M.C. = 5° 38′ Wassermann
XI = 0° 54′ Fische
XII = 14° 03′ Widder

Diese Werte können Sie schon einmal in Ihr Horoskopformular eintragen. Sie wissen ja: Das Aszendentenzeichen Zwilling soll auf die linke Seite, damit der Aszendent ungefähr waagerecht eingezeichnet werden kann.
Auch die Planetenpositionen können – bis auf den Mond – direkt übernommen werden. Hierzu muß man einfach das Datum der Geburt nachschlagen, und die dort angegebenen Werte müssen abgelesen werden.
Um die Mondposition festzustellen, müssen wir, wie gesagt, die Hälfte der Greenwich-Zeit in Graden hinzuzählen. Die Geburt erfolgte um 14.00 Uhr MEZ, das ist 13.00 Uhr GMT. Wir müssen also 6° 30′ zur Ephemeridenangabe hinzuzählen. Da der Mond sich am 1.1.1960 um 0.00 GMT auf 10° 15,5′ Wassermann befand, kommen wir auf einen Mondstand von 16° 45,5′ Wassermann. Nun

JANUARY 1960

DAY	EPHEMERIS SIDEREAL TIME (h m s)	☉ (° ′)	☊ (° ′)	☽ (° ′)	☿ (° ′)	♀ (° ′)	♂ (° ′)	♃ (° ′)	♄ (° ′)	♅ (° ′)	♆ (° ′)	♇ (° ′)
						LONGITUDE						
1 F	6 38 38.3	9♑34.8	28♍43.5	10♒15.5	24♐58.1	28♏22.8	20♐18.9	18♐44.7	9♑27.8	20♌32.1	8♏41.7	6♍ 1.7
2 S	6 42 34.9	10 36.0	28 40.3	24 34.4	26 28.0	29 34.4	21 2.8	18 57.9	9 34.9	20R30.3	8 43.0	6R 1.0
3 S	6 46 31.4	11 37.2	28 37.2	8♓23.4	27 58.2	0♐46.0	21 46.6	19 10.9	9 42.0	20 28.5	8 44.2	6 0.3
4 M	6 50 28.0	12 38.3	28 34.0	21 42.7	29 28.8	1 57.8	22 30.5	19 23.9	9 49.1	20 26.6	8 45.5	5 59.5
5 T	6 54 24.5	13 39.5	28 30.8	4♈35.2	0♑59.9	3 9.6	23 14.4	19 36.9	9 56.2	20 24.7	8 46.7	5 58.7
6 W	6 58 21.1	14 40.7	28 27.6	17 5.3	2 31.3	4 21.5	23 58.3	19 49.9	10 3.2	20 22.7	8 47.8	5 57.9
7 T	7 2 17.7	15 41.8	28 24.5	29 18.2	4 3.2	5 33.4	24 42.3	20 2.8	10 10.3	20 20.7	8 49.0	5 57.0
8 F	7 6 14.2	16 43.0	28 21.3	11♉18.9	5 35.5	6 45.5	25 26.3	20 15.6	10 17.4	20 18.7	8 50.1	5 56.2
9 S	7 10 10.8	17 44.1	28 18.1	23 12.5	7 8.2	7 57.6	26 10.4	20 28.4	10 24.4	20 16.6	8 51.1	5 55.3
10 S	7 14 7.3	18 45.2	28 14.9	5♊ 3.0	8 41.3	9 9.7	26 54.5	20 41.2	10 31.5	20 14.5	8 52.2	5 54.3
11 M	7 18 3.9	19 46.4	28 11.7	16 54.1	10 14.8	10 22.0	27 38.6	20 53.9	10 38.5	20 12.4	8 53.2	5 53.4
12 T	7 22 0.4	20 47.5	28 8.6	28 48.4	11 48.7	11 34.3	28 22.8	21 6.6	10 45.5	20 10.2	8 54.2	5 52.4
13 W	7 25 57.0	21 48.6	28 5.4	10♋47.7	13 23.1	12 46.7	29 7.1	21 19.2	10 52.5	20 8.1	8 55.1	5 51.4
14 T	7 29 53.6	22 49.7	28 2.2	22 53.5	14 58.0	13 59.1	29 51.3	21 31.8	10 59.5	20 5.8	8 56.0	5 50.4
15 F	7 33 50.1	23 50.8	27 59.0	5♌ 6.6	16 33.3	15 11.6	0♑35.6	21 44.3	11 6.5	20 3.6	8 56.9	5 49.3
16 S	7 37 46.7	24 51.9	27 55.9	17 27.7	18 9.1	16 24.2	1 20.0	21 56.7	11 13.5	20 1.3	8 57.8	5 48.3
17 S	7 41 43.2	25 53.0	27 52.7	29 58.0	19 45.4	17 36.8	2 4.4	22 9.2	11 20.4	19 59.0	8 58.6	5 47.2
18 M	7 45 39.8	26 54.1	27 49.5	12♍38.5	21 22.2	18 49.5	2 48.8	22 21.5	11 27.3	19 56.6	8 59.4	5 46.1
19 T	7 49 36.3	27 55.2	27 46.3	25 31.3	22 59.6	20 2.2	3 33.3	22 33.8	11 34.2	19 54.3	9 0.1	5 45.0
20 W	7 53 32.9	28 56.2	27 43.2	8♎38.5	24 37.5	21 15.0	4 17.8	22 46.0	11 41.1	19 51.9	9 0.9	5 43.8
21 T	7 57 29.4	29 57.3	27 40.0	22 2.5	26 16.0	22 27.9	5 2.4	22 58.2	11 48.0	19 49.5	9 1.6	5 42.6
22 F	8 1 26.0	0♒58.4	27 36.8	5♏45.5	27 55.0	23 40.8	5 47.0	23 10.3	11 54.9	19 47.1	9 2.3	5 41.5
23 S	8 5 22.6	1 59.5	27 33.6	19 48.8	29 34.7	24 53.7	6 31.7	23 22.4	12 1.7	19 44.6	9 2.9	5 40.3
24 S	8 9 19.1	3 0.5	27 30.4	4♐11.8	1♒14.9	26 6.7	7 16.3	23 34.4	12 8.5	19 42.2	9 3.5	5 39.0
25 M	8 13 15.7	4 1.5	27 27.3	18 51.9	2 55.7	27 19.8	8 1.1	23 46.3	12 15.3	19 39.7	9 4.0	5 37.8
26 T	8 17 12.2	5 2.6	27 24.1	3♑43.6	4 37.2	28 32.8	8 45.8	23 58.1	12 22.0	19 37.1	9 4.6	5 36.5
27 W	8 21 8.8	6 3.6	27 20.9	18 39.2	6 19.2	29 46.0	9 30.6	24 9.9	12 28.7	19 34.6	9 5.0	5 35.2
28 T	8 25 5.3	7 4.6	27 17.7	3♒29.8	8 1.9	0♑59.1	10 15.4	24 21.6	12 35.4	19 32.1	9 5.5	5 33.9
29 F	8 29 1.9	8 5.6	27 14.6	18 6.7	9 45.3	2 12.3	11 0.3	24 33.2	12 42.1	19 29.5	9 5.9	5 32.6
30 S	8 32 58.4	9 6.6	27 11.4	2♓22.8	11 29.2	3 25.5	11 45.2	24 44.7	12 48.7	19 26.9	9 6.3	5 31.3
31 S	8 36 55.0	10 7.5	27 8.2	16 13.9	13 13.8	4 38.8	12 30.1	24 56.2	12 55.3	19 24.4	9 6.7	5 29.9
						DECLINATION						
1 F	6 38 38.3	23S 5.7	0N30.4	14S 5.2	23S31.2	17S33.4	23S27.4	22S29.6	22S33.7	15N20.2	12S45.0	20N51.1
4 M	6 50 28.0	22 50.5	0 34.2	2 47.5	23 57.8	18 22.6	23 37.9	22 33.0	22 32.4	15 22.1	12 46.1	20 53.0
7 T	7 2 17.7	22 31.1	0 38.0	8N45.1	24 13.5	19 7.9	23 46.2	22 36.1	22 31.0	15 24.0	12 47.0	20 54.9
10 S	7 14 7.3	22 7.8	0 41.8	16 33.7	24 17.8	19 48.9	23 52.3	22 39.1	22 29.6	15 26.1	12 47.9	20 57.0
13 W	7 25 57.0	21 40.5	0 45.6	18 7.9	24 10.0	20 25.4	23 56.2	22 41.8	22 28.1	15 28.2	12 48.7	20 59.0
16 S	7 37 46.7	21 9.5	0 49.4	12 33.9	23 49.7	20 57.1	23 57.9	22 44.3	22 26.5	15 30.4	12 49.4	21 1.1
19 T	7 49 36.3	20 34.8	0 53.2	1 43.4	23 16.5	21 23.8	23 57.3	22 46.6	22 24.9	15 32.7	12 49.9	21 3.3
22 F	8 1 26.0	19 56.6	0 56.9	10S22.0	22 30.0	21 45.1	23 54.5	22 48.7	22 23.3	15 35.0	12 50.4	21 5.4
25 M	8 13 15.7	19 15.1	1 0.7	17 55.6	21 30.0	22 1.0	23 49.4	22 50.6	22 21.6	15 37.4	12 50.8	21 7.6
28 T	8 25 5.3	18 30.3	1 4.5	15 26.4	20 16.4	22 11.1	23 42.0	22 52.3	22 19.9	15 39.9	12 51.1	21 9.8
31 S	8 36 55.0	17 42.6	1 8.3	4 40.3	18 49.0	22 15.6	23 32.4	22 53.8	22 18.2	15 42.3	12 51.3	21 12.0

können wir auch den Mond eintragen, und unsere Horoskopzeichnung ist vollständig.

Wenn Sie alles richtig gemacht haben, müßte Ihre Horoskopzeichnung etwa so aussehen:

*** 01. 01. 1960 Berlin 14^h00 MEZ**

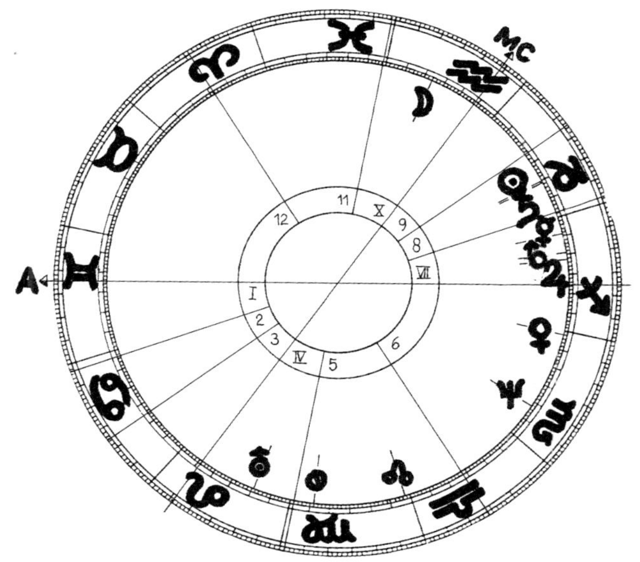

Wir haben für diese Horoskopdarstellung nicht die gerundeten, sondern die genauen Planetenpositionen genommen, damit Sie selbst feststellen können, wie groß die Abweichungen zwischen gerundeter und exakter Rechnung sind.
Sie sehen, die Häuserspitzen stimmen erstaunlich genau, und auch bei den Planeten sind alle Abweichungen kleiner als ein Grad.
Lediglich der Mond liegt mit 1° 15′ Fehler etwas mehr daneben. Dies liegt vor allem daran, daß sich der Mond nicht jeden Tag gleich schnell bewegt. Seine Geschwindigkeit schwankt zwischen 11° 45′ und 15° 30′ pro Tag.
Für einen ersten Überblick dennoch ein sehr brauchbares Ergebnis!

** Exakte Horoskopberechnung

Ich möchte nun zeigen, wie Sie die größtmögliche sinnvolle Genauigkeit bei der Berechnung eines Horoskops erreichen können. Die Betonung liegt hier auf »sinnvoll«: Auch der genauesten Geburtszeitangabe muß eine mögliche Abweichung von 5 Minuten unterstellt werden und sowohl Häusertabelle als auch insbesondere die Ephemeriden enthalten nur größtmögliche *Näherungswerte* an die wahren Haus- und Planetenpositionen.
Ich kann im Ergebnis nicht genauer sein, als die zugrunde gelegten Werte es zulassen. Wenn also die Ephemeriden z.B. den Mond auf ±1 Bogenminute genau angeben, mag ich noch so viele Stellen hinter dem Komma berechnen, mein Ergebnis wird immer nur bedeuten, daß die wahre Mondposition irgendwo im Bereich von ±1 Bogenminute von der angegebenen Stelle liegt.

Die genaue Sternzeit

Bei der genauen Berechnung der Sternzeit muß zusätzlich noch eine Sternzeitkorrektur berücksichtigt werden. Diese beträgt pro Stunde (gerechnet in Greenwich-Zeit) 9,8 Sekunden und muß zu der in der Ephemeride angegebenen Sternzeit hinzugezählt werden. So müßten z.B. bei einer Geburt um 18.30 GMT zur Sternzeit 3 Minuten und 1 Sekunde addiert werden.
Bei unserem Beispielhoroskop im Kapitel »Die verschiedenen Zeitarten« – Geburt am 1.11.1950 um 21.00 Uhr MEZ in Aachen – betrug die Sternzeit 2.39 Uhr und die Greenwich-Zeit (GMT) 20.00 Uhr. Da pro Stunde (in Greenwich-Zeit) 9,8 Sekunden zur Sternzeit hinzugezählt werden müssen, erhalten wir hier einen Wert von 196 Sekunden (20×9,8), dies entspricht 3 Minuten und 16 Sekunden.

So ergibt sich folgende Rechnung:

Sternzeit des Geburtstages	2.38.51
+ Sternzeitkorrektur	3.16
+ GMT der Geburt (= MEZ – 1 Std.)	20.00
+ Ortszeitkorrektur (Länge in Zeit)	24.22
= Sternzeit des Geburtsaugenblickes	23.06.29

Das Ergebnis weicht also von unserer ersten Rechnung genau um 3 Minuten 30 Sekunden ab, die wir als Stern-

*** 01. 11. 1950 Aachen 23h03 Ortszeit**

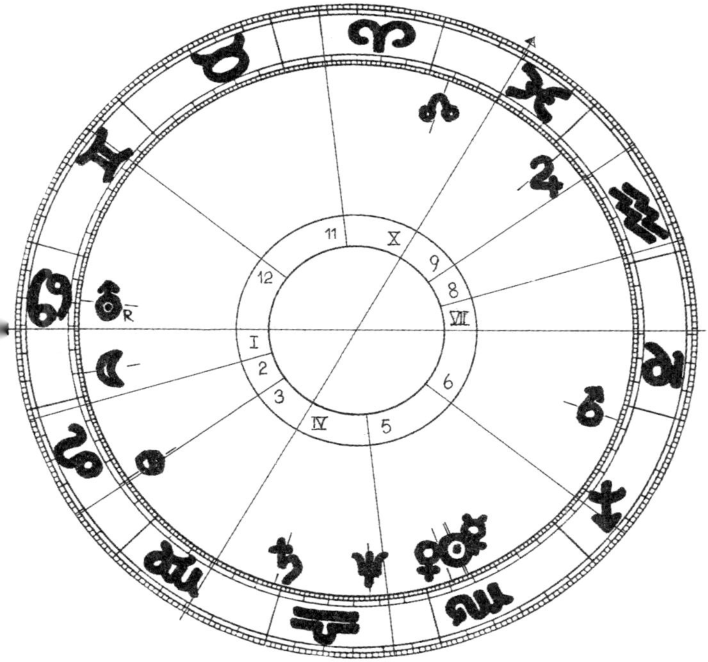

zeitkorrektur hinzugezählt haben.* Der bei der genauen Rechnung entstandene Unterschied von 3½ Minuten ist für die Planetenpositionen bedeutungslos, bei den Häuserspitzen können sich Abweichungen von kaum mehr als einem Grad ergeben.

Wir wollen nun die genauen Hausspitzen berechnen, ohne uns mit Rundungen zufriedenzugeben. Die Sternzeit des Geburtsaugenblicks beträgt 23.06.29 Uhr. In der Tabelle sind die nächstgelegenen Sternzeiten: 23.04 und 23.08 mit den entsprechenden M.C. von 14 Grad 47 Minuten 47 Sekunden und 15 Grad 52 Minuten 32 Sekunden in den Fischen. Wir rechnen so:

$$
\begin{array}{rl}
15^\circ 52'32'' & (=\text{M.C. um 23.08 Uhr Sternzeit}) \\
-\,14^\circ 47'47'' & (=\text{M.C. um 23.04 Uhr Sternzeit}) \\
\hline
1^\circ 04'45'' & (=\text{Differenz})
\end{array}
$$

Diese Strecke legt das M.C. in 4 Minuten zurück. Der Einfachheit halber verwandeln wir den Wert in Bogensekunden:

$$
\begin{array}{rrl}
1^\circ = & 60 & \text{Bogenminuten} \\
60' \times 60 = & 3600 & \text{Bogensekunden} \\
4' \times 60 = & 240 & \text{Bogensekunden} \\
45'' = & 45 & \text{Bogensekunden} \\
\hline
 & 3885 & \text{Bogensekunden}
\end{array}
$$

* Um ganz genau zu sein: Unsere korrigierte Sternzeit (2.42.30 Uhr) entspricht der Sternzeit des Geburtsaugenblicks, bezogen auf Greenwich; d.h., in dem Augenblick, als unsere »Versuchsperson« in Aachen geboren wurde, war in Greenwich eine Sternzeit von 2.42.30 Uhr. In den Ephemeriden wird jedoch noch ein anderer Wert als »Sternzeitkorrektur« angegeben, der von der Länge des Geburtsortes abhängig ist, dieser Wert ist nie größer als einige Sekunden (für Aachen: –4 Sekunden). Er wird deshalb in der Rechnung vernachlässigt.

Das heißt, in 4 Minuten legt das M.C. 3885 Bogensekunden zurück; 4 Zeitminuten entsprechen (4 × 60) 240 Zeitsekunden, deshalb wandert das M.C. pro Zeitsekunde 3885 : 240 Bogensekunden weiter. Dies ist ein Wert von 16,1875 Bogensekunden. Da seit 23.04 Uhr 149 Zeitsekunden vergangen sind, müssen wir 16,1875 mit 149 multiplizieren und diesen Wert zum M.C., wie es um 23.04 stand, hinzuzählen. Also 16,1875 × 149 = 2411,9375 Bogensekunden. Diesen Wert verwandeln wir nun zurück in Bogenminuten und Bogensekunden: 2411,9375:60 = 40,19895833 Bogenminuten. Nimmt man die Stellen hinter dem Komma mit 60 mal, so erhält man ihren Bogensekundenwert: 11,94. Das Resultat ist also 40 Bogenminuten und 12 Bogensekunden. Diesen Wert zählen wir zum Ausgangswert (M.C. um 23.04 Uhr ST) hinzu:

  14° 47′47″
\+   40′12″

  15° 27′59″ Fische

Ergebnis: Um 23.06.29 Uhr Sternzeit liegt das M.C. auf 15° 27′59″ Fische.

Etwas schwieriger wird die Rechnung beim Aszendenten, da wir hier zweimal interpolieren müssen (Interpolation = Errechnen von Werten, die zwischen zwei bekannten Werten liegen): zum einen die Zeit, zum anderen den Breitengrad. Der Übersichtlichkeit wegen verzichten wir diesmal in der Darstellung auf die Umformung in Bogensekunden. – Zuerst interpolieren wir die Zeit für den 50. Breitengrad:

  15° 21′51″ (= As 23.08 ST, 50. Breitengrad)
– 14° 34′04″ (= As 23.04 ST, 50. Breitengrad)

  47′47″ (= Differenz)

Das heißt, der Aszendent bewegt sich auf dem 50. Breitengrad zwischen 23.04 Uhr Sternzeit und 23.08 Uhr Sternzeit um 47′47″ weiter. Dies entspricht der Bewegung von:

$$\frac{47'47'' \times 149}{240}$$

Um 23.06.29 Uhr Sternzeit befindet sich der Aszendent am 50. Breitengrad auf 15° 03′44″ ([47′47″ × 149:240] + 14° 34′04″). Die gleiche Rechnung führen wir nun für den 51. Breitengrad aus:

16° 17′54″ (= As 23.08 ST, 51. Breitengrad)
– 15° 30′47″ (= As 23.04 ST, 51. Breitengrad)

47′07″ (= Differenz)

Auf dem 51. Breitengrad bewegt sich der Aszendent also zwischen 23.04 und 23.08 Uhr Sternzeit um 47′07″. Für 23.06.29 Uhr ergibt sich damit ein Wert von:

(47′07″ : 240 × 149) + 15° 30′47″ = 16° 00′2,1″

Aachen befindet sich weder genau auf dem 50. noch auf dem 51. Breitengrad, wir müssen deshalb erneut zwischen beiden Werten interpolieren:

16° 00′02,1″
– 15° 03′44″

56′18″

56′18″ lautet der Betrag, um den sich der Aszendent zwischen dem 50. und 51. Breitengrad um 23.06.29 Uhr Sternzeit verändert. Aachen liegt 46′34″ vom 50. Breitengrad entfernt, ein Breitengrad hat 60 Breitenminuten, also:

(56′18″ : 60 × 46′34″) + 15° 03′44″ = 15° 47′25,7″

Damit hätten wir also einen Aszendenten von 15 Grad 47 Minuten Krebs und ein M.C. von 15 Grad 28 Minuten Fische ermittelt. Wie beim Aszendenten läßt sich bei den anderen Häuserspitzen verfahren, so daß Sie für sämtliche Häuserspitzen bogenminutengenaue Werte erhalten. Der Versuch, eine noch größere Genauigkeit zu erhalten, ist unsinnig: Bedenken Sie, daß 4 Zeitminuten bei den Häuserspitzen etwa 60 Bogenminuten entsprechen; d.h. 4 Zeitminuten = 60 Bogenminuten, 1 Zeitminute = 15 Bogenminuten, 4 Zeitsekunden = 1 Bogenminute, 1 Zeitsekunde = 15 Bogensekunden. Alle 4 Zeitsekunden ergibt sich also bereits eine Abweichung von einer Bogenminute! Es ist allerdings schon ein seltener Glücksfall, wenn die Geburtszeit auf 5 Minuten genau bekannt ist; in diesem Fall könnte man die Häuserspitzen auf etwa $\pm 1° 15'$ genau berechnen. Eine größere Genauigkeit kann es ohne Korrektur ohnehin nicht geben.
In der allgemeinen Praxis sind gradgenaue Häuserspitzen ausreichend. Die Berechnung bogenminutengenauer Werte ist nur sinnvoll, wenn es um Ereignishoroskope geht, deren Zeit auf 2 Sekunden genau bekannt ist, oder bei zuverlässig korrigierten Horoskopen.

Die Planeten **

Ähnlich den Häuserspitzen kann man auch die Planetenpositionen interpolieren. Da sich die Planeten relativ langsam vorwärts bewegen, ist dies jedoch nur für Sonne, Mond, Merkur, Venus und Mars sinnvoll. Allenfalls kann man noch Jupiter und Saturn hinzunehmen. Uranus, Neptun und Pluto laufen so langsam, daß hier auch bei genauer Rechnung die Tagespositionen übernommen werden können. Wichtig ist, daß man für die Berechnung der Planetenpositionen immer die *Greenwich-Zeit der Geburt* zugrunde legt, in unserem Beispiel 20.00 GMT.

Als erstes ziehen wir die Position eines Planeten von seiner Stellung am darauffolgenden Tag ab, um festzustellen, welche Strecke ein Planet im Laufe eines Tages zurücklegt. Wir beginnen mit der Sonne:

09° 00′ Skorpion

– 08° 00′

01° 00′

Diesen Wert verwandeln wir in Bogensekunden: 1 Grad = 60 × 60 Bogensekunden = 3600 Bogensekunden. Der Tag hat 24 Stunden = 1440 Minuten, die Sonne legt also pro Minute 3600:1440 = 2,5 Bogensekunden zurück. In 20 Stunden sind dies 20 × 60 × 2,5 = 3000 Bogensekunden = 50 Bogenminuten. Die genaue Sonnenposition in unserem Beispielhoroskop ist also:

08° 00′

+ 50′

08° 50′ Skorpion

Der Mond legt an diesem Tag 27° 06,6′ – 14° 56,9′ = 12° 09,7′ zurück. Dies sind in Bogensekunden 43 200 + 582 = 43 782; 43 782:1440 = 30,404166; 30,404166 ist also die Strecke (in Bogensekunden), die der Mond pro Zeitminute zurücklegt. In 20 Stunden sind dies: 20 × 60 × 30,404166 = 36 485 Bogensekunden. Umgerechnet in Bogenminuten: 608,0833; dies sind 10,1347 Grad oder 10 Grad 8 Bogenminuten 5 Bogensekunden. Die genaue Mond-Position ist also:

14° 56′54″

+ 10° 08′05″

25° 04′59″ Krebs

Auch hier ist die wirkliche Genauigkeit nur etwa ±1 Bogenminute. Dies liegt zum einen daran, daß die Angaben in der Ephemeride ja nur auf die Zehntelbogenminute genau sind, zum anderen bewegt sich der Mond auch nicht völlig gleichförmig, so daß auch hier Verschiebungen möglich sind. Eine errechnete Mondposition auf 25 Grad 05 Minuten Krebs bedeutet also, daß sich die wahre Mondposition zu diesem Zeitpunkt irgendwo zwischen 25 Grad 4 Minuten und 25 Grad 6 Minuten befunden hat.

Ein grundsätzlicher Hinweis noch zu den rückläufigen Planeten: Hier muß das zurückgelegte Bogenstück natürlich abgezogen und nicht addiert werden. Die Rückläufigkeit eines Planeten ist sehr leicht daran zu erkennen, daß seine Gradposition im Tierkreis von einem Tag zum nächsten nicht zu-, sondern abnimmt.

Wechselt ein Planet (beispielsweise der Mond) innerhalb eines Tages sein Zeichen, so muß zum zweiten Wert 30 hinzugezählt werden. Heißt die Mondposition z. B. am ersten Tag 28° Schütze und am zweiten Tag 10° Steinbock, so ist zu rechnen: $(10+30)-28=12$. Die Tagesbewegung des Mondes beträgt also 12°.

Die gleiche Rechnung führen wir nun mit Merkur, Venus und Mars durch. Wer ganz genau sein möchte, nimmt noch Jupiter und Saturn hinzu.

Bei vielen Ephemeriden finden sich im Anhang Tabellen, mit denen sich die genaue Position der Planeten noch einfacher bestimmen läßt: Man muß nur die Tagesbewegung eines Planeten berechnen und dann die bis zum Zeitpunkt der Geburt (angegeben in GMT!) zurückgelegte Strecke zur Mitternachtsposition hinzuzählen.

Der Vollständigkeit halber und zur Überprüfung sind hier noch einmal alle Planetenpositionen aufgelistet:

So = 08° 50′ Skorpion	Ju = 27° 43′ Wassermann
Mo = 25° 04′ Krebs	Sa = 28° 12′ Jungfrau
Me = 08° 54′ Skorpion	Ur = 09° 22′ Krebs
Ve = 05° 46′ Skorpion	Ne = 17° 54′ Waage
Ma = 26° 41′ Schütze	Pl = 19° 46′ Löwe

** Tips und Tricks zur Horoskopberechnung

Die in diesem Abschnitt beschriebenen Hinweise sollen Ihnen helfen, Fehler möglichst frühzeitig zu erkennen und sich unnötige Arbeit zu ersparen.

Tip 1: Berechnen Sie nur die Planeten- und Hauspositionen genau, wo ein Zeichenwechsel möglich ist. Als Anfänger, ja selbst schon als fortgeschrittener Astrologieschüler haben Sie keinen Vorteil davon, daß Sie beispielsweise die Stellung Ihrer Sonne (oder die irgendeines anderen Planeten) auf die Bogenminute genau kennen. Falls Sie jedoch z.B. am 21. Juni geboren sind, wissen Sie nicht genau, ob Ihre Sonne nun noch in den Zwillingen oder schon im Krebs steht. Hier ist eine genauere Berechnung sinnvoll und notwendig. Das gleiche gilt, wenn der Aszendent und das Medium Coeli (M.C.) an einem Zeichenübergang stehen.

Tip 2: Bedenken Sie, daß Merkur niemals weiter als 28 Grad und Venus niemals weiter als 48 Grad von der

Sonne entfernt stehen können. Falls Sie also in Ihrem Horoskop z. B. eine Sonne/Venus-Opposition entdecken, können Sie mit Sicherheit von einem Fehler ausgehen.

Tip 3: Wenn Sie bei Vollmond geboren wurden, müssen in Ihrem Horoskop Sonne und Mond in Opposition stehen. Wurden Sie bei Neumond geboren, so müssen Sonne und Mond in Konjunktion stehen.

Tip 4: Wenn Sie in der Nacht geboren wurden, muß die Sonne unter dem Horizont, also in den Häusern 1 bis 6, stehen. Wurden Sie am Tag geboren, muß die Sonne in den Häusern 7 bis 12 stehen.

Tip 5: Bei einer Geburt zwischen Sonnenaufgang und Mittag muß die Sonne in Haus 12, 11 oder 10 stehen. Bei einer Geburt zwischen Mittag und Sonnenuntergang muß sie in Haus 9, 8 oder 7 stehen. Bei einer Geburt zwischen Sonnenuntergang und Mitternacht befindet sie sich in Haus 6, 5 oder 4, während sie zwischen Mitternacht und Sonnenaufgang in den Häusern 3, 2 und 1 steht. Bedenken Sie, daß sich diese Angaben auf die Ortszeit, nicht auf die MEZ beziehen, kleinere Abweichungen sind also möglich.

Tip 6: Wenn Sie nach Ihren Berechnungen Sonne und Aszendent im gleichen Zeichen haben, müssen Sie am frühen Morgen um die Zeit des Sonnenaufgangs herum geboren sein, sonst kann Ihre Berechnung nicht stimmen.

Tip 7: Wenn nach Ihren Berechnungen der Aszendent in dem der Sonne gegenüberliegenden Zeichen steht, müssen Sie am (frühen) Abend um die Zeit des Sonnenuntergangs geboren sein. Gegenüberliegende Zeichen sind Widder - Waage, Stier - Skorpion, Zwillinge - Schütze,

Krebs – Steinbock, Löwe – Wassermann, Jungfrau – Fische.

Tip 8: Zeichnen Sie sich genau in der Mitte Ihres Horoskopformulars einen Punkt ein; alle Häuserspitzen müssen durch diesen Punkt gehen. Wenn Sie ihr Lineal so anlegen, daß z.B. die Hausspitze 2 und die Kreismitte eine Linie bilden, so ergibt sich automatisch am anderen Kreisende die Spitze des 8. Hauses.

Tip 9: Zeichnen Sie zuerst das Horoskop, bevor Sie das Formular in der unteren Hälfte mit den Planeten und Hausangaben ausfüllen. Man macht erfahrungsgemäß bei der Zeichnung schneller und mehr Fehler als beim Eintragen der Horoskopdaten.

Tip 10: Zeichnen Sie Ihre Horoskope grundsätzlich mit Bleistift vor, um Fehler einfach ausradieren und verbessern zu können. Verlieren Sie vor allem nicht die Geduld, wenn's nicht gleich beim ersten Anlauf klappt!

Teil IV
Horoskopdeutung

Grundsätzliches zur Horoskopdeutung

Die Deutung des Horoskops ist natürlich der interessanteste Bereich der Astrologie, schließlich nimmt man ja die Mühe, die umfangreichen Grundlagen zu erlernen, auf sich, um ein Horoskop interpretieren zu können.
Als ich begann, mich mit Astrologie zu beschäftigen, war ich so begierig, etwas über mein Horoskop zu erfahren, daß ich die mir zunächst langweilig erscheinenden Einführungskapitel in den Lehrbüchern grundsätzlich überschlug, um ohne vermeintliche Zeitverschwendung herauszufinden, was dieser oder jener Aspekt in meinem Horoskop zu bedeuten hat. So kann ich mir denn lebhaft vorstellen, daß es dem einen oder anderen Leser ähnlich geht ...
Bevor man an die praktische Deutung herangeht, sollte man sich jedoch mit den bisher beschriebenen Grundlagen und der Horoskopberechnung beschäftigt haben. Ansonsten besteht nämlich die Gefahr, daß einem bei der Interpretation (auch schwerwiegende) Fehler unterlaufen.
Einige Trugschlüsse scheinen fast so alt wie die Astrologie selbst zu sein. Es ist deshalb hilfreich, sich ein paar grundsätzliche Gedanken über die Horoskopdeutung zu machen.

Ein Horoskop stellt ein symbolisches Abbild der Anlagen und Erlebnismöglichkeiten eines Menschen dar. Nun ist jeder Mensch ein Individuum mit einer unendlichen Palette von Fähigkeiten, Vorlieben, Abneigungen, Meinungen, Leiden, Erinnerungen und Freuden. Daß wir recht komplizierte Wesen sind, erkennen wir allein schon daran, daß wohl nur die wenigsten behaupten können, sich selbst völlig zu verstehen ...
Nun ist das Wesen oder die Seele eines Menschen nicht aus voneinander unabhängigen Bausteinen zusammengesetzt, sondern die einzelnen Teile bedingen und verändern einander.

Ein Beispiel: Herr Flockhard ist ein unscheinbarer und unglücklicher Mensch, er hält sich für einen Versager, er kommt beruflich nicht vorwärts, er hat gesundheitliche Probleme, und noch nicht einmal seine Frau und seine Kinder nehmen ihn ernst. Aufgrund seines angegriffenen Gesundheitszustandes bekommt Herr Flockhard eine Kur bewilligt, bei der ihn seine Frau begleitet, da er allein ja doch nicht zurechtkäme. In diesen Wochen haben Herr und Frau Flockhard außergewöhnlich viel Zeit füreinander, und sie entdecken plötzlich, wie sehr sie sich brauchen - vielleicht verlieben sie sich sogar ein zweites Mal ineinander. Nach der Kur ist Herr Flockhard wie ausgewechselt: Es geht ihm gesundheitlich besser denn je, er fällt mit einemmal in der Firma auf, er ist fröhlich, selbstbewußt und ehrgeizig und wird schließlich befördert.

Warum wurde Herr Flockhard befördert? Weil sich seine Ehe gebessert hat? Weil ihm die Kur gutgetan hat? Weil er plötzlich Selbstbewußtsein besitzt?
Bestimmt ist Ihnen aufgefallen, daß all diese Dinge miteinander zusammenhängen - Herrn Flockhards schlechte Gesundheit hatte mit Sicherheit etwas mit seinen Depressionen zu tun, welche wiederum von seiner schlechten

Ehe beeinflußt wurden usw. Diese Zusammenhänge (vollständig) herauszubekommen und zu begreifen ist sehr schwer. Was hinzukommt: Stellen Sie sich vor, dieser Herr Flockhard wäre wenige Tage vor seinem Kurantritt zu Ihnen zur astrologischen Beratung gekommen. Hätten Sie ihm gesagt, daß er ein unglücklicher, erfolgloser und depressiver Mensch sei, er hätte Ihnen recht geben müssen und wäre wahrscheinlich von Ihren astrologischen Fähigkeiten sehr beeindruckt gewesen. Wenn Sie ihm genau das gleiche nur wenige Tage nach seiner Kur bescheinigt hätten, wären Sie mit ihren Aussagen sehr viel weniger erfolgreich gewesen. Das Geburtshoroskop des Herrn Flockhard hat sich in der Zwischenzeit allerdings nicht verändert ...

Ich habe dieses Beispiel ausgewählt, um zu zeigen, daß wir ununterbrochen den verschiedensten Einflüssen und Veränderungen unterworfen sind: Einen Säugling beschäftigen mit Sicherheit andere Probleme als einen Sechs- oder Zwölfjährigen. Ein Mann in den »besten Jahren« hat eine andere Weltsicht als ein Greis. Das Horoskop eines Menschen bleibt jedoch sein Leben lang dasselbe, es gilt für den Säugling genauso wie für den Erwachsenen. Dies bedeutet, daß Sie aus einem Horoskop nur sehr wenig festgefügte Aussagen ableiten können, vielmehr geht es in der Horoskopdeutung um die *Entwicklungsmöglichkeiten* eines Menschen. Diese lassen sich jedoch nur erfassen, wenn man das Horoskop als Ganzes berücksichtigt und sich nicht nur auf Teilaspekte konzentriert! Deutlich wird dies am Beispiel der Sprache:

Jedes Wort besteht aus Buchstaben, z.B. das Wort »Astrologie«. Es ergibt einen Sinn, es hat eine Bedeutung, unter der wir uns etwas vorstellen können. Wenn ich jetzt einen einzelnen Buchstaben des Wortes betrachte – zum Beispiel das t –, so verrät mir das t über das Wort »Astrologie« lediglich, daß darin eben ein t vorkommt. Da es Tausende von Wörtern gibt, die diesen Buchstaben enthalten, nützt mir das gar nichts: Das t allein ist für mich nicht die geringste Hilfe, um den Sinn zu erfassen, den das Wort »Astrologie« zum Inhalt hat. Ähnlich verhält es sich, wenn Sie in Ihrem Horoskop nachschauen und dort z. B. ein Mars/Saturn-Quadrat entdecken: Dieses Quadrat bedeutet *für sich genommen* soviel wie das t ohne das Wort »Astrologie«.

Ich kann diesen Umstand nicht oft genug betonen, gibt es doch zahllose Astrologie-»Kochbücher«, in denen Aspekte hemmungslos isoliert gedeutet werden. So steht z. B. in einem sehr bekannten »wissenschaftlichen« Astrologielehrbuch zum Mars/Saturn-Quadrat: »Dieses Quadrat deutet auf eine harte und nüchterne Wesensart. Die Geborenen werden möglicherweise bei all ihren Unternehmungen ständig frustriert, was zu Groll und einer negativen Einstellung führt. Diese Menschen kennzeichnet vielfach eine mürrische Verdrießlichkeit. Ihre ehrgeizigen Bestrebungen werden häufig behindert, und in der Beziehung zu anderen, vor allem bei Partnerschaften und in der Ehe, ergeben sich Schwierigkeiten . . .«

Derartige Äußerungen sind schlichtweg blanker Unsinn! Sie sind genauso glaubwürdig, als würde man z. B. über das t schreiben: »Alle Worte, in denen das t vorkommt, haben einen geheimnisvollen Inhalt. Es geht bei ihnen um die Suche nach Erkenntnis sowie um Dinge die schwer zu erlernen sind . . .« Dies mag für das Wort »Astrologie« zutreffen, für andere wie »Tag«, »Kontakt«, »Taschenmesser« usw. stimmt es sicher nicht. Man muß also alle Buchstaben (und zwar in der richtigen Reihenfolge!) kennen, um zu wissen, was ein Wort bedeutet. Auf die Astrologie bezogen, heißt dies: Man muß das gesamte Horoskop verstehen, um zu wissen, welche Wirkung eine bestimmte Konstellation hat.

Wenn ich also in den folgenden Kapiteln Aspekte behandle, so geht es um »Buchstabierübungen«, d.h., Sie können lernen, sich unter dem *Prinzip* eines bestimmten Aspektes etwas vorzustellen. Was dieser Aspekt jedoch in Ihrem persönlichen Horoskop für eine Bedeutung hat, läßt sich erst sagen, wenn Sie Ihr gesamtes Horoskop zu Rate ziehen.
Dieser Gesichtspunkt ist äußerst wichtig. Ich habe einmal erlebt, daß eine Kursteilnehmerin leichenblaß wurde und weinend den Saal verließ, als ich an einem Beispielhoroskop beschrieb, wie sich dort ein Mars/Saturn-Quadrat verwirklicht hat. Sie besaß selbst diese Konstellation und hat meine Äußerungen sehr persönlich genommen. Sie war offensichtlich davon überzeugt, daß ihr ein ähnliches Schicksal wie dem Menschen in dem behandelten Beispiel bevorstünde. Nun galten meine Aussagen selbstverständlich nur für das Mars/Saturn-Quadrat in dem vorgeführten Fall, im Horoskop der weinenden Frau hat dieser Aspekt jedoch höchstwahrscheinlich eine völlig andere Bedeutung.
Solche Reaktionen sind durchaus nicht die Ausnahme, im Gegenteil, es gibt wenige Kurse, wo Derartiges nicht vorkommt. Dies geschieht, obwohl ich sehr viel Zeit darauf verwende, auf die Sinnlosigkeit der Interpretation von isolierten Aspekten hinzuweisen. Ohne Zweifel ist jedoch unser unbewußter Wunsch, sich mit etwas zu identifizieren, stärker. Hinzu kommt, daß man vielfach Interpretationen liest, die den Anschein erwecken, als ob eine isolierte Aspektdeutung irgendwie möglich wäre. Es werden in der Tat auch Deutungen geschrieben, die in der Regel so allgemein gehalten sind, daß es zum berühmten »Stimmt-Effekt« kommt – nach dem Muster: »Sie mußten in Ihrem Leben einige Schwierigkeiten überwinden, nicht alles lief immer glatt. Wichtige Ziele konnten durch persönlichen Einsatz erreicht werden, obgleich es noch

den einen oder anderen Bereich gibt, in dem sie sich eine Verbesserung erhoffen. Sie schrecken davor zurück, sehr private Dinge völlig Fremden anzuvertrauen, können sich jedoch einem guten Freund gegenüber relativ stark öffnen. Gelegentlich haben Sie Auseinandersetzungen mit Ihrem Ehepartner, die sich jedoch meist wieder beilegen lassen. In den Sommermonaten werden Sie vermutlich eine drei- bis vierwöchige Reise (eventuell ins Ausland) machen. Ende Dezember wird es zu einem Treffen mit ihrer Verwandtschaft kommen; Sie werden in dieser Zeit viel Post erhalten und können mit Geschenken rechnen ...« – Wer würde sich in derartigen Aussagen nicht wiedererkennen?

Es gibt kein Buch – auch kein Astrologiebuch –, das wir aufschlagen könnten, um dann ein exaktes und vollständiges Spiegelbild unserer Persönlichkeit vorzufinden. Im Grunde sollten wir darüber froh sein, ist es doch ein Beweis, daß wir einmalige, unteilbare Wesen sind, die sich nicht so ohne weiteres in eine Schublade stecken lassen.

So müssen wir uns denn, da wir lernen wollen, Horoskope »richtig« zu deuten, ein klein wenig mehr Mühe machen – vor den Erfolg haben die Götter den Schweiß gesetzt.

⁂ Kann man Krankheiten im Horoskop erkennen?

Es ist möglich, in einer Horoskopanalyse herauszufinden, welche Anlagen zu Krankheiten bestehen, welche Organe Schwachpunkte darstellen. Aus astrologischer Sicht ist Krankheit fast immer ein Ausdruck einer seelischen Krise, einer verdrängten und/oder ungelebten Wahrheit.

So mag z.B. eine Frau, die in ihrer Ehe unglücklich ist, Diabetes oder gar Brustkrebs entwickeln, weil sie die beständige Anspannung, ihre seelische Unzufriedenheit, im wahrsten Sinne des Wortes krank macht.
Der Astrologe kann keine Krankheit mit Sicherheit vorhersagen. Was er jedoch festzustellen vermag, ist, daß bei seelischen Problemen (z.B. unglückliche Ehe), die nicht bewältigt werden können, sich wahrscheinlich ein bestimmtes Krankheitsbild entwickeln wird. Darüber hinaus kann er die Entwicklungsphasen aufzeigen, in denen die Krankheitsanfälligkeit besonders groß oder besonders gering ist.
Krankheiten stellen in aller Regel Lösungen von Situationen dar, die man als ausweglos empfindet.

Dazu ein Beispiel: Eine Klientin litt an schwerer multipler Sklerose (MS), einer als unheilbar geltenden Krankheit, die mit immer schlimmer werdenden Gehbehinderungen und Lähmungen einhergeht, so daß die Patienten schließlich an den Rollstuhl gefesselt sind. Die Klientin war eine sehr ehrgeizige und erfolgreiche Studentin und in dieser Hinsicht der ganze Stolz ihrer Mutter. Als wir in der Horoskopberatung nach dem Grund (und damit nach einer möglichen Lösung) für ihre Krankheit suchten, fanden wir heraus, daß sie eigentlich sehr große Angst hatte, an die Universität zu gehen. Sie fühlte sich dort einsam und verlassen, und es fiel ihr oft schwer, den Leistungsdruck zu ertragen, unter den sie sich selbst stellte. Gleichzeitig konnte sie jedoch im Studium nicht kürzertreten – zum einen, weil sie den größten Teil ihres Selbstwertgefühls aus den guten Noten zog, zum anderen, weil sie glaubte, ihre Mutter nicht enttäuschen zu dürfen. Dies führte zu einem schweren Konflikt, einer Unvereinbarkeit elementarer Bedürfnisse: das Verlangen nach Anerkennung (vor allem durch die Mutter) einerseits, der Drang, sich zurückzuziehen, dem unmenschlichen Leistungsdruck auszuweichen, andererseits. Sie hatte dann auch ihren ersten MS-Schub auf dem Weg zur Uni: Sie konnte plötzlich nicht mehr laufen, man mußte sie von der Bushaltestelle nach Hause tragen. Das Unbewußte der Klientin hatte also eine »Lösung« gefunden. Sie durfte ohne Schuldgefühle der Uni fernbleiben, sie konnte ja wegen ihrer Krankheit nicht mehr hingehen. In der Folgezeit war sie oft monatelang beschwerdefrei (eine für MS typische Erscheinung), hatte jedoch in Konfliktsituationen, in denen sie meinte, etwas tun zu müssen, das ihr im Grunde zutiefst widerstrebte, erneute Anfälle.

Die Aufgabenstellung war damit klar: Die Klientin mußte lernen, nein zu sagen, ihre Ängste und ihr Verlangen nach weniger Leistungsdruck akzeptieren und sich vor allem von den Erwartungen der Mutter lösen.

Die Astrologie vermag solche psychischen Konflikte und die (gesundheitlichen) Gefährdungen, die mit ihnen verbunden sind, deutlich zu machen. Dies ist sogar relativ einfach, da die Konstellationen, die den seelischen Konflikt darstellen, und jene, welche der körperlichen Erkrankung entsprechen, die gleichen sind. In unserem Beispiel der MS-Kranken war dies eine bestimmte Mond/Uranus-Verbindung. Mit ihr sind folgende Analogien verknüpft: emotionale Übererregbarkeit, mangelnde Ablösung bei gleichzeitiger (uneingestandener) Haßliebe zur Mutter, »seelische Kontaktangst«, Tendenz zu Erkrankungen des Nervensystems und des Rückenmarks, insbesondere MS. Ergibt sich in einem Horoskop diese Konstellation und tritt MS auf, so kann zwingend auf eine Mutterproblematik im Sinne mangelhafter seelischer Ablösung geschlossen werden.

Ob eine Krankheit ausbrechen muß, ob eine bereits ausgebrochene Krankheit geheilt oder zumindest gelindert werden kann, entscheidet die Bereitschaft des Klienten, sich »schonungslos« mit sich selbst auseinanderzusetzen. Werden unbewußte Konfliktlösungen durch bewußte ersetzt, verliert die Krankheit ihre Notwendigkeit.

Erste Schritte in der Deutung 

Langsam, aber sicher kommen wir an den Punkt, wo wir uns an die ersten Deutungsversuche heranwagen können. Dabei sollten die zu Anfang dieses Buchteils genannten Kriterien niemals aus den Augen verloren werden: Eine isolierte Interpretation von Einzelkonstellationen ist sinnlos! Schauen wir also einmal ein Horoskop zu Versuchszwecken an.

Liz Taylor, * 27. 02. 1932 London $01^{h}30$ GMT

Nehmen wir an, wir wollten die Mondstellung deuten, was müßten wir berücksichtigen? Zuerst werden wir feststellen, daß der Mond in einem *Zeichen* steht: dem Skorpion.
Als zweites wird uns die *Hausstellung* auffallen: Der Mond befindet sich in Haus 12.
Als drittes müssen wir die *Aspekte* beachten; wir finden:

Mond Quinkunx Venus

Mond Quinkunx Uranus

Mond Trigon Pluto

Mond Quadrat Jupiter

Schließlich ist noch der Mond als *Zeichenherrscher* zu berücksichtigen. Wir erinnern uns: Jedem Tierkreiszeichen sind ein oder zwei Planeten als Herrscher zugeordnet. Da die Spitze des 8. Hauses im Krebs liegt, ist der »Mond Herrscher von 8«. Gleichzeitig befindet er sich, wie wir wissen, in Haus 12, so daß die vollständige Formel lauten würde: Mond als Herrscher von 8 in 12.

Noch ein Beispiel: Die Spitze (=Anfang) des 7. Hauses liegt in den Zwillingen. Der Herrscher von 7 ist also Merkur, der wiederum im 3. Haus steht. Also Merkur als Herrscher von 7 in 3.

Betrachten wir noch einmal, was wir alles bei der Deutung der Mond-Stellung beachten müssen, so sehen wir, daß doch einiges zusammengekommen ist:

1. Zeichenstellung

2. Hausstellung

3. Aspekte

4. Zeichenherrscher

Man mag nun dazu neigen, wie ein »Kochbuchastrologe« vorzugehen: Zuerst schaut man nach, was zum Mond in Skorpion geschrieben steht, dann, was zum Mond in Haus 12 und was zum Mond/Venus-Trigon steht usw. Probieren Sie's ruhig einmal aus. Mit Sicherheit wird man widersprüchliche Aussagen erhalten, wenn man auf diese Weise vorgeht. Mit dem Ergebnis ist also eigentlich nichts anzufangen.

Bleiben wir im Bild: Ein Kochbuch beginnt normalerweise mit der Anweisung: »Man nehme ...« Dann folgen eine Auflistung der Zutaten und die Beschreibung des Kochvorgangs. Wenn ich mich an die Anweisungen des Kochbuchs halte, kann ich beispielsweise durchaus einen gelungenen Kuchen zuwege bringen. Die »Kochbuchastrologie« bleibt allerdings in der Beschreibung der Zutaten stecken: Wenn ich Mehl probiere, dann Zucker, dann etwas Salz, ein wenig Eigelb, Hefe usw., bekomme ich kaum einen Eindruck, wie der fertige Kuchen schmekken wird. Im Gegenteil, ich würde einen schweren Fehler machen, wenn ich glaubte, daß ich eine Ahnung habe, wie z.B. ein Erdbeerkuchen schmeckt, bloß weil ich ein wenig vom Gelierpulver genascht habe ...

Es hilft also alles nichts, wir müssen im Rezept weitergehen und die Zutaten nach Anleitung backen, um herauszufinden, was der Mond – in diesem Falle im Horoskop der Elizabeth Taylor – zu bedeuten hat. – Als erstes entfernen wir einmal alle Planeten, die wir nicht unbedingt brauchen, aus der Zeichnung (siehe Seite 258).

Jetzt ist das Ganze schon ein wenig übersichtlicher. Als nächstes überlegen wir uns: Der Mond bedeutet Empfinden, Wahrnehmung, Gefühl. Wir haben die Planeten mit Pflanzen verglichen, deren Entwicklung durch die äußeren Bedingungen (z.B. Haus- und Zeichenstellung) gefördert, gebremst oder einfach nur verändert wird. Hierbei können wir folgende »Faustregeln« anwenden: Die

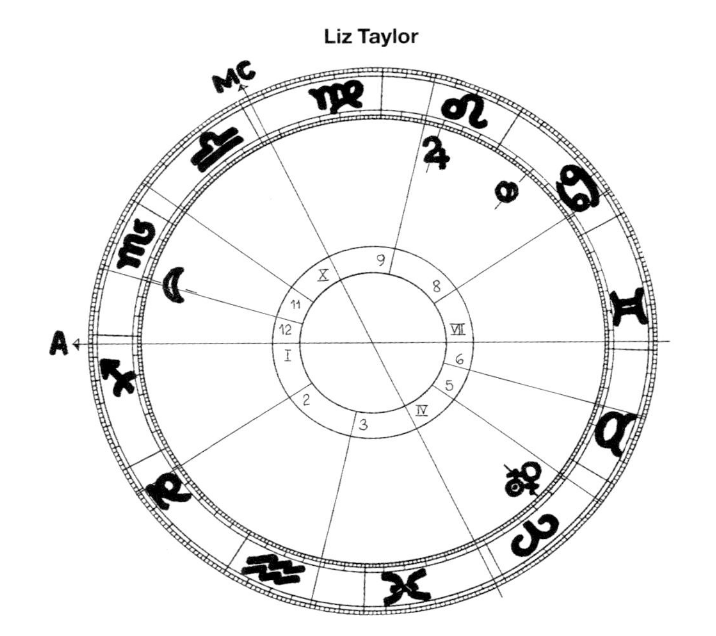

Hausstellung eines Planeten zeigt an, *was* geschieht (= Inhalt). Die *Zeichenstellung* zeigt, *wie* es geschieht (= Form). Der *Zeichenherrscher* zeigt, *warum* es geschieht (= Ursache). Die *Aspekte* zeigen andere Charaktereigenschaften, die diese Thematik fördern, hemmen oder zu ihr im Widerspruch stehen. Übertragen auf unser Beispielhoroskop, stellt sich dies wie folgt dar:

Mond in Haus 12: Die eigene Gefühlssphäre ist nicht konkret, vernebelt, betäubt; möglicherweise besteht eine Tendenz zu Gemütskrankheiten.

Mond im Skorpion: Dies geschieht auf vorstellungsbezogene, ehrgeizige und leidenschaftliche Art und Weise.

Mond Herrscher von Haus 8: Die Ursache hierfür ist ebenfalls ein besonderer Ehrgeiz.

Fassen wir diese Entsprechungen zusammen, so können wir sagen: Liz Taylor hat die Fähigkeit, ihre eigenen Empfindungen und seelischen Bedürfnisse (Mond) bis zur Selbstverleugnung zu betäuben (Haus 12). Sie geht dabei ehrgeizig und rücksichtslos gegen sich selbst vor (Mond im Skorpion). Ursache dieser Tendenz ist wiederum extremer Ehrgeiz. Frau Taylor hat also – nach unserer Interpretation – ihre seelische Eigenart, ihre subjektiven Empfindungen (Mond), ihrer Karriere geopfert.
Wie wir wissen, symbolisiert der Mond in der Astrologie nicht nur das Empfinden, sondern auch die Mutter. Häufig kann man sogar beide Begriffe insofern gleichsetzen, als die Art, wie wir mit unseren Empfindungen umgehen, direkt durch Charakter und Verhalten der Mutter bestimmt wird. Zu welchem Ergebnis kommen wir also, wenn wir statt des Empfindens die Mutter für den Mond einsetzen?

Mond in Haus 12: unklare, nebulöse Beziehung zur Mutter, eventuell psychische Erkrankung oder Alkoholismus.

Mond im Skorpion: vorstellungsbezogenes und/oder ehrgeiziges Verhalten der Mutter.

Mond Herrscher von Haus 8: Ursache für dieses Verhalten ist extremer Ehrgeiz bis hin zu krankhaftem Geltungsdrang.

Dem Fortgeschrittenen fällt natürlich die starke Vereinfachung unserer Vorgehensweise auf. Doch sei daran erinnert, daß es sich hier ja in erster Linie um möglichst nachvollziehbare »Fingerübungen« handelt.
Vergleichen wir nun unsere Analyse mit der Wirklichkeit. Liz Taylor ist die Tochter einer nicht übermäßig erfolgreichen Schauspielerin, die den ihr versagten Ruhm bei ihrer

Tochter erzwingen wollte. So bekam das Kind bereits im Alter von fünf Jahren Ballettunterricht, und die Mutter verstand es, dafür zu sorgen, daß Elizabeths Künste sogar der englischen Königsfamilie vorgeführt wurden. Während des Zweiten Weltkrieges zog die Familie in die USA, wo die Mutter nichts unversucht ließ, um ihr inzwischen zehnjähriges Kind in dem Film »Heimweh« unterzubringen. Elizabeth war jedoch zu klein für die Rolle, zudem hätte sie reiten können müssen. Mit unablässiger Streckgymnastik und Reitunterricht sollten diese »Mängel« beseitigt werden. Durch die permanenten Überanstrengungen psychisch und physisch angegriffen, stürzte Liz vom Pferd und verletzte sich die Wirbelsäule.
Dem aufmerksamen Leser wird aufgefallen sein, daß wir noch nicht die Aspekte berücksichtigt haben. Dies war Absicht. Es sollte gezeigt werden, daß die wesentlichen Aussagen, was die Charakteranlagen angeht, immer ohne die Aspekte erreicht werden können! Eine übertriebene Berücksichtigung der Aspekte führt zwingend, wie bereits verschiedentlich betont, zu Fehldeutungen. Nachdem der Interpretationsrahmen abgesteckt ist, seien hier die Aspekte nachgetragen:

Mond Quinkunx Venus: erotische Ausstrahlung.
Mond Quinkunx Uranus: launisch, Ausnahmepersönlichkeit, Auffallen durch Exzentrizität.
Mond Trigon Pluto: charismatische Person, Kultfigur, Identifikationsobjekt
Mond Quadrat Jupiter: »Beliebtheit beim Volke«, labiles Selbstwertgefühl, Stoffwechselstörungen (in diesem Falle auch Neigung zu Korpulenz und Alkoholismus, mögliche Leberschädigungen).

Wir werden die Kombination von Haus- und Zeichenstellung, von Zeichenherrscher und Aspekten immer wieder üben, bis wir eine gewisse Sicherheit in der Deutung erlangt haben. In den folgenden Kapiteln werden u.a. die Planeten in den Zeichen und Häusern beschrieben. Bitte vergessen Sie nicht, daß hier nur die »Zutaten« geschildert werden, sinnvolle Aussagen sind nur durch die Kombination aller vier Kriterien (Haus, Zeichen, Herrscher, Aspekt) möglich!

Die Planeten in den Tierkreiszeichen

Entgegen einer weitverbreiteten Annahme sind die Zeichenpositionen der Planeten von relativ untergeordneter Bedeutung. Pluto z.B. kann dreißig Jahre in einem Zeichen verweilen, eine individuelle Interpretation dieser Stellung ist deshalb unmöglich. Selbst der schnellste »Planet«, der Mond, braucht zweieinhalb Tage, um ein Tierkreiszeichen zu durcheilen. Diese Konstellation gilt dann für alle Menschen auf der gesamten Erde, die in diesem Zeitraum geboren wurden! Die Hausstellung eines Planeten ändert sich hingegen ungefähr alle zwei Stunden: Nur hier kann von einer wirklich individuellen Bedeutung gesprochen werden.
Nun ist es nicht so, als ob die Planeten in den Tierkreiszeichen keinerlei Aussagen zuließen, ähnlich wie bei den Aspekten wird ihnen meist jedoch allzuviel Bedeutung zugemessen.
Der konkrete Ausschnitt der Wirklichkeit, in den wir hineingeboren wurden, das Charakter und Schicksal prägende Raum-Zeit-Gitter, ist das durch Aszendent und Medium Coeli (M.C.) aufgespannte Kreuz mit den darin enthaltenen Zwischenhäusern. Die Zeichenstellung der Planeten zeigt, wie stark oder wie schwach sich die Planeten im von den Häusern gesetzten Rahmen verwirklichen können. Anders ausgedrückt: Wenn man sich die Häuser

als Wohnhäuser der Planeten denkt, so zeigen die Tierkreiszeichen wie diese eingerichtet und angestrichen sind.
Beispiel: Der Planet Mars erlebt im Zeichen Fische die größte Abwandlung seiner eigentlichen Energie. Er wird hier allgemein als labil, schwächlich bis kränklich interpretiert: Mars symbolisiert Tatkraft und Durchsetzungsfähigkeit, die Fische repräsentieren die Auflösung alles Vordergründigen, Altruismus etc. Die Verbindung beider Prinzipien könnte also mit einer gewissen Berechtigung als Durchsetzungsschwäche gedeutet werden. Nehmen wir jetzt an, Mars steht gleichzeitig im 1. Haus.

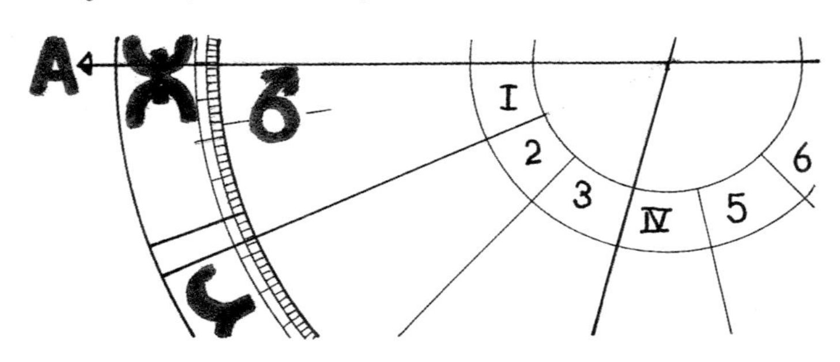

Hier hätte Mars – was die Häuserentsprechungen angeht – die Verwirklichungsebene, welche ihm gemäß ist wie keine zweite: Das 1. Haus symbolisiert das, was sich an instinktiver Eigenart durchsetzen will – und eben gerade das tut Mars. Wie lassen sich jetzt Zeichen- und Hausinterpretationen miteinander verbinden? Wie wir im vorigen Kapitel gesagt haben, zeigt die Hausstellung, *was* geschieht, und die Zeichenstellung, *wie* es geschieht. Also zeigt Mars in Haus 1, daß sich die instinktive Eigenart (d. h. die Triebstruktur) sehr wohl durchsetzen kann, und die Zeichenstellung in den Fischen macht deutlich, daß dies nicht mit der Brechstange geschieht, sondern eher unauffällig und unbemerkt.

Die folgenden Kapitel behandeln die Zeichenstellung der Planeten stichwortartig. Dies soll Ihnen helfen, sich mit der Kombination verschiedener Prinzipien - nämlich Zeichenenergie und Planetenenergie - vertraut zu machen. Eine eigenständige Bedeutung kommt ihnen jedoch nicht zu.

Die Sonne in den Zeichen

Sonne im Widder

Impulsives Verhalten. Initiative im Themenbereich, der durch die Hausstellung bestimmt wird. Kurzfristige Begeisterung, wenig Ausdauer. Mag durch eigene Aktivitäten Anregungen geben, braucht jedoch andere, die diese zu Ende führen.

+ Initiative, Führungsqualitäten, zupackend.
– Choleriker, ungeduldig, unüberlegt.

Sonne im Stier

Das persönliche Verhalten wirkt sicherheitsorientiert und pragmatisch. Braucht lange, um eine einmal eingeschlagene Richtung wieder zu wechseln. Ausdauernd, beständig bis behäbig im durch die Hausstellung bestimmten Themenbereich. Kann gut die Ideen anderer umsetzen und verwirklichen.

+ Sorgfalt, pragmatisch, solide.
– Phantasielosigkeit, phlegmatisch, unbeweglich, stur.

Sonne in den Zwillingen

Das persönliche Verhalten wirkt kontaktorientiert bis unruhig. Zieht es vor, in Bewegung zu bleiben, indem man Verbindungen für andere schafft. Häufiger Interessenwechsel. Fähigkeit, Wissen zu erwerben und weiterzugeben im durch die Hausstellung bestimmten Themenbereich.

+ Kontaktfreudigkeit, offen, interessiert, flexibel.
– Oberflächlichkeit, unkonzentriert, sprunghaft, eitel.

Sonne im Krebs

Gibt sich im Verhalten einfühlsam und empfindsam. Bei Männern häufig das Gegenteil: aufgesetzte Scheinstärke, um nicht »weibisch« zu wirken. Schöpferisch im durch die Hausstellung angezeigten Themenbereich. Braucht andere, um die eigenen Ideen zu verwirklichen.

+ Kreativität, schöpferisch, einfühlsam, fürsorglich.
– Übervorsicht, ängstlich, hypersensibel, wehleidig.

Sonne im Löwen

Größte Egodominanz im Verhalten. Offener oder heimlicher Führungsanspruch. Ausgeprägtes Energiereservoir, mit dem allerdings gern Raubbau getrieben wird. Im durch die Hausstellung angezeigten Themenbereich Autoritätsanspruch, duldet keine gleichwertige Konkurrenz. Kann Ideen anderer gut verwirklichen, gibt diese gelegentlich als die eigenen aus.

+ Führungsqualitäten, produktiv, großzügig (wenn die eigene Autorität nicht in Frage gestellt wird).
– Arroganz, selbstherrlich, überheblich, eitel.

Sonne in der Jungfrau

Gibt sich im Verhalten der jeweiligen Umweltsituation angepaßt. Guter Beobachter, Fähigkeit, schnell Schwachpunkte bei anderen zu erkennen. Im Verhalten vom Urteil anderer abhängig, vorsichtig, gelegentlich hypochondrisch. Im durch die Hausstellung angezeigten Themenbereich Leistungsanspruch.

+ Genauigkeit, ordentlich, sorgfältig, sparsam, gute Beobachtungsgabe.
– Unselbständigkeit, autoritätsgläubig, geizig.

Sonne in der Waage

Im Verhalten begegnungsorientiert, diplomatisch. Sucht Disharmonien in der Umwelt auszugleichen, insofern unbeständig und labil. Schwierigkeiten in der eigenen Standpunktbestimmung. Harmonisierende Fähigkeiten und Interessen im durch die Hausstellung angezeigten Themenbereich.

+ Kontaktfreudigkeit, weltoffen, freundlich, künstlerisch, ästhetisches Empfinden.
– Unentschlossenheit, wankelmütig, labiles Verhalten, diplomatisch bis unehrlich.

Sonne im Skorpion

Verhaltensfärbung vorstellungsbezogen bis dogmatisch. Im äußeren Erscheinen muß Folgerichtigkeit demonstriert werden, oft auch auf Kosten der eigentlichen Interessen und Bedürfnisse. Im durch die Hausstellung angezeigten Themenbereich außergewöhnliche Energiereserven, Ehrgeiz.

+ Ausdauer, beständig im Empfinden, leidenschaftlich, engagiert.
– Eifersucht, nachtragend, dogmatisch.

Sonne im Schützen

Gibt sich im Verhalten den Anstrich des Jovialen. Oft demonstrativ tolerant. Offener oder uneingestandener (geistiger) Führungsanspruch. Im durch die Hausstellung angezeigten Themenbereich Fähigkeit, aus Unvereinbarem bis Gegensätzlichem etwas Neues zu schaffen.

+ Toleranz, einsichtig, an geistigen Dingen interessiert, oft sportlich (Leichtathletik).
– Dünkel und Eitelkeit, getarnte Überheblichkeit, ungenau.

Sonne im Steinbock

Im Verhalten Anstrich des Ernsthaften und Bedeutsamen. Trotz häufig aufgesetzter Lockerheit auf Distanz bedacht. Insbesondere Männer wirken gern ein wenig unnahbar. Genügsam, legt auf materiellen Luxus keinen wirklichen Wert. Im durch die Hausstellung angezeigten Themenbereich Fähigkeit, für andere bedeutsam zu werden.

+ Zuverlässigkeit, genau, korrekt, integer, fleißig.
– Unnahbarkeit, kühl, kritisch, streng, unnachsichtig.

Sonne im Wassermann

Im Verhalten Anstrich des Unkonventionellen. Mag nicht reglementiert und eingeordnet werden. Sprunghaft, Angst vor Verbindlichkeit. Im durch die Hausstellung angezeigten Themenbereich Fähigkeit, gegensätzlich zu leben. Demonstriert gern Freiheit und Ungebundensein.

+ Freigeist, unkonventionell, originell bis eigenständig.
– Kontakt- und Bindungsangst, exzentrisch, unzuverlässig.

Sonne in den Fischen

Das Verhalten hat den Anstrich des Unangreifbaren, Unauffälligen. Schutz durch Nichtbeachtung oder diplomatische Fähigkeiten. Im durch die Hausstellung angezeigten Themenbereich frei von materieller Anbindung, Chance zur Objektivität.

+ Vorurteilsfreiheit, undogmatisch, sensibel, einfühlsam.
– Undurchsichtigkeit, nicht offen bis hinterlistig, labil.

Der Mond in den Zeichen

Mond im Widder

Reizbar, verletzlich, erlebt sich als Einzelkämpfer, Schwierigkeit, Vertrauen zu entwickeln. Ist verwundbar und aggressiv im durch die Hausstellung angezeigten Themenbereich. Schlagwort: »Einer gegen alle«. Oft konfliktreiche Mutterbeziehung.

+ Selbstverantwortung, ausgeprägte emotionale Energie, begeisterungsfähig.
– Scheinstärke, schnell verletzt, uneinsichtig.

Mond im Stier

Das persönliche Empfinden ist sicherheitsorientiert und pragmatisch. Gruppenorientiert in der Wahrnehmung. Erlebt und empfindet sich aus dem Gemeinschaftsgefühl heraus. Empfindet Sicherheit und Stabilität im durch die Hausstellung angezeigten Themenbereich. Schlagwort: »Gemeinsam sind wir stark«.

+ Beständigkeit im Emotionalen, genußfähig, meist realistisch.
– Gruppenabhängigkeit, emotional antriebslos, bequem.

Mond in den Zwillingen

Das persönliche Empfinden ist kontaktorientiert bis unruhig. Redet meist viel (außer Saturn-Aspekte). Scheinintellekt, Gefühle werden durch Oberflächlichkeit verharmlost. Oft schon in der Kindheit der Zwang, sich ständig neuen Umweltsituationen anpassen zu müssen. Seelische Kontaktfähigkeit im durch die Hausstellung angezeigten Themenbereich. Schlagwort: »Wissen ist Macht«.

+ Bewegtes Seelenleben, emotionale Kontaktfähigkeit, wirkt meist ansprechend.
– Angst vor tieferen Empfindungen, neigt dazu, Wahrheiten zu verdrängen, Oberflächlichkeit als Selbstschutz.

Mond im Krebs

Größte Empfindungsfähigkeit überhaupt, extremes Einfühlungsvermögen in Verbindung mit psychischer Labilität. (Bei Frauen oft Damenbart und außergewöhnlich stark behaarte Unterschenkel: Die eigene Weiblichkeit soll durch viriles [= männliches] Äußeres kaschiert werden.) Schöpferisch im durch die Hausstellung angezeigten Themenbereich. Fähigkeit, Wirklichkeiten zu erfühlen. Gefahr, sich durch äußere Situation zu stark beeindrukken bis irritieren zu lassen. Schlagwort: »emotionale Identifikation«.

+ Schöpferisch, emotionaler Zugang zur Wahrheit.
– Beeinflußbarkeit, subjektiv, seelisch instabil.

Mond im Löwen

Empfindet sich selbst uneingestanden oder offen als König, fordert dementsprechende Aufmerksamkeit. Möchte bewundert werden. Vorliebe für alles Pompöse. Liebt die große Geste. Verträgt Kritik an der eigenen Person nur selten. Zieht seelisches Selbstwertgefühl aus den Ideen anderer. Neigt zum Autokraten (= selbstherrlicher Mensch). Fühlt sich im durch die Hausstellung angezeigten Themenbereich nicht genügend respektiert, ist dort aber selbst seelisch produktiv. Schlagwort: »das Recht des Stärkeren«.

+ Optimismus, lebensbejahend, großzügig (wenn die eigene Autorität nicht in Frage gestellt wird), setzt Empfindungen in Konkretes um.
– Autokrat, Angst, Schwächen preiszugeben, eitel und schnell beleidigt.

Mond in der Jungfrau

Das Empfinden wird der jeweiligen Umweltsituation angepaßt. Orientiert sich an anderen, um zu wissen, was er fühlen soll. Neigung, Gefühle zu sehr zu kontrollieren. Starke psychosomatische Komponente. Vorsichtig in Gefühlsäußerungen.
Pragmatisch und vernünftig im Emotionalen, ist deshalb von »Verrückten« fasziniert. Im durch die Hausstellung angezeigten Themenbereich Fähigkeit, Emotionales zu analysieren. Schlagwort: »Selbstfindung durch Einordnen«.

+ Zuverlässig und vernünftig in der Gefühlsphäre.
– Mangelnde seelische Eigenständigkeit, berechenbar.

Mond in der Waage

Im Empfinden begegnungsorientiert, diplomatisch. Angst vor seelischer Instabilität. Häufig künstlerische Begabung. Vielfach Angst, allein zu sein (insbesondere bei Frauen). Braucht andere, um sich über die eigenen Gefühle klarzuwerden.
Das seelische Harmoniestreben läßt Konflikte gern unter den Tisch fallen. Ästhetische, ausgleichende, künstlerische und harmonisierende Fähigkeiten im durch die Hausstellung angezeigten Themenbereich. Schlagwort: »Laßt mich nicht allein«.

+ Ästhetisches Empfinden, Gefühl für Maß und Proportion, oft künstlerische/kunsthandwerkliche Begabung.
– Gefühlsopportunismus, wankelmütig, Schwierigkeiten in der eigenen emotionalen Standpunktbestimmung.

Mond im Skorpion

Im Emotionalen vorstellungsbezogen bis dogmatisch. Es besteht die Gefahr, daß Gefühle in Vorstellungsbilder hineingezwungen werden sollen, nach dem Motto, »daß nicht sein kann, was nicht sein darf«. Oft Hinweis auf eine schwierige Kindheit, manchmal schon frühzeitige Konfrontation mit dem Tod. Neigung zur Prinzipienreiterei im seelischen Bereich. Verbindlich auf Kosten der seelischen Wirklichkeit. Im durch die Hausstellung angezeigten Themenbereich seelische Leidenschaft, Fähigkeit, emotionale Prinzipien zu erkennen. Schlagwort: »das ideologisierende Empfinden«.

+ Klare Vorstellung von den eigenen Wünschen, konsequent im Fühlen, Fähigkeit, allgemeingültige seelische Prozesse zu erkennen.
– Tendenz, das Prinzipielle zu übertreiben, oft lieblos gegen sich selbst, Weigerung, Gefühlen nachzugeben.

Mond im Schützen

Seelische Toleranz, emotionaler Führungsanspruch, optimistisch und risikobereit im Empfinden. Redet meist gern. Die eigene seelische Verfassung bestimmt die gesamte Weltsicht, die so innerhalb weniger Stunden verändert werden kann. Im durch die Hausstellung angezeigten Themenbereich Fähigkeit, aus Unvereinbarem bis Gegensätzlichem etwas Drittes, Neues zu »erfühlen«. Bei Bezug zum ersten Quadranten oft Weitsichtigkeit. Schlagwort: »die Synthese«.

+ Seelisch tolerant, einsichtig, schnelles emotionales Erfassen von Situationen, Fähigkeit, Zusammenhänge zu »erfühlen«.
– Emotionale Überheblichkeit, erhebt Stimmungen zur kosmischen Wahrheit, geltungssüchtig, braucht Erfolg, um sich wohl zu fühlen.

Mond im Steinbock

Im Empfinden Anstrich des Ernsthaften und Bedeutsamen. Sparsam im Umgang mit Gefühlen. Neigung zum Pessimismus. Gefahr, Widrigkeiten und emotionale Härten als Beweis der eigenen Ernsthaftigkeit zu interpretieren. In der Kindheit meist zuwenig Aufmerksamkeit von der Mutter. Neigung zu seelisch beengten Situationen. Schwierigkeiten in seelischen Ablöseprozessen. Angst, sich verwundbar zu zeigen. Gefahr, auf »seelischer Sparflamme« zu leben. Im Gefühlsleben ausdauernd und zuverlässig. Eigene Empfindungen können oft Objektivität beanspruchen. »Seelische Fairneß« gegenüber anderen. Im durch die Hausstellung angezeigten Themenbereich Fähigkeit, seelische Gesetzmäßigkeiten zu erkennen und zu leben. Schlagwort: »das Gefühlskorsett«.

+ Zuverlässig und genau im Empfinden, ernsthaft und treu.
– Gefühlshemmung, konventionell, pessimistisch, langweilig.

Mond im Wassermann

Im Empfinden Anstrich des Unkonventionellen. Mag nicht reglementiert und eingeordnet werden. Sprunghaft, Angst vor seelischer Verbindlichkeit. Angst, durch Liebe verpflichtet zu werden. Im durch die Hausstellung angezeigten Themenbereich Fähigkeit, unvereinbare Empfindungen zuzulassen. Demonstriert gern seelische Unabhängigkeit. Kann sich von bedrohenden und unangenehmen Empfindungen distanzieren, Gegenpol: hysterisches Hineinsteigern in Ängste; »ungeordnete Empfindungen«. Schlagwort: »emotionale Unberührbarheit«.

+ Spontaneität, im Emotionalen unkonventionell, unabhängig, originell.
– Im Gefühlsleben unberechenbar, kaum zuverlässig, Widerspruch als Selbstzweck.

Mond in den Fischen

Das Empfinden hat den Anstrich des Unangreifbaren, Unauffälligen. Schutz durch Nichtbeachtung von Realitäten. Tendenz zur Betäubung des Seelischen, die nur durch ausgeprägte schöpferische Tätigkeit überwunden werden kann.
Häufig Astigmatismus (= Sehstörung durch Hornhautverkrümmung) bei Bezug zum ersten Quadranten.
Der seelischen Eigenart sind keine natürlichen Grenzen gesetzt, dadurch Gefahr der Eindrucksüberflutung. Im durch die Hausstellung angezeigten Themenbereich frei von äußeren Einflüssen; Chance, Wirklichkeit zu empfinden und kreativ umzusetzen. Redet oft viel bis uferlos. Konzentrationsschwierigkeiten, nicht folgerichtig in der Darstellung. Meist ungeklärte Mutterbeziehung, Ratlosigkeit gegenüber den »Müttern«. Bei Männern: deutlicher Hinweis auf mangelnde seelische Geborgenheit. Schlagwort: »das unbegrenzte Empfinden«.

+ Seelische Offenheit, uneingeschränkte Toleranz, behutsam, einfühlsam.
– Tendenz, emotional ins Irreale zu entfliehen, weltfremde Tagträumereien, die nicht ins Handeln gebracht werden können.

Merkur im Widder

Meist schnelle Auffassungsgabe, ungeduldig im Denken, subjektive Wahrnehmungsverarbeitung, »scharfe Zunge«. Kann im durch die Hausstellung angezeigten Themenbereich eine eigenständige Meinung entwickeln und durchsetzen.

+ Ausgeprägte rationale Energie, eigenständig im Denken.
– Subjektive Wirklichkeitsbewältigung, »objektiver« Argumentation oft nicht zugänglich.

Merkur im Stier

Das persönliche Denken ist sicherheitsorientiert und pragmatisch. Gruppenorientiert in der Bewältigung von Eindrücken. Neigt dazu, Meinungen anderer zu übernehmen.
Langsame Auffassungsgabe, Gelerntes wird allerdings kaum wieder vergessen. Sicherheit durch feste Standpunkte im durch die Hausstellung angezeigten Themenbereich; Fähigkeit, Gruppenmeinung zu übernehmen und zu erzeugen.

+ Beständig und pragmatisch im Denken, genußfähig.
– Gruppenabhängig im Denken, rational antriebslos, inflexibel.

Merkur in den Zwillingen

Geistige Beweglichkeit, meist Vorliebe für »Gedankenspielereien« (Kreuzworträtsel, Denksportaufgaben u. ä.), häufig sehr umfangreiches, aber wenig fundiertes Wissen. Abstraktionsfähigkeit. In dem durch die Hausstellung angezeigten Themenbereich Fähigkeit, Wissen zu erwerben und zu vermitteln.

+ Mentale Offenheit, Flexibilität in der Bewältigung von Eindrücken.
– Tendenz zum Sophismus, oberflächlich.

Merkur im Krebs

Emotionale Bewältigung von Eindrücken. Meist redegewandt, aber naiv in den Äußerungen. Bei psychischer Irritation Tendenz zu Sprachfehlern. Kann das eigene Selbstgefühl gut darstellen, subjektive Logik. Schöpferisch und eigenständig im Denken. Intellektuelles Einfühlungs- und Mitteilungsvermögen im durch die Hausstellung angezeigten Themenbereich. Häufig pädagogische Fähigkeiten.

+ Kreatives Denken, rationaler Zugang zu emotionaler Wahrheit.
– »Intellektuelles Spielkind«, stimmungsabhängig im Denken.

Merkur im Löwen

Intellektuelle Dominanz, hört sich gern reden, liebt das Pathos im gesprochenen Wort und in der Schrift, optimistische Bewältigung von Eindrücken. Möchte für geistige Leistungen bewundert werden. Vorliebe für alles Pompöse. Verträgt Kritik an der eigenen Meinung nur selten. Zieht intellektuelles Selbstwertgefühl aus den Gedankengängen anderer.
Geistige Produktivität und Ausdrucksfähigkeit im durch die Hausstellung angezeigten Themenbereich. Findet meist, daß die eigenen geistigen Fähigkeiten nicht genug anerkannt werden.

+ Fähigkeit, Gedankengänge zu formen und zu konkretisieren, optimistisch und großzügig im Denken.
– Selbstherrlichkeit, Eitelkeit im intellektuellen Bereich.

Merkur in der Jungfrau

Das Denken wird der jeweiligen Umweltsituation angepaßt. In der Bewältigung von Eindrücken pragmatisch bis opportunistisch. Fähigkeit, energiesparende Problemlösungen im durch die Hausstellung angezeigten Themenbereich zu übernehmen und anderen zu vermitteln.

+ Pragmatisch, realistisch und vernünftig im Denken.
– Mangelnde intellektuelle Eigenständigkeit, opportunistisch, unkreativ.

Merkur in der Waage

Im Denken begegnungsorientiert, diplomatisch. Bezieht die Meinungen anderer in eigene Überlegungen mit ein. Fähigkeit, sich im durch die Hausstellung angezeigten Themenbereich ansprechend und ästhetisch darzustellen. Intellektueller Zugang zur Kunst. Harmonisierendes Denken.

+ Ästhetisches Denken, ausgeglichene Bewältigung von Eindrücken, Fähigkeit, Meinung diplomatisch zu vertreten, künstlerische oder kunsthandwerkliche Begabung.
– Meinungsopportunismus, Unfähigkeit, intellektuelle Brüche und Widersprüche zu ertragen, Labilität in der rationalen Standpunktbestimmung.

Merkur im Skorpion

Im Denken vorstellungsbezogen bis dogmatisch. Es besteht die Gefahr, zu sehr ins Prinzipielle abzugleiten. Ausgesprochenes Problembewußtsein. Oft ironisch und sarkastisch in der Meinungsäußerung. Fähigkeit, Standpunkte auf ihre Folgerichtigkeit hin abzuklopfen. Eher pessimistisch im Denken. Oft fasziniert von schwarzem Humor (vorzugsweise Männer). Im durch die Hausstellung angezeigten Themenbereich Fähigkeit, Grundsätzliches zu erkennen und zu vermitteln.

+ Klare Standpunkte, konsequent im Denken, Fähigkeit, allgemeingültige (geistige) Prozesse zu erkennen.
– Tendenz zum Zwanghaften im Denken, dogmatisch bis herzlos in der eigenen Meinung.

Merkur im Schützen

Intellektuelle Toleranz, rationaler Führungsanspruch, optimistisch und risikobereit im Denken. Redet meist gern. Flexibel in der Bewältigung von Eindrücken. Neigung, »vom Hölzchen aufs Stöckchen zu kommen«. Großspurig im Denken, sucht die »große Linie«; ungenau und nachlässig in Details. Im durch die Hausstellung angezeigten Themenbereich Fähigkeit, unterschiedliche Standpunkte zu vereinen und diese darzustellen.

+ Intellektuell tolerant, »weise« (nicht logisch) in der Meinungsbildung, Fähigkeit zum Aussöhnen von Standpunkten.
– Rationale Überheblichkeit, erhebt die eigene Meinung zur kosmischen Wahrheit, intellektuelle Geltungssucht, übertreibt, Angeber.

Merkur im Steinbock

Im Denken Anstrich des Ernsthaften und Bedeutsamen. Langsame und verantwortungsvolle Meinungsbildung. Vorsichtig, objektiv und fair in der Äußerung von Standpunkten. Das »strenge Denken«. Läßt sich oft in eine Scheinlogik hineinzwingen. Ist der Ansicht, daß die eigenen Standpunkte Allgemeingültigkeit haben sollten. Im durch die Hausstellung angezeigten Themenbereich Fähigkeit, allgemeinverbindliche Standpunkte zu erkennen und zu vermitteln.

+ Zuverlässig und genau im Denken, ernsthaft, logisch und präzise.
– Unkreativ, konventionell und langsam in der Bewältigung von Eindrücken.

Merkur im Wassermann

Im Denken Anstrich des Unkonventionellen. Mag nicht reglementiert und eingeordnet werden. Sprunghaft, Angst vor rationaler Folgerichtigkeit. Denkt »im Rösselsprung«. Meist ausgeprägte Intuition, liebt das Widersprüchliche innerhalb von Standpunkten; weigert sich, intellektuell verbindlich zu sein. Im Denken eigenständig bis unabhängig von der Realität. Im durch die Hausstellung angezeigten Themenbereich Fähigkeit, originelle Standpunkte zu entwickeln und zu vermitteln.

+ In der Bewältigung von Eindrücken unkonventionell, spontan, unabhängig.
– Im Denken irrational, sprunghaft, wirklichkeitsfremd bis schizoid, Widerspruch zur Meinung anderer als Selbstzweck.

Merkur in den Fischen

Das Denken ist unabhängig vom Zwang zur Vernunft. Kreativ und schöpferisch in der Bewältigung von Eindrücken. Symbolhaftes Denken ohne Dogma. Schwierigkeiten, eigene Meinung rational und allgemeinverständlich darzustellen. Gefahr, in der eigenen Meinung von jeglicher Folgerichtigkeit unbeeindruckt zu bleiben. Fähigkeit im durch die Hausstellung angezeigten Themenbereich zum intuitiven Begreifen und schöpferischen Selbstausdruck.

+ Intellektuelle Offenheit, uneingeschränkte Toleranz, behutsam und einfühlsam in der Meinungsbildung, intuitives, symbolhaftes Denken.
– Tendenz, im Denken ins Irreale zu entfliehen, weltfremde Gedankengänge, intellektueller »Blackout«.

⁂ Venus in den Zeichen

Venus im Widder

Stürmisches Hingabepotential, schnell entflammte Gefühle; »Amazonenkonstellation«. Starkes Bedürfnis, gemocht zu werden. Findet meist weniger Anerkennung, als er sie braucht. Aufgewachsen in einer konfliktreichen Umwelt. Setzt seine Vorstellungen von Ästhetik und persönlicher Begegnung im durch die Hausstellung angezeigten Themenbereich durch. Braucht Auseinandersetzungen in der Partnerschaft.

+ Begeisterungsfähigkeit, ausgeprägte erotische Energie, selbstverantwortlich.
– Oft Mangel an Fingerspitzengefühl, »fällt mit der Tür ins Haus«.

Venus im Stier

Erdhafte Sinnlichkeit. Pragmatisch bis bodenständig. Liebt Stabilität im persönlichen Umfeld. Gruppenorientiert in der Begegnung. Erlebt und empfindet sich aus dem Gemeinschaftsgefühl heraus.
Empfindet erotische und/oder materielle Sicherheit und Stabilität im durch der Hausstellung angezeigten Themenbereich.

+ Beständigkeit im Sinnlichen, genußfähig, meist realistisch.
– Gruppenabhängigkeit im Begegnungsverhalten, erotisch passiv, bequem.

Venus in den Zwillingen

Das persönliche Hingabepotential ist kontaktorientiert bis wechselhaft unruhig. Scheinästhetik. Echte Erotik wird durch Oberflächlichkeit verharmlost und neutralisiert. Fähigkeit, sich in wechselnden Umweltsituationen ins rechte Licht zu rücken. Erotisch und/oder materialistisch absichernde Kontaktfähigkeit im durch die Hausstellung angezeigten Themenbereich.

+ Bewegtes Liebesleben, erotische Kontaktfähigkeit, kann sich vorteilhaft darstellen, oft Sprachbegabung, kunsthandwerkliches Talent.
– Angst vor tieferen Empfindungen, neigt dazu, erotische Gefühle zu verdrängen, Oberflächlichkeit im Partnerschaftsbereich als Selbstschutz.

Venus im Krebs

Große emotionale Hingabefähigkeit, erotisches Einfühlungsvermögen, in Verbindung mit großer Verletzlichkeit im Partnerschaftsbereich. Sucht Sicherheit im Heim. Emotionale Hingabefähigkeit, mütterliches Einfühlungsvermögen im durch die Hausstellung angezeigten Bereich. Fähigkeit, Empfindungen des Partners zu erspüren; Gefahr, sich durch andere zu stark beeindrucken bis irritieren zu lassen.

+ Kreativ im Erotischen, große emotionale Hingabefähigkeit.
– In der Begegnung zu verletzlich durch den Partner und Freunde.

Venus im Löwen

Stellt die eigene Erotik zur Schau. Anspruchsvoll im Materiellen. Möchte als attraktiv bewundert werden. Vorliebe für alles Pompöse.
Liebt die große Geste. Verträgt Kritik an der eigenen Männlichkeit/Weiblichkeit nur selten. Zieht erotisches Selbstwertgefühl aus der Aufmerksamkeit anderer; liebt oft auffälligen Schmuck.
Fühlt sich im durch die Hausstellung angezeigten Themenbereich nicht genügend bewundert/geliebt, hat dort aber die Fähigkeit, seine materielle Absicherung zu erreichen.

+ Optimismus, lebensbejahend, genußfähig.
– »Playboyallüren«, »Partyvamp«, eitel, Angst vor dem Alter.

Venus in der Jungfrau

Das Hingabepotential wird der jeweiligen Umweltsituation angepaßt. Orientiert sich an anderen, um im Begegnungsverhalten akzeptiert und unauffällig zu sein. Neigung, Erotik zu sehr zu kontrollieren. Tendenz zu Vernunftehen.
Äußert erotische Gefühle nur vorsichtig und zurückhaltend, pragmatisch und »vernünftig« im Sinnlichen. Paßt sich in der äußeren Erscheinung oft zu sehr an die Wünsche des Partners an. Im durch die Hausstellung angezeigten Themenbereich Fähigkeit zu materieller Absicherung durch optimale Nutzung der Umweltbedingungen: »die guten Verwerter«.

+ Realistische und vernünftige Einstellung zur Partnerschaft, Fähigkeit, andere richtig einzuschätzen.
– Mangelnde Eigenständigkeit in der Begegnung, versucht zu sehr, den Erwartungen anderer zu entsprechen.

Venus in der Waage

Starke Begegnungsorientierung, braucht intensive Beziehungen zu anderen Menschen. Oft künstlerische Begabung. Vielfach guter Geschmack, Gefühl für Formen und Farben. Das Harmoniestreben in der Begegnung führt gelegentlich zur Konfliktangst. Ästhetische, ausgleichende, künstlerische und harmonisierende Fähigkeiten im durch die Hausstellung angezeigten Themenbereich. Legt meist besonderen Wert auf einen körperlich attraktiven Partner.
Trotz Begegnungsabhängigkeit Tendenz zur Oberflächlichkeit im zwischenmenschlichen Bereich.

+ Ästhetisierende Hingabe, romantisch, Wertschätzung alles Schönen. Künstlerische oder kunsthandwerkliche Begabung.
– Opportunismus im Erotischen, wankelmütig im Begegnungsverhalten, Schwierigkeiten in der eigenen erotischen Standpunktbestimmung, oberflächlich, eitel, eventuell partnerfixiert.

Venus im Skorpion

Im Sinnlichen vorstellungsbezogen bis dogmatisch. Es besteht die Gefahr, daß das Erotische in Vorstellungsbilder hineingezwungen wird; d.h., man lebt nicht mehr in der Begegnung, sondern lediglich in seiner Vorstellung davon.
Erotische Leidenschaftlichkeit. Verbindlich in der Partnerschaft. Oft eifersüchtig, vielfach Auseinandersetzungen. Im durch die Hausstellung angezeigten Themenbereich verbindliche Begegnungs- und Hingabefähigkeit. Aufnahme und Ausleben archaischer Grundmuster.
Beziehungen funktionieren nach dem »Alles-oder-nichts-Prinzip«.

+ Klare Vorstellung von den eigenen erotischen und materiellen Wünschen, konsequent und zuverlässig im Begegnungsverhalten.
– Übertriebene erotisch-emotionale Erwartungen an sich selbst und den Partner, grundlose Eifersucht.

Venus im Schützen

Tolerant im Begegnungsverhalten. Gute Beziehungen. Protektion duch Bekannte, Freunde und Partner. Mag sich in Beziehungen nicht einengen lassen. In materieller Hinsicht oft erfolgreich. Im durch die Hausstellung angezeigten Themenbereich Erfolg und Anerkennung durch Freunde und Partner. Fähigkeit, mit den unterschiedlichsten Charakteren auszukommen.

+ In Beziehungen tolerant und optimistisch, Glück durch Partner.
– Maßlosigkeit im Erotischen, Neigung zu Dreiecksbeziehungen, überhöhte Erwartungen an den Partner, naiv.

Venus im Steinbock

Im Hingabebereich ernsthaft und treu. Sparsam im Umgang mit erotischen Gefühlen: verliebt sich nicht allzuoft im Leben. Neigung zu pessimistischer Einstellung gegenüber der Partnerschaft. Oft zu problemorientiert, Mangel an Genußfähigkeit. Kühl, aber fair und objektiv im Umgang mit anderen. Im Liebesleben beständig und zuverlässig. Eigene Empfindungen können oft Objektivität beanspruchen. Häufig Faible für ältere Partner (im Alter für jüngere). Im durch die Hausstellung angezeigten Themenbereich Fähigkeit, die gesellschaftlichen Maßstäbe von Beziehungen zu erkennen und nach ihnen zu leben.

+ Zuverlässig und genau im Hingabe- und Begegnungsbereich, ernsthaft und treu.
– Im Erotischen gehemmt, konventionell.

Venus im Wassermann

Im Erotischen Anstrich des Unkonventionellen. Mag nicht reglementiert und eingeordnet werden. Sprunghaft, Angst vor Verbindlichkeit in der Partnerschaft. Angst, durch Liebe verpflichtet zu werden. Im durch die Hausstellung angezeigten Themenbereich Fähigkeit, mit unvereinbaren Empfindungen zu leben. Demonstriert gern Unabhängigkeit und Originalität in den Beziehungen zu anderen. Tendenz, Partnerschaften plötzlich zu beginnen und genauso plötzlich zu beenden.

+ Im Erotischen unkonventionell, spontan, unabhängig.
– Im Begegnungsverhalten unberechenbar, kaum zuverlässig, Widerspruch als Selbstzweck.

Venus in den Fischen

Das Hingabepotential hat den Anstrich des Unangreifbaren, Unauffälligen. Schutz durch Nichtbeachtung von Realitäten. Altruistische und idealistische Neigungen. Romantisch. Unfähigkeit oder Desinteresse im materiellen Bereich. Tendenz, Beziehungen zu zweifelhaften Personen zu pflegen, deshalb auch Gefahr, das Opfer von Betrügereien zu werden. Schwierigkeiten, sich gegen den Partner abzugrenzen. Idealisierung der Beziehung. Im durch die Hausstellung angezeigten Themenbereich frei von äußeren Einflüssen; Chance, Wirklichkeit zu empfinden und kreativ umzusetzen.

+ Offenheit in der Begegnung, uneingeschränkte Tole-

ranz dem Partner gegenüber, einfühlsam, hoffnungsvoll, idealistisch.
– Tendenz, erotisch ins Irreale zu entfliehen, weltfremde Tagträumereien von romantischer Liebe, die nicht verwirklicht werden können.

⁂ Mars in den Zeichen

Mars ist der letzte der sogenannten persönlichen Planeten. Seiner Zeichenstellung darf man gerade noch eine individuelle Bedeutung beimessen. Auch diese kann nur sehr gering sein, wenn wir bedenken, daß er bis zu mehreren Monaten in einem Tierkreiszeichen verweilt! Die folgenden Beschreibungen sind deshalb mehr noch als die Entsprechungen für Sonne, Mond, Merkur und Venus als Färbungen und allgemeine Tendenzen aufzufassen, die durch andere Konstellationen – insbesondere Hausstellungen und Aspekte – überlagert und bis zur Unkenntlichkeit verändert werden können. Allerdings geht es in diesem Abschnitt auch weniger darum, unabänderliche Charakter- und Wesensmerkmale zu beschreiben, als sich mit der Verknüpfung von Planetenprinzipien vertraut zu machen.
Mars symbolisiert die *instinktive Eigenart* – damit sind alle Neigungen, Antriebe und Bedürfnisse gemeint, die angeboren und Teil unserer Körperlichkeit sind. Hierzu gehören die Tatkraft, Temperament, Angst und Aggression, unwillkürliche Vorlieben und Abneigungen sowie die Sexualität.

Mars im Widder

Meist sehr schnelle und intensive Energiefreisetzung, aber wenig Ausdauer, ungeduldig bis rabiat im Durchsetzen von Eigeninteressen, subjektive Handlungsmotivation, cholerisch, zupackend, reizbar, instinktsicher. Kann im durch die Hausstellung angezeigten Themenbereich außergewöhnliche Tatkraft entwickeln und durchsetzen.

+ Ausgeprägte instinktive Energie, selbständig im Durchsetzen von Eigeninteressen.
– Egoismus, rücksichtslos, im Extremfall brutal.

Mars im Stier

Das Durchsetzen von Eigeninteressen ist sicherheitsorientiert und pragmatisch. Gruppenorientiert in der instinktiven Eigenart. Fühlt sich stark in der Gesellschaft anderer. Neigt dazu, Handlungsimpulse anderer zu übernehmen. Langsame Energiefreisetzung, aber ausdauernder Arbeiter, häufig handwerkliches Geschick. Sicherheit durch ausdauernde Aktivitäten im durch die Hausstellung angezeigten Themenbereich. Fähigkeit, Gruppenverhalten zu übernehmen und zu erzeugen.

+ Beständig und pragmatisch im Durchsetzen von Eigeninteressen, genußorientierte instinktive Eigenart.
– Gruppenabhängig im Durchsetzen von Eigeninteressen, im Instinktiven antriebsschwach, eigensinnig, stur, verbohrt.

Mars in den Zwillingen

Körperliche Beweglichkeit, flatterhaftes Verhalten, sehr umfangreiche, aber wenig ausdauernde Aktivitäten. Kurzfristige, zersplitterte Energiefreisetzung. Nervosität. Körperliche Unruhe, meist Verfolgung mehrerer Interessen gleichzeitig. Drang, die instinktive Eigenart zur Schau zu stellen, narzißtisch. Im durch die Hausstellung angezeigten Themenbereich Fähigkeit, instinktive Bedürfnisse auszuleben und mitzuteilen. Braucht eine abwechslungsreiche Arbeit.

+ In der instinktiven Eigenart flexibel, findet immer einen Weg, seine Interessen durchzusetzen.
– Tendenz, sich in der Verfolgung von Zielen zu verzetteln.

Mars im Krebs

Emotionale instinktive Eigenart, meist Tendenz zu Antriebsschwäche; Schwierigkeit, sich in direkter Konfrontation durchzusetzen. Schiebt gerne andere vor. Braucht eine Arbeit in ruhiger Umgebung. Schöpferisch und eigenständig im Durchsetzen von Eigeninteressen. Reagiert auf Bevormundung mit psychosomatischer Erkrankung (nervöser Reizmagen, Zwölffingerdarmgeschwür). Die seelische Eigenart, das subjektive Empfinden kann im durch die Hausstellung angezeigten Themenbereich durchgesetzt werden.

+ Kreatives Durchsetzen von Eigeninteressen, instinktives Erfassen der Schwächen anderer.
– Geringes Antriebspotential, oft furchtsam, Tendenz zum Haustyrannen.

Mars im Löwen

Instinktive Dominanz, sehr hohes Energiepotential. Glaubt, alles sei nur dazu da, um die eigenen Bedürfnisse zu befriedigen. Selbstgerechtes Verhalten, Angst, der Unterlegene zu sein. Möchte für körperliche Leistungen (Sport, Artistik, auch Sexualität) bewundert werden. Tendenz zu Pascha-Allüren. Verträgt Kritik an der eigenen Tatkraft (bzw. körperlichen Attraktivität) nur selten, dabei gleichzeitig faul; Fleiß setzt emotionale Motivation voraus. Zieht körperliches Selbstwertgefühl aus der Unterlegenheit anderer. Produktivität und Ausdrucksfähigkeit im durch die Hausstellung angezeigten Themenbereich. Findet meist, daß die eigenen Aktivitäten nicht genug anerkannt werden.

+ Optimistisch und unbekümmert im Durchsetzen von Eigeninteressen, Fähigkeit, eigene Bedürfnisse zu konkretisieren und zu verwirklichen.
– Selbstherrlich im Durchsetzen von Eigeninteressen, eitel, gierig.

Mars in der Jungfrau

Das Durchsetzen von Eigeninteressen wird der jeweiligen Umweltsituation angepaßt. In der instinktiven Eigenart pragmatisch bis opportunistisch. Fähigkeit, präzise im durch die Hausstellung angezeigten Themenbereich zu arbeiten. Im Rahmen der gegebenen Möglichkeiten das Beste herauszuholen. Angst vor Führungspositionen.

+ Pragmatisch, realistisch und vernünftig im Durchsetzen von Eigeninteressen.
– Tendenz, eigene Bedürfnisse den Interessen anderer unterzuordnen.

Mars in der Waage

Im Durchsetzen von Eigeninteressen begegnungsorientiert, diplomatisch. Bezieht die Tatkraft anderer ins eigene Agieren mit ein. Fähigkeit, sich im durch die Hausstellung angezeigten Themenbereich geschickt und mit Charme durchzusetzen. Instinktiver Zugang zur Kunst. Harmonisierendes Durchsetzen von Eigeninteressen. Beschönigen der eigenen Aggression.

+ Ästhetisches Durchsetzen von Eigeninteressen, ausgeglichenes Temperament, Fähigkeit, Bedürfnisse zu vertreten, ohne »anzuecken«, braucht einen Beruf mit Kontakt zu Menschen.

– Opportunistisches Temperament, Unfähigkeit, instinktive Brüche und Widersprüche zu ertragen, Unsicherheit über die eigenen Bedürfnisse, Konfliktangst.

Mars im Skorpion

Im Durchsetzen von Eigeninteressen vorstellungsbezogen bis dogmatisch. Es besteht die Gefahr, im Agieren zu sehr ins Prinzipielle abzugleiten. Raubbau an den eigenen Kräften. Konsequenter Arbeiter. Begonnenes wird zu Ende geführt. Sehr hohes Energiepotential, das jedoch gern mißbraucht wird. Im Extremfall Vergnügen daran, andere zu erniedrigen und bloßzustellen. Eher pessimistisch im Durchsetzen von Eigeninteressen, ist mit der eigenen Leistung nie zufrieden. Im durch die Hausstellung angezeigter Themenbereich Fähigkeit, Grundsätzliches durchzusetzen.

+ Klare Aktivitäten, konsequent im Durchsetzen von Eigeninteressen, Fähigkeit, allgemeingültige (körperliche) Prozesse zu erkennen.
– Tendenz zum Zwanghaften im Durchsetzen von Eigeninteressen, dogmatisch bis herzlos.

Mars im Schützen

Instinktive Toleranz, instinktiver Führungsanspruch, optimistisch und risikobereit im Durchsetzen von Eigeninteressen. Flexibel in der instinktiven Eigenart. Joviales Temperament. Neigung zu Gier, Übertreibung und Maßlosigkeit. Großspurig.
Hohes Energieniveau. Im durch die Hausstellung angezeigten Themenbereich Fähigkeit, unterschiedliche Aktivitäten zu vereinen und diese darzustellen. Strebt berufliche Führungsposition an.

+ Instinktiv tolerant, »weise« (nicht logisch) in der

Durchsetzung von Eigeninteressen, Fähigkeit zum Aussöhnen unvereinbarer Aktivitäten.
– Instinktive Überheblichkeit, hält die eigenen Schwächen für bewundernswert, instinktive Geltungssucht, übertreibt, Angeber, muß immer gewinnen.

Mars im Steinbock

Im Durchsetzen von Eigeninteressen Anstrich des Ernsthaften und Bedeutsamen. Verantwortungsvolles Handeln. Vorsichtig, objektiv und fair in Temperamentsäußerungen. Oft überzogene Triebkontrolle oder gar sadistische Tendenzen. Angst, aus der Rolle zu fallen. Legt großen Wert darauf, den äußeren Schein zu wahren und seine instinktive Eigenart vor der Öffentlichkeit zu verbergen. Ist der Ansicht, daß die eigene Selbstdisziplin als Maßstab für andere gelten sollte. Im durch die Hausstellung angezeigten Themenbereich Fähigkeit, allgemeinverbindlich zu handeln und gesellschaftliche Interessen durchzusetzen. Kann sich besser für eine Sache als für die eigenen Bedürfnisse engagieren.

+ Zuverlässig und genau im Durchsetzen von Eigeninteressen, ernsthaft und ausdauernd, lehnt flüchtige sexuelle Abenteuer ab.
– Nicht kreativ, konventionell, gehemmt bis verklemmt.

Mars im Wassermann

Im Durchsetzen von Eigeninteressen Anstrich des Unkonventionellen. Mag nicht reglementiert und eingeordnet werden. Sprunghaft, Angst vor instinktiver Folgerichtigkeit. Handelt »im Rösselsprung«, intuitiv. Unerwartete und unberechenbare Richtungsänderungen im Verhalten. Oft Interesse an Elektronik und/oder Technik. Plötzlicher Wechsel von Vorlieben und Abneigungen.

Tendenz zu Seitensprüngen. Im Instinktiven eigenständig bis unabhängig von der Realität. Im durch die Hausstellung angezeigten Themenbereich Fähigkeit, originelle Aktivitäten zu entwickeln und zu vermitteln. Kann mehrere Dinge gleichzeitig tun. Konzentrationsstörungen, eventuell erhöhte Unfallneigung.

+ In der instinktiven Eigenart unkonventionell, spontan, unabhängig.
– Im Durchsetzen von Eigeninteressen sprunghaft, wirklichkeitsfremd bis schizoid, widerspricht den Bedürfnissen und Erwartungen anderer als Selbstzweck, sexuell irritierbar.

Mars in den Fischen

Das Durchsetzen von Eigeninteressen ist unabhängig vom Zwang zur Vernunft. Kreativ und schöpferisch in der instinktiven Eigenart. Symbolhaftes Durchsetzen von Eigeninteressen ohne Dogma. Schwierigkeiten, eigene Tatkraft und Bedürfnisse allgemeinverständlich darzustellen. Melancholisches Temperament. Meist Antriebsschwäche. Schwierigkeit oder Weigerung, eigene Bedürfnisse gegen Widerstand zu verteidigen. Fähigkeit im durch die Hausstellung angezeigten Themenbereich zum intuitiven Handeln und schöpferischen Selbstausdruck.

+ Instinktive Offenheit, uneingeschränkte Toleranz, behutsames, einfühlsames Temperament, intuitives, symbolhaftes Durchsetzen von Eigeninteressen.
– Tendenz, im Instinktiven ins Irreale zu entfliehen, weltfremde Aktivitäten, läßt sich ausnutzen, geschwächte Körperabwehr.

Jupiter in den Zeichen **

Die Tierkreispositionen von Jupiter und Saturn haben keinerlei individuelle Bedeutung mehr: Jupiter steht etwa ein Jahr in einem Zeichen, Saturn sogar über zwei Jahre. Die Bewegung dieser Planeten ist für eine individuelle Interpretation zu langsam, für die Deutung von Generationsaspekten (gilt für Neptun, Uranus, Pluto) jedoch zu schnell. Jupiter und Saturn nehmen hier eine Zwischenstellung ein, sie repräsentieren Zeitströmungen, Meinungs- und Einstellungswellen.
Jupiter zeigt hier, welche Form von Großzügigkeit seitens der Gesellschaft zum Zeitpunkt der Geburt »in« war, welche (moralischen) Einstellungen honoriert und welche abgelehnt wurden.
Beim einzelnen mag die Tierkreisstellung Jupiters möglicherweise sein allgemeines Gesellschaftsbild beeinflussen. Sie ist einer der Faktoren, die unsere (zeitbedingte) Einschätzung unserer gesellschaftlichen Erfolgschancen prägen.
Ausschlaggebend und von wirklicher individueller Bedeutsamkeit ist jedoch die Hausstellung Jupiters; seine Tierkreisposition hat in der persönlichen Deutung bestenfalls färbenden Charakter.

Jupiter im Widder **

Zeitphase, in der Eigeninitiative erwartet und gefördert wird. »Der Zweck heiligt die Mittel.«

Jupiter im Stier

Zeitphase, in der Gruppenkonformität und Solidarität erwartet und gefördert wird.
Aus der Reihe tanzen ist unerwünscht, alle sollen an einem Strang ziehen.

Jupiter in den Zwillingen

Zeitphase, in der geistige Beweglichkeit und berufliche Flexibilität (Umschulung, Wechsel des Wohnortes) erwartet und honoriert werden.
Veränderung von Moralvorstellungen. Opportunismus, Hochschulpolitik.

Jupiter im Krebs

Zeitphase, in dem häusliche sowie patriotische Werte erwartet und gefördert werden. »Die Familie ist die Keimzelle des Staates.«

Jupiter im Löwen

Zeitphase, in der Großzügigkeit erwartet und gefördert wird. Falsche Bescheidenheit ist unerwünscht. Der Erfolgreiche bekommt recht.

Jupiter in der Jungfrau

Zeitphase, in der Anpassung, Unterordnung, Fleiß und Sparsamkeit gefördert und erwartet werden.

Jupiter in der Waage

Zeitphase, in der äußere Ästhetik erwartet und gefördert wird. Diplomatie. Außenpolitik.

Jupiter im Skorpion

Zeitphase, in der Prinzipientreue erwartet und gefördert wird. Ideologische Konzepte, Abweichler sind unerwünscht.
Die herrschende Schicht ist überzeugt davon, »im Besitz der Wahrheit« zu sein. Mehr oder weniger »friedliche Missionierung« Andersdenkender.

Jupiter im Schützen

Zeitphase, in der moralische Integrität erwartet und gefördert wird. Optimistische Grundstimmung.

Jupiter im Steinbock

Zeitphase, in der gesellschaftsorientiertes, soziales Verhalten erwartet und gefördert wird. Sozialreform. Gesellschaftspolitik.

Jupiter im Wassermann

Zeitphase, in der neue Ideen und Impulse benötigt und gefördert werden. Plötzliche Wechsel von Wertmaßstäben.

Jupiter in den Fischen

Zeitphase, in der altruistische Motive gefördert werden. Unpraktisch. Unrealistisch. Romantisch. Pazifistisch.

Saturn in den Zeichen

Wie bei Jupiter, so haben auch bei Saturn die Zeichenstellungen keinerlei individuelle Bedeutung mehr. Im persönlichen Horoskop drücken Sie lediglich bestimmte Aspekte des »Zeitgeistes« aus, die zum Zeitpunkt unserer Geburt Gültigkeit hatten. Jupiter hat in dieser Hinsicht die Funktion von Geboten: »Du sollst dieses oder jenes tun, glauben, meinen; dafür wirst du auch belohnt.« Saturn hingegen symbolisiert das Verbot: »Du darfst nicht dieses oder jenes tun, glauben, meinen; sonst wirst du bestraft.«
Saturn in den Tierkreiszeichen repräsentiert Einschränkungen, Zwänge und Pflichten, die in einer bestimmten Zeitphase maßgeblich waren.

** *Saturn im Widder*

Unterdrückung von Eigeninitiative, Unterordnung unter die Staatsräson. Militär.

Saturn im Stier

Verpflichtung zum Zusammenhalt, Einschränkung im Besitzrecht. Absicherung auf Kosten des Wohlstandes.

Saturn in den Zwillingen

Zwang, sich außenpolitisch darzustellen. Profilverlust. Phase allgemeiner Verständigungsschwierigkeiten.

Saturn im Krebs

Eingriffe des Staates in die Angelegenheiten der Familie. Zwang zum Patriotismus.

Saturn im Löwen

Vitalitätseinschränkung der Gesellschaft. Führungsschwäche, eventuell wirtschaftliche Depression, starker Prestigeverlust.

Saturn in der Jungfrau

Zwang zur Sparsamkeit, Verpflichtungen einhalten müssen. Gesellschaftliche Schwierigkeiten durch Fleiß überwinden. Der Gesellschaft dienen müssen.

Saturn in der Waage

Verfehlte Außenpolitik. Schwierigkeit, gesellschaftliche Interessen im Ausland angemessen zu vertreten. Instabilität in Bündnissen. Erkalten freundschaftlicher Beziehungen. Auflösung von Bündnissen.

Saturn im Skorpion

Ideologische Unvereinbarkeit. Die eigenen (gesellschaftlichen) Wertmaßstäbe erzwingen wollen. Eventuell »kalter Krieg«.

Saturn im Schützen

Zur Toleranz verpflichtet sein, Ausdehnung des eigenen Machtbereichs.

Saturn im Steinbock

Gesellschaftliche Stabilität, ausgeglichenes Verhältnis von sozialem Reglement und individuellem Freiraum. Angemessenes Rechtsempfinden.

Saturn im Wassermann

Außergewöhnliche gesellschaftliche Verpflichtungen. Plötzliche rechtliche und gesellschaftliche Veränderungen.

Saturn in den Fischen

Unklare Rechtssituation. Auflösende Prozesse innerhalb der Rechtsordnung. Politische Schwäche. Schleichender Wandel in sozialen Strukturen.

Uranus in den Zeichen

**
**

Die Transsaturnier (= Planeten jenseits von Saturn) Uranus, Neptun und Pluto stellen Generationsaspekte dar: Uranus steht etwa sieben Jahre in einem Zeichen, Neptun zirka vierzehn und Pluto etwa fünfundzwanzig. Eine individuelle Interpretation ist also unmöglich.

Uranus ist der Planet, der durch seine Entdeckung die geheiligte Siebenzahl der Wandelsterne sprengte. Folgerichtig symbolisiert er das Aufbrechen und Mutieren von Erstarrtem, zur inhaltslosen Form Gewordene. Die Tierkreisposition des Uranus zeigt an, in welchen Bereichen die unter dieser Konstellation geborene Generation alte Werte und Maßstäbe in Frage stellt und reformiert.

** *Uranus im Widder*

Veränderung der Art, wie Eigeninteressen durchgesetzt werden können. Veränderung des Stellenwerts des Individuums.
Sozialromantische Vorstellungen über die Möglichkeiten des Menschen; »Reform des Individuums«.

Uranus im Stier

Reform der Besitzverhältnisse. Plötzliche Änderung des Gruppenverhaltens. »Richtungswechsel der Herde«.

Uranus in den Zwillingen

Änderung in der Selbstdarstellung. Erschließen neuer Wissensgebiete. Umbruch innerhalb der Wissenschaften.

Uranus im Krebs

Änderung der Einstellung zu Familie und Heim. Bruch mit Traditionen. »Unpatriotische« Generation. Kosmopolitismus.

Uranus im Löwen

Veränderung im Selbstausdruck. Umbruch in der Sexualmoral. Nonkonformismus aus emotionaler Orientierungslosigkeit.

Uranus in der Jungfrau

Neue Produktionsmethoden. Änderungen im Dienstleistungsbereich.
Politisches Unabhängigkeitsstreben von Minderheiten, Kolonien und Satellitenstaaten.

Uranus in der Waage

Umbruch im Partnerschaftsverhalten. Begegnungsoffenheit bei gleichzeitiger Bindungsunfähigkeit.

Uranus im Skorpion

Umbruch im Ideologischen. Radikaler Wertewandel. Desorientierung und Widersprüche im Weltbild.

Uranus im Schützen

Plötzlicher Wandel der Moralvorstellungen durch Änderung der Umweltbedingungen.

Uranus im Steinbock

Plötzliche bis gewaltsame Änderungen von Staatsformen. Umsturz der Rechtsbegriffe. Eventuell Bürgerkrieg.

Uranus im Wassermann

Idealisiertes Menschenbild. (Scheinbares) Aufheben sozialer Unterschiede. Neue Staatsform. Außergewöhnliche Fortschritte in der Wissenschaft.

Uranus in den Fischen

Übergangsphase, in der Widersprüche innerhalb der Gesellschaft ohne offensichtliche Konsequenz nebeneinander bestehen können. Dekadenz.

** ** Neptun in den Zeichen

Neptun in den Zeichen symbolisiert Themen, deren Inhalte, Bedeutungen und Konsequenzen unklar, diffus und verschleiert sind.
Neptun entspricht die Aufweichung der festen Form, die schleichende, unmerkliche Veränderung, welche mit einer Schwächung und Manipulierbarkeit im genannten Themenbereich einhergeht.
Gleichzeitig bietet er jedoch die Chance, ein Stück unverzerrte Wirklichkeit erlebbar zu machen. Die Wahrnehmung dieser Zusammenhänge ist freilich einer unverstandenen Minderheit vorbehalten.

** *Neptun im Widder*

Schwächung der instinktiven Eigenart (= angeborene Neigungen, Antriebe und Bedürfnisse). Phase der Orientierungslosigkeit.
Mangel an Eigeninitiative und Zivilcourage. Chance, Aggression zu überwinden.

Neptun im Stier

Unklare Besitzverhältnisse. Revierübergriffe. Allgemeine Körperschwäche. Uneindeutigkeit in der Gruppenzugehörigkeit. Chance, Gruppenzwänge zu überwinden.

Neptun in den Zwillingen

Intellektuelle Desorientierung. Chance, scheinvernünftige Wissenschaftlichkeit zu überwinden.

Neptun im Krebs

Hingezogensein zum Irrationalen. Spiritismus. Chance, falschen Patriotismus zu überwinden.

Neptun im Löwen

Geschwächte Lebenskraft. Politische Handlungsschwäche. Scheinstärke zur Unzeit. Lebensfeindlich. Fehlspekulationen. Inflation. Chance, Geltungssucht zu überwinden.

Neptun in der Jungfrau

Wirtschaftliche Depression, Auflösung sozialer Ordnung, Arbeitslosigkeit. Kollektive Unvernunft. Chance, falsche Leistungsorientierung zu überwinden.

Neptun in der Waage

Idealisierung von zwischenmenschlichen Beziehungen. Echte Begegnungsschwäche. Weltfremd im Partnerschaftsverhalten. Nebulöse Harmonievorstellungen. Chance, Scheinharmonien zu überwinden.

Neptun im Skorpion

Abneigung gegen alles Ideologische. Entstehung neuer Geschlechtskrankheiten. Schädigung des Erbgutes. Chance, überflüssige Dogmen zu überwinden.

Neptun im Schützen

»New Age«. Romantischer Mystizismus. Scheintoleranz. Chance, intellektuellen Missionierungsdrang zu überwinden.

Neptun im Steinbock

Aushöhlung der Gesellschaftsordnung. Auflösung überholter Rechtsbegriffe. Auflösung von Staatsgrenzen. Autoritätsverlust der Machthabenden. Seuche. Chance, falsche Rechtsvorstellungen zu überwinden.

Neptun im Wassermann

Verschmelzen von Gegensätzen, unmerklicher Umbruch, sanfte Revolution. Chance, gesellschaftliche Widersprüche zu überwinden.

Neptun in den Fischen

Neue Romantik. Ausbreitung des Pazifismus. Einschränkung der Technik. Humanistische Ideale. Chance, ein angemessenes Verhältnis zur Spiritualität zu entwickeln.

** Pluto in den Zeichen

Pluto ist der vorläufig äußerste Planet unseres Sonnensystems. Bevor in den vergangenen Jahren der Planetoid Chiron in Mode kam, galt ihm das ganz besondere Interesse der forschenden und/oder psychologisch orientierten Astrologen. Nach dem heutigen Erkenntnisstand benötigt Pluto etwa 249,17 Jahre, um einmal die Sonne zu umrunden. Ganz genau weiß das allerdings niemand, da Pluto sich zu langsam durch den Tierkreis bewegt und noch zu kurze Zeit bekannt ist, als daß genügend Meßdaten zu einer exakten Berechnung der Bahnkurve vorlägen.
Pluto in den Tierkreiszeichen scheint kollektiven Emotionsmustern und archetypischen Urbildern zu entsprechen. Die Zeichenwechsel gehen möglicherweise mit einer ungeheuren Umwälzung unbewußter Vorstellungsinhalte einher, die eine ganze Zeitperiode (etwa 12 bis 32 Jahre) bestimmen kann. Bemerkenswert ist hierzu, daß der Beginn der zwei Weltkriege mit Zeichenwechseln Plutos zusammenfiel (1914 Eintritt in den Krebs, 1939 Eintritt in den Löwen). Beim Übergang in das Zeichen Jungfrau eskalierte der »kalte Krieg« zwischen den Supermächten, beim Eintritt in die Waage (1972) erlebten wir

die Ölkrise (Erdöl = Pluto). Als Pluto Ende 1983 in den Skorpion wanderte, begann die gefährlichste Ansteckungskrankheit dieses Jahrhunderts größeres Aufsehen zu erregen: Aids. Als 1491 Pluto in den Skorpion trat, breitete sich die Syphilis seuchenartig in Europa aus.
Es ist kaum zu bezweifeln, daß derartige Ereignisse Urängste auslösen können, die Verhalten und Lebenseinstellung großer Bevölkerungsgruppen freiwillig oder unfreiwillig verändern. Sicherlich gehört die Untersuchung von Pluto-Konstellationen mit zum Interessantesten, was die Astrologie zu bieten hat. Kein anderer Planet hat einen leichter nachweisbaren und einschneidenderen Einfluß auf Massenschicksale.
Da es sich bei unserem Buch um eine grundlegende Einführung in die Astrologie handelt, werden lediglich Zeichenstellungen besprochen, die für uns von praktischer Bedeutung sind (denn Pluto benötigt etwa 20,75 Jahre, um ein Zeichen zu wechseln): Pluto in den Zeichen Zwilling bis Schütze.

Pluto in den Zwillingen **

Umwälzende, neue Erkenntnisse, in der Wissenschaft (Elektrizität, Luftfahrt). Zwanghafter Selbstdarstellungsdrang der Staaten. Vergötterung des Intellekts. Das Dämonische in der Wissenschaft. Entwicklung und beginnende Ausbreitung der Massenkommunikation: Presse, Film, Radio. Außerdem: Telefon und Telegrafie. Mobilität als wissenschaftliche Errungenschaft: Erfindung des Autos und des Flugzeugs. Positivismus.

Pluto im Krebs

Massensuggestion und Propaganda als politische Mittel. Eingriff des Staates in die Privatsphäre. Gleichschaltung

der Emotionen. Unmenschliche, weil rücksichtslos dogmatische Lehren. Zwang zum Patriotismus. »Blut-und-Boden«-Ideologie.
Faschismus, Nationalsozialismus und Kommunismus suchen das »gesunde Volksempfinden« zu steuern. Zerstörung von Familien, Verlust der Heimat.

Pluto im Löwen

Lebensfeindlich. Ideologie wird über Menschenleben gestellt. Unmenschliches Agieren. (Die im Zeichen Krebs gesetzte Saat geht endgültig auf.) Führerkult. Märtyrerneurose. Aber auch ungeheure Regenerationskräfte, Überleben unter schwierigsten Bedingungen. Radikale Veränderung des kollektiven Verhaltens. Kampf der Mächtigen.

Pluto in der Jungfrau

Grundlegende Veränderungen innerhalb hierarchischer Strukturen. Autokratie der Mächtigen wird durch Leistungsorientierung und -erwartung ersetzt. Automatisierung von Arbeitsprozessen.
Gewaltsame, unnatürliche Veränderung von Umweltbedingungen (Plastik, Konservierungsstoffe, Insektizide, Pestizide [DDT]). Gefährliche Eingriffe in Regelmechanismen. Verherrlichung des (scheinbar) Machbaren. Fortschrittsglaube.

Pluto in der Waage

»Zwang zur Begegnung« bei gleichzeitiger Demonstration der Stärke. Aufrüstung. Bedrohungsangst. Verbindliche und zuverlässige Außenpolitik ist die einzige Chance, die Katastrophe eines erneuten Weltkrieges zu verhindern; »Gleichgewicht des Schreckens«.

Pluto im Skorpion

Verhärtung im Ideologischen. Regression des gesunden Menschenverstandes, wiedererwachter Glaube an die starken Männer. Zunehmen von diskriminierenden Einstellungen (Rassismus, Ausländerfeindlichkeit, Apartheid, das Khomeini-Regime etc.). Gleichzeitig Herausforderung und Zwang, sich von überkommenen Prinzipien und Doktrinen zu lösen, um das Überleben der alten Gesellschaftsform zu ermöglichen. Beispiel: UdSSR, China. Wo dies nicht gelingt, sind verheerende (konventionelle) Kriege wahrscheinlich.

Pluto im Schützen

Scheintoleranz, die ideologisch Trennendes überspielt. Erarbeitung und Verbindlichmachung allgemeingültiger Wertmaßstäbe. Weltweites Verbot von Diskriminierung (das allerdings nicht eingehalten wird); »Weltregierung«; Zwang zu Einsicht und Toleranz. Chance zu Religions- und Glaubensfreiheit. Möglicherweise weitestgehende Abschaffung von Massenvernichtungswaffen (ABC-Waffen).

Die Planeten in den Häusern

Die Tierkreiszeichen repräsentieren die allgemeine, kosmische Ebene, die Häuser hingegen die konkrete, individuelle. Durch den Jahreslauf der Sonne symbolisieren die Tierkreiszeichen das Jahr, die Häuser jedoch den Tag, da sie mit der täglichen Drehung der Erde um sich selbst in Zusammenhang stehen. In der Horoskopdeutung sind die Hausstellungen der Planeten von größter Wichtigkeit: Sie sind das wesentliche Einzelelement astrologischer Interpretation.

Da die Hausstellung eines Planeten nahezu ausschließlich von der Drehung der Erde um sich selbst abhängig ist, die Bewegung im Tierkreis also keine Rolle spielt, braucht nicht zwischen schnell und langsam laufenden Planeten unterschieden zu werden; d.h., die Hausstellung von Pluto, dem langsamsten Planeten, hat in der Deutung (nahezu) das gleiche Gewicht, wie die Hausposition des schnell laufenden Mondes.
Wichtig erscheint noch der Hinweis, daß ein Planet, der sich am Ende eines Hauses befindet, bereits in das folgende »hineinwirkt«. Ein Merkur in Haus 10 z.B. gehört in der Deutung schon zu Haus 11, wenn er nur wenige Grad vom Beginn des 11. Hauses entfernt steht.
Bei einer Entfernung von fünf Grad zum nächsten Haus spielt ein Planet bereits in dieses hinein. Ist die Entfernung weniger als zwei Grad, so gehört er uneingeschränkt zum nachfolgenden Haus.

⁂ Die Sonne in den Häusern

Sonne im 1. Haus

Durchsetzung der instinktiven Eigenart. Das, was an Anlagen im Körperlichen vorhanden ist, wird gelebt und verwirklicht. Ehrlich sich selbst gegenüber. Oft Erstgeborener oder Einzelkind.
Viel Initiative, eigenständige Ideen, kreativ, Führungsanspruch. Kann kurzfristig sehr viel Energie freisetzen. Die Ausdauer ist vollständig abhängig von der emotionalen Motivation.

+ Eigenständigkeit, unabhängig, selbstbewußt, aufrichtig sich selbst gegenüber.
– Egozentrik, eigenbrötlerisch, undiplomatisch, selbstherrlich, emotional isoliert.

Bekannte Persönlichkeiten: Abraham Lincoln, Agatha Christie, Arthur Rimbaud, August Strindberg, Arnold Schwarzenegger, Claude Debussy, Hans-Jochen Vogel, Elisabeth Teissier, Elvis Presley, Emanuel Swedenborg, Henri de Toulouse-Lautrec, John Cage, Manfred Köhnlechner, Paul Newman.

Sonne im 2. Haus

Pragmatische, sicherheitsorientierte Lebensausrichtung. Wenig Eigeninitiative, braucht die Ideen anderer. Meist viel Ausdauer, einmal Begonnenes zu Ende zu führen. Genußfreudig, triebhaft, gesellig. Oft inflexibel im Verhalten, Schwierigkeit, sich auf neue Situationen einzustellen. Bleibt sich selbst treu, egozentriertes Handeln.

+ Ausdauer, meist zuverlässig, praktisch und realistisch im Verhalten.
– Phlegmatiker, inflexibel, neigt zu Vorurteilen, abhängig von der Meinung anderer.

Bekannte Persönlichkeiten: Simone de Beauvoir, Jörg Lang, Gregg Allman, Ronald Reagan, Hugo von Hofmannsthal, Oscar Wilde, Bertolt Brecht, Liselotte Pulver, Ingrid Bergman, Albert Camus, Robert De Niro, Karl Marx.

Sonne im 3. Haus

Selbstdarstellung im Verhalten. Funktionales, kommunikatives Handeln. Oft große Eitelkeit. Schauspieler, Vermittlungsfähigkeit, egozentriert. Eingeschränkte Bindungsfähigkeit. Intellektueller Anspruch. Meist schnelle Auffassungsgabe.

+ Flexibilität, Vermittlungsfähigkeit, neutral und »objektiv« im Handeln.
– Oberflächlichkeit, »flatterhaft«.

Bekannte Persönlichkeiten: Rudi Carrell, Luise Rinser, Francisco Franco, Hans Christian Andersen, König Ludwig II., Paul Cézanne, Heinrich von Kleist, Franz Liszt, Dietmar Schönherr, Sir Winston Churchill, Montgomery Clift, Jean Cocteau, Uri Geller, Dean Martin, Michelangelo, Louis Pasteur, Giacomo Puccini, George Bernard Shaw.

Sonne im 4. Haus

Handlungsgrundlage ist das eigene Empfinden. Verhalten im Sinne der instinktiven Eigenart (= angeborene Neigungen, Antriebe und Bedürfnisse). Oft Vaterproblematik mit Irritation in der Geschlechtsorientierung. Empfindlich, zeigt seine Gefühle nur selten. Eigenbrötlerisch.

+ Verhalten im Sinne der eigenen seelischen Grundlagen, sich selbst treu, kein Interesse an Oberflächlichkeiten.
– Verschlossenheit, kontaktgehemmt.

Bekannte Persönlichkeiten: Aleister Crowley, Rudolf Steiner, Helmut Schmidt, Konrad Adenauer, Émile Zola, Franz Beckenbauer, Alfred Adler, Marcel Proust, Otto Hahn, Albert Schweitzer, Ernst Haeckel, Leo Tolstoi, Victor Hugo, Hans-Dietrich Genscher, Reinhold Messner, Martin Held, David Bowie, Marlon Brando, Keith Emerson, Joseph Goebbels, Martin Luther, Yehudi Menuhin, Graham Nash, Nikola Tesla, Simon Wiesenthal, Björn Borg.

Sonne im 5. Haus

Starker Lebensdrang, prägender Vaterbezug, vergnügungsorientiert. Muß bei der Verfolgung persönlicher Ziele emotional motiviert sein. Abneigung gegen jedwede Einschränkung. Gelegentlich mangelnde Ernsthaftigkeit oder Reife, das »ewige Kind«. Schwieriger Ablöseprozeß von den Eltern. Braucht meist ungewöhnlich lange, um beruflich unabhängig zu werden. Risikobereit, leichtfertiger Umgang mit sich selbst. Oft bis ins hohe Alter jugendliche Erscheinung.

+ Starke Lebenskraft, subjektive Folgerichtigkeit im Verhalten, genußfähig.
– Angst vor und Ablehnung von Verantwortung, verspielt, wehleidig, egoistisch, will ständig gelobt und bewundert werden.

Bekannte Persönlichkeiten: Jane Fonda, Jacky Ickx, Valerie Giscard d'Estaing, Susanne Albrecht, Fred Astaire, Franz Josef Strauß, Richard Nixon, Herbert von Karajan, Marie Antoinette, Vanessa Redgrave, George Sand, Wolfgang Amadeus Mozart, Bette Davis, Romy Schneider, Joe Frazier.

Sonne im 6. Haus

Anpassungsfähig im Verhalten, verwirklicht sich durch Aussteuerung gegenüber Umweltbedingungen. Braucht hierarchische Strukturen. Opportunistisch, pragmatisch. Beobachtungsgenauigkeit. Sucht sich selbst unauffällig zu machen; »Beutetierkonstellation«; Angst, im Mittelpunkt zu stehen. Definiert sich oft selbst über die Arbeit und den eigenen Fleiß. »Emotionale Glätte« nach außen. Neigt zu psychosomatischen Reaktionen. Bei stark verletzter Sonne eventuell Herzinfarktgefährdung.

+ Zuverlässigkeit, pragmatisch, ordentlich, hilfsbereit.
– Farblosigkeit, autoritätsgläubig, Mitläufer.

Bekannte Persönlichkeiten: Karlheinz Böhm, Muhammad Ali (= Cassius Clay), Greta Garbo, Robert Schumann, Bruce Low, Edgar Degas, Bob Dylan, Enrico Fermi, Édouard Manet, Robert Redford.

Sonne im 7. Haus

Begegnungsorientiertes Verhalten. Braucht den Kontakt zu anderen. Möchte mit anderen Menschen zu tun haben. Macht sich gern von der Meinung anderer abhängig. Bei Frauen: Tendenz, sich zu sehr nach dem Partner zu richten bzw. sich über diesen zu definieren. Ästhetisches Empfinden, Geschmack, Vorliebe für Farben.

+ Begegnungsfähigkeit, Wichtigkeit persönlicher Kontakte.
– Tendenz, sich zu sehr von anderen abhängig zu machen und so unselbständig zu bleiben.

Bekannte Persönlichkeiten: Dustin Hoffman, Adolf Hitler, Hermann Hesse, Christian Klar, Emanuel Lasker, C. G. Jung, Gottfried Wilhelm Leibniz, Oswald Spengler, Richard Chamberlain, Nikolaus Kopernikus, Clint Eastwood, Sigmund Freud, Jack Kerouac, John Lennon, Mark Spitz.

Sonne im 8. Haus

Prinzipienorientiertes Verhalten. Tendenz, Wirklichkeit und Vorstellung miteinander zu verwechseln. Lebt nach den Erfordernissen der Sippe. Braucht die Sicherheit von Wertmaßstäben. Intolerant und inflexibel im Verhalten. Verbindlich und zuverlässig.

+ Fähigkeit, im Interesse anderer zu handeln, folgerichtig und konsequent im Verhalten.
– Zug ins Destruktive, unerbittlich und dogmatisch.

Bekannte Persönlichkeiten: Prince, Gudrun Ensslin, Herb Alpert, John F. Kennedy, Jochen Rindt, Heinrich Himmler, Charles Baudelaire, Alfred Kubin, John Glenn, Sean Connery, Johannes Kepler, Jack London, John Travolta, Evil Knievel.

Sonne im 9. Haus

Expansives Verhalten, sucht öffentliche Anerkennung und Ruhm. Tolerant bis jovial. Undogmatisch bis unstrukturiert im Verhalten. Verhaltensorientierung auf die soziale Umwelt. Sucht oft weit auseinanderliegende Interessen oder Themen miteinander zu verbinden. Möchte die eigene Weltsicht darstellen. Geistiger Führungsanspruch.

+ Toleranz und Einsicht im Verhalten, großzügig.
– Geltungssucht (geistig-intellektuell).

Bekannte Persönlichkeiten: Uwe Barschel, Henry Miller, Ingrid van Bergen, Enrico Caruso, Jack London, Wolfgang Döbereiner, Franz Schubert, Jacqueline Kennedy, Marie Curie, Otto von Bismarck, Elton John, Robert Fischer, Benito Mussolini, Georgiu Zamfir.

Sonne im 10. Haus

Verhalten gemäß den gesellschaftlichen Maßstäben. Das eigene Ego soll im Sinne des Zeitgeistes bedeutsam sein. Die emotionale Eigenart wird beschnitten, bis sie sich mit den Erfordernissen der Öffentlichkeit deckt. Das Selbstwertgefühl ist abhängig von der öffentlichen Meinung. Verlangen, Karriere zu machen. Oft bedeutsamer Vater bzw. Vaterproblematik (Dominanz, Rigidität).

+ Lebt in Einklang mit der Gesellschaft.
– Leistungs- und Karriereorientierung auf Kosten subjektiver Interessen.

Bekannte Persönlichkeiten: Thomas Mann, Paul Gauguin, Erich von Däniken, Napoleon I., Rudolf Heß, Albrecht Dürer, Honoré de Balzac, Hans Albers, Gracia Patricia, Friedrich II., E.T.A. Hoffmann, Joan Baez, Harry Belafonte, Jules Verne, Leonard Bernstein, Albert Einstein.

Sonne im 11. Haus

Fast immer ambivalente Beziehung zum Vater bzw. zum Vaterprinzip. Bei Frauen zwiespältiges Verhältnis zum Männlichen. Leicht irritierbares Selbstgefühl, überempfindlich gegen Kritik. Mutiert aus dem Zentrum. Möchte etwas Besonderes sein. Möchte sich im Verhalten unangreifbar machen. Angst, im Verhalten festgelegt zu werden. Fast immer Nervosität. Möchte individuelle Bedeutsamkeit auf gesellschaftlicher Ebene gewinnen.

+ Individualist, originell, löst sich von den Erwartungen der Familie.
– Springt ständig aus der Folgerichtigkeit, Angefangenes wird nicht zu Ende geführt, widerspricht sich im Verhalten selbst.

Bekannte Persönlichkeiten: Marilyn Monroe, Wernher von Braun, Ernst Albrecht, Papst Johannes XXIII., Franz Grillparzer, Iwan Rebroff, Herbert A. Löhlein, Norman Mailer, Thorwald Dethlefsen, Erik Satie, Peter Sellers, Konrad Adenauer.

Sonne im 12. Haus

Toleranter Arbeitgeber. Größtmöglicher gesellschaftlicher Freiraum. Freiheit von Vernunft im Verhalten. Unabhängig von Reflexzwängen. Schwierigkeit, notwendige Konsequenzen zu ziehen. Spielt mit verdeckten Karten, gibt sich undurchschaubar. Kennt seine eigenen Ziele oft nicht. Irritierbar durch gesellschaftliche Prozesse. Besonders anfällig für alle die Allgemeinheit betreffenden Abläufe, z. B. Epidemien, Seuchen. Stellt als Individuum den Zeitgeist dar.

+ Unabhängig von Reflexzwängen, größtmöglicher gesellschaftlicher Freiraum.

– Opportunist, lebt nach Zeitströmungen unabhängig von der eigenen Individualität, Entfremdung sich selbst gegenüber, weltfremd, unpraktisch.

Bekannte Persönlichkeiten: Madonna, Gustav Scholz, Helmut Kohl, Gustaf Gründgens, Franz Kafka, Walter Koch, Orson Welles, Jimi Hendrix, Henry Kissinger, Boris Bekker.

Der Mond in den Häusern

Mond im 1. Haus

Gesteigerte Selbstwahrnehmung. Oft dominante Mutterproblematik. Ausgeprägte Sensibilität und Verletzlichkeit. Fast immer künstlerische Begabung. Wenn weitere bestätigende und verstärkende Konstellationen hinzukommen, eventuell Tendenz zu Magersucht (Anorexia nervosa). Oft flächiges Gesicht. Gesicht wirkt groß im Verhältnis zu Körper und Kopf. Tendenz zu »Knopfaugen«. Stimmungen spiegeln sich intensiv in der Mimik wider.

+ Empfindsamkeit, sensibel, künstlerisch begabt.
– Emotional auf sich selbst fixiert, autoaggressive Tendenzen.

Bekannte Persönlichkeiten: Jane Fonda, Jacky Ickx, Valerie Giscard d'Estaing, Helmut Schmidt, Gudrun Ensslin, Gregg Allman, Konrad Adenauer, Heinrich Himmler, Vanessa Redgrave, Marcel Proust, Raffael, Friedrich Nietzsche, Jean François Millet.

Mond im 2. Haus

Existenzunsicherheit, labiles Sicherheitsempfinden. Oft unrealistisch, verträumt, weltfremd. Labiler Faktor in der Sippe. Besonderes Augenmerk auf die Gruppenbindung.

Wechselhafte wirtschaftliche Verhältnisse. Möglicherweise Kompensation durch »Beamtenstatus« (zusätzlich: Merkur/Pluto). Affinität zu (psychisch) labilen Partnern. Bei Männern häufig Neigung zu Muskelschwäche.

+ Künstlerisches Empfinden, kann sich in die »Herdenstruktur« einfühlen, gelegentlich »Erlöserfunktion« für die Sippe.
– Unrealistisch, weltfremd, absurde Existenzängste.

Bekannte Persönlichkeiten: Jean-Paul Sartre, Paul Newman, Erich von Däniken, Helmut Kohl, Elisabeth Teissier, Joan Baez, Franz Grillparzer, James Dean, Joe Frazier, Karl Marx.

Mond im 3. Haus

Scheinintellekt. Darstellung von Gefühl. In Rede und Schrift volkstümlich, populär. Im Extremfall Demagoge. Rationalisierung des Empfindens. Frühreifes Kind. Tendenz, viel zu reden. Muß Empfindungen körperlich ausdrücken und über die Umwelt bewältigen. Tendenz zu Entzündungen der Nasennebenhöhlen (Sinusitis) sowie zu Ausschlägen im Mund- und Augenbereich (Herpes).

+ Kann Emotionen darstellen, Schauspieler- und Rednertalent.
– Rationalisierung von Empfindungen, Scheinintellekt.

Bekannte Persönlichkeiten: Hermann Hesse, Adolf Hitler, Susanne Albrecht, August Strindberg, Oswald Spengler, Reinhold Messner, Alice Cooper, Leonardo da Vinci, Erwin Rommel, Björn Borg, John Travolta.

Mond im 4. Haus

Gesteigerte Emotionalität. Hypersensibilität. Lebt aus der eigenen seelischen Substanz. Starkes Verlangen nach

Geborgenheit. Auffälliges Verhältnis zur Mutter: entweder besonders intensiv und herzlich oder völlige Unvereinbarkeit. Kann sich in Menschen und Situationen einfühlen. Instinktsicherheit.

+ Ausgeprägte Emotionalität und Empfindungsfähigkeit, »sechster Sinn«.
– Tendenz zu Überempfindlichkeit und »Gefühlsduselei«.

Bekannte Persönlichkeiten: Prince, Madonna, Karlheinz Böhm, Hans Christian Andersen, Wolfgang Amadeus Mozart, Liselotte Pulver, Cat Stevens, Mark Spitz, Peter Fonda, Johann Wolfgang von Goethe, Walter Mondale, Jörg Lang.

Mond im 5. Haus

Das Verhalten ist emotional geprägt, man gibt sich »lieb«. Aggressionsangst, Schutzlächeln. Meist niedriger Blutdruck (Zug ins Anämische). Deutliche Vaterproblematik, insbesondere bei Frauen. Geschlechtsrollenirritation, möglicher Zug ins Bisexuelle. Unsicher im Ausdruck eigener Gefühle. Lebt das »Volksempfinden«, deshalb oft beliebt bis populär. Handelt so, wie andere fühlen. Kann seine Empfindungen einem Publikum vermitteln. Spricht Emotionen anderer an.

+ Spricht die Emotionen anderer an, oft beliebt, kann seine Gefühle gut ausdrücken.
– Geschlechtsrollenirritation, Zug ins Manipulative, unbeständig im Verhalten.

Bekannte Persönlichkeiten: Jane Fonda, Jacky Ickx, Fred Astaire, Richard Nixon, Herbert von Karajan, Vanessa Redgrave, Romy Schneider, Liberace, Jean François Millet, Giuseppe Verdi, Ringo Starr, Maurice Ravel.

Mond im 6. Haus

Anpassungsfähig im Empfinden, emotionale Aussteuerung an Umweltbedingungen. Sensibler Beobachter. »Gefühlsseismograph«. Emotionale Zuwendung wird über Leistung definiert. Oft scheinvernünftige Mutter: Erziehung nach dem Lehrbuch (ohne »emotionales Begreifen«). Starke psychosomatische Komponente, insbesondere im Magen-Darm-Bereich (im Extremfall Tendenz zu Zwölffingerdarmgeschwüren). Versucht, opportunistisch im Empfinden zu sein, sich emotional anzupassen, um möglichst wenig verletzt zu werden. Auffällig häufig zeichnerische und schriftstellerische Fähigkeiten.

+ Gute Beobachtungsfähigkeit, analytisches Denken.
– Zu starke Gefühlskontrolle, Tendenz zu psychosomatischen Erkrankungen, überempfindlich gegen Kritik.

Bekannte Persönlichkeiten: Rudolf Heß, Muhammad Ali (=Cassius Clay), Richard Nixon, Franz Beckenbauer, Alfred Adler, Jules Verne, Jacqueline Kennedy, Alfred Kubin, Leonard Bernstein, Dietmar Schönherr, Willy Brandt, Albert Camus, Albert Einstein, Arnold Schwarzenegger, Robert Redford.

Mond im 7. Haus

Emotionale Begegnungsabhängigkeit, d.h., man braucht ein Gegenüber, um seine eigenen Empfindungen spüren zu können. Häufig intensive Auseinandersetzung mit dem Vater, unklares oder distanziertes Verhältnis zur Mutter (inbesondere bei Frauen). »Emotionales Denken«; viele Interessen, die jedoch nur wenig konsequent verfolgt werden. Allgemein beliebt im persönlichen Umfeld.

+ Emotional begegnungsfähig, beliebt im persönlichen Umfeld.

– Im Denken subjektiv, in der Bewältigung von Umwelteindrücken stark stimmungsabhängig.

Bekannte Persönlichkeiten: Marilyn Monroe, Henry Miller, Manfred Köhnlechner, Herb Alpert, Gustaf Gründgens, Hans Albers, Herbert von Karajan, Sophia Loren, Albert Schweitzer, David Carradine.

Mond im 8. Haus

Prinzipienorientiertes Empfinden. Emotionalität wird durch Vorstellungen ersetzt. Zu leidenschaftlichen Gefühlen fähig, die jedoch meist am ungeeigneten Objekt ausgelebt werden.

\+ Beständig und konsequent im Empfinden.
– Mangelnde emotionale Instinktsicherheit.

Bekannte Persönlichkeiten: Dustin Hoffman, Allan Watts, Rudi Carrell, Enrico Caruso, Konrad Adenauer, Ernst Haeckel, Robert Schumann, Sean Connery, Sigmund Freud, Boris Becker.

Mond im 9. Haus

»Expansives Empfinden«, »Beliebtheit beim Volke«, populäre Weltanschauung. Fähigkeit, Zusammenhänge zu erkennen.
Tendenz zu emotionaler Selbstüberschätzung. Redet meist gern und viel.

\+ Toleranz und Einsicht.
– Neigt zur Selbstüberschätzung.

Bekannte Persönlichkeiten: Aleister Crowley, Ingrid van Bergen, Francisco Franco, Adolf Eichmann, Jochen Rindt, Bertolt Brecht, Ingrid Bergman, David Cassidy, Orson Welles, Omar Sharif.

Mond im 10. Haus

Die Emotionalität wird im Interesse gesellschaftlicher Maßstäbe diszipliniert. Die eigene Gefühlssphäre soll öffentliche Anerkennung erreichen. Vielfach ehrgeizige und/oder depressive Mutter. (Uneingestandener) Führungsanspruch, Emotional starr.

+ Ausgeprägtes soziales Gewissen und Gerechtigkeitsempfinden.
– Entfremdung von der eigenen Gefühlssphäre, seelische Leistungsorientierung, Tendenz zu Schuldgefühlen.

Bekannte Persönlichkeiten: Gottfried Wilhelm Leibniz, Franz Schubert, Heinrich von Kleist, Aldo Moro, David Bowie, John Cage, Prinz Charles, John Denver, Robert Fischer, Max Schmeling, Graham Nash, Brooke Shields.

Mond im 11. Haus

Oft ambivalentes bis schizoides Verhältnis zur Mutter bzw. zum Mutterprinzip. Leicht irritierbares Selbstgefühl, Überempfindlich gegen Kritik. Mutiert aus dem Zentrum. Möchte etwas Besonderes sein, ohne jedoch entsprechendes Verhalten zu zeigen (Angst, den Beweis anzutreten). Angst vor emotionaler Verbindlichkeit. Starke Stimmungsschwankungen, sprunghaft im Gefühlsbereich. Sucht emotionale Spannungsfelder auf, um diese zu neutralisieren (»Katalysatorfunktion«). Der »unstete Blick«.

+ Im Seelischen eigenständig.
– Angst vor emotionaler Verbindlichkeit.

Bekannte Persönlichkeiten: Thomas Mann, Rudolf Steiner, Albrecht Dürer, John F. Kennedy, E.T.A. Hoffmann, Franz Kafka, Ludwig II., Richard Wagner, Charles Baudelaire, Hans-Dietrich Genscher, Martin Held, Mick Jagger, Bruce Lee.

Mond im 12. Haus

Potentiell »Zugang zur Wahrheit«. Sinn für Hintergründiges. Emotionale Ablehnung alles Oberflächlichen. Oft neurotische Mutter. Meist Schwierigkeit, die eigenen Gefühle in Worte zu fassen. Will und kann sich nicht seelisch einengen lassen. Der »staunend-verträumte Blick« (oft als »Schlafzimmerblick« fehlinterpretiert). Hat schnell Angst.

+ Im Seelischen unabhängig, emotional unangreifbar.
– Seelische Labilität, Unklarheit über die eigenen Empfindungen, seelische Einsamkeit.

Bekannte Persönlichkeiten: Wernher von Braun, Ernst Albrecht, Greta Garbo, Oscar Wilde, Emanuel Swedenborg, Arthur Rimbaud, Claude Debussy, Edgar Degas, Alfred Biolek, Gregory Peck, Peter Sellers, Erik Satie.

Merkur in den Häusern

Merkur im 1. Haus

Bewältigung von Eindrücken und Anpassungsbedürfnis bzw. -fähigkeit als Teil instinktiver Eigenart (=angeborene Neigungen, Antriebe und Bedürfnisse). Subjektive Verarbeitung von Wahrnehmungen. Vermittler; körperlich unruhig; redet gerne; »kämpft mit geistigen Waffen«. Reaktionsschnell, reflexhafte Anpassungsfähigkeit. Merkur genau am Aszendenten: häufig leptosomer (=schmalwüchsiger) Körperbau, lockige bis krause Haare. »Scharfer« Verstand.
Wenn weitere Aspekte dies bestätigen, gelegentlich Tendenz zur Homosexualität.
Bewältigung von Eindrücken im Sinne instinktiver Eigenart (s.o.).

+ Ausgeprägte rationale Energie, eigenständig im Denken.
– Opportunistisches Denken, im Subjektiven gefangen.

Bekannte Persönlichkeiten: Allan Watts, Paul Newman, Hans-Jochen Vogel, Ronald Reagan, Arthur Neville Chamberlain, Ferdinand von Habsburg, Emanuel Swedenborg, Bertolt Brecht, August Strindberg, Claude Debussy, Manuel de Falla, Mick Jagger, Immanuel Kant, Walter Koch, Abraham Lincoln, Arnold Schwarzenegger, Henri de Toulouse-Lautrec, Pierre A. Renoir.

Merkur im 2. Haus

Pragmatisches Denken; Fähigkeit, mit wechselnden sozialen Umfeldern zurechtzukommen. Geschäftssinn. Häufige Ortswechsel (in der Kindheit), entwurzelt, aufwachsen entfernt vom Geburtsort »Zigeuneraspekt«. Bewältigung von Umwelteindrücken im Sinne der Eigensicherung.

+ Gründliche und realistische Umweltbewältigung.
– Subjektiv und traditionslos im Denken, opportunistisch aus Sicherheitsbedürfnis, »geistiges Phlegma«.

Bekannte Persönlichkeiten: Simone de Beauvoir, Manfred Köhnlechner, Rudi Carrell, Gregg Allman, Hugo von Hofmannsthal, Ingrid Bergman, Franz Liszt, Arthur Rimbaud, Dietmar Schönherr, Agatha Christie, Michael Kunze, Sir Winston Churchill, Jean Cocteau, Uri Geller, Hermann Göring, Dean Martin, Michelangelo, Christopher Reeves, Joachim von Ribbentrop, George Bernard Shaw.

Merkur im 3. Haus

Geistige Beweglichkeit, »Denken um des Denkens willen«. Ausgeprägte Neugier. Meist Sachlichkeit und Folgerichtigkeit im Denken. Vielseitige Interessen. Stellt sich gern als intellektuell und kontaktfähig dar. Bewältigung von Umwelteindrücken im Sinne der Selbstdarstellung. Oft besondere sprachliche, schriftstellerische oder schauspielerische Begabung.

+ Offene und angemessene Bewältigung von Eindrücken, Beweglichkeit im Denken.
– Eventuell Zug ins Sophistische.

Bekannte Persönlichkeiten: Hans Christian Andersen, Oscar Wilde, Paul Cézanne, Sophia Loren, Reinhold Messner, Martin Held, Ernst Röhm, David Bowie, Albert Camus, Montgomery Clift, Robert De Niro, Mario Lanza, Karl Marx, Louis Pasteur, Nikola Tesla.

Merkur im 4. Haus

Emotionale und subjektive Bewältigung von Eindrücken; das Denken richtet sich auf die Bewältigung seelischer Prozesse. Die »redegewandte Mutter«. Tendenz, Gefühle zu beschreiben (gesprochenes Wort und Schrift [Tagebuch]). Bezug zur Lyrik. Schöpferisch und eigenständig im Denken. Bewältigung von Umwelteindrücken im Sinne der seelischen Eigenart (emotional und subjektiv). Gelegentlich Auseinandersetzung mit patriotischen Themen. Vielfach das »volkstümliche Denken«, populäre, allgemeinverständliche Ausdrucksweise.

+ Schöpferische Bewältigung von Eindrücken, emotionaler Zugang zu Schrift und Sprache.
– Übertriebene subjektive Auseinandersetzung mit den eigenen seelischen Prozessen, logischer Argumentation gelegentlich nicht zugänglich.

Bekannte Persönlichkeiten: Aleister Crowley, Valerie Giscard d'Estaing, Christian Klar, Konrad Adenauer, Herbert von Karajan, Ludwig II., Franz Beckenbauer, George Sand, Marcel Proust, Otto Hahn, Albert Schweitzer, Ernst Haeckel, Bette Davis, Leo Tolstoi, Romy Schneider, Prinz Charles, James Dean, Keith Emerson, Joseph Goebbels, Liberace, Martin Luther, Graham Nash, Simon Wiesenthal.

Merkur im 5. Haus

Vorsichtige Dominanz, möchte nicht als arrogant gelten. Starker Drang, sich in gesprochenem Wort und Schrift zu äußern. Liebt das Souveräne. Versucht, über den Intellekt Zugang zu sich selbst zu finden. Liest viel und intensiv, jedoch subjektiv in der Auswertung. Verträgt schlecht Kritik an der eigenen Meinung. Bewältigung von Eindrücken aus der Umwelt durch Gefühlsäußerung (bzw. der Sublimation von Gefühlen). Rationale Eigenliebe. Geistige Auseinandersetzung mit dem Vater. Rhetorische Fähigkeiten.

+ Verbale und/oder schriftliche Ausdrucksfähigkeit.
– Tendenz, seelischen Ausdruck zu zerreden, statt ihn zu leben. Versuch emotionaler Unangreifbarkeit durch Scheinneutralität (»Die unverfängliche Andeutung«).

Bekannte Persönlichkeiten: Rudolf Steiner, Karlheinz Böhm, Susanne Albrecht, Greta Garbo, Franz Josef Strauß. Vanessa Redgrave, Wolfgang Amadeus Mozart, Marlon Brando, Richard Chamberlain, Alice Cooper, Victor Hugo, Édouard Manet, Henry Matisse, Yehudi Menuhin, Ringo Starr, Giuseppe Verdi.

Merkur im 6. Haus

Angemessene Anpassungsfähigkeit an Umweltbedingungen. Effektives, nutzenorientiertes Denken. Eindrucksbewältigung durch Einordnen in hierarchische Strukturen. Gutes Reaktionsvermögen, ausgeprägte Reflexe. Kann sich besser schriftlich als mündlich ausdrücken.

+ Pragmatische, realistische und vernünftige Eindrucksbewältigung.
– Stellt eventuell die Effektivität, den Nutzeffekt, über die Moral.

Bekannte Persönlichkeiten: Christian Klar, Muhammad Ali (= Cassius Clay), Emanuel Lasker, C. G. Jung, Marie Antoinette, Enrico Fermi, Jack Kerouac, Jean François Millet, Sidney Poitier, Raffael, Robert Redford, Bertrand Russell, Mark Spitz, Johnny Weissmüller, Wilhelm II.

Merkur im 7. Haus

Intellektuelle Kontaktfähigkeit. Braucht andere, um sich eine Meinung zu bilden. Kann vermitteln. Paßt sich an die Erwartungen anderer an, will um jeden Preis gemocht werden. Harmonisierendes Denken. Konfliktangst. Bewältigung von Eindrücken entsprechend den Erfordernissen der Umwelt.

+ Fähigkeit, Meinung anderer in eigene Überlegungen mit einzubeziehen, ästhetisches Denken, künstlerische oder kunsthandwerkliche Begabung.
– Meinungsopportunismus, Unfähigkeit, intellektuelle Brüche und Widersprüche zu ertragen, abhängig von der Zustimmung anderer.

Bekannte Persönlichkeiten: Prince, Hermann Hesse, Jean-Paul Sartre, Adolf Hitler, Gudrun Ensslin, Herb Alpert, Oswald Spengler, Edgar Degas, Bob Dylan, Sigmund Freud, Johannes Kepler, John Lennon.

Merkur im 8. Haus

Im Denken vorstellungsbezogen bis dogmatisch. Orientiert sich am Prinzipiellen. Denkt folgerichtig und präzise, jedoch im Zweifel an der Wirklichkeit vorbei. Logische Brüche irritieren, das Unberechenbare der Wirklichkeit stört.
Fähigkeit, im konkreten Einzelfall das übergeordnete Prinzip zu erkennen. Hohe Abstraktionsfähigkeit. Oft Interesse an Mathematik oder Schachspiel. Logischer Folgerichtigkeit ausgeliefert. Sucht Sicherheit in geistigen Wertmaßstäben. Bedürfnis nach rationaler Eindeutigkeit (»Entweder-Oder«).

+ Klare Standpunkte, konsequent im Denken, Fähigkeit, allgemeingültige (geistige) Prozesse zu erkennen.
– Tendenz zum Zwanghaften im Denken.

Bekannte Persönlichkeiten: Dustin Hoffman, Prince Andrew, John F. Kennedy, Jochen Rindt, Heinrich Himmler, Alfred Kubin, Otto von Bismarck, Willy Brandt, Sean Connery, Nikolaus Kopernikus, Robert Fischer, Uwe Barschel.

Merkur im 9. Haus

Synthetisches Denken, kann Unterschiedliches gleichwertig nebeneinander stehenlassen. Eindrucksbewältigung im Sinne der sozialen Umwelt.
Sucht in der Eindrucksbewältigung die »große Linie«, Abneigung gegen Details. Interesse an philosophischen und ethischen Fragestellungen.
Setzt sich mit weit auseinanderliegenden Themen gleichzeitig auseinander. Fähigkeit zum Transferdenken. Fähigkeit zum symbolischen Denken. Tendenz zu geistiger Überheblichkeit. Berauscht sich an eigenen Gedankengängen.

+ Toleranz im Denken, Fähigkeit zu generalisieren, kann Eindrücke in Symbole umsetzen, oft bildhaftes Denken.
– Ungenau und selbstherrlich in der Eindrucksbewältigung, intellektueller Hochmut.

Bekannte Persönlichkeiten: Ingrid van Bergen, Napoleon I., Enrico Caruso, Gracia Patricia, Alberto Ascari, Jacqueline Kennedy, Marie Curie, Jacques Yves Cousteau, Johann Wolfgang von Goethe, Benito Mussolini, Brooke Shields, Cat Stevens, Vincent van Gogh.

Merkur im 10. Haus

Bewältigung von Eindrücken im Sinne gesellschaftlicher Maßstäbe. In der Kindheit oft altklug. Außergewöhnlich gute Merkfähigkeit. In der Kompensation extreme Vergeßlichkeit. Ausgeprägtes Gerechtigkeitsempfinden, oft Interesse an Jura. Die »Beamtenseele«. Häufig wird der Bildung und dem Intellekt zu große Wertschätzung entgegengebracht. Permanenter innerer Dialog, muß Dinge aufschreiben, um sie wirklich zu verstehen. Gelegentlich besondere schriftstellerische Begabung.

+ Kann maßgebliche Zeitströmungen auffassen und seelisch verarbeiten, eventuell auch aussprechen oder aufschreiben, kann sich intellektuell innerhalb vorgegebener Richtlinien zuverlässig bewegen.
– Langsame Auffassungsgabe, in Krisensituationen massive Konzentrationsstörungen, »intellektuelle Scheuklappen«.

Bekannte Persönlichkeiten: Marilyn Monroe, Erich von Däniken, Rudolf Heß, Ernst Albrecht, Albrecht Dürer, Gustaf Gründgens, Friedrich II., E.T.A. Hoffmann, Joan Baez, Franz Schubert, Jules Verne, David Carradine, Albert Einstein, Thorwald Dethlefsen, Max Schmeling, Peter Ustinov.

Merkur im 11. Haus

Fähigkeit, sich permanent mit mindestens zwei Dingen gleichzeitig auseinanderzusetzen. In Meinungsäußerungen oft widersprüchlich und provokativ. Hat Angst, auf einen Standpunkt festgenagelt zu werden. Schwierigkeit, Gedankengänge folgerichtig herzuleiten. Möchte gern ein origineller Intellektueller sein. In der Kindheit verfolgten beide Eltern oft einen widersprüchlichen Erziehungsstil. Fähigkeit, sich intellektuell über Konventionen hinwegzusetzen. Häufig große Nervosität und Unruhe. Redet oft hastig. Im seltenen Extremfall Tendenz zu Nervenkrankheiten.

+ Unabhängig in der Bewältigung von Eindrücken, schnelle Auffassungsgabe, originell bis genial im Denken, »Geistesblitze«.
– Widersprüchlich bis standpunktlos in der eigenen Meinung, Tendenz zu Nervenkrankheiten, muß den verbalen Gegenkurs steuern, intellektuelle Profilneurose.

Bekannte Persönlichkeiten: Thomas Mann, Paul Gauguin, Wernher von Braun, Konrad Adenauer, Franz Kafka, Käthe Kollwitz, David Cassidy, Jimi Hendrix, Gregory Peck, Boris Becker, Harry Belafonte, Rudolf Hoess.

Merkur im 12. Haus

Im Denken unabhängig vom Vordergründigen. Assoziative bis unvernünftige Eindrucksbewältigung. Weigerung, sich an Umweltbedingungen anzupassen. In der Kindheit oft gesellschaftliche Außenseiterposition. In der Meinungsbildung frei von gesellschaftlicher Konvention. Die eigenen Äußerungen bleiben jedoch unbegriffen. Interesse an Grenzwissenschaften. Nimmt Außenseiterpositionen ein, die »verdächtig stimmen«, oder hält sich mit der eigenen Meinung völlig zurück.

+ Größtmögliche Freiheit und Unabhängigkeit in der Bewältigung von Eindrücken, Denken und seelische Aussteuerung unabhängig von Umweltbedingungen, intellektuelles Erfassen von Hintergründigem.
– Intellektuelle Außenseiterposition, Unfähigkeit, sich an Umweltbedingungen anzupassen, reaktionsgelähmt, mangelnde Klarheit im Ausdruck.

Bekannte Persönlichkeiten: Gustav Scholz, Helmut Kohl, Adolf Eichmann, Richard Wagner, August Strindberg, Franz Grillparzer, Ernest Hemingway, Elvis Presley, John Cage, Bruce Lee, Orson Welles, Herbert A. Löhlein.

Venus in den Häusern

Venus im 1. Haus

Erotik und Hingabefähigkeit als Teil der instinktiven Eigenart. Bestrebt, Spannungen in der Umwelt auszugleichen. Fast immer in besonderem Maße attraktiv (ohne im konventionellen Sinne »schön« bzw. »hübsch« sein zu müssen). Mangelnde Aufmerksamkeit durch die Eltern in der Kindheit. In der Folge Ehrgeiz und Geltungsbedürfnis. Versteht, »Beziehungen« zu nutzen. Bei Männern Irritation in der eigenen Geschlechtsrolle durch die Mutter. Venus genau am Aszendenten: Tendenz zur Korpulenz (Kompensation: Überschlank).

+ Begegnungs-, Hingabe- und Ausgleichsfähigkeit als Teil instinktiver Eigenart (s. o.).
– In persönlichen Beziehungen opportunistisch.

Bekannte Persönlichkeiten: Arthur Neville Chamberlain, August Strindberg, Arnold Schwarzenegger, Dietmar Schönherr, Elisabeth Teissier, Elvis Presley, Emanuel Swedenborg, Gerald Ford, Gustaf Gründgens, Helmut

Kohl, Hermann Göring, Ingrid Bergman, John Cage, Richard Wagner, Uri Geller, Paul Newman.

Venus im 2. Haus

Pragmatische, erdhafte Erotik. Braucht geordnete und stabile Umweltbedingungen. Abhängig von der Sippe. Oft orts- und gruppengebunden. Existenzängste, Furcht vor Veränderungen, großes Sicherheitsbedürfnis.
Hingabe im Sinne der Eigensicherung.

+ Pragmatisch, meist seelisch und körperlich robust.
– Gruppenabhängig, inflexibel.

Bekannte Persönlichkeiten: Abraham Lincoln, Bertolt Brecht, Christian Klar, David Bowie, Ernst Röhm, Francisco Franco, Heinrich von Kleist, Hugo von Hofmannsthal, Henri de Toulouse-Lautrec, Joachim von Ribbentrop, Madonna, Manfred Köhnlechner, Oscar Wilde, Sophia Loren, Pierre A. Renoir.

Venus im 3. Haus

Erotisch ansprechbar, flirtet gerne. Erotische Neugier. Zahlreiche oberflächliche Bekanntschaften. »Beziehungen«, oft Geschäftssinn. Meist in der Kindheit entwurzelt. Fähigkeit, in jeder Umgebung zurechtzukommen, seelisch heimatlos. Liebt schöne Worte, ist für Komplimente empfänglich und weiß diese für seine Zwecke zu nutzen. Angst vor Konflikten und diplomatisches Geschick. Hingabe im Sinne der Selbstdarstellung.

+ Charme, Fähigkeit zu ästhetischer Selbstdarstellung, Sprachgefühl.
– Konfliktangst, oberflächliche Erotik.

Bekannte Persönlichkeiten: Agatha Christie, Albert Schweitzer, Christopher Reeves, Émile Zola, Franz Bekkenbauer, George Bernard Shaw, Gregg Allman, Hans Christian Andersen, Immanuel Kant, James Dean, Karl Marx, Louis Pasteur, Martin Held, Martin Luther, Mick Jagger, Montgomery Clift, Maurice Ravel, Nikola Tesla, Paul Cézanne, Joseph Goebbels, Rudi Carrell, Rudolf Steiner, Simon Wiesenthal, Simone de Beauvoir, Jim Jones.

Venus im 4. Haus

Emotionale Erotik, Partnerschaften dienen der Bewältigung seelischer Prozesse. Die »attraktive Mutter«. Die eigene Sinnlichkeit wird nach außen bewußt verborgen. Existenzsicherung durch seelische Eigenständigkeit. Kreative Erotik im Sinne der seelischen Eigenart. Künstlerische Begabung.

+ Schöpferische Erotik, emotionaler Zugang zu Partnerschaften. Vertrauen auf die eigenen seelischen Kräfte.
– Tendenz, das eigene Licht unter den Scheffel zu stellen, in Beziehungen launisch, die eigene Selbstsicherheit ist sehr stimmungsabhängig.

Bekannte Persönlichkeiten: Aleister Crowley, Alfred Kubin, Dean Martin, Édouard Manet, Ernst Haeckel, Fred Astaire, Helmut Schmidt, Joe Frazier, Luise Rinser, Michelangelo, Otto Hahn, Prinz Charles, Reinhold Messner, Yehudi Menuhin, Charles Carter.

Venus im 5. Haus

In Partnerschaften dominant. Gewöhnlich sehr starkes erotisches Interesse. Das eigene Handeln dient der (emotionalen) Existenzsicherung.
Gelegentlich Playboy- und Pascha-Allüren. Künstlerische Neigungen, kreativ im Selbstausdruck. Wirkt attraktiv. Ausgesprochen eitel.

+ Hingabe durch Gefühlsausdruck, künstlerische Neigungen.
– Eitel und selbstherrlich, insbesondere auch in persönlichen Beziehungen.

Bekannte Persönlichkeiten: Franz Josef Strauß, Franz Liszt, Graham Nash, Greta Garbo, Hans-Dietrich Genscher, Jane Fonda, Jean François Millet, Jean-Paul Sartre, Karlheinz Böhm, Keith Emerson, Konrad Adenauer, Marie Antoinette, Richard Chamberlain.

Venus im 6. Haus

Angemessene Anpassungsfähigkeit an Umweltbedingungen. Pragmatisches Verhältnis zur Erotik. (Unbewußter) Wunsch, sich einem dominanten Partner unterzuordnen. Fähigkeit, auch in schwierigen Situationen das Gesicht zu wahren. Konfliktangst. Im Partnerschaftsverhalten reaktiv bis passiv.

+ Pragmatisches, realistisches Verhältnis zur Erotik.
– Tendenz zur Scheinhingabe, die »schöne Fassade« ersetzt echte Genußfähigkeit.

Bekannte Persönlichkeiten: Dustin Hoffman, Prince, Susanne Albrecht, Jochen Rindt, Wolfgang Amadeus Mozart, Marcel Proust, Romy Schneider, Marlon Brando, Alice Cooper, John Denver, Leonardo da Vinci, Wilhelm II., Sigmund Freud, Robert Redford.

Venus im 7. Haus

Starkes Kontaktbedürfnis. Konzentration auf Freunde oder Partner. Harmonisierende Weltsicht (z. B. Glaube an »ausgleichende Gerechtigkeit«). Interesse an Kunst und Ästhetik, dementsprechende Kontakte. Braucht einen körperlich attraktiven Partner.

+ Echte Begegnungs- und Kontaktfähigkeit.
– Tendenz, zu sehr auf Äußerlichkeiten zu achten, Neigung, sich in der Existenzsicherung vom Partner abhängig zu machen.

Bekannte Persönlichkeiten: Bertrand Russell, Bette Davis, Bruce Low, E.T.A. Hoffmann, Edgar Degas, Elton John, Emanuel Lasker, Franz Schubert, Friedrich II., George Sand, Gudrun Ensslin, Heinrich Himmler, Henri Matisse, Herbert von Karajan, Hermann Hesse, Johnny Weissmüller, Vanessa Redgrave.

Venus im 8. Haus

Charismatische Ausstrahlung. Fähigkeit, andere zu faszinieren und zu beeinflussen. Ist in die Sippe und ihre Pläne eingebunden.
Prinzipien über persönliche Beziehungen stellen. (Versteckte) Leidenschaftlichkeit. Existenzsicherung durch Prinzipien und Vorstellungsinhalte.

+ Charisma, Leidenschaftlichkeit, Erotik, hohe Intensität und Unbedingtheit in zwischenmenschlichen Beziehungen.
– Tendenz zum Zwanghaften in der Erotik, Fähigkeit zur »Spinnenliebe« (der Partner wird »zu Tode geliebt«), Zug ins Morbide, im Extremfall Neigung zu Erkrankungen der Geschlechtsorgane, oft chronische innere Anspannung.

Bekannte Persönlichkeiten: Charles Baudelaire, Benito Mussolini, Burt Reynolds, Clint Eastwood, Wolfgang Döbereiner, Jacques Chirac, Jacques Yves Cousteau, Jacqueline Kennedy, John F. Kennedy, Johannes Kepler, John Travolta, Uwe Barschel, Georgiu Zamfir.

Venus im 9. Haus

Konstellation »allgemeiner Beliebtheit«. Kommt im sozialen Umfeld »gut an«. Fähigkeit, sich attraktiv darzustellen. Manchmal Interesse an Schauspielerei. Tolerant und nachgiebig Partnern gegenüber. Gelegentlich Tendenz zu Dreiecksbeziehungen. Erfolg durch die Unterstützung anderer. Der erfolgreiche Partner.

+ Allgemein beliebt, besondere Kontaktfähigkeit, kann mit Menschen umgehen, künstlerische Ambitionen.
– Oft zu nachgiebig dem Partner gegenüber, vielfach zu sehr auf die eigene Wirkung anderen gegenüber bedacht.

Bekannte Persönlichkeiten: Aldo Moro, Cat Stevens, David Cassidy, Friedrich Nietzsche, Gracia Patricia, Herb Alpert, Ingrid van Bergen, Jack London, Joan Baez, Leonard Bernstein, Marie Curie, Marilyn Monroe, Max Schmeling, Norman Mailer, Thomas Mann.

Venus im 10. Haus

»Konventionelle« Attraktivität. Braucht die Zusammenarbeit mit anderen Menschen. Treu und verbindlich, zuverlässig im Gefühlsbereich. Wirkt oft kühl bis berechnend, braucht lange, um Vertrauen zu einem Partner zu entwickeln. Anziehung zu gesellschaftlich bedeutsamen Partnern. Sucht seine Existenzsicherung in der Erfüllung gesellschaftlicher Maßstäbe. Hinweis auf eine Mutter, die ihre eigene Weiblichkeit nicht leben konnte oder nicht vermittelte. Bei Frauen Mißtrauen dem männlichen Prinzip gegenüber. Bei Männern Schuldgefühle Frauen gegenüber.

+ Attraktiv entsprechend dem Zeitgeist, zuverlässig und treu in Partnerschaften, ausgeprägtes Gerechtigkeitsempfinden.

– Mißtrauen dem anderen Geschlecht gegenüber, braucht Zeit, um Vertrauen zu entwickeln, wirkt manchmal unterkühlt.

Bekannte Persönlichkeiten: Albert Einstein, Albrecht Dürer, Arlo Guthrie, Brooke Shields, Enrico Caruso, Erwin Rommel, Hans Albers, Henry Miller, Iwan Rebroff, Jack London, Johann Wolfgang von Goethe, John Lennon, José Feliciano, Käthe Kollwitz, Otto von Bismarck, Papst Johannes XXIII., Robert Fischer, Thorwald Dethlefsen.

Venus im 11. Haus

Grunderfahrung der Existenzunsicherheit. Häufig widersprüchlicher Erziehungsstil der Eltern. Besitzt keine echte Gruppenbildung. Gehört nirgends dazu, kommt aber überall zurecht. Partnerschaften ergeben sich meist unvermutet und enden auch ebenso. (Unbewußte) Angst vor verbindlichen Beziehungen. Häufig künstlerische bzw. musikalische Begabung.

+ Spontan im persönlichen Umgang, flexibel in der existentiellen Absicherung, nicht ortsgebunden.
– (Unbewußte) Bindungsängste, unberechenbar im Begegnungsverhalten.

Bekannte Persönlichkeiten: Albert Speer, August Strindberg, Bruce Lee, David Carradine, Erik Satie, Erich von Däniken, Ernest Hemingway, Franz Kafka, Harry Belafonte, Honoré de Balzac, Ilja Richter, Jules Verne, Orson Welles, Peter Fonda.

Venus im 12. Haus

Häufig künstlerische Begabung (Malerei). Frei von vordergründigen Kriterien im Begegnungsverhalten. »Helfersyndrom«, gelegentlich idealistische und altruistische Neigungen. Affinität zu labilen oder schwachen Partnern. Unbewußte Angst, vom Partner durchschaut zu werden, deshalb muß die Beziehung »Fremdheit« garantieren. Vorurteilsfrei, bewertet Menschen nicht nach Äußerlichkeiten. Oft Interesse an Psychologie. Meist kein gutes Verhältnis zum Geld. Romantisch.

+ Idealismus, künstlerische (malerische) Begabung, uneingeschränkte Begegnungsoffenheit.
– (Unbewußte) Angst, von anderen (insbesondere dem Partner) durchschaut zu werden, neigt deshalb zu Beziehungen, in denen eine echte Verständigung unmöglich ist.

Bekannte Persönlichkeiten: Adolf Eichmann, Alfred Biolek, Arthur Rimbaud, Jimi Hendrix, Claude Debussy, Ernst Albrecht, Gregory Peck, Gustav Scholz, Henry Kissinger, Liselotte Pulver, Wernher von Braun, Jessy Rubin.

⁂ Mars in den Häusern

Mars im 1. Haus

Die Durchsetzung subjektiver Interessen entspricht der instinktiven Eigenart (= angeborene Neigungen, Antriebe und Bedürfnisse). Die durch das Aszendentenzeichen verkörperte Anlage wird gegen alle äußeren Widerstände durchgesetzt. Schafft sich unbewußt die Freiräume, die er braucht. Wird häufig von anderen als gelegentlich aggressiv eingeschätzt, empfindet sich selbst jedoch überhaupt nicht so.

+ Die eigenen Anlagen werden auch gegen Widerstände durchgesetzt und verwirklicht.
– Egoistisch, rücksichtslos, unterschätzt die eigene Wirkung auf andere.

Bekannte Persönlichkeiten: Allan Watts, Wernher von Braun, Luise Rinser, Konrad Adenauer, Ronald Reagan, Marie Antoinette, Justus von Liebig, Franz Beckenbauer, Bertolt Brecht, Sophia Loren, Iwan Rebroff, Aldo Moro, Leonard Bernstein, Gerald Ford, Dietmar Schönherr, Ernst Röhm, Sir Winston Churchill, Ernest Hemingway, Henry Kissinger, Walter Koch, Norman Mailer, Björn Borg.

Mars im 2. Haus

Bei unverletzter Mars-Stellung Zeichen besonders gesunder bis robuster Konstitution. Es wird viel Energie auf die Existenzsicherung verwandt. Diese Konstellation ist häufig ein Hinweis auf Spannungen zwischen den eigenen Eltern, die auf Kosten des Kindes ausgetragen wurden. Bei Männern vielfach »symbolische Kastration« durch die Mutter. Die eigene Männlichkeit wird verteufelt. In der späteren Entwicklung häufig Überkompensation durch betont »männliches« Auftreten und Verhalten. Glaubt, stark sein zu müssen, um akzeptiert zu werden. Kampf um Gruppenzugehörigkeit; Führungsanspruch in der Gruppe (Kompensation: Scheinunabhängigkeit).

+ Beständig und pragmatisch im Durchsetzen von Eigeninteressen, genußorientiert, Fähigkeit, um die eigene Existenzsicherung zu kämpfen, übernimmt selbst die Verantwortung für die Befriedigung eigener Bedürfnisse, braucht nicht die Schuldgefühle der anderen.
– Existenzangst, eigensinnig, Angst, Risiken einzugehen, Gefahr, Materielles überzubetonen.

Bekannte Persönlichkeiten: Franz Josef Strauß, Elisabeth Teissier, Liselotte Pulver, Otto Hahn, Albert Schweitzer, Arthur Rimbaud, Marlon Brando, John Cage, Johann Wolfgang von Goethe, Dean Martin, Maurice Ravel, Max

Schmeling, Georges Seurat, Mark Spitz, Simon Wiesenthal, Boris Becker, Marc Jones.

Mars im 3. Haus

Ausgeprägter Selbstdarstellungsdrang. Meist schnelle Auffassungsgabe, die »scharfe Zunge«, kritisches Denken, Zug ins Ironisch-Sarkastische. Ausgeprägter Bewegungsdrang, geistig-körperlich unruhig. Sprachlich-kommunikative Begabung, rhetorische Fähigkeiten, schauspielerische Neigungen und/oder entsprechendes Talent. Gibt sich härter, als er ist. Verwechselt schnell Bewegung mit Leistung.

+ Fähigkeit, Neigungen, Antriebe und Bedürfnisse darzustellen und durchzusetzen, sprachlich-darstellerische Begabung.
– Tendenz, Intellekt und eigenes Ego zu überschätzen, eigene Rücksichtslosigkeit wird meist nicht wahrgenommen, Neigung zu verletzenden Äußerungen.

Bekannte Persönlichkeiten: Hermann Hesse, Hugo von Hofmannsthal, Valerie Giscard d'Estaing, Paul Newman, George Sand, Ernst Haeckel, Victor Hugo, Martin Luther, Yehudi Menuhin, Michelangelo, Louis Pasteur, Oscar Wilde, Leonardo da Vinci, Martin Held, Edgar Degas.

Mars im 4. Haus

Extreme seelische Handlungsmotivation. Grundlage sind meist emotionale Spannungen. Ursächlich ist hier fast immer die familiäre Situation des Kindes, insbesondere die Beziehung zur Mutter. Angst, eigene Aggressionen zuzulassen und auszuleben. In der Folge Autoaggression, z. B. in Form von Magengeschwüren, Migräne, Allergien etc. Fähigkeit, die eigene Meinung für sich zu behalten. Selbstkritisch, oft (uneingestanden) ehrgeizig. Die innere

Anspannung kann schöpferisch genutzt werden. Braucht viel äußere Aktivität.

+ Starkes Bedürfnis nach schöpferischem Selbstausdruck.
– Gefahr selbstzerstörerischen Verhaltens, Tendenz zum Haustyrannen.

Bekannte Persönlichkeiten: Simone de Beauvoir, Richard Nixon, Émile Zola, Alfred Adler, Alfred Kubin, Romy Schneider, David Bowie, Richard Burton, Montgomery Clift, Keith Emerson, Joseph Goebbles, Hermann Göring, Jack Kerouac, Édouard Manet, Gregory Peck, Joachim von Ribbentrop.

Mars im 5. Haus

Fähigkeit, Eigeninteressen durchzusetzen. Führungsanspruch, keine Konfliktangst. Starke Handlungsmotivation, hohes Energiepotential. Leidensfähigkeit. Setzt seine Interessen durch. Stolz und eitel. Eigensinnig bis selbstherrlich. Starkes Gerechtigkeitsempfinden. Schnell verletzt. Dirigiert gerne. Bei unverletzter Mars-Stellung ausgeprägter Sexualtrieb, Tendenz zu »Affären«. Bei Frauen gelegentlich ein Hinweis auf die Gefahr von Fehlgeburten. Bei Männern Tendenz zu frühzeitiger »Tonsurbildung«. Hinweis auf Verletzungen und Krankheiten der eigenen Kinder.

+ Sehr hohes Energiepotential, ausgeprägter Gerechtigkeitssinn, starke Ausdrucksfähigkeit.
– Selbstgerechtigkeit, eitel, schnell beleidigt, Tendenz zur Selbstüberforderung.

Bekannte Persönlichkeiten: Prince, Jacky Ickx, Helmut Schmidt, Karlheinz Böhm, Enrico Caruso, Gottfried Wilhelm Leibniz, Heinrich von Kleist, Franz Liszt, Bruce

Low, Prinz Charles, Johannes Kepler, Jean François Millet, Giacomo Puccini, Robert Redford, Christopher Reeves, Albert Speer, Ringo Starr, John Travolta.

Mars im 6. Haus

Überzogene Reaktion auf Umweltbedingungen. Allergisch gegen jede Form von Maßregelung. Auffällige Tendenz zu unangepaßtem Verhalten. Sehr starke psychosomatische Komponente. Bei Frauen deutlicher Hinweis auf ausgeprägte Vaterproblematik: Der Vater wollte die Tochter nach seinen Vorstellungen »zurechtbiegen«, Rebellion der Tochter. Als Konsequenz grundsätzliches Mißtrauen den Männern und dem Männlichen gegenüber. Grundsätzlich starke Leistungsorientierung, die jedoch nur gelegentlich eingelöst wird. Sehr starke Tendenz, sich zu verzetteln. Nervöse Unruhe (Nägelkauen, Kaugummikauen, Zigarettenrauchen etc.). Permanente Angst, zu kurz zu kommen. In der Reaktion aggressiv, Überreaktion gegen Angriffe.

\+ Fähigkeit, gegen Begrenzung zu rebellieren, ist gegen Anpassungszwang, scharfes Erfassen von Situationen.
– Weigerung, sich auch in sinnvolle Zusammenhänge zu fügen, überempfindlich gegen jedes Reglement, Schwierigkeit, sich in vorgegebene Strukturen (Beruf, Ausbildung, gesellschaftliche Ereignisse etc.) angemessen einzuordnen, Überreaktionen gegen Angriffe.

Bekannte Persönlichkeiten: Aleister Crowley, Rudolf Steiner, Susanne Albrecht, Francisco Franco, Heinrich Himmler, Marcel Proust, Jules Verne, Robert Schumann, Otto von Bismarck, Sean Connery, Nikolaus Kopernikus, Clint Eastwood, Immanuel Kant, John Lennon, Karl Marx, Henri Matisse, Graham Nash, Omar Sharif, George Bernard Shaw, Nikola Tesla.

Mars im 7. Haus

Konfliktorientiertes, aggressives Denken. Oft überdurchschnittliche intellektuelle Fähigkeiten, jedoch ein Mangel an Selbstdisziplin im Denken. Neigung zu übereilten Schlüssen. Erlebt das eigene Konfliktpotential in der Umwelt. Tendenz zu jugendlichen Partnern. Neigung zu Auseinandersetzungen in der Partnerschaft. Fehlen von echter Harmonie in der Beziehung der Eltern. Mangel an Aufmerksamkeit. Lebt aus dem Gefühl heraus, der Umwelt etwas abtrotzen zu müssen. Läßt sich zu schnell auf andere ein. Fähigkeit, Situationen in der Umwelt sehr schnell zu erfassen. Bei Männern »Demontage« der eigenen Männlichkeit in der Kindheit durch die Mutter. In der Folge uneingestandener Frauenhaß, der als Freundlichkeit getarnt wird. Zwang, in Konfliktsituationen zu verlieren.

+ Begreift sehr schnell, was in der unmittelbaren Umwelt vor sich geht, geistige Beweglichkeit.
– Hang, allen »üblen Willen« zu unterstellen, Neigung, im zwischenmenschlichen Bereich »mit der Tür ins Haus zu fallen«.

Bekannte Persönlichkeiten: Jane Fonda, Henry Miller, Greta Garbo, Herbert von Karajan, Wolfgang Döbereiner, Bette Davis, Leo Tolstoi, Hans-Dietrich Genscher, David Carradine, Richard Chamberlain, Albert Einstein, Enrico Fermi, Robert Fischer, Benito Mussolini, Bertrand Russell, Johnny Weissmüller, William Butler Yeats.

Mars im 8. Haus

Braucht zum Durchsetzen der instinktiven Eigenart (= angeborene Neigungen, Antriebe und Bedürfnisse) die Legitimation durch ein Denkgebäude und/oder eine soziale Gruppe, in die man sich eingebunden fühlt. Tendenz, das Prinzip über die Realität zu stellen. Bei verletzten Mars-Stellungen manchmal ein Hinweis auf den Verlust des Vaters (vor dem zwölften Lebensjahr). Interessen werden konsequent und gründlich verfolgt, oft ohne Rücksicht auf die Gesundheit. Leidet meist sehr unter (uneingestandenen) Schuldgefühlen, da den Erwartungen der Eltern, Freunde und Partner nicht genügt werden kann; sucht sich dafür um so deutlicher geistig abzugrenzen.

+ Konsequenz in der Durchsetzung der instinktiven Eigenart, verwirklicht im subjektiven Verhalten übergeordnete (sippenbezogene) Interessen.
– Tendenz, die Realität an die Vorstellung anzupassen (auf Kosten der physischen Gesundheit), Neigung zu Schuldgefühlen.

Bekannte Persönlichkeiten: Marilyn Monroe, Adolf Hitler, Rudolf Heß, Gudrun Ensslin, Hans Christian Andersen, Fred Astaire, John F. Kennedy, Joan Baez, Charles Baudelaire, John Glenn, Oswald Spengler, José Feliciano, Elton John, Abraham Lincoln, Sidney Poitier, Erwin Rommel, Jim Jones, Evil Knievel, Pierre A. Renoir.

Mars im 9. Haus

Die »aggressive Toleranz«. Viele Menschen mit dieser Konstellation wuchsen in einem konfliktorientierten sozialen Milieu (Nachbarschaft, Spielkameraden etc.) auf, in dem sich nur durchsetzen konnte, wer seine Interessen aggressiv vertrat. Braucht, um seine Interessen durchsetzen und verwirklichen zu können, einen moralisch-ethischen Überbau.
Handelt im persönlichen Umfeld gemäß der eigenen Weltanschauung.
Ist im subjektiven Verhalten selbstherrlich.

+ Intellektueller Führungsanspruch, kann in der persönlichen Umgebung etwas darstellen.
– Selbstherrlichkeit, als Toleranz getarnte Trägheit oder Gleichgültigkeit anderen gegenüber.

Bekannte Persönlichkeiten: Ernst Albrecht, Albrecht Dürer, Muhammad Ali (=Cassius Clay), Emanuel Lasker, Marie Curie, Elvis Presley, Claude Debussy, Giuseppe Verdi, Ernst Krafft, Michael Nesmith.

Mars im 10. Haus

Widerstandsorientiert. Braucht Hindernisse, um an ihnen zu wachsen und zu reifen. Lebt nach der Devise: »Gelobt sei, was hart macht.« Ausgeprägte Selbstdisziplin. Kann für hochgesteckte Ziele eigene Bedürfnisse unterdrücken und verbergen. Oft schon in der Kindheit mit besonderer Verantwortung betraut. Geprägt von der Erfahrung, sich durchbeißen zu müssen.
Aggressionsgeblockt, braucht die gesellschaftliche Legitimation, um Subjektives zu äußern. Häufig Berufe mit sublimierter oder staatlich legitimierter Aggression, z.B. Militär und Polizei.

+ Große Ausdauer und Ehrgeiz in der Verfolgung eigener Ziele, Selbstdisziplin.
– Aggressionshemmung, Neigung zu »sadistischen« Verhaltensweisen.

Bekannte Persönlichkeiten: Dustin Hoffman, Napoleon I., Gregg Allman, Hans Albers, Gracia Patricia, Friedrich II., Franz Kafka, Jochen Rindt, Richard Wagner, Antoine de Saint-Exupéry, Jacqueline Kennedy, Herbert A. Löhlein, Albert Camus, Jacques Yves Cousteau, Joe Frazier, Arlo Guthrie, Mick Jagger, Walter Mondale, Friedrich Nietzsche, Erik Satie, Peter Sellers, Richard Strauss, Uwe Barschel.

Mars im 11. Haus

Die »ausgekuppelte Aggression«: Ärger und Wut können nur schwer am auslösenden Objekt empfunden und ausgelebt werden. Symptomatisch ist die Neigung zur Scheinüberlegenheit, man hat derart »primitive« Auseinandersetzungen »nicht nötig«. Die eigene Aggression entlädt sich dann unberechenbar am falschen Ort und zur falschen Zeit. Vielfach wurde in der Kindheit die Durchsetzung von Eigeninteressen bestraft, so daß die instinktive Eigenart (= angeborene Neigungen, Antriebe und Bedürfnisse) aus der konkreten Bezüglichkeit herausgenommen wurde. Die eigenen Interessen gehen vielfach in eine auffällig andere Richtung als die der übrigen Familie.
Bei Männern wurde durch ein schwaches Vaterbild die männliche Geschlechtsrolle nicht oder nur unzureichend gelernt. Kompensation durch Scheinstärke. Bei Frauen Triebverzicht oder Affinität zu scheinbar starken Männern. Grundsätzlich erhöhte Unfallneigung, zumal oft eine besondere Risikofreudigkeit (bei Männern) besteht: Man will sich etwas beweisen. Offener oder uneingestandener gesellschaftlicher Führungsanspruch.

+ In der instinktiven Eigenart (s.o.) unkonventionell, relativ unabhängig von konventionellen Reiz-Reaktions-Mustern, Chance zum kreativen Umgang mit Aggressionen.
– Rebellion gegen das Konventionelle als Selbstzweck, Neigung zu (sexuellen) Übersprungshandlungen, unberechenbarer Aggressionsausbruch (Unfall).

Bekannte Persönlichkeiten: Jean-Paul Sartre, Ingrid van Bergen, Rudi Carrell, Gustav Scholz, Honoré de Balzac, C.G. Jung, E.T.A. Hoffmann, Jack London, Franz Schubert, Franz Grillparzer, Paul Cézanne, Robert De Niro,

Manuel de Falla, Jimi Hendrix, Bruce Lee, Burt Reynolds, Max Schmeling, Peter Ustinov, Orson Welles, Jessy Rubin.

Mars im 12. Haus

Tarnung der instinktiven Eigenart (= angeborene Neigungen, Antriebe und Bedürfnisse). Durchsetzung von Eigeninteressen auf subtilem, unangreifbarem Wege, eventuell ohne Rücksicht auf die Rechtslage. Manchmal Hinweis auf frühe Trennung vom Vater. Bei Männern: Die männliche Geschlechtsrolle wurde nie gelernt, deshalb Schwierigkeiten, eigene Bedürfnisse zu zeigen und angemessen durchzusetzen. Bei Frauen: Anziehung zu Männern mit Neptun-Dominanz. Dies geht von spirituellen Interessen über psychische Labilität bis hin zum Drogenmißbrauch.

+ Kein Interesse an Vordergründigem.
– Orientierungslos bis weltfremd in der Durchsetzung der instinktiven Eigenart.

Bekannte Persönlichkeiten: Paul Gauguin, Manfred Köhnlechner, Hans-Jochen Vogel, Helmut Kohl, Adolf Eichmann, Gustaf Gründgens, Ferdinand von Habsburg, Harry Belafonte, Käthe Kollwitz, August Strindberg, Ilja Richter, Alfred Biolek, Peter Fonda, Arnold Schwarzenegger, Brooke Shields, Cat Stevens, Vincent van Gogh, Thorwald Dethlefsen.

Jupiter in den Häusern

Jupiter im 1. Haus

Kann seine instinktive Eigenart expansiv entfalten. Lebt aus dem Grundgefühl, daß ihm ein besonderer Platz im Leben zusteht. Beansprucht deshalb wie selbstverständlich mehr persönlichen Freiraum, als er anderen zubilligt. Ist meist in irgendeiner Form von Geburt an privilegiert, ohne daß dies jedoch von ihm selbst wahrgenommen und anerkannt werden könnte. Letztlich optimistische Lebenseinstellung, oft religiöse Veranlagung. Manchmal Weigerung, für die Verwirklichung persönlicher Ziele große Anstrengungen in Kauf zu nehmen. Wird von anderen oft bedeutsamer eingeschätzt, als er selbst ist. Vielfach schauspielerische Begabung und/oder Showtalent. Bei höherentwickelter Persönlichkeit sehr ausgeprägtes Gerechtigkeitsempfinden, jedoch Neigung zu selbstherrlichem Führungsanspruch. Dadurch, daß die eigene Person oft zu wichtig genommen wird, Tendenz zu gelegentlichen Depressionen.

+ Angeborenes Gerechtigkeitsempfinden, Toleranzfähigkeit, Führungsqualität.
– Arroganz, selbstherrlich, unkritisch sich selbst gegenüber, nimmt sich selbst zu wichtig.

Bekannte Persönlichkeiten: Dustin Hoffman, Rudi Carrell, Hermann Hesse, Napoleon I., E.T.A. Hoffmann, Elisabeth Teissier, Albert Schweitzer, Marlon Brando, Sir Winston Churchill, Jacques Yves Cousteau.

Jupiter im 2. Haus

Expansive Sicherheitsorientierung, Existenzangst, Das eigene Selbstwertgefühl ist mit dem materiellen Erfolg gekoppelt. Bei unverletzter Jupiter-Stellung die Fähigkeit, besonderen Wohlstand zu erreichen. Hinweis auf robuste körperliche Gesundheit.

+ Wohlstand, materielle Sicherheit, beruflicher Erfolg, robuste Gesundheit.
– Existenzangst, materialistische Grundeinstellung.

Bekannte Persönlichkeiten: Alan Watts, Jacky Ickx, Manfred Köhnlechner, Helmut Kohl, Jörg Lang, Albrecht Dürer, Wolfgang A. Mozart, Martin Held, David Bowie, Sir W. Churchill, Claude Debussy, Robert de Niro, Dean Martin, Michelangelo, Joachim von Ribbentrop, Erwin Rommel.

Jupiter im 3. Haus

Expansiver Selbstdarstellungsdrang. Redet gerne. Gibt sich gern generös. Kann sich vorteilhaft in Szene setzen. Oft mehr Schein als Sein. Fähigkeit, sich in gesprochenem Wort und Schrift auszudrücken. Abneigung gegen kleinkariertes Denken. Gelegentlich Neigung zur Korpulenz.

+ Sprachliche Begabung, Fähigkeit, sich vorteilhaft darzustellen.
– Angeber, Hochstapler.

Bekannte Persönlichkeiten: Adolf Hitler, Konrad Adenauer, Sophia Loren, Otto Hahn, Arthur Rimbaud, Hans-Dietrich Genscher, Bruce Low, Reinhold Messner, Ernst Röhm, Alice Cooper, Edgar Degas, Keith Emerson, Joseph Goebbels, Martin Luther, Ernest Hemingway.

Jupiter im 4. Haus

Expansives Gefühlsleben, optimistische Grundhaltung, Fähigkeit zum Glück in der Familie. Tendenz, Empfindungen zu dramatisieren. Oft Überbewertung (positiv wie negativ) der eigenen Mutter.

+ Grundsätzlich positive Lebenseinstellung, großes seelisches Energiereservoir.
– Nimmt das eigene Seelenleben zu wichtig.

Bekannte Persönlichkeiten: Aleister Crowley, Valerie Giscard d'Estaing, Gudrun Ensslin, Richard Nixon, Vanessa

Redgrave, Alfred Kubin, Marcel Proust, Robert Schumann, Giuseppe Verdi, Yehudi Menuhin.

Jupiter im 5. Haus

»Königskonstellation«, erfolgreiches Handeln, starke Genußorientierung. Ist mit der Verfolgung persönlicher Interessen gesellschaftlich erfolgreich. Kann andere ermutigen, ihre Individualität zu leben. Manchmal Hinweis auf mangelnde Ernsthaftigkeit in der eigenen Lebensbewältigung. Oft lange wirtschaftliche Abhängigkeit von den Eltern.

\+ Oft schneller Erfolg in der Verwirklichung persönlicher Interessen, natürliche Autorität, tolerant im Verhalten.
– Großspurigkeit, Naivität, handelt ausschließlich lustbetont, Selbstüberschätzung.

Bekannte Persönlichkeiten: Jean-Paul Sartre, Susanne Albrecht, Marie Antoinette, Oscar Wilde, Franz Beckenbauer, Leo Tolstoi, Oswald Spengler, Bob Dylan, Sigmund Freud, Hermann Göring, Jean François Millet, Arnold Schwarzenegger, Johnny Weissmüller.

Jupiter im 6. Haus

Gesellschaftlich erfolgreich durch die eigene Leistung. Arbeitet gerne. Sucht sich soviel wie möglich persönlichen Freiraum zu verschaffen. Oft schriftstellerische Begabung. Tendenz zu Leberfunktionsstörungen (erhöhter Cholesterinspiegel). Fähigkeit, sich »charmant danebenzubenehmen«.

\+ Schnelle Situationserfassung in der nahen Umgebung, sprachliche Begabung, große Leistungsfähigkeit.
– Voreilig, ungenau, schlampig, großzügiger, als er es sich leisten kann.

Bekannte Persönlichkeiten: Jane Fonda, Wernher von Braun, Emanuel Lasker, Jack London, Jules Verne, Prinz Charles, Graham Nash, Sidney Poitier, Mark Spitz.

Jupiter im 7. Haus

Erfolg durch andere. Der erfolgreiche Partner. Tendenz zu Minderwertigkeitskomplexen, da man die anderen über-, sich selbst jedoch unterschätzt. »Beliebtheitskonstellation«, kommt gut an in der Öffentlichkeit. Popularität und Erfolg. Schwierigkeiten in persönlichen Bindungen. Oft zahlreiche Feinde und Neider. Schwierigkeit, Wunsch und Wirklichkeit miteinander zu vereinen. Deshalb gelegentlich naiv bis weltfremd. In Krisen aufgesetzter Zweckoptimismus und Depressionen. Bei verletzter Jupiter- und Neptun-Stellung Tendenz zu Tabletten und Psychopharmakamißbrauch. Bei höherentwickelten Persönlichkeiten humanistische Weltsicht.

+ Kommt gut an in der Öffentlichkeit, wohlhabender Partner, Erfolg durch den Partner.
- Tendenz zu Dreiecksverhältnissen, Schwierigkeit, persönliche Beziehungen (Partnerschaften) aufzubauen, in dieser Hinsicht naiv.

Bekannte Persönlichkeiten: Marilyn Monroe, Gottfried Wilhelm Leibniz, Alfred Adler, Franz Grillparzer, Aldo Moro, August Strindberg, Sean Connery, Jimi Hendrix, Burt Reynolds, Max Schmeling, Björn Borg.

Jupiter im 8. Haus

Möchte die eigene Weltanschauung zum allgemeinverbindlichen Prinzip erheben, »Missionarskonstellation«. »Tolerant aus Prinzip«. Dogmatische Liberalität. Von sich und der Richtigkeit der eigenen Ansichten überzeugt. Charmant, solange ihm nicht widersprochen wird. Sehr ehrgeizig. Verträgt keine Kritik. Möchte andere zu ihrem Glück zwingen. Oft Führerfigur. Charisma. Autokratisch.

+ Führungsqualitäten, kann andere überzeugen, Charisma, Chance zu außergewöhnlichem Erfolg.
– »Missionierungsdrang«, selbstherrlich, unbelehrbar, verträgt keine Kritik.

Bekannte Persönlichkeiten: Clint Eastwood, Konrad Adenauer, John F. Kennedy, C. G. Jung, Herbert von Karajan, Charles Baudelaire, Norman Mailer, Benito Mussolini, Graham Nash, Louis Pasteur, Giacomo Puccini.

Jupiter im 9. Haus

Bei unverletzter Jupiter-Stellung und hohem Entwicklungsniveau humanistische Weltsicht, intensives philosophisches Interesse, Ablehnung von Gewalt. Möchte die eigene Weltsicht in der Öffentlichkeit darstellen. Kein Interesse an Oberflächlichkeiten. Gelegentlich Hinweis auf (erfolgreiche) Übersiedlung ins Ausland.

+ Philosophisch-humanistische Weltsicht, ausgeprägtes Empfinden für Gerechtigkeit, echte Toleranzfähigkeit, »Ruhm und Ehre«.
– Tendenz, die Realität zu idealisieren oder diese durch (philosophische) Weltanschauung zu ersetzen.

Bekannte Persönlichkeiten: Rudolf Steiner, Simone de Beauvoir, Luise Rinser, Friedrich II., Hugo von Hofmannsthal, Jochen Rindt, Bertolt Brecht, Liselotte Pulver, Leonard Bernstein, Romy Schneider, Albert Einstein, Bertrand Russell.

Jupiter im 10. Haus

Erfolgreich im gesellschaftlichen Sinne. Fähigkeit, Zeitströmungen zum persönlichen Vorteil zu nutzen, aber auch im Schicksal eingebunden in die Zeitphase. Erstrebt gesellschaftliche Anerkennung. Verkörpert in der eigenen Person erwünschte gesellschaftliche Kriterien. Lebt die Wünsche und Träume anderer. Massiver Selbstdarstellungsdrang in der Öffentlichkeit, im persönlichen Umgang oft kontaktgehemmt. Gefahr, um des Erfolgs willen völlig opportunistisch zu handeln.

+ Fähigkeit, gesellschaftliche Anerkennung zu erreichen.
– Tendenz zum Opportunismus, oft im persönlichen Umgang kontaktgestört.

Bekannte Persönlichkeiten: Ingrid van Bergen, Ernst Albrecht, Muhammad Ali (= Cassius Clay), Honoré de Balzac, Heinrich Himmler, Harry Belafonte, Elvis Presley, David Carradine, James Dean, Victor Hugo, Johannes Kepler, Christopher Reeves, Thorwald Dethlefsen, Dwight D. Eisenhower, Kurt Waldheim.

Jupiter im 11. Haus

Im eigenen Gerechtigkeitsempfinden scheinbar unabhängig vom Zeitgeist. In der eigenen Weltanschauung dem Konkreten übergeordnet bis weltfremd. Idealistisch. Tolerante Weltanschauung. Oft Protektion durch einflußreiche Freunde. Gespür für Inszenierungen.

+ Erfolg durch Originalität, übergeordnete Weltsicht, Kosmopolit.
– Irreale Moralvorstellungen, Tendenz ins Utopische.

Bekannte Persönlichkeiten: Prince, Paul Gauguin, Helmut Schmidt, Fred Astaire, Ronald Reagan, Ferdinand von Habsburg, Franz Kafka, Ludwig II., Iwan Rebroff, Franz Liszt, Willy Brandt, José Feliciano, Karl Marx, Omar Sharif, Albert Speer, John Travolta, William Butler Yeats, Uwe Barschel.

Jupiter im 12. Haus

Moralvorstellungen und Gerechtigkeitsempfinden, das völlig unabhängig von vordergründigen Erwägungen ist. Oft extreme, sensible Phantasie. Vielfach idealistisch, dabei von praktischen Erwägungen unbeeindruckbar. Meist toleranter und beliebter Arbeitgeber. Bei Männern Tendenz zum Alkoholmißbrauch.

+ Oft sehr phantasiebegabt, sensibel und einfühlsam, moralisch integer und unbestechlich.
– Zu sehr beeinflußbar durch Mystizismus, unklare moralische und ethische Vorstellungen, opportunistische Weltanschauung.

Bekannte Persönlichkeiten: Paul Newman, Gustav Scholz, Hans Christian Andersen, Adolf Eichmann, Émile Zola, Paul Cézanne, Lord Byron, Robert (»Bobby«) Fischer, Immanuel Kant, Vincent van Gogh, Simon Wiesenthal, Ferdinand Graf von Zeppelin.

⁂ Saturn in den Häusern

Saturn im 1. Haus

Hinweis auf eine harte Kindheit. Strenge Eltern. Fähigkeit zu verdrängen. Selbstdiszipliniert, widerstandsorientiert, scheinvernünftig. Schwierigkeit, Emotionen zu zeigen. Kann seine Interessen nur langsam durchsetzen, läßt sich von seinen Zielen jedoch nicht abbringen. Neigung zu Störungen der Gefäßdurchblutung.

+ Konzentriert, ausdauernd, konsequent.
– Gehemmt, widerstandsorientiert, zu ernsthaft.

Bekannte Persönlichkeiten: Doris Day, Francisco Franco, Fred Astaire, C.G.Jung, Émile Zola, Joan Baez, Elvis

Presley, Agatha Christie, Hans-Dietrich Genscher, Montgomery Clift, John Denver, Jack Kerouac, John Lennon, Édouard Manet, Orson Welles.

Saturn im 2. Haus

Außenseiter in der eigenen Sippe. Wird oft in die Sündenbockrolle gedrängt. Oft große Existenzängste. Finanzielle Schwierigkeiten, muß für die eigene wirtschaftliche Absicherung hart arbeiten. Das einmal Erreichte ist allerdings beständig.

+ Vorsichtig, verantwortungsvoll in der materiellen Absicherung.
– Mißtrauen, grenzt sich zu sehr gegen andere ab.

Bekannte Persönlichkeiten: Valerie Giscard d'Estaing, Franz Josef Strauß, Franz Beckenbauer, Alfred Adler, Paul Cézanne, Leo Tolstoi, Gerald Ford, Elvis Presley, Claude Debussy, Prinz Charles, George Bernard Shaw, Ringo Starr.

Saturn im 3. Haus

Belastetes Verhältnis zur unmittelbaren, persönlichen Umwelt; insbesondere zu Geschwistern, Nachbarn, Verwandten. Hinweis auf körperliche und/oder psychische Schwierigkeiten der Geschwister, die einen selbst in Mitleidenschaft ziehen. Hinweis auf Minderwertigkeitskomplexe. Fähigkeit und Neigung zu strukturiertem Denken. In der Kindheit altklug. Ein Elternteil gelegentlich zwanghaft. Beide Eltern hatten möglicherweise Angst vor Körperkontakt zum eigenen Kind.

+ Konsequenz im Denken, ernsthaft und tiefschürfend.
– Mangelnde intellektuelle Flexibilität, der Scheinlogik ausgeliefert.

Bekannte Persönlichkeiten: Karlheinz Böhm, Luise Rinser, Elisabeth Teissier, Heinrich von Kleist, Martin Luther, Sidney Poitier, Christopher Reeves, Nikola Tesla.

Saturn im 4. Haus

Das »disziplinierte Gefühlsleben«. Manchmal Hinweis auf den frühen Verlust eines Elternteils. Fähigkeit, unangenehme Gefühle und seelische Verwundungen zu verdrängen. Hinweis auf eine Verzichtposition in der Kindheit. Vielfach rigide (»preußische«) Erziehung. Oft schon allzufrüh in eine Verantwortung gedrängt. Ernsthaft, hat Schwierigkeiten, über seine Gefühle zu sprechen bzw. diese überhaupt zuzulassen. Die Mutter als Über-Ich-Repräsentant, die Personifikation von (schlechtem) Gewissen und Schuldgefühlen. Emotionale Berührungsängste.

\+ Fähigkeit, sich gegen Unerwünschtes emotional abzugrenzen.
– Gefühlsblockade.

Bekannte Persönlichkeiten: Simone de Beauvoir, Rudi Carrell, Gudrun Ensslin, Ronald Reagan, Herbert von Karajan, Gottfried Wilhelm Leibniz, Liselotte Pulver, Otto Hahn, Albert Schweitzer, Bette Davis, Franz Liszt, James Dean, Manuel de Falla, Maurice Ravel, Omar Sharif.

Saturn im 5. Haus

Konsequent in der Verfolgung eigener Ziele. Setzt durch das eigene Verhalten verbindliche Maßstäbe und/oder wird im eigenen Verhalten gesellschaftlich eingeengt. Wenig spontan, sondern eher überlegt. Neigung zu Durchblutungsstörungen der Herzkranzgefäße. Mangeldurchblutung der Extremitäten. Oft Neigung zu Humorlosigkeit. Mißt der Sexualität zuviel Bedeutung bei. Hochgesteckte Ziele und Ehrgeiz. Sehr starkes Bedürfnis nach Anerkennung, fühlt sich unterschätzt. Möchte das eigene Verhalten zum allgemeinverbindlichen Maßstab erheben. Neigung zu Depressionen. Der Vater als Über-Ich-Träger, die Personifikation von (schlechtem) Gewissen und Schuldgefühlen.

+ Ehrgeiz und Konsequenz in der Verfolgung hochgesteckter Ziele.
– Das »verplante« Gefühlsleben.

Bekannte Persönlichkeiten: Konrad Adenauer, Wolfgang Amadeus Mozart, Oswald Spengler, Richard Chamberlain, Sir Winston Churchill, Jean Cocteau, Bob Dylan, Joseph Goebbels, Dean Martin, Henri Matisse.

Saturn im 6. Haus

Sehr starke Selbstkontrolle. Neigung zu Nieren- und Blasenerkrankungen. Bei sehr verletzter Saturn-Stellung Tendenz zu Diabetes. Grundsätzlich die Gefahr chronischer Erkrankungen. Neigung, sich zu sehr an die Bedingungen anderer anzupassen.

+ Besondere Anpassungsfähigkeit, soziale Ader, Fähigkeiten im Dienstleistungsbereich.
– Unterdrückung und Verleugnung persönlicher Interessen, um nicht aufzufallen.

Bekannte Persönlichkeiten: Henry Miller, Prinz Andrew, E.T.A. Hoffmann, Wolfgang Döbereiner, Alfred Kubin, Otto von Bismarck, Richard Burton, Johannes Kepler, Brooke Shields.

Saturn im 7. Haus

Förmlich im Begegnungsverhalten. Sucht sich Partner, die er disziplinieren kann, oder solche, die ihn disziplinieren. Braucht Zeit, um sich auf neue Situationen einzustellen und sich von Gewohnheiten zu trennen. Formal, logisch, folgerichtig im Denken. Kann gut mit größeren Gruppen umgehen, im persönlichen Verhalten jedoch gezwungen. Sehr starkes Bedürfnis nach persönlicher Anerkennung, da diese in der Kindheit ausblieb.
Hinweis auf eine Mutter, die es nicht wagte, ihre eigene Weiblichkeit zu leben. Dementsprechend oft ein gestörtes Verhältnis zur Erotik.

+ Treue und Tiefe in der Partnerschaft.
– Hemmung bei Begegnung und Kontakten.

Berühmte Persönlichkeiten: Enrico Caruso, Herb Alpert, Vanessa Redgrave, Harry Belafonte, George Sand, Yehudi Menuhin, Benito Mussolini, Graham Nash, Simon Wiesenthal, Aleister Crowley, Sophia Loren, Norman Mailer, Michelangelo, Louis Pasteur, Thorwald Dethlefsen.

Saturn im 8. Haus

Sehr viel Selbstdisziplin, Ehrgeiz und Konsequenz in der Verfolgung hochgesteckter Ziele. Gefahr, die Wirklichkeit durch konstruierte Vorstellungsbilder zu ersetzen. Kann hart und rücksichtslos in der Durchsetzung von Prinzipien sein. Starkes Ehr- und Treuegefühl. Kann sich aus Verbindungen nur schwer lösen. Kann einmal getroffene Entscheidungen kaum widerrufen.

+ Setzt klare und eindeutige Richtlinien, an denen man sich auch orientiert.
– Prinzipienreiter.

Bekannte Persönlichkeiten: Paul Gauguin, Gustav Scholz, Marie Antoinette, Charles Baudelaire, Ilja Richter, Bruce Low, Jacques Yves Cousteau, Edgar Degas, Sigmund Freud, Liberace, Erwin Rommel, Giuseppe Verdi.

Saturn im 9. Haus

Hinweis auf Schwierigkeiten der Eltern während der ersten zwei Monate der Schwangerschaft. Diese können persönlicher oder materieller Natur gewesen sein. In der Regel handelt es sich jedoch um Ablehnung und/oder Anfeindung von außen. Das Kind wächst in einem sozialen Milieu auf, das ihm die prägende Erfahrung von Einschränkung und Ausgeschlossensein vermittelt. Wird in der übergeordneten Umwelt (Lehrer, Internat, Behörden etc.) diszipliniert. Schon frühe Auseinandersetzung mit ethischen Fragen. Im späteren Leben Erfolg durch die Disziplinierung anderer, »Pädagogenkonstellation«.

+ Pädagogische Fähigkeiten.
– Belehren müssen.

Bekannte Persönlichkeiten: Jane Fonda, Erich von Däniken, Napoleon I., Arthur Neville Chamberlain, Emanuel Swedenborg, Jochen Rindt, Marie Curie, Aldo Moro, José Feliciano, Enrico Fermi, Jean François Millet, Walter Mondale.

Saturn im 10. Haus

Sehr hochgesteckte Ziele. Ausdauer und Zähigkeit in der Verfolgung der Ziele. Bei Politikern »Sturz aus der Höhe«. Setzt klare und eindeutige Wertmaßstäbe, nach denen das Leben ausgerichtet wird.

+ Kann sehr hoch gesteckte Ziele erreichen.
– Vernachlässigung der Privatsphäre.

Bekannte Persönlichkeiten: Uwe Barschel, Paul Newman, Adolf Hitler, Hans-Jochen Vogel, Helmut Kohl, Albrecht Dürer, John F. Kennedy, Hans Albers, Jack London, Leonard Bernstein, John Cage, Albert Einstein.

Saturn im 11. Haus

Uneinigkeit der Eltern im Erziehungsstil. Zwiespältiges Über-Ich. In vielen Fällen wurde das Kind »gewünscht«, um die Unvereinbarkeit der Eltern zu überspielen. Angst, die eigene Individualität zu leben.

+ Fähigkeit, konventionelle Sackgassen zu überwinden, in diesem Sinne kreativ.
– Permanente innere Anspannung.

Bekannte Persönlichkeiten: Honoré de Balzac, Adolf Eichmann, Gustaf Gründgens, Gracia Patricia, Franz Kafka, Heinrich Himmler, Ingrid Bergman, Robert Fischer, Peter Fonda, Mick Jagger, Burt Reynolds, Georges Seurat, Cat Stevens, Henri de Toulouse-Lautrec.

Saturn im 12. Haus

(Unbewußte) Ablehnung von Disziplin und Reglement. Mag sich nicht in oberflächliche Ordnungssysteme fügen. Interesse an sozialen Fragen, insbesondere an Psychologie.

+ Gibt nichts auf Äußerlichkeiten, läßt sich durch Titel und ähnliches nicht beeindrucken, versucht, hinter die Dinge zu blicken.
– Mangel an Zuverlässigkeit, undiszipliniert.

Bekannte Persönlichkeiten: Manfred Köhnlechner, Wernher von Braun, Konrad Adenauer, Bertolt Brecht, Reinhold Messner, Robert De Niro, Johann Wolfgang von Goethe, Arlo Guthrie.

Uranus in den Häusern

Uranus im 1. Haus

In der Kindheit Position »zwischen den Stühlen«, Das Kind sollte Spannungen in der Familie, insbesondere zwischen den Eltern, ausgleichen. Häufig eine mittlere Position in der Geschwisterfolge. Angst, die eigene instinktive Eigenart (= angeborene Neigungen, Antriebe und Bedürfnisse) zu leben. Unterdrückung elementarer Bedürfnisse, um nicht »anzuecken«. Fähigkeit, sich in unterschiedlichsten Situationen zurechtzufinden. Geeignet als Vermittler. Oft Wohnortwechsel in der frühen Kindheit. Manchmal Hinweis auf überdurchschnittliches Längenwachstum.

+ Fähigkeit, Spannungen im persönlichen Umfeld kreativ zu nutzen, ist nicht seinen Triebmustern ausgeliefert.
– Aggressionshemmung.

Bekannte Persönlichkeiten: Aleister Crowley, Dietmar Schönherr, Walter Mondale, Nikola Tesla, Jean-Paul Sartre, Adolf Hitler, Luise Rinser, Edgar Degas.

Uranus im 2. Haus

Außenseiter in der eigenen Sippe. Mutiert aus den Gruppenkriterien.
Nimmt im Familienverband (positiv oder negativ) eine Sonderstellung ein. Empfindet sich als wurzel- und heimatlos. Schwankungen in der wirtschaftlichen Situation. Instabile Existenzsicherung.
Verdient auf ungewöhnliche Art seinen Lebensunterhalt oder übt mehrere Berufe gleichzeitig aus.
+ Ausgeprägte Individualität, unterliegt kaum sozialen Vorurteilen.
– Erlebt sich als wurzellos.

Bekannte Persönlichkeiten: Allan Watts, Paul Newman, Simone de Beauvoir, Hans-Jochen Vogel, Francisco Franco, Ronald Reagan, Herbert von Karajan, Franz Kafka, Bette Davis, Max Schmeling, Ringo Starr, Ernst Röhm.

Uranus im 3. Haus

Ausgeprägter Selbstdarstellungsdrang. Möchte originell erscheinen, sich als Person und im Äußeren von der Umgebung abheben. Bei unverletzter Uranus-Stellung möglicher Hinweis auf kreative Intelligenz. Kann in der Gesellschaft eine außergewöhnliche Position erreichen.

+ Fähigkeit, sich originell darzustellen.
– Vom persönlichen Umfeld unverstanden.

Bekannte Persönlichkeiten: Émile Zola, Agatha Christie, Louis Pasteur, Albrecht Dürer, Antoine de Saint-Exupéry, John Glenn, Elvis Presley, Nikolaus Kopernikus, Albert Einstein, Johann Wolfgang von Goethe.

Uranus im 4. Haus

Ausgeprägte seelische Empfindsamkeit. Spannungen im Heim führen zur emotionalen Ungeborgenheit in der Familie. Unbeständigkeit der Gefühle, starke Stimmungsschwankungen. Fähigkeit, emotionale Widersprüche zu ertragen. Diese Konstellation weist manchmal auf schizoide Tendenzen der Mutter hin: Es bestehen Unvereinbarkeiten zwischen ihren Äußerungen und den daran gekoppelten Emotionen.

+ Spannungen können schöpferisch genutzt werden, »seelische Kreativität«.
– Unfähigkeit zu eindeutigen Empfindungen oder Angst davor.

Bekannte Persönlichkeiten: Dustin Hoffman, Emanuel Swedenborg, Paul Cézanne, Marcel Proust, Ernst Haekkel, Franz Liszt, Hans-Dietrich Genscher, Bruce Low, Marlon Brando, Joseph Goebbels, Martin Luther, Simon Wiesenthal.

Uranus im 5. Haus

Im persönlichen Handeln originell bis inkonsequent. Gefahr von Herzrhythmusstörungen. Hinweis auf einen Vater, der sich der Familie entzog und/oder in seinem Verhalten zwiespältig war (kein eindeutiges Vaterbild). Sexuell leicht ansprechbar. Ablehnung des Konventionellen.

\+ Kreativ und flexibel im emotionalen Selbstausdruck.
– Angst, sich festzulegen und/oder festgelegt zu werden.

Bekannte Persönlichkeiten: Gudrun Ensslin, Emanuel Lasker, Richard Nixon, Martin Held, Albert Camus, Bob Dylan, Clint Eastwood, William Butler Yeats, Rudolf Heß, Friedrich II., Vincent van Gogh, Jimi Hendrix, Thorwald Dethlefsen.

Uranus im 6. Haus

Tut das Gegenteil von dem, was von ihm erwartet wird. Schwierigkeiten, einen ausgeglichenen Lebensrhythmus zu finden. Neigung zu Nervenerkrankungen.

\+ Kann aus Anpassungsmustern ausbrechen, besonderes Reaktionsvermögen.
– Widerspruch als Selbstzweck.

Bekannte Persönlichkeiten: Valerie Giscard d'Estaing, Helmut Schmidt, Jean Cocteau, Jack Kerouac, Édouard Manet, Jean François Millet, Sidney Poitier, Albert Speer, Giuseppe Verdi.

Uranus im 7. Haus

Unkonventionelles Begegnungsverhalten. Freundschaften mit sehr verschiedenen Persönlichkeiten (die sich untereinander kaum verstehen würden). Häufig wechselnde Interessen. Ablenkbar.
Leicht zu begeistern. Verbindungen werden oft schnell und unerwartet eingegangen. Braucht einen die Unabhängigkeit liebenden Partner.
Neigung zu »Zweitbeziehungen« bzw. zu Verbindungen mit verheirateten Partnern.

+ Kreatives Potential und Spontaneität im Begegnungsverhalten.
– Unfähigkeit zu Eindeutigkeit und Verbindlichkeit in der Partnerschaft.

Bekannte Persönlichkeiten: Rudolf Steiner, Henry Miller, Ingrid van Bergen, Karlheinz Böhm, C. G. Jung, Wolfgang Amadeus Mozart, Richard Chamberlain, James Dean, Sigmund Freud, Johannes Kepler, Omar Sharif, Björn Borg.

Uranus im 8. Haus

Widersprüchliche Wertmaßstäbe. Idealisierte Prinzipien. Schwierigkeit, eine eindeutige Einstellung zu entwickeln. Tendenz zu schizoiden Symptomen.
Zwei (widersprüchlichen) Traditionen verpflichtet. Tendenz, seine Prinzipien plötzlich und unerwartet zu ändern; »Treuebruch«.

+ Geistige Flexibilität.
– Leidet unter widersprüchlichen Wertmaßstäben.

Bekannte Persönlichkeiten: Marilyn Monroe, Hermann Hesse, Adolf Eichmann, Greta Garbo, George Sand, Leonardo da Vinci, José Feliciano, Enrico Fermi.

Uranus im 9. Haus

Freigeistige Weltanschauung. Interesse an originellen bis provokanten Philosophien. Besonderes Interesse an Astrologie. Lehnt die institutionalisierte Religion ab. Ist in einem außergewöhnlichen sozialen Umfeld aufgewachsen bzw. hat dort eine Sonderrolle eingenommen. Mißbehagen gegenüber dem Konventionellen.

+ Häufig überraschende positive Veränderungen des eigenen Lebensweges.
– In sich widersprüchliche Weltanschauung.

Bekannte Persönlichkeiten: Prince, Paul Gauguin, Wernher von Braun, Herb Alpert, Jochen Rindt, Vanessa Redgrave, Jules Verne, Oswald Spengler, Erwin Rommel.

Uranus im 10. Haus

Lebensziel »außerhalb der Norm«. Unvereinbarkeit zwischen den Eltern im Zeitraum von Schwangerschaft und Geburt. Nimmt eine außergewöhnliche gesellschaftliche Position ein, die ihm besondere Freiräume gewährt, oder sucht sich einen völlig unkonventionellen Weg, der auf öffentliche Anerkennung verzichtet.

+ Kann außergewöhnliche gesellschaftliche Bedeutung erreichen.
– Leidet unter schwer eingrenzbaren Schuldgefühlen, die Pläne kurz vor Erreichen des Ziels aufgeben lassen, im Extremfall auf Erfolglosigkeit »programmiert«.

Bekannte Persönlichkeiten: Erich von Däniken, Gustaf Gründgens, Heinrich Himmler, Wolfgang Döbereiner, Käthe Kollwitz, Benito Mussolini, Gregory Peck, Arlo Guthrie, Jane Fonda, Muhammad Ali (= Cassius Clay), Heinrich von Kleist, Robert Schumann, Joe Frazier, Karl Marx, Maurice Ravel.

Uranus im 11. Haus

Starkes Individualitätsstreben. Möchte auf gesellschaftlicher Ebene als Persönlichkeit anerkannt werden. Gesundes und intensives Verhältnis zu Gleichgesinnten. Ist oft »organisiert« (in einer Partei, einem engagierten Verein, einer Interessengemeinschaft, Gewerkschaft etc.).

+ Gut entwickelte Individualität, Unterstützung durch Gleichgesinnte.
– Zwang, um jeden Preis originell zu sein.

Bekannte Persönlichkeiten: Madonna, Gustav Scholz, Bertolt Brecht, Alfred Biolek, Willy Brandt, Claude Debussy, Robert Fischer, Mick Jagger, Elton John, Henry Kissinger, Christopher Reeves, Konrad Adenauer, Alfred Kubin, Victor Hugo, Mark Spitz.

Uranus im 12. Haus

Neigt dazu, Dinge miteinander zu verbinden, die nicht zusammenpassen.
Ansteckungsgefährdet. Sucht sich außergewöhnliche gesellschaftliche Freiräume, die aber meist persönliche Nachteile mit sich bringen. Interessiert sich für Experimente mit dem Unbewußten wie PSI, Yoga, Biofeedback, Hypnose etc.

+ Außergewöhnliches kreatives Potential, meist künstlerisch-technische Begabung.
– Gefahr des Realitätsverlustes, psychische Erkrankung.

Bekannte Persönlichkeiten: Thomas Mann, Helmut Kohl, Hans Albers, Franz Beckenbauer, David Cassidy, Robert De Niro, Peter Fonda, Hermann Göring, Norman Mailer, Burt Reynolds, Erik Satie, Arnold Schwarzenegger, Georg Bernard Shaw, Brooke Shields, Richard Strauss, Marc Jones.

Neptun in den Häusern

Neptun im 1. Haus

Oft labile Gesundheit in der frühen Kindheit, anstekkungsgefährdet, Untergewicht, Frühgeburt u.ä. Häufig Tendenz zum Astigmatismus (= Hornhautverkrümmung). Unklare Wohnsituation der Eltern und/oder Wohnen in beengten Verhältnissen. Betäubung der instinktiven Eigenart. Persönliche Bedürfnisse werden oft kaum empfunden und dementsprechend nicht gezeigt. Unsicherheit in fremder Umgebung. Angst, aufzufallen und auf Ablehnung zu stoßen. Empfindsam. Fähigkeit, Situationen intuitiv zu erfassen. In diesem Sinne psychologische und therapeutische Fähigkeiten. Eventuell Tendenz zum Alkohol- und Tablettenmißbrauch.

\+ Intuitive, künstlerisch-mediale Anlagen.
– Durchsetzungsschwäche, Labilität.

Bekannte Persönlichkeiten: Marilyn Monroe, Arthur Neville Chamberlain, Marcel Proust, August Strindberg, Jean Cocteau, Cat Stevens, Pierre A. Renoir.

Neptun im 2. Haus

Von der Sippe ignoriert. Wurde als Kind im eigenen Familienverband zuwenig beachtet, blieb dort unauffällig und unbestätigt. In kein tradiertes Sozialgefüge eingebunden. Unklares Verhältnis zum Materiellen. »Geld kommt und geht ohne ersichtlichen Grund.« Labile Gesundheit, empfindsame Konstitution. Neigt gelegentlich zu Verbindungen mit bereits verheirateten Partnern. Dauerhafte Beziehungen zu Partnern mit ausgeprägten religiösen, spirituellen oder künstlerischen Interessen. Wählt zur Existenzsicherung gern einen ungeeigneten Beruf.

+ Intuitive Existenzsicherung, Unabhängigkeit von Kriterien der Sippe.
– Orientierungslosigkeit, geschwächtes Immunsystem, manipulierbar.

Bekannte Persönlichkeiten: Emanuel Swedenborg, Heinrich von Kleist, Sophia Loren, Richard Burton, Arlo Guthrie, Orson Welles, William Butler Yeats, Jane Fonda, Henry Miller, Wernher von Braun, Konrad Adenauer, Muhammad Ali (= Cassius Clay), Adolf Eichmann, Joe Frazier, Peter Ustinov.

Neptun im 3. Haus

Gibt sich gern undurchschaubar, hat die Fähigkeit, durch die Weigerung sich zu äußern, interessant zu wirken. Läßt sich von jedem so sehen, wie dieser es will. Gibt anderen das Gefühl, ihre Ansichten würden bestätigt, ohne daß dies jedoch zutrifft. Fähigkeit, intuitiv zu denken. Oft Schwierigkeiten mit der Logik. Möchte von der Umwelt »unerkannt« bleiben; der »Traum von der Tarnkappe«. Kann in der Gesellschaft eine Position erreichen, die sich der Bewertung anderer entzieht. Häufig Tätigkeit in den Bereichen Psychologie, Psychotherapie, Esoterik, Astrologie, aber auch Malerei. Bei verletzter Neptun-Stellung die Gefahr des chronischen Drogenmißbrauchs (auch Alkohol, Tabletten, Zigaretten etc.).

+ Fähigkeit zu intuitivem, bildhaftem Denken.
– Mangelnde Klarheit im Selbstausdruck, Angst, im Mittelpunkt zu stehen.

Bekannte Persönlichkeiten: Greta Garbo, Franz Josef Strauß, C. G. Jung, Émile Zola, Marie Antoinette, August Strindberg, Alfred Biolek, Keith Emerson, Mick Jagger, Henry Kissinger, Louis Pasteur, Christopher Reeves, Joachim von Ribbentrop.

Neptun im 4. Haus

Möglicher Hinweis auf besondere psychische Labilität der Mutter, oft sogar neurotische Erkrankung und/oder Tablettenmißbrauch. Die Empfindungen zur eigenen Mutter müssen betäubt werden, um erträglich zu sein. Grundsätzlich Unklarheit über die eigene seelische Eigenart. Sehr hohe Empfindsamkeit bis hin zur Ängstlichkeit. Oft intensives Traumerleben (insbesondere bei Frauen).

+ Direkter Zugang zum Unbewußten, spirituelle Veranlagung.
– Betäubung des Emotionalen.

Bekannte Persönlichkeiten: Hermann Hesse, Hugo von Hofmannsthal, Ernst Haeckel, Paul Cézanne, Gerald Ford, Franz Liszt, Romy Schneider, Prinz Charles, Robert De Niro, Martin Luther, Arnold Schwarzenegger.

Neptun im 5. Haus

Im persönlichen Handeln undurchschaubar. Oft Antriebsschwäche. Mußte in der Kindheit die eigenen Aktivitäten verbergen und verschleiern, um nicht bestraft zu werden. Ungeklärte Vaterbeziehung bzw. Fremdheit dem eigenen Vater gegenüber. Hinweis auf dessen mögliche psychische Labilität. Eventuell Neigung des Vaters zu Alkohol- und Tablettenmißbrauch. Auch psychotherapeutische oder künstlerische Begabung.

+ Extreme Flexibilität und Wahrhaftigkeit im Selbstausdruck, »sensitives Handeln«.
– Verleugnet seine Gefühle vor sich und anderen. Steht nicht zu seinen Aktivitäten.

Bekannte Persönlichkeiten: Rudolf Steiner, Franz Beckenbauer, Franz Schubert, Sigmund Freud, Édouard Manet, Dean Martin, Giacomo Puccini, Max Schmeling, Gustaf

Gründgens, E.T.A. Hoffmann, Justus von Liebig, Arthur Rimbaud, Otto von Bismarck, Willy Brandt, Lord Byron, John Denver, Peter Fonda, Henri de Toulouse-Lautrec.

Neptun im 6. Haus

Ignoriert die Notwendigkeit persönlicher Anpassung. Freiheit zur Unvernunft. Größtmöglicher individueller Freiraum, indem Sachzwänge einfach nicht zur Kenntnis genommen werden. Feinstes Empfinden für Umweltprozesse, ohne sich jedoch danach zu richten. Im Verhältnis zu anderen, in persönlichen Beziehungen, unklar. Deutliche Tendenz zu Erkrankungen des vegetativen Nervensystems; psychosomatische Komponente. Neigung zu Hormonstörungen.

+ Völlig unabhängig von konventionellen Anpassungsmustern, läßt sich nicht ködern.
– Gefährdung durch die Betäubung wichtiger (seelischer) Reflexe, eingeschränkte Reaktionsfähigkeit.

Bekannte Persönlichkeiten: Luise Rinser, Alfred Adler, Otto Hahn, Oswald Spengler, John Lennon, Maurice Ravel, Robert Redford, Bertrand Russell, Helmut Kohl, Joan Baez, Bertolt Brecht, Manuel de Falla, Norman Mailer, Walter Mondale.

Neptun im 7. Haus

Uneingeschränkte Begegnungsoffenheit. Dadurch die Gefahr der Orientierungslosigkeit im Denken. Angst vor allem Verbindlichen und Endgültigen. (Unbewußte!) Vermeidung stabiler Partnerschaften. Der Partner ist bereits gebunden oder räumlich getrennt. Als Kompensation ergeben sich Beziehungen zu kulturell oder sozial stark anders geprägten Partnern sowie zu psychisch labilen oder drogengefährdeten Partnern. Gleichzeitig besteht jedoch die Chance zu von Vordergründigkeiten freien Beziehungen. Es besteht die Möglichkeit, »grenzenlose« Begegnungsfähigkeit zu entwickeln.

+ Wahrhaftige und unbegrenzte Begegnungsfähigkeit.
– Instinktunsicherheit in der Partnerwahl, Affinität zu labilen Partnern.

Bekannte Persönlichkeiten: Jean-Paul Sartre, Fred Astaire, Gracia Patricia, Franz Grillparzer, Dietmar Schönherr, David Carradine, Liberace, Yehudi Menuhin, Jean François Millet, Benito Mussolini, Ringo Starr, Giuseppe Verdi, Paul Newman, Paul Gauguin, Hans-Jochen Vogel, Hans Albers, Ronald Reagan, Oscar Wilde, Richard Wagner, Albert Schweitzer, Leo Tolstoi, Hermann Göring, Marc Jones.

Neptun im 8. Haus

Abneigung gegen jegliche Form von Ideologie. Die Eltern waren unfähig, eindeutige Wertmaßstäbe zu vertreten, oder diese wurden vom Kind in einem solchen Maße abgelehnt, daß ihre Wahrnehmung betäubt wurde.
Fällt aus den Kriterien der Sippe. Das Erbgut im Sinne der gesammelten Erfahrungen der Vorfahren wird nicht mehr weitergegeben (entweder Kinderlosigkeit oder Kinder, in denen sich das Erbgut des Partners dominant widerspiegelt). Oft Schwierigkeit mit Situationen, in denen Verantwortung übernommen werden muß. Unzuverlässig, aber auch bindungsoffen und undogmatisch.

+ Undogmatisch, geistige Unabhängigkeit.
– Prinzipienlosigkeit fehlender Halt durch (geistige) Gruppenbindung.

Bekannte Persönlichkeiten: Dustin Hoffman, Adolf Hitler, Gudrun Ensslin, Herbert von Karajan, Alfred Kubin,

Jules Verne, Bette Davis, Käthe Kollwitz, Ilja Richter, Sean Connery, Max Schmeling, Johnny Weissmüller, Thorwald Dethlefsen.

Neptun im 9. Haus

Mystisch-esoterische Weltsicht. Keine klare Weltanschauung. Sehr beeindruckbar. Oft zu tolerant in der Einstellung anderen gegenüber. Wirkt dadurch gelegentlich weichlich und manipulierbar. Wuchs in einem sozialen Milieu auf, in dem keine klaren und eindeutigen Auseinandersetzungen möglich waren. Wurde dort als »seltsam« betrachtet oder blieb unbeachtet. Manchmal Interesse an philosophischen Grundsatzfragen. Sucht nach Einsichten »um ihrer selbst willen«.

+ Philosophisch-spirituelle Interessen, außergewöhnliche Toleranzfähigkeit.
– Tendenz zu Stoffwechselstörungen, tolerant aus Angst, abgelehnt zu werden.

Bekannte Persönlichkeiten: Thomas Mann, John Glenn, Jimi Hendrix, Aldo Moro, Johann Wolfgang von Goethe, Leonard Bernstein, Manfred Köhnlechner, Francisco Franco, Elisabeth Teissier, Ludwig II., George Sand, Hans-Dietrich Genscher, Ernst Röhm, Marlon Brando, Bob Dylan, Henri Matisse.

Neptun im 10. Haus

Lebensziel völlig unabhängig vom Zeitgeist. In diesem Sinne eigenständig, aber auch unverstanden. Wirkt in der Öffentlichkeit befremdlich oder bleibt unbeachtet. Kein Interesse an vordergründigen Normen.
Entwickelt als übergeordnete Struktur die Kriterien des Hintergründigen, des Unbewußten; »Psychologenkonstellation«.

+ Spirituelle Lebensorientierung, Empfinden für und Interesse an den Hintergründen gesellschaftlicher Konventionen, psychologisch-therapeutische Begabung.
– Betäubung von Ängsten und Schuldgefühlen, kann den Druck von gesellschaftlichen Konventionen nicht ertragen, psychisch labil.

Bekannte Persönlichkeiten: Napoleon I., John F. Kennedy, Franz Kafka, Antoine de Saint-Exupéry, Jacqueline Kennedy, Aldo Moro, Jacques Yves Cousteau, Clint Eastwood, Ernest Hemingway, Bruce Lee, Abraham Lincoln, Erik Satie, Richard Strauss, Wilhelm II., Aleister Crowley, Agatha Christie, Karl Marx.

Neptun im 11. Haus

Angst, im gesellschaftlichen Rahmen Individualität zu gewinnen. Schwierigkeit oder Weigerung, in der Öffentlichkeit eine gesicherte Position einzunehmen. Wenn allgemeingültige Bedeutung erlangt wird, führt diese zur Auflösung bisher geltender Normen. Möchte sich eigentlich mit allen Menschen solidarisieren, in diesem Sinne Altruist.

+ Abneigung gegen jede künstliche Unterscheidung, kann im Verschiedenartigen das Gemeinsame erkennen, daher Eignung als Vermittler und Schlichter.
– Angst, eigenes Profil zu gewinnen, Unfähigkeit, Widersprüche zu erkennen, »ignoriert die Zeichen der Zeit«.

Bekannte Persönlichkeiten: Ingrid van Bergen, Rudolf Heß, Enrico Caruso, John Cage, Albert Einstein, José Feliciano, Valerie Giscard d'Estaing, Helmut Schmidt, Hans Christian Andersen, Richard Nixon, Wolfgang Amadeus Mozart, Robert Schumann, Martin Held, Albert Camus, James Dean.

Neptun im 12. Haus

»Gesundes« Verhältnis zum Spirituellen. Interesse an Hintergründigem. Großer gesellschaftlicher Freiraum, da man es vermeidet, unangenehm aufzufallen. Bei verletzter Neptun-Stellung gesteigerte Neigung zu Infektionen.

+ Kann sich auf seine Intuition verlassen, bleibt von staatlicher und bürokratischer Willkür weitgehend unbehelligt.
– Weltfremd und unrealistisch, fällt im Extremfall als »Sonderling« auf.

Bekannte Persönlichkeiten: Ernst Albrecht, Gregg Allman, Friedrich II., Liselotte Pulver, Iwan Rebroff, Ingrid Bergman, Montgomery Clift, Vincent van Gogh, Uri Geller, Jerry Rubin, Peter Sellers, Boris Becker.

⁂ Pluto in den Häusern

Pluto im 1. Haus

Vorstellungsbezogen, Interessen werden ohne Rücksicht auf die Realität durchgesetzt. Unbeirrbar. Konsequent bis hin zur Selbstzerstörung. Fasziniert und gleichzeitig abgestoßen von der Macht über andere. Oft außergewöhnliches (erotisches) Charisma. Hinweis auf stark konzentrierte Charakteranlagen; Fähigkeiten treten in extremer Form zutage. Eigenheiten der Vorfahren verdichten sich zur persönlichen Anlage; deshalb überdurchschnittlich häufig Ausnahmebegabungen.

+ Kann bei der Durchsetzung seiner Interessen sämtliche Reserven mobilisieren.
– Gelegentlich Hinweis auf angeborene genetische Defekte.

Bekannte Persönlichkeiten: Albrecht Dürer, Adolf Eichmann, Greta Garbo, Marcel Proust, Prinz Charles, Alfred Biolek, Nikolaus Kopernikus, Keith Emerson, Bobby Fischer, Johann Wolfgang von Goethe, Mick Jagger, Nikola Tesla, Orson Welles, Henry Kissinger, John D. Rockefeller.

Pluto im 2. Haus

Immer ein Hinweis auf besondere erotische Ausstrahlung. Löst durch die eigene Körperlichkeit in anderen »Urinstinkte« aus. Bei verletzter Pluto-Stellung jedoch ein möglicher Hinweis auf körperliche Defekte. Fähigkeit, eine intensive Wirkung auf andere auszuüben, die mit der Größe des Publikums wächst. Intensives Interesse an Erotik und Sexualität. Kann in diesem Bereich einen Archetypus verkörpern.

+ Fähigkeit, es zu außergewöhnlich hohem materiellen Wohlstand zu bringen.
– Hinweis auf massive Existenzängste, die bis hin zum Geiz führen können.

Bekannte Persönlichkeiten: Gustav Scholz, Henry Miller, Konrad Adenauer, Hans Christian Andersen, Prinz Andrew, Arthur Neville Chamberlain, Harry Belafonte, Marie Curie, Romy Schneider, August Strindberg, Reinhold Messner, David Cassidy, Edgar Degas, Robert De Niro, Enrico Fermi, Gregory Peck, Arnold Schwarzenegger, John Travolta, Dwight D. Eisenhower.

Pluto im 3. Haus

Stellt sich gerne als Leitfigur dar. Läßt keine Alternative zu. Versucht durch Sprache sowie im persönlichen Auftreten, Macht zu erlangen. Hang zum Demagogischen. Rhetorische Fähigkeiten. Gelegentlich Hinweis auf extreme (positive oder negative) intellektuelle Begabung. Kann durch selbstsicheres Auftreten faszinieren. Wirkt oft arrogant. Neigt zu destruktiven Äußerungen. Manchmal Hinweis auf Geschwister mit besonderen (körperlichen) Eigenschaften, die auffällig von der Norm abweichen. Kann in der Gesellschaft eine Machtposition erreichen.

\+ Fähigkeit zu abstraktem Denken.
– Zug ins Zwanghafte.

Bekannte Persönlichkeiten: C. G. Jung, Franz Beckenbauer, Martin Luther, Joachim von Ribbentrop, William Butler Yeats, Napoleon I., Willy Brandt, John Denver, Peter Fonda, Burt Reynolds.

Pluto im 4. Haus

Absolutheitsanspruch im Gefühlsbereich, radikale Empfindungen, Alles-oder-nichts-Mentalität. Leidenschaftliche Emotionen bis hin zur Realitätsverleugnung.
Hinweis auf ein dogmatisches Elternhaus. Oft problematische Mutterbeziehung, Rigidität und/oder Zwanghaftigkeit der Mutter. Die »seelischen Abgründe«. Kann aus einem immensen seelischen Energiereservoir schöpfen. Interesse an Tiefenpsychologie. Gefahr extremer Stimmungsschwankungen, die nach außen durch Zweckoptimismus kaschiert werden. Selbstdisziplin und Verdrängungsfähigkeit im Emotionalen. Fähigkeit, alle Energie auf ein Ziel zu richten. Gut getarnter Ehrgeiz und Machtanspruch. »Absturzkonstellation« in Ereignishoroskopen.

\+ Zu intensivsten Empfindungen fähig.
– Neigung, Emotionen durch Vorstellungen zu ersetzen, »Verdrängerkonstellation«.

Bekannte Persönlichkeiten: Helmut Kohl, Papst Johannes XXIII., Heinrich Himmler, Joan Baez, Wolfgang

Amadeus Mozart, Victor Hugo, Norman Mailer, Dean Martin, Erwin Rommel, Liza Minelli, Rollo R. May.

Pluto im 5. Haus

Im persönlichen Handeln vorstellungs- und machtorientiert. Möchte seine Prinzipien uneingeschränkt verwirklichen. Handelt nach Plan. Mangel an Spontaneität, dogmatisch im Verhalten. Verhält sich leitbildorientiert, möchte insgeheim selbst zum Leitbild werden. Richtet all seine Energien auf ein Ziel, in diesem Sinne radikal. Hat seine Gefühlsäußerungen unter Kontrolle. Eventuell dogmatischer Vater, der den seelischen Freiraum des Kindes beschnitt und/oder mit massiven Angstfaktoren und Schuldgefühlen operierte. Tendenz, der Sexualität zuviel Bedeutung beizumessen, oder in diesem Bereich aufgrund von vorurteilsbehafteter Erziehung stark gehemmt.

+ Fähigkeit zu intensivstem Gefühlsausdruck, Führungsqualitäten.
– Beschneidung von Spontaneität, übertriebener Ehrgeiz.

Bekannte Persönlichkeiten: Hermann Hesse, Luise Rinser, Dietmar Schönherr, Richard Burton, John Lennon, Robert Redford, Ringo Starr, Gustaf Gründgens, Friedrich II., August Strindberg, David Carradine, Walter Mondale, Friedrich Nietzsche.

Pluto im 6. Haus

Extrem leistungsorientiert. Angst, den eigenen seelischen Freiraum in Anspruch zu nehmen. (Uneingestandener) Wunsch, sich einer Autorität unterzuordnen (insbesondere im Partnerschaftsbereich). Kann nach außen außergewöhnlich unabhängig und selbstbewußt wirken. Angst, »gekauft« zu werden: Schwierigkeiten, Geschenke anzunehmen. Tendenz zu Erkrankungen der Geschlechtsorgane. Bei stark verletzter Pluto-Stellung gelegentlich Hinweis auf eine Neigung zur Zwanghaftigkeit.

+ Fähigkeit, betont unabhängig und selbstbewußt zu erscheinen.
– Unbewußte masochistische Tendenzen.

Bekannte Persönlichkeiten: Rudolf Steiner, Marie Antoinette, Paul Cézanne, Heinrich von Kleist, Sigmund Freud, Bertolt Brecht, Henri de Toulouse-Lautrec.

Pluto im 7. Haus

Oft sehr charismatische Ausstrahlung. Verkörpert den scheinbaren Idealpartner. Braucht Publikum oder eine Verehrerschar. Tendenz zu destruktiven Partnerschaften. Tendenz, vom Partner in die Rolle des ewigen Gewinners gedrängt zu werden. Angst, dem Partner gegenüber Schwächen zuzugeben. Zwingt den Partner in die eigene Vorstellungswelt.

+ Charismatische Ausstrahlung, der »Partner-Archetypus«.
– Stark selektiver Wirklichkeitszugang.

Bekannte Persönlichkeiten: Dustin Hoffman, Jean-Paul Sartre, Gudrun Ensslin, Fred Astaire, Honoré de Balzac, Herbert von Karajan, Charles Baudelaire, Otto Hahn, Bette Davis, Oswald Spengler, Sean Connery, Liberace, Maurice Ravel, Björn Borg, Thorwald Dethlefsen.

Pluto im 8. Haus

Angemessenes Verhältnis zu Wertmaßstäben. Trägt die Tradition der Sippe weiter, ohne jedoch Eigenständigkeit zu opfern. Verantwortungsfähig. Tendenz zu Schuldgefühlen.

+ In eine (geistige) Tradition eingebunden, klaren Prinzipien verpflichtet.
– Mangelnde geistige Eigenständigkeit, durch Schuldgefühle manipulierbar.

Bekannte Persönlichkeiten: Adolf Hitler, Jacqueline Kennedy, John Glenn, Otto von Bismarck, Marlon Brando, Bob Dylan, Clint Eastwood, Édouard Manet, Aldo Moro, Manfred Köhnlechner, Albert Schweitzer, Hans-Dietrich Genscher, Sir Winston Churchill, Jimi Hendrix.

Pluto im 9. Haus

»Dogmatische Toleranz«; möchte andere gern missionieren, gibt dies jedoch nicht zu; (uneingestandener) Machtanspruch im sozialen Umfeld. Nimmt gemeinsam mit dem Partner (durch den Partner) eine Autoritätsposition ein. Intensives Interesse an ethischen und moralischen Fragen. Starkes Verantwortungsgefühl. Persönliche Schwierigkeiten, Ängste und Schuldgefühle gehen oft auf die religiöse Erziehung zurück.

+ Fähigkeit, andere zu überzeugen und zu begeistern.
– »Dogmatische« Scheintoleranz.

Bekannte Persönlichkeiten: Paul Gauguin, John F. Kennedy, E.T.A. Hoffmann, Justus von Liebig, Franz Schubert, Alfred Kubin, Leonard Bernstein, Käthe Kollwitz, Bruce Low, Lord Byron, Jacques Yves Cousteau, Max Schmeling, Boris Becker.

Pluto im 10. Haus

Will sich in der Gesellschaft als Leitbild darstellen. Strebt Führungsposition an. Hinweis auf ausgeprägte Autoritätskonflikte (Angst vor Behörden). Oft sehr dogmatische Erziehung, die kaum emotionalen Freiraum ließ. Ausgeprägtes schuldorientiertes Über-Ich soll die Wertmaßstäbe der Sippe weitertragen. Muß lernen, daß die von den Eltern übernommenen Wertvorstellungen keinen Absolutheitsanspruch haben dürfen.

+ Zuverlässig und konsequent in außerpersönlichen Beziehungen.
– Angst vor der Macht anderer (Kompensation: eigenes Machtstreben).

Bekannte Persönlichkeiten: Prince, Thomas Mann, Franz Kafka, Antoine de Saint-Exupéry, Iwan Rebroff, John Cage, Ernest Hemingway, Erik Satie, Cat Stevens.

Pluto im 11. Haus

Mutiert aus den Wertmaßstäben der Sippe. Entwickelt Neigungen und Charaktereigenschaften, die den Interessen der familiären Tradition zuwiderlaufen. Zug ins Sophistische. Zwischen widersprüchlichen Grundsätzen und Wertvorstellungen hin und her gerissen. Neigung zu Orientierungslosigkeit, da es keine eindeutigen und zuverlässigen Maßstäbe gibt, auf denen Zielvorstellungen und Verhaltenskriterien aufgebaut werden können. In diesem Sinne Zwang, »das Rad neu zu erfinden«. Angespannte Grundkonstitution. Symptomatisch ist, daß sich die Eltern meist ein Kind des anderen Geschlechts gewünscht haben. Dadurch Irritation in der Geschlechtsorientierung.

+ Kann neue Maßstäbe im Gesellschaftlichen setzen.
– Schwierigkeit, eindeutige Prinzipien zu entwickeln und zu leben.

Bekannte Persönlichkeiten: Rudolf Heß, Enrico Caruso, Ernst Albrecht, Richard Wagner, Jules Verne, Herbert A. Löhlein, Ingrid Bergman, Albert Einstein, Johannes Kepler, Peter Sellers, Richard Strauss.

Pluto in 12. Haus

Interesse an Magie. Oft von Sekten angezogen. Unbewußte Weigerung, die im Genetischen verwurzelten Werte der Sippe weiterzutragen. Symptomatisch: oft keine Kinder bzw. Kinder mit einem Partner, der den Werten der eigenen Sippe widerspricht. Wirkt auf andere gelegentlich geheimnisvoll bis unheimlich. Erhöhte Neigung zu Ansteckungen im Urogenitalbereich. Gelegentlich Hinweis auf Gefährdung während der Schwangerschaft. Diese Konstellation ergibt sich überzufällig häufig bei Personen, bei deren Geburt die Eltern schon relativ alt waren. Bei Frauen Tendenz zu unbemerkten Schwangerschaften (bis hin zum fünften Monat). Bei Männern möglicher Hinweis auf eingeschränkte Zeugungsfähigkeit.

\+ Fähigkeit zu symbolhaft-magischem Denken, unabhängig von geistigen Traditionen.
– In Krisensituationen massiv erhöhte psychische Labilität.

Bekannte Persönlichkeiten: Marilyn Monroe, Sophia Loren, Arlo Guthrie, Albert Speer, Peter Ustinov, Vincent van Gogh, Jane Fonda, Jacky Ickx, Erich von Däniken, Muhammad Ali (= Cassius Clay), Jack London, Joe Frazier, Elton John, George Bernard Shaw, Brooke Shields, Mark Spitz.

Der Aszendent in den Zeichen

Die Fragestellung, was denn nun wichtiger sei, das Sternzeichen oder der Aszendent, ist etwa so sinnvoll, als würde man wissen wollen, auf welches Organ man eher verzichten könne, auf die Niere oder die Leber ... Wichtiger, im Sinne von individueller Bedeutung, ist der Aszen-

dent, denn während die Sonne ihre Position täglich um ein Grad verändert, geschieht dies beim Aszendenten in etwa vier Minuten.
Der Aszendent ist jedoch kein Himmelskörper, sondern lediglich ein rechnerischer Punkt. Die Astrologen des Mittelalters sagten, der Aszendent »strahlt« nicht. Er kann somit nur (wie die übrigen Häuserspitzen auch) Rahmenbedingungen vorgeben, innerhalb deren sich die Planetenenergien verwirklichen müssen.
Der Aszendent symbolisiert die individuellen Anlagen, das Rüstzeug, welches uns für dieses Leben mitgegeben wurde. Er sagt nichts darüber aus, was wir mit diesem »Arbeitsmaterial« anfangen werden, hierzu müßten wir die Planetenstände berücksichtigen.
In besonderem Maße wird die Bedeutung des Aszendentenzeichens durch die Stellung seines Herrschers sowie durch Planeten, die sich im 1. Haus befinden, verändert. Zusätzlich müßten noch Aspekte des Geburtsherrschers sowie Aspekte zur Spitze des 1. Hauses berücksichtigt werden. So wird sich die Impulsivität eines Widder-Aszendenten, die ungestüme Durchsetzung von Eigeninteressen, bei einem Mars im 12. Haus sehr viel unauffälliger und »harmloser« zeigen, als wenn sich dieser z. B. im 5. Haus befände.
Insbesondere bei den körperlichen Entsprechungen sind die Planeten im 1. Haus von entscheidender Bedeutung, dies gilt um so mehr, wenn sich ein Planet in enger Konjunktion zum Aszendenten befindet. In diesem Fall können die Eigenschaften des von diesem Planeten beherrschten Zeichens die des Aszendenten völlig überlagern. Merkur in genauer Konjunktion mit einem Löwe-Aszendenten mag den unter dieser Konstellation Geborenen in seiner körperlichen Erscheinung einem Zwillinge-Aszendenten ähnlich machen etc.
Grundsätzlich sollten die körperlichen Analogien nur als

allgemeine, typologische Entsprechungen aufgefaßt werden, da die Ausnahmen - die im Rahmen dieses Buches aber nicht zur Sprache kommen - sehr zahlreich sind.
Es ist also, wie bereits mehrfach betont wurde, nicht sinnvoll, sich auf einzelne, isolierte Konstellationen zu stürzen, wenn man etwas über einen Menschen erfahren möchte.
Vielmehr ist es hilfreich, sich mit den Prinzipien der einzelnen Aszendenten - die im folgenden stichwortartig erläutert werden - vertraut zu machen und diese dann im Zusammenhang mit den übrigen Horoskopfaktoren entsprechend zu berücksichtigen.

Aszendent Widder

Als Anlage Durchsetzung der instinktiven Eigenart. Bedürfnisse wollen unhinterfragt und unkontrolliert ausgelebt werden. Impulsiv und wechselhaft im Antrieb. Guter »Sprinter«, aber wenig Ausdauer. Konkurrenzorientiert, möchte gewinnen. Ehrgeizig.
Unabhängigkeitsliebend. Abneigung gegen jede Form von »Vereinsmeierei«. Läßt sich nicht festlegen. Aggressiv-cholerische Komponente, leicht aufgebracht, aber nicht nachtragend.
Hinweis auf überdurchschnittliche seelische Robustheit (bei massiv verletzter Mars-Stellung das Gegenteil). Bei Frauen »Amazonenkonstellation«.

Vor allem Frauen, deren Aszendent in den ersten 15 Grad des Widders liegt, sind relativ häufig überdurchschnittlich klein. Auffällig sind meist besonders große Zähne sowie ein eher athletischer Körperbau, dessen Proportionen nicht immer »ideal« sind. Oft eine für den kulturellen Umraum untypische Haarfarbe, in Mitteleuropa also z. B. Hellblond, Schwarz und Rot.

⁂ Aszendent Stier

Als Anlage Absicherung der angeborenen Neigungen, Antriebe und Bedürfnisse (=instinktive Eigenart). Nicht impulsiv, sondern gruppen- und sicherheitsorientiert. Langsam, aber beständig. Konsequent und inflexibel. Pragmatisch. Ist bestrebt, Erreichtes zu bewahren; geht deshalb unnötigen Risiken aus dem Weg. Braucht materiellen Besitz, um sich geschützt zu fühlen. Läßt sich im Denken zu sehr von dogmatischen Prinzipien leiten. Daraus ergeben sich häufig Partnerschaftsprobleme.

Meist durchschnittliche Körpergröße, braune, dichte und kräftige, oft lockige Haare. Vielfach auffällige Stimme (besonders angenehm oder das Gegenteil davon).

⁂ Aszendent Zwillinge

Als Anlage demonstrative Darstellung der instinktiven Eigenart. Bewegungsorientiert. Unruhig, braucht permanente Veränderung. Oft sprachliche Fähigkeiten. Braucht die Kommunikation mit anderen.
Überdurchschnittlich neugierig. Im Denken oft (schein)tolerant, da keine Zeit und oft auch kein Interesse besteht, sich mit den Hintergründen auseinanderzusetzen. Tendenz zur Oberflächlichkeit. Grundsätzlich positive Lebenseinstellung.

Vielfach leptosomer (= schmalwüchsiger) Körpertyp, lange Extremitäten.

⁂ Aszendent Krebs

Identität von instinktiver und emotionaler Anlage. Lebt aus seinem Gefühl heraus. Eigensinnig, naiv, sensibel und seelisch integer. Muß schöpferisch sein, um die eigene

Verletzlichkeit zu meistern. Grundsätzlich launisch und seinen eigenen Stimmungen ausgeliefert.
Besondere Beziehung zur Familie und zu den Eltern – entweder extrem schlechtes oder außergewöhnlich gutes Verhältnis zu Vater und Mutter. Selbstmitleidig. Wesentlich robuster, als es auf den ersten Blick scheint.
Braucht Zeit, um sich auf neue Situationen einzustellen. Langsam, aber unerreicht folgerichtig im Denken. Schwierige Ablösungsprozesse in Partnerschaften.

»Abwesender Blick«, pastöse bis teigige Haut, weiches (Doppel)kinn. Tendenz zu niedrigem Blutdruck (blaß, wirkt oft anämisch [=blutarm]).

Aszendent Löwe

Der »Platzhirsch«. Fordert eine konkrete Führungsposition. Gesunder Optimismus. Keine falsche Bescheidenheit. Großzügig, wenn die eigene Dominanz anerkannt wird. Kann Konkurrenz nicht ertragen. Möchte immer im Mittelpunkt stehen. Muß sich und die eigene Kreativität zur Schau stellen, um seelisch gesund zu bleiben.
Kann die Ideen Dritter gut verwerten, gibt diese gern als die eigenen aus. Grundsätzliche Tendenz zum Aufschneiden, ohne jedoch anderen schaden zu wollen. Betrachtet Fleiß unter seiner Würde, außer wenn gefühlsmäßig beteiligt.
Meist unübersehbare Partnerschaftsproblematik: Verhältnisse enden genauso unerwartet, wie sie beginnen, die Beziehungen selbst sind an Turbulenzen nicht eben arm.
Oft Erstgeborener oder Einzelkind; der »Thronfolger«. Natürliche Würde und Fähigkeit zu echter Autorität.

Überdurchschnittlich oft blonde Haare, die bei gutgestellter Sonnen-Position besonders dicht sind, bei schlechtgestellter Sonne das Gegenteil. Bei Männern oft frühzeitige Neigung zur »Tonsurbildung«. Tendenz zu erhöhtem Blutdruck.

⁂ Aszendent Jungfrau

Aussteuerung an Umweltbedingungen als Anlage; d.h., es besteht hier die Fähigkeit, gegebene Voraussetzungen zum eigenen Vorteil optimal zu nutzen. Jungfrau-Aszendenten sind hervorragende Verwerter, die sich keine echte Gelegenheit entgehen lassen. Gleichzeitig sind sie bestrebt, jegliches unnötige Aufsehen zu vermeiden, um nicht Neid, Mißgunst und Aggression heraufzubeschwören. Jungfrauen haben grundsätzlich Angst vor Auseinandersetzungen, da sie sich unbewußt immer als schwächer und damit als unterlegen empfinden.
Falls der Merkur im Horoskop nicht verletzt steht, sind die Nativen auf ihre Art zuverlässig und ordentlich.
Verbindungen ergeben sich häufig zu psychisch labilen Partnern. Gelegentlich spielen hier ungeklärte Situationen (Beziehungen zu verheirateten Partnern etc.) eine unangenehme Rolle.

Auffällig häufig große Probleme mit den Zähnen. Oft »Waschbärhaut«: dunkle Ringe unter den Augen, tendenziell trockene Haut. Bei Frauen oft außergewöhnlich kleiner Mund.

⁂ Aszendent Waage

Begegnungsfähigkeit als Anlage. Braucht die Beziehung zu anderen Menschen. Kann sich schlecht auf Dauer mit sich selbst beschäftigen. Eitel. An Ästhetik und Kunst interessiert.
Diplomatische Begabung. Vermeidet direkte Auseinandersetzungen. Greift lieber zu einer »Notlüge«, als sich

auf eine Auseinandersetzung einzulassen. Kann unangenehme Dinge vorteilhaft darstellen. Verrät seine eigene Meinung nicht, hat oft auch keine. Manchmal Tendenz, ins »Leere« zu blicken.
Hat Schwierigkeiten, Entscheidungen zu fällen. Wirkt unentschlossen und passiv. Bequem, oft antriebsschwach.
Wirkt auf den ersten Blick nicht selten sehr viel ansprechender als bei näherer Bekanntschaft. Kann Gleichgültigkeit als persönliches Interesse verkaufen.
Im Denken subjektiv, schnelle Auffassungsgabe. Fähigkeit, die Schwachpunkte in den Ansichten anderer zu erkennen.
In der Partnerschaft meist genau das, was Waage-Aszendenten zu vermeiden suchen: Konfrontation und (aggressive) Auseinandersetzung. Fordert in diesem Bereich gelegentlich Übergriffe heraus.

Durchschnittliche bis leicht unterdurchschnittliche Körpergröße. Meist braune, gewellte Haare. Der Rücken ist im Verhältnis zu den Beinen oft zu lang. Bei Frauen häufig kleine Brust.

Aszendent Skorpion

Begegnungsfähig. Tiefe Ablehnung alles Oberflächlichen. Sucht hinter allen Dingen das Prinzip zu erkennen. Fähigkeit zur Intensität bis hin zur Selbstaufgabe. Verachtet Selbstmitleid. Hat Angst, schwach zu sein und Schwächen eingestehen zu müssen. Leidenschaftsfähig und nachtragend. Fähigkeit, die ungeliebte Wirklichkeit durch Vorstellungen zu ersetzen.
Im Denken pragmatisch. Braucht eine gewisse Zeit, um neue Gedankengänge verarbeiten zu können, kann diese jedoch dann im Konkreten umsetzen. Braucht lange, um

Entscheidungen zu fällen. Einmal getroffene Entschlüsse werden jedoch mit unerbittlicher Konsequenz verwirklicht und sind in aller Regel »unwiderruflich«.
Oft Beziehungen zu Partnern aus dem gleichen sozialen Milieu. Es wird eine äußere formale Stimmigkeit erreicht, während geistig-seelische Gemeinsamkeiten meist fehlen. In Partnerschaften treu, solange der Partner den eigenen Vorstellungen gerecht wird. Oft ein Mangel an Eigenliebe, der zur Härte gegen sich und andere führt.

Beim Aszendenten in den ersten 15 Grad des Zeichens meist überdurchschnittlich kleiner Körperwuchs. In der Regel dunkle Augen und Haare. Oft »Knopfaugen«. Beim Aszendenten in den letzten 15 Grad des Zeichens oft eher hoher Wuchs, vielfach flächiges Gesicht d. h., das Gesicht wirkt groß im Verhältnis zum Kopf.

⁂ Aszendent Schütze

Anlagebedingter geistiger Führungsanspruch, der nicht notwendigerweise in der Realität eingelöst wird. Jovial bis arrogant. Hört sich gerne reden. Braucht mehr als Freundschaften die Anerkennung der sozialen Umwelt. Möchte Erfolg haben, ohne dafür arbeiten zu müssen. Beansprucht ausgeprägten persönlichen Freiraum. Egozentrisch. Optimistische Lebenseinstellung, die auch in Krisen als Fassade aufrechterhalten wird.
Gelegentlich Hinweise auf materielle Schwierigkeiten, da das persönliche Ehrgefühl viele Arbeiten als der eigenen Würde unangemessen ablehnt.
Im Denken offen und vielseitig interessiert. Oft mangelnde Ausdauer und Zeit, um sich mit einzelnen Themen intensiver auseinanderzusetzen.
Leidet gelegentlich unter der Oberflächlichkeit und Unzuverlässigkeit des Partners.

Aszendent Steinbock

Ist anlagemäßig gesellschaftsorientiert. Nimmt das Leben und sich sehr ernst. Glaubt, daß jeder so handeln sollte wie er selbst. Diszipliniert und ausdauernd. Arbeitet sich zäh nach oben. Die eigene Leistungsfähigkeit wächst mit der Schwierigkeit der Aufgabe. Braucht Widerstände, die überwunden werden müssen. Sparsam, rational, vernünftig bis asketisch. Trotz großem Realitätssinn kein rechtes Verhältnis zum Geld, da instinktive Abneigung gegen jede Form von Luxus (bei Überkompensation: Luxus wird zum »Alltäglichen« degradiert).
Glaubt, daß nur die Dinge zählen, die man sich hart erarbeitet hat. Strebt die soziale Führungsposition an. Guter und gerechter Vorgesetzter. Liebt keine großen Worte.
Trotz großer Distanziertheit im persönlichen Umgang oft pädagogische Fähigkeiten. Im Partnerschaftsverhalten erstaunlich sentimental.

Aszendent Wassermann

Anlagebedingte Fähigkeit, mit Unvereinbarem zu leben. Grundsätzlicher Hinweis auf soziale und/oder pädagogische Brüche in der Kindheit. Oft in Wesen und Erziehungsstil konträre Eltern. Oft wurzellos (Aufwachsen fern der Heimat, häufige Umzüge etc.).
Braucht Spannungssituationen, um sein kreatives Potential zu entwickeln. Wirkt oft ruhig und gelassen, kann jedoch blitzartig aggressiv bis cholerisch reagieren. Entzieht sich jeder Festlegung. Weigert sich, eindeutig Stellung zu beziehen. Kein realer Bezug zum Materiellen.
Ausgeprägte Abneigung gegen jede Form von Unsachlichkeit. Anlage zur »Objektivität«. Versucht alle Probleme emotionslos und überlegt zu lösen. Intellektuelle Orientierung. Braucht einen sehr selbstbewußten Partner.

⁂ Aszendent Fische

In unseren Breitengraden keine besonders robuste Anlage, da meist allzu große Empfindsamkeit und Sensibilität gegeben ist. »Glücklicherweise« ist hier in der Regel der Widder im 1. Haus eingeschlossen, so daß dieser einem »Zweitaszendenten« gleichkommt, was die Überempfindlichkeit und Passivität des reinen Fische-Aszendenten weitgehend aufhebt. Zudem gehört der Fisch zu den schnellaufsteigenden Zeichen, so daß dieser Aszendent relativ selten ist.
In der Anlage ausgesprochen starkes Hingabepotential. Kann die Stimmungen anderer »aufsaugen wie ein Schwamm«, was dazu führt, daß Menschen mit dieser Konstellation von Ratsuchenden mit persönlichen (psychischen) Schwierigkeiten gern konsultiert werden, zumal ein echter Fische-Aszendent einen Hilfe- und Zuspruchsuchenden niemals abweisen würde. Aufmerksamer, vernünftiger und einfühlsamer Zuhörer. Allerdings oft Schwierigkeiten, sich gegen die Leiden anderer ausreichend abzugrenzen, so daß jene die eigene seelische und körperliche Stabilität angreifen. Einziger Schutz durch die Fähigkeit, sich gleich dem Tintenfisch »einzunebeln«, indem man sich unerreichbar macht.

Überdurchschnittliche intuitive Fähigkeiten, die in Einzelfällen bis hin zum Medialen gehen.
Reine Fische-Aszendenten scheinen über ein schwächeres Immunsystem als andere zu verfügen, deshalb in erhöhtem Maße Neigung zu Infektionskrankheiten. Oft leptosomer (= schmalwüchsiger), hochgewachsener und feingliedriger Körpertyp. Ist Widder im 1. Haus eingeschlossen, ergeben sich zusätzlich athletische Komponenten.

Der Geburtsgebieter **

Die Bezeichnung »Geburtsgebieter« bzw. »Geburtsherrscher« wird langsam ungebräuchlich und gerät in Vergessenheit. Sie hatte in der klassischen und mittelalterlichen Astrologie jedoch eine zentrale Stellung, deshalb sei der Begriff hier kurz erklärt: Unter dem Geburtsgebieter versteht man allgemein den wichtigsten Planeten im Horoskop. Verbunden mit dieser Theorie ist die magische Denkweise, daß jeder Mensch unter einem bestimmten Stern geboren sei. Der Geburtsgebieter - auch Almutin genannt - soll also der Planet sein, der das Wesen des Horoskopeigners am besten widerspiegelt.
Wie der Geburtsgebieter zu bestimmen sei, darüber gehen die Ansichten auseinander. Grundsätzliche Einigkeit besteht lediglich darüber, daß er auf den Aszendenten zu beziehen ist.

Zur Bestimmung des Geburtsgebieters schlage ich folgendes Verfahren vor:

1. Grundsätzlich ist immer der Herrscher des Aszendenten Geburtsgebieter. Bei einem Steinbock-Aszendenten wäre dies also Saturn, bei einem Stier-Aszendenten die Venus usw.

2. Befindet sich ein Planet im 1. Haus, so ist dieser ebenfalls Geburtsgebieter, dominant ist jedoch der Häuserherrscher.

3. Planeten, die Aspekte zum Aszendenten bilden, sind ebenfalls Geburtsgebieter, dabei darf der Orbis bei Konjunktionen 5 Grad nicht überschreiten. Als weitere Aspekte gelten (in der Reihenfolge ihrer Wichtigkeit): Opposition, Quadrat über dem Horizont, Quadrat unter dem Horizont, Trigon über dem Horizont, Trigon

unter dem Horizont. Für die Opposition gilt ein Orbis von vier, für die übrigen Aspekte einer von drei Grad. Planeten, die exakte Aspekte zum Aszendenten bilden, sind als Geburtsherrscher von vorrangiger Bedeutung.

Es ergibt sich also folgende Reihenfolge: 1. den Aszendenten (eng) aspektierende Planeten, 2. der Herrscher des 1. Hauses, 3. Planeten im 1. Haus.

Die Bestimmung des Geburtsgebieters ist für die »astrologische Schnelldiagnose« interessant, wenn es darum geht, sich einen groben Überblick zu verschaffen. Die Eigenschaften des oder der Planeten, die genaue Aspekte zum Aszendenten bilden, werden das Wesen des Horoskopeigners relativ genau widerspiegeln (siehe auch Kapitel »Die Planeten« in Teil II: Grundlagen).
Für den Herrscher des 1. Hauses trifft dies in geringem Maße zu, hier muß unbedingt seine eigene Hausstellung in die Deutung mit einbezogen werden. Die Planeten im 1. Haus schließlich verstärken oder schwächen die Eigenschaften, die sich durch die Stellung des Aszendentenherrschers ergeben.
Meine eigenen Untersuchungen haben mir gezeigt, daß die Bestimmung des Geburtsgebieters ausgesprochen hilfreich bei der Feststellung des Körpertyps ist. In der klassischen Astrologie wird ja der Aszendent mit der äußeren Erscheinung in Verbindung gebracht. So sollen Krebs-Aszendenten z. B. eher untersetzt, blaß und mit einem »Vollmond-Gesicht« ausgestattet sein. Steinbock-Aszendenten hingegen sagt man eine hagere, knochige Erscheinung nach. Wie Sie selbst feststellen können, stimmen diese Zuordnungen nicht allzuoft.
Wird der oder werden die Geburtsgebieter nach dem oben beschriebenen Verfahren bestimmt, so lassen sich jedoch deutliche Übereinstimmungen mit dem Körpertyp nachweisen.

Der Spannungsherrscher *

In der klassischen Astrologie nennt man einen Planeten »Spannungsherrscher«, der allen oder doch den meisten anderen Planeten gegenübersteht.
In unserer Abbildung wäre also Mars der Spannungsherrscher. In der Horoskopdeutung sollte man den Spannungsherrscher nicht überbewerten; auch hier handelt es sich um Konstellationen, die Tage und Wochen andauern können, somit keine individuelle Interpretation erlauben.
Allgemein ist der Spannungsherrscher ein Hinweis darauf, daß ihm größeres Gewicht zukommt als den ihm gegenüberliegenden Planeten: Er bildet den Gegenpol zu einer ganzen Planetengruppe. Ihm entsprechen Charak-

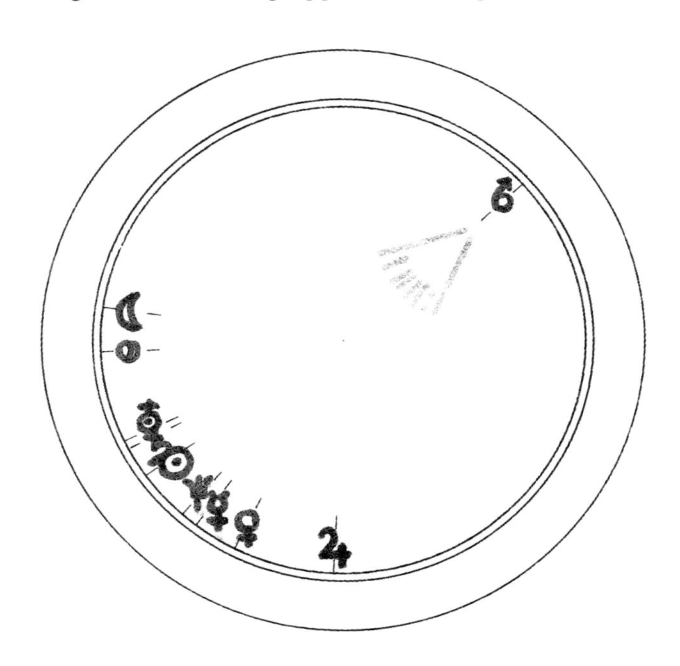

teranlagen, die mit der übrigen Persönlichkeit im Widerstreit liegen. Welcher Art diese Polarität ist, kann sich erst durch eine genauere Untersuchung des Horoskops herausstellen.

⁂ Aspekte

In der klassischen Astrologie gelten Oppositionen und Quadrate als problematisch, Trigone und Sextile hingegen als harmonisch. Die Bewertung von Konjunktionen ist von den beteiligten Planeten abhängig.
Im folgenden werden sämtliche Planetenverbindungen stichwortartig behandelt. Der eine oder andere wird vielleicht eine Aufteilung in die verschiedenen Aspekte erwarten. Darauf wurde aber verzichtet, und zwar aus einem einfachen Grund: Daß eine Verbindung zwischen zwei Planeten besteht, ist wesentlich wichtiger und bedeutsamer als die Art des betroffenen Aspektes. Wenn man einmal die Aussagen, die zu einer Mond/Jupiter-Konjunktion, einem Mond/Jupiter-Sextil, einem Mond/Jupiter-Quadrat, einem Mond/Jupiter-Trigon und einer Mond/Jupiter-Opposition gemacht werden, vergleicht, wird man feststellen, daß sich die Texte zu Quadrat und Opposition kaum unterscheiden. Das gleiche gilt für Konjunktion, Sextil und Trigon. Im ersten Fall wird lediglich die unangenehme Seite des Prinzips gezeigt, im zweiten hingegen die positive.
Es ist jedoch immer unsere *persönliche Entscheidung,* wie wir auf die Herausforderung eines schwierigen Aspektes reagieren. Gerade Spannungsaspekte stellen ein erhebliches Energiereservoir zur Verfügung, welches uns erlaubt, aus einer ursprünglichen Schwäche eine Stärke zu entwikkeln. Die Vorteile einer harmonischen Konstellation können sich hingegen in ihr Gegenteil verkehren, wenn sie

allzu selbstverständlich hingenommen werden: Aus geistiger Autorität wird Arroganz, aus Attraktivität nervtötende Eitelkeit, aus Anpassungsfähigkeit Kriecherei usw.
Ich habe die Aspekte deshalb nur in positive und negative Entsprechungen unterteilt; welche der angeführten Möglichkeiten zutreffend sind, muß individuell entschieden werden. Erst dann ist eine gewisse, vorsichtige Bewertung möglich. Sind bei einem Spannungsaspekt (also z.B. einem Quadrat) eher die positiven Entsprechungen gültig, so spricht dies für eine besondere Persönlichkeitsentwicklung, die der Betreffende gemacht hat. Gelten hingegen bei einem harmonischen Aspekt (also z.B. einem Trigon) vornehmlich die problematischen Entsprechungen, weist dies darauf hin, daß sich der Betreffende in diesem Bereich »gehenließ«, daß ein Rückschritt stattgefunden hat.
Es ist nicht der Sinn einer solchen Vorgehensweise, andere zu beurteilen, im Gegenteil, der Astrologe sollte sich davor hüten, in welcher Form auch immer über seinen Klienten zu richten. Die beschriebenen Unterscheidungskriterien mögen vielmehr als Denkanstöße für den zu Beratenden dienen, der sich durch die gegebenen Gesichtspunkte mit Sicherheit ein eigenes Bild machen kann. Aufgabe des Astrologen kann es immer nur sein, vorsichtige Hinweise zu geben: Zum einen sollte man eigene Fehler niemals ausschließen, zum anderen kann Einsicht grundsätzlich nicht erzwungen werden.

Unaspektierte Planeten *

Gelegentlich bilden Planeten keine Aspekte. Dies kann natürlich nur geschehen, wenn man den Orbis nicht allzugroß nimmt und lediglich die großen Winkel (Konjunktion, Opposition, Trigon, Quadrat, Sextil) berücksichtigt.

Manche bewerten solche Planeten in der Deutung besonders: Ihre Unverbundenheit weist darauf hin, daß auch die ihnen zugeordnete Energie von der übrigen Persönlichkeit abgetrennt ist. So würde ein unaspektierter Mars Aggressionen entsprechen, die sich nicht auf »normalem« Wege (z. B. durch Wutausbrüche, Streitgespräche, sportliche Betätigung) entladen können, da ihnen ein Ventil – ebendie Verbindung zu anderen Planetenenergien – fehlt. In der Folge mag sich ein Aggressionsstau entwickeln, der sich irgendwann einmal plötzlich und unerwartet entlädt. Hier kann es dann zu echter Gewalttätigkeit kommen.
Grundsätzlich läßt sich sagen, daß unaspektierte Planeten »ein Eigenleben« führen und Wesenszüge repräsentieren, die dem Horoskopeigner, aber auch seiner Umgebung lange Zeit verborgen bleiben. Schließlich drängen jedoch die der betroffenen Planetenenergie zugeordneten Charaktereigenschaften ins Bewußtsein und Handeln. Probleme ergeben sich dann, wenn die Inhalte im Widerspruch zur übrigen Persönlichkeit stehen.
Ähnlich wie beim Spannungsherrscher sollte man diese Konstellation jedoch nicht überbewerten, ihr kommt keine besonders individuelle Bedeutung zu.

⁂ Sonnen-Aspekte

Sonne/Mond-Aspekte

+ Seelisches Gleichgewicht, ausgeglichenes Verhältnis zwischen Empfinden und Handeln, kennt sich selbst gut, ist mit eigenen Gefühlen vertraut. Harmonisches Verhältnis zwischen Vater und Mutter (Ausgleich zwischen männlichem und weiblichem Prinzip); »Ehekonstellation«.
– Seelisches Ungleichgewicht, handelt gegen die eigenen Empfindungen, ist sich über Gefühle im unklaren. Pro-

blematische Beziehung zum anderen Geschlecht. Disharmonisches Verhältnis zwischen Vater und Mutter, Unvereinbarkeit der (inneren) Eltern.

Sonne/Merkur-Konjunktion

Redet gern und viel, wirkt meist jugendlich. Vielseitige Interessen. Hinweis auf Konzentrationsstörungen. Bei Frauen gelegentlich (wenn dies durch andere Konstellationen bestätigt wird) Hinweis auf einen jüngeren Partner.

Sonne/Venus-Konjunktion

Künstlerische Begabung. Oft eitel. Kontaktfreudig, braucht die Beziehung zu anderen Menschen.

Sonne/Mars-Aspekte

+ Hohes Aktivitätspotential. Gesund, robust und widerstandsfähig. Kann eigene Interessen durchsetzen. Starkes Engagement. Oft ausgeprägtes Interesse an Sexualität.
– Reizbar bis cholerisch. Deutliche Neigung zu unangemessenen Überreaktionen. Kann die eigene Durchsetzungsstärke nicht einschätzen. Handelt gegen seine persönlichen Interessen. Verausgabt sich, treibt Raubbau am eigenen Körper. Gelegentlich Hinweis auf cholerischen, gewalttätigen Vater. Bei Frauen Tendenz zu aggressiven Partnern.

Sonne/Jupiter-Aspekte

+ Die »klassische Königskonstellation«. Besitzt natürliche Autorität. Kann die (geistige) Führung über andere übernehmen. Tolerant und einsichtig im Verhalten. Oft gute Beziehungen zum eigenen Vater bzw. Protektion durch den Vater. Bei Frauen wirtschaftlicher oder sozialer Aufstieg durch den Partner.

– Tendenz zu Stoffwechselstörungen. Übertreibt gerne. Zuviel des Guten. Neigt zu Arroganz und Angeberei. Minderwertigkeitskomplexe. Die eigene Person wird von der Umwelt nicht genügend anerkannt und respektiert.

Sonne/Saturn-Aspekte

+ Verantwortungsbewußtes Handeln, zuverlässig, ernsthaft, ausdauernd und treu. Fördert die (berufliche) Entwicklung anderer. Selbstdisziplin; ausgeprägtes Gerechtigkeitsempfinden, Fairneß. Bei Frauen Tendenz zu Verbindungen mit deutlich älteren Partnern.
– Eingeschränkte Handlungsfähigkeit. Übertriebenes Verantwortungsbewußtsein und Schuldgefühle. Oft Unterdrückung durch den Vater. Angst, den eigenen Freiraum in Anspruch zu nehmen. Oft Spätentwickler. Zu ernsthaft bis humorlos.

Sonne/Uranus-Aspekte

+ Originelles Handeln, verhält sich außergewöhnlich. Intuitive Fähigkeiten. Fähigkeit, im richtigen Moment am richtigen Ort zu sein.
– Unbeständigkeit im Verhalten; viel wird begonnen, wenig zu Ende geführt. Tendenz, sich zu verzetteln. Tut immer mehrere Dinge gleichzeitig und verliert dadurch das Konzept. Angst vor Verantwortung.

Sonne/Neptun-Aspekte

+ Intuitives Verhalten. Religiöse und spirituelle Interessen; »Astrologenkonstellation«. Sanftmütig. Wirkt im Hintergrund. Kann unbemerkt (und damit auch unwidersprochen) seine Bedürfnisse ausleben.
– Abwehrschwäche des Körpers, erhöhte Infektionsneigung. Tendenz, sich Illusionen zu machen. Weltfremd.

Ungeklärtes Verhältnis zum Vater bzw. psychische Erkrankung des Vaters. In seltenen Fällen Hinweis auf Herzmuskelschwäche bzw. »Fettherz«.

Sonne/Pluto-Aspekte

+ Charisma, Führungsqualitäten, verantwortungsbewußt, treu. Lebt nach festen Prinzipien.
– Will die Dinge erzwingen. Unrealistisches Verhalten, orientiert sich nicht an der Wirklichkeit, handelt gegen die eigenen Wertmaßstäbe. Läßt nur die eigene Überzeugung gelten.

Sonne/Aszendent-Aspekte

+ Kann die eigenen Anlagen verwirklichen. Gesundes Verhältnis zur eigenen Körperlichkeit. Selbstbewußtsein. Realistische Selbsteinschätzung. Robuste und widerstandsfähige Konstitution. Eigenständiges Urteil. Unabhängig. Förderung der Persönlichkeitsentwicklung durch den Vater. Bei Frauen Förderung der eigenen Fähigkeiten durch den Partner.
– Handelt gegen seine persönlichen Bedürfnisse. Fehlender Bezug zur eigenen Körperlichkeit. Mangelndes Selbstbewußtsein. Geschwächte Konstitution. Kennt eigene Interessen nicht. Kann sich nicht richtig einschätzen. Hinweis auf eine problematische Vaterbeziehung. Bei Frauen Hemmung der Persönlichkeitsentwicklung durch den Partner.

Sonne/Medium-Coeli-Aspekte

+ Kann eine gesellschaftlich bedeutsame Position erreichen. Hat klare Zielvorstellungen, die auch verwirklicht werden. Optimistisch und zukunftsorientiert. Förderung der beruflichen Entwicklung durch den Vater. Bei Frauen

Förderung der beruflichen Entwicklung durch den Partner.
– Das persönliche Verhalten steht im Gegensatz zur Zeitströmung: Man eckt an. Pessimistische Grundeinstellung. Man kennt seine Möglichkeiten nicht. Unklare Zielvorstellungen. Leidet oft unter dem Gefühl von Sinnlosigkeit. Mangelndes Selbstbewußtsein bis hin zu Minderwertigkeitskomplexen durch destruktive Vaterbeziehung. Bei Frauen Hemmung der beruflichen und gesellschaftlichen Entwicklung durch den Partner.

⁂ Mond-Aspekte

Mond/Merkur-Aspekte

+ Redet gern und viel. Hinweis auf vielseitige Interessen und geistige Beweglichkeit. Unternimmt gern kürzere Reisen. Ist gern in Gesellschaft anderer. Bei Männern Verbindung zu wesentlich jüngeren Partnerinnen oder Beziehungen aus dem direkten persönlichen Umfeld.
– Konzentrationsstörungen, launisch, argumentiert unsachlich und emotional. Schwierigkeiten, sich eindeutig auszudrücken; geschwätzig.

Mond/Venus-Aspekte

+ Gesellschaftsmensch. Meist Vorliebe für Partys. Starkes Gefühlsleben. Oft positive und ausgeprägte Mutterbindung.
– Launisch, vernachlässigt sich und andere, wirkt dadurch oft unattraktiv.

Mond/Mars-Aspekte

+ Hohes Aktivitätspotential. Kann eigene Empfindungen äußern und durchsetzen. Sehr hohe Leistungsfähigkeit,

wenn emotional motiviert. Tatkräftige und/oder ehrgeizige Mutter. Protektion durch (ältere) Frauen. Bei Männern Unterstützung durch die Partnerin.
– Reizbar bis cholerisch. Problembelastete Mutterbeziehung. Ablehnung des Mutterprinzips. Bei Frauen oft Ablehnung der eigenen Weiblichkeit. Autoaggression. Neigung zu Magenschleimhautentzündungen. Schwierigkeit, die eigenen Interessen durchzusetzen. Im Extremfall masochistische Neigungen. »Sieht nicht, was er/sie anrichtet.«

Mond/Jupiter-Aspekte

+ Der klassische »Popularitätsaspekt«: »Beliebtheit beim Volke«. Positive Grundeinstellung. Nimmt die eigenen Empfindungen sehr wichtig. Sehr emotional, oft charmant. Bei Männern Erfolg, sozialer und/oder wirtschaftlicher Aufstieg durch die Unterstützung von Frauen. Oft ein Hinweis auf eine gute Mutterbeziehung, zumindest ein harmonisches Verhältnis zum mütterlichen Prinzip. Soziale Einstellung. Natürliches Gerechtigkeitsempfinden.
– Launisch. Nimmt die Hilfe und Unterstützung anderer als selbstverständlich hin, wirkt deshalb oft undankbar, zu ehrgeizig, geltungssüchtig; dennoch »Popularitätskonstellation«.

Mond/Saturn-Aspekte

+ Beständige Gefühle, emotionale Stabilität. Treu. Braucht lange, um in Freundschaften Vertrauen zu entwickeln, steht dann aber zum anderen in allen Lebenslagen. Auch Krisensituationen können bessser bewältigt werden als bei anderen Konstellationen. Bei Männern Tendenz zu Verbindungen mit deutlich älteren Partnerinnen.

– Eingeschränkte Empfindungsfähigkeit. Neigung zu Depressionen. Hinweis auf unzureichende Zuwendung durch die Mutter. Schwierigkeiten, Gefühle zuzulassen.

Mond/Uranus-Aspekte

+ Kreatives Gefühlsleben, schöpferisch, seelisch eigenständig; Fähigkeit, außergewöhnliche Emotionen in anderen hervorzurufen; »Astrologenkonstellation«.
– Unbeständigkeit im Empfinden. Angst, sich in Gefühlsangelegenheiten festzulegen. Daher oft Schwierigkeiten, verbindliche und harmonische Partnerschaften einzugehen. Meist ein Hinweis darauf, daß sich die Mutter in der Schwangerschaft und nach der Geburt in einer »Zwickmühle« befand.

Mond/Neptun-Aspekte

+ Der »sechste Sinn«, ausgeprägte intuitive Fähigkeiten. Durch Spirituelles ansprechbar. Extreme Sensibilität; »Astrologenkonstellation«; sanftmütig.
– Abwehrschwäche im Seelischen, hypersensibel. Muß sich regelmäßig zurückziehen, um das seelische Gleichgewicht wiederherzustellen. Neigung, in einer Traumwelt zu leben, Angst vor der Realität. Ungeklärtes Verhältnis zur Mutter bzw. psychische Erkrankung der Mutter.

Mond/Pluto-Aspekte

+ Leidenschaftliche Gefühle, Inbrunst. Zu intensivsten Empfindungen fähig. Die »Urmutter«.
– Empfindungen werden durch Vorstellungen ersetzt (aus Angst vor »seelischen Abgründen«). Hinweis auf massive (meist verleugnete bis verdrängte) Mutterproblematik. Schon in frühester Kindheit seelische Überforderung durch tragische Ereignisse, insbesondere Trennungserlebnisse. Evtl. schon frühe Konfrontation mit dem Tod.

Mond/Aszendent-Aspekte

+ Gute Selbstwahrnehmung, kann die eigenen Bedürfnisse zuverlässig erspüren. Ausgeprägte Empfindsamkeit, Spürnase. Kreative Ader, kann meist gut mit anderen Menschen umgehen. Positiver Mutterbezug, gut entwickeltes Urvertrauen. Optimistische Grundeinstellung. Gelegentlich naiv. Bei Männern Förderung der Persönlichkeitsentwicklung durch die (Ehe)partnerin und/oder die Mutter.
– Unvereinbarkeit von emotionaler und instinktiver Eigenart, d.h.: Triebsphäre und Seelisches widersprechen einander. Grundbedürfnisse müssen deshalb verleugnet und verdrängt werden. Bei Frauen oft Ablehnung der eigenen Weiblichkeit (gelegentlich bis hin zur Anorexie [= »Magersucht«]). Schlechte Selbstwahrnehmung. Kennt die eigenen Bedürfnisse nicht und weiß nicht, wie man ihnen gerecht werden soll. Mangelndes Urvertrauen, möchte anderen unbedingt gefallen, um anerkannt zu werden. Oft extrem ehrgeizig. Hemmung der Persönlichkeitsentwicklung durch die Mutter. Bei Männern problematische Beziehung zur Partnerin, das Gefühl, unverstanden und ungeborgen zu sein.

Mond/Medium-Coeli-Aspekte

+ Kann Popularität erreichen. Läßt sich in beruflichen Dingen von seinen Gefühlen leiten. Einfühlsam, gutes Gespür für Entwicklungen. Förderung der beruflichen Entwicklung durch die Mutter. Bei Männern: Förderung der beruflichen Entwicklung durch die Partnerin.
– Die eigene Gefühlssphäre steht im Gegensatz zur Zeitströmung: Man ist unverstanden. Pessimistische Grundeinstellung. Minderwertigkeitsgefühle oder gar Depressionen. Unklare Zielvorstellungen. Leidet oft unter dem Gefühl von Sinnlosigkeit.

⁂ Merkur-Aspekte

Merkur/Venus-Aspekte

+ Kunsthandwerkliche Begabung. Bei Frauen Vorliebe für Tanz und Körperbewegung. Grundsätzlich überdurchschnittlich entwickelte Körperkoordination, ausgeprägter Gleichgewichtssinn. Guter Geschmack. Meist natürliche Begabung zum guten Benehmen. Liebt das Ästhetische, Harmonische. Instinktive Abneigung gegen alles Vulgäre. Oft schöne Stimme und die Fähigkeit, sich sprachlich gut auszudrücken. Attraktive Erscheinung.
– Ästhetisierendes Denken zu stark und Hang zur Scheinharmonie. Oft großer Bekanntenkreis, der einem vielfach über den Kopf wächst. Gelegentlich Angst, intensivere persönliche Bindungen einzugehen. Unkreativ.

Merkur/Mars-Aspekte

+ Fähigkeit zum analytischen Denken, »scharfer« Verstand. Kann sich sprachlich und/oder intellektuell durchsetzen. Fähigkeit, mehrere Dinge gleichzeitig zu tun.
– »Aggressives Denken«, die »scharfe Zunge«. Neigung zu Sprachfehlern (Lispeln), gelegentlich Tendenz zu Schreib- und Leseschwäche (= Legasthenie). Neigung zu nervös bedingten Zwölffingerdarmgeschwüren. Anfällig für Allergien. Konzentrationsschwierigkeiten. Oft Schwierigkeiten, sich klar und verständlich auszudrücken.

Merkur/Jupiter-Aspekte

+ Der klassische »Intelligenzaspekt«: Fähigkeit, synthetisches und analytisches Denken miteinander zu vereinen. Oft Interesse an Rechtsfragen, ausgeprägter Gerechtigkeitssinn. Meist Hinweis auf eine glückliche und behütete Kindheit.

– Neidisch. Ungerecht im Denken. Die eigenen Ansichten werden von anderen oft abgelehnt. Das Gefühl, unverstanden zu sein. Läßt sich oft durch unwesentliche Details durcheinanderbringen. Hinweis auf Stoffwechselstörungen.

Merkur/Saturn-Aspekte

+ Fähigkeit zum logischen Denken. Oft langsame Auffassungsgabe, Begriffenes wird allerdings nicht mehr vergessen. »Objektiv«, kommt mit formalen und bürokratischen Strukturen gut zurecht.
– Orientiert sich im Denken zu stark an Formalismen. Hinweis auf eine unglückliche Kindheit, strenge Erziehung und/oder häufige Abwesenheit der Eltern. Manchmal Neigung zu Sprachfehlern (Stottern). Eventuell Enzymstörungen im Dünndarmbereich.

Merkur/Uranus-Aspekte

+ Eigenständig und originell im Denken. Ungewöhnliche, aber gute Beziehung zu den eigenen Geschwistern. Kann gut mit Sprache umgehen. Extrem schnelle Auffassungsgabe. Besondere Fähigkeiten im Transferdenken. Oft originelle Sprechweise.
– Gefahr ausgeprägter Konzentrationsstörungen. Neigung zu Nervenkrankheiten. Oft extreme Brüche im sozialen Umfeld während der Kindheit. Dadurch Tendenz zur Desorientierung in der persönlichen Umgebung. Neigung zu Gedankensprüngen.

Merkur/Neptun-Aspekte

+ »Intuitives Denken«, Interesse an Inhalten, nicht an Formen. Manchmal ein inspirierter Rechner. Liebt es nicht, nach einem festen Konzept vorzugehen.

– »Chaotisches« Denken, Schwierigkeiten in präzisen und klaren Gedankengängen. Fähigkeit zum symbolischen Denken; kann die symbolische Denkweise oft nur schlecht ausdrücken. Manchmal Legasthenie (= Schreib- und Leseschwäche) oder Sprachfehler.

Merkur/Pluto-Aspekte

+ Genauigkeit im Denken, Logiker. Intellektueller Machtanspruch.
Fähigkeit, Gedanken zu Ende zu denken; kann andere durch Rede und Schrift in seinen Bann ziehen; »Grafiker- und Architektenkonstellation«.
– Genau und präzise bis hin zur Zwanghaftigkeit. Extrem penibel im Denken, kann keine Widersprüche ertragen. Extrem verantwortungsbewußt.

Merkur/Aszendent-Aspekte

Abgesehen von der Konjunktion kommt diesen Konstellationen meist keine besondere Bedeutung zu, da Merkur hauptsächlich die Entsprechungen anderer Planeten verwertet und widerspiegelt, ohne allzuviel eigenständiges Profil zu gewinnen. Der Aszendent selbst ist auch ein passiver Punkt im Horoskop. Den Ausschlag werden in aller Regel zusätzliche Aspekte zu Merkur und Aszendent geben.
+ Geistige Beweglichkeit, handwerklich geschickt. Sprachliche und rhetorische Begabung, schlagfertig. Hinweis auf eine harmonische Kindheit.
– Sarkastisch, ironisch, zynisch. Gelegentlich ein Hinweis auf Sprachfehler. Schwierigkeit, sich schriftlich auszudrücken. Eventuell Koordinationsstörungen. Äußert sich mißverständlich.
Hinweis auf eine Kindheit, die den eigenen Bedürfnissen und Anlagen nicht gerecht wurde.

Merkur/Medium-Coeli-Aspekte

\+ Schriftstellerische oder rhetorische Begabung. Schon in der Kindheit klare Vorstellungen über den späteren Werdegang, die auch unterstützt wurden. Eventuell Interesse an Jura und/oder Medizin.
– Schwierigkeit, die eigenen Zielvorstellungen zu formulieren. Persönliche Entwicklungsziele wurden in der Kindheit abgeblockt. Wuchs in einer Familie auf, in der Gefühle verdrängt oder zerredet wurden.

Venus-Aspekte

Venus/Mars-Aspekte

\+ Erotische Ausstrahlung. Kann eigene Interessen Freunden und Partnern gegenüber harmonisch vertreten. Praktische und künstlerische Begabung. Kann gut mit anderen umgehen, braucht den Kontakt zu anderen Menschen.
– Reizbar im Erotisch-Sexuellen. Hinweis auf eine ungeeignete Sexualerziehung. Bei Männern Ablehnung der männlichen Sexualität durch die Mutter: Der Sohn ist bereits durch sein Mannsein »schuldig« und soll dieses verleugnen. In der Folge entsprechende Partnerschaftsprobleme. In Ausnahmefällen auch Zug ins Androgyne.

Venus/Jupiter-Aspekte

\+ Beliebt und begehrt. Sozialer oder wirtschaftlicher Aufstieg durch den Partner. Gesellschaftlicher Erfolg. Manchmal Hinweis auf körperliche Attraktivität (Bezug erster Quadrant).
– Eitel, Überbewertung des Materiellen. Hochmütig bis arrogant. Möchte bewundert werden. Unterliegt der Gefahr, auf Zuwendung anderer undankbar zu reagieren.

Venus/Saturn-Aspekte

+ Beziehungen zu Partnern mit deutlichem Altersunterschied (oder Saturn-Betonung im Horoskop). Kein Interesse an Oberflächlichkeiten, treu und ernsthaft in Freundschaft und Partnerschaft. Braucht materielle Sicherheit, kann jedoch mit wenig auskommen. Manchmal Verbindungen zu gesellschaftlich bedeutsamen Partnern.
– Eingeschränkte Hingabefähigkeit. Braucht lange, um Vertrauen zu einem Partner zu entwickeln. Wirkt deshalb oft gefühlskalt. Hinweis auf eine Mutter, die ihre eigene Weiblichkeit nicht leben konnte und ihre Kinder genußfeindlich erzog. Einschränkungen durch den Partner, tragische Aspekte in der Partnerschaft. Muß besondere Schwierigkeiten in der Partnerschaft meistern.

Venus/Uranus-Aspekte

+ Außergewöhnliches Hingabepotential. Fühlt sich zu außergewöhnlichen bis exzentrischen Menschen hingezogen. Oft ausgesprochene künstlerisch-technische Begabung. Vielfach Interesse an Ballett.
– Angst, partnerschaftliche Bindungen einzugehen. Beziehungen zerbrechen oft, bevor sie richtig angefangen haben. Unklarheit in Beziehungen. Neigung zum »Fremdgehen« (»chronische Zweitbeziehung«). Turbulenzen in der Partnerschaft. Hinweis auf Existenzunsicherheit während der Kindheit (»entwurzelt« sein).

Venus/Neptun-Aspekte

+ Der »sechste Sinn« in materiellen Dingen; »Spekulantenkonstellation«. Fühlt sich zu Menschen mit spirituell-esoterischen Interessen hingezogen. Oft romantische Veranlagung. Abneigung gegen alles Grobe. Sinn für eine verfeinerte Ästhetik.

– Ratlosigkeit und Desinteresse allem Materiellen gegenüber. Hat keinen Bezug zum Geld. Geschwächte Körperabwehr, erhöhte Infektionsneigung. Manchmal Neigung zu labilen Partnern. Gelegentlich alkoholgefährdet. Die Mutter tarnte ihre Weiblichkeit: Rollenirritation im Begegnungsverhalten.

Venus/Pluto-Aspekte

+ Charisma. Verkörpert einen Archetypus. Im erotischen extrem leidenschaftsfähig. Braucht Sicherheit und Verbindlichkeit in der Partnerschaft, um tiefere Gefühle zuzulassen, dann die Chance zu unverbrüchlicher Treue.
– Leidenschaftlichkeit, die jedoch oft durch Schuldgefühle überlagert wird. Meist völlig mißratene Sexualerziehung. Häufiger wechselnde Sexualpartner, um keinem zu »verfallen«. Im seltenen Extremfall Tendenz zu Erkrankungen der Sexualorgane sowie zur Tumorbildung.

Venus/Aszendent-Aspekte

+ Angenehme äußere Erscheinung. Natürliches ästhetisches Empfinden. Erotische Ausstrahlung auf andere. Diplomatisches Geschick. Fähigkeit, andere zu manipulieren. Unauffällige Führungsqualität. Künstlerische Begabung. Sinnlich und genußfreudig, hingabefähig.
– Eitel, selbstgefällig, oberflächlich, materialistisch. Bei Männern Hinweis auf eine »kastrierende Mutter«. In der Folge entsprechende sexuelle Probleme. Grundsätzlich gestörte Hingabefähigkeit.

Venus/Medium-Coeli-Aspekte

+ Fähigkeit zur Zusammenarbeit mit anderen Menschen, gesellschaftliche Anerkennung, eventuell im künstleri-

schen Bereich. Vorurteile in der eigenen beruflichen und sozialen Entwicklung durch den Partner.
– Eitelkeit und Trägheit stehen der Verwirklichung hochgesteckter Ziele im Wege. Tendenz, Verantwortung auf andere abzuwälzen.

⁂ Mars-Aspekte

Mars/Jupiter-Aspekte

+ Kann andere führen. Kann eigene Interessen erfolgreich durchsetzen. Moralischer Anspruch im Handeln. Beruflicher Erfolg, »Karrierekonstellation«.
– Übertriebener Ehrgeiz. Anerkennung und Erfolg werden um jeden Preis angestrebt und gerade deshalb nur schwer erreicht. Hinweis auf Erkrankungen der Leber sowie der Muskeln (Muskelschwäche, Verletzungen). Tendenz zu erhöhten Blutfettwerten. Cholerische Komponente.

Mars/Saturn-Aspekte

+ Fähigkeit zu ausdauernder Arbeit. Begonnenes wird zu Ende geführt. Starke Fähigkeit zur Selbstkontrolle. Selbstdiziplin. Läßt sich von einmal gefaßten Entschlüssen nicht abbringen und durch schwierige Aufgaben nicht entmutigen, sondern faßt diese als Herausforderung auf. Kann in der Gesellschaft Bedeutendes leisten.
– Widerstandsorientierung. Braucht Hindernisse, um das eigene Handlungspotential freizusetzen. Blockiert in der Verwirklichung persönlicher Bedürfnisse. Hinweis auf eine verklemmte Sexualerziehung.
Hinweis auf strenge Erziehung und/oder widrige Umstände in der Kindheit, die den eigenen Handlungsspielraum massiv beschnitten.

Mars/Uranus-Aspekte

+ Arbeitet an mehreren Projekten gleichzeitig. Ungewöhnliche, aber erfolgreiche Vorgehensweise, um eigene Interessen durchzusetzen. Kann für kurze Zeit sehr viel Energie freisetzen. Immer wieder wechselnde Interessen. Kommt aus Gefahrensituationen meist unbeschadet heraus.
– Unfallneigung. Starke innere Unruhe, im fortgeschrittenen Alter Tendenz zum Herzinfarkt.
Reizbar, unerwartete Aggressivität. Angst, sich die eigene Wut einzugestehen.

Mars/Neptun-Aspekte

+ Intuitives Handeln; setzt eigene Interessen unauffällig, aber dafür um so erfolgreicher durch. Fähigkeit, Widerstände zu umschiffen.
– Handlungslähmung. Angst, sich die eigenen Bedürfnisse einzugestehen und auszuleben. Sexuelle Ängste oder ungewöhnliche Neigungen in diesem Bereich. Zug ins Masochistische.
Geschwächte Körperabwehr (Immunsystem), Tendenz zu niedrigem Blutdruck.

Mars/Pluto-Aspekte

+ Unerschöpfliches Energiepotential. Kann Ziele gegen alle äußeren Widerstände durchsetzen. Machtmensch. Fähigkeit, andere zu führen und zu manipulieren. Oft ausgeprägter Sexualtrieb.
– Außergewöhnliches Energiepotential mit deutlichem Zug ins Destruktive. Oft sadistische Neigungen. Mußte sich in der Kindheit mit aller Kraft gegen eine als feindlich erlebte Umwelt durchsetzen, um psychisch zu überleben.

Mars/Aszendent-Aspekte

+ Robuste und widerstandsfähige Konstitution. Ausgeprägte Triebsphäre. Durchsetzungsstärke. Verkraftet Streß und hohe Arbeitsbelastung besser als andere. Leistungsorientiert, braucht Konkurrenz, um seine Kräfte zu messen.
– Autoaggressiv, steht sich selbst im Weg. Verwendet viel Energie darauf, um eine Befriedigung seiner Bedürfnisse zu unterbinden. Macht andere für eigene Fehler verantwortlich. Entweder aggressionsgehemmt oder übertrieben reizbar. Sexuelle Probleme.

Mars/Medium-Coeli-Aspekte

+ Sehr ehrgeizig, außergewöhnliche Selbstdisziplin. Kann ausdauernd und konsequent auf ein Ziel hinarbeiten. Manchmal Tendenz zu militärischen und medizinischen Berufen. Möchte im Beruf eine Führungsposition einnehmen.
– Beruflicher Ehrgeiz. Gleichzeitig jedoch mangelnde Ausdauer. Oft übertrieben aggressiv Konkurrenten gegenüber. Partnerschaftliche und familiäre Probleme beeinflussen die Karriere negativ (nicht umgekehrt).

⁂ Jupiter-Aspekte

Jupiter/Saturn-Aspekte

+ Kann gesellschaftliche Bedeutsamkeit in den durch die Hausstellung der Planeten angezeigten Themenbereichen erreichen. Wurde in einer Zeit bedeutsamer gesellschaftlicher Umbrüche geboren.
– Widersprüche zwischen gesellschaftlicher Konvention, Gesetz und Moral in den durch die Hausstellung der Planeten angezeigten Themenbereichen. Hinweis auf un-

vereinbare Wertesysteme (z. B. Moralvorstellungen) der Eltern.

Jupiter/Uranus-Aspekte

+ Die Chance, durch ungewöhnliche Projekte besonderen Erfolg zu erreichen. Verschiedentlich überraschende positive Wendungen im Leben; »Glückspilzkonstellation«. Liberale und tolerante Grundeinstellung in den durch die Hausstellung angezeigten Themenbereichen.
– Verdirbt sich gute Chancen durch die eigene Unbeständigkeit. Neigt in den durch die Hausstellung angezeigten Themenbereichen zu Maßlosigkeit und Übertreibung.

Jupiter/Neptun-Aspekte

+ Der »richtige Riecher« für das, was gesellschaftlich ankommt (»Managerkonstellation«), im durch die Hausstellung angezeigten Themenbereich. Religiöse Ader.
– Macht sich Illusionen. Träumt vom Erfolg, ohne sich darum angemessen zu bemühen. Kann den eigenen Wohlstand durch Fehlspekulationen verlieren. In den durch die Hausstellung angezeigten Themenbereichen Gefahr, Opfer von Irrtümern und Betrügereien zu werden. Bei Bezug zum ersten und zweiten Quadranten Tendenz zu Erkrankungen der Leber.

Jupiter/Pluto-Aspekte

+ Fähigkeit zu außergewöhnlichem (wirtschaftlichem) Erfolg. Kann eine besondere Führungs- und Machtposition im durch die Hausstellung angezeigten Themenbereich einnehmen.
– In den durch die Hausstellung angezeigten Themenbereichen oft Machthunger, steht unter Erfolgszwang. Handelt gegen jede Einsicht, selbstzerstörerisch, Neigung zum

Größenwahn. Meint, andere bekehren zu müssen; kann keinen Widerspruch ertragen. Scheintolerant.

Jupiter/Aszendent-Aspekte

+ Tolerant und einsichtig. Erfolgreich im Durchsetzen der Eigeninteressen, ohne daß dies auf Kosten anderer ginge. Vereinbarkeit von moralischen Grundsätzen und Triebsphäre. Der eigenen Person wird unwillkürlich Autorität zuerkannt. Größte Persönlichkeitsentfaltung in der zweiten Lebenshälfte.
– Selbstherrlich und arrogant. Neigung zu Stoffwechselstörungen und Übergewicht. Ausgeprägter Neid anderen gegenüber. Leidet unter der eigenen wirklichen oder eingebildeten Erfolglosigkeit. Cholerisch und kleinkariert, krankhaft geltungssüchtig.

Jupiter/Medium-Coeli-Aspekte

+ Gesellschaftlicher Erfolg, Erreichen einer bedeutsamen Führungsposition. Ausgeprägtes Gerechtigkeitsempfinden. Die eigene Lebensführung wird an moralischen Prinzipien ausgerichtet.
– Die Partnerschaft oder gesundheitliche Probleme stehen im Gegensatz zu angestrebten (beruflichen) Entwicklungszielen. Kann übertragener Verantwortung nicht gerecht werden, unzuverlässig, unaufrichtig und eitel. Anmaßend, überschätzt die eigene Kompetenz.

⁂ Saturn-Aspekte

Saturn/Uranus-Aspekte

+ Ausdruck einer Zeitphase, in der sich die Konventionen ohne krasse Brüche ändern. Fähigkeit zu informieren. Kann in den durch die Hausstellung angezeigten The-

menbereichen eine Synthese zwischen als unvereinbar Geltendem schaffen und sich dort über Normen unbeschadet hinwegsetzen. Kann erfolgreich »zwei Herren dienen«.
– Ausdruck einer Zeitphase, in der es um einen radikalen Umbruch gesellschaftlicher Werte ging. Ist im durch die Hausstellung angezeigten Themenbereich gespalten zwischen den von den Eltern vermittelten (überalterten) Konventionen und den eigenen Erfahrungen in der neuen Zeitqualität.
Mehrmalige radikale Brüche und Änderungen in der Lebensorientierung; »Absturzkonstellation«.

Saturn/Neptun-Aspekte

+ Ausdruck einer Zeitqualität, in der mit gesellschaftlichen Maßstäben tolerant umgegangen wird. Im durch die Hausstellung angezeigten Themenbereich Fähigkeit, die Inhalte gesellschaftlicher Forderungen zu verwirklichen, ohne sich an Formalismen anklammern zu müssen. Intuitives Erfassen von Gesetzmäßigkeiten.
– Ausdruck einer Zeitqualität, in der die gesellschaftlichen Maßstäbe (die »guten Sitten«, Moralvorstellungen, Konventionen, Gesetze etc.) als Zeichen allgemeiner Orientierungslosigkeit und Unsicherheit aufgeweicht sind. Im durch die Hausstellung angezeigten Themenbereich Schwierigkeit, klare Wertmaßstäbe zu entwickeln: Unsicherheit gegenüber den als gültig anzusehenden gesellschaftlichen Spielregeln; »Abgrenzungsschwäche«.

Saturn/Pluto-Aspekte

+ Ausdruck einer Zeitqualität, in der die Maßstäbe der Gruppe mit denen der Gesellschaft übereinstimmen. Gesicherte Prinzipien und Konventionen, klare Vorstellungen von »Gut und Böse« etc. Im durch die Haussstel-

lung angezeigten Themenbereich Fähigkeit, tradierte Maßstäbe zu vermitteln. Das Empfinden, aus Verantwortungsbewußtsein eine Machtposition einnehmen zu müssen.
– Ausdruck einer Zeitqualität, in der Vorstellung und Wirklichkeit auseinanderklaffen. Man versucht, an den Werten der Vergangenheit festzuhalten, während die Wirklichkeit längst schon neue Maßstäbe gesetzt hat. Im durch die Hausstellung angezeigten Themenbereich Versuch, die eigenen Vorstellungen gegen jeden Widerstand durchzusetzen. Unbelehrbar bis zwanghaft. Destruktive Ausstrahlung.

Saturn/Aszendent-Aspekte

+ Konsequent im Durchsetzen eigener Interessen. Läßt sich von anderen nicht von eigenen Plänen abbringen. Nicht manipulierbar, unbestechlich. Beherrscht im Umgang mit anderen. Wirkt gelegentlich kühl, aber immer fair und korrekt. Läßt sich zu keinen unüberlegten Handlungen hinreißen. Außergewöhnliche Ausdauer.
– Hemmung, eigene Bedürfnisse zuzulassen und auszuleben. Altklug, verklemmt. Harte Kindheit, oft »preußische« Erziehung. Zu ernst, kann nicht genießen. Neigung zu Depressionen. Reduzierte Körperabwehr. Neigung zu chronischen Erkrankungen. Sexuell unbefriedigt. Leidet unter Schuldgefühlen.

Saturn/Medium-Coeli-Aspekte

+ Berufliche und gesellschaftliche Ziele werden bereits von Kindesbeinen an konsequent verfolgt. Oft Interesse an Politik oder Pädagogik. Kann eine außergewöhnliche und verantwortungsvolle gesellschaftliche Position erreichen. Kann persönliche Interessen für ein höheres Ziel zurückstellen. Ist geduldig und beständig. Distanzierter,

aber fairer Vorgesetzter. Nutzt eine Machtposition nicht zum persönlichen Vorteil.
– Krankhafter beruflicher Ehrgeiz, übertriebene gesellschaftliche Geltungssucht, unstillbarer Karrierehunger. Skrupellos in der Verfolgung eigener Ziele, inflexibel, stur und uneinsichtig; »Sturz aus der Höhe«.

Uranus-Aspekte

Uranus-Neptun-Aspekte

+ Ausdruck einer Zeitqualität »schleichender Umbrüche«: Es finden zahlreiche ausgeprägte Veränderungen in der Gesellschaft statt, ohne daß es zu besonderen Konflikten käme. Fähigkeit zu permanenter Veränderung läßt sich im durch die Hausstellung angezeigten Themenbereich in keine vorgegebene Richtung zwängen.
– Ausdruck einer Zeitqualität »disharmonischer Umbrüche«. Aufgrund von Mißverständnissen, unrealistischer Einschätzung und Betrug kommt es zu Konflikten und »chaotischen Zuständen«. Tendenz zu Orientierungslosigkeit im durch die Hausstellung angezeigten Themenbereich. Wenn weitere Aspekte dies verstärken und bestätigen, Neigung zu Nervenkrankheiten. Gefahr des Drogenmißbrauchs.

Uranus/Pluto-Aspekte

+ Ausdruck einer Zeitqualität, in der die Maßstäbe der Gruppe revolutioniert werden. Alte Werte werden zugunsten neuer gestürzt. Technische Revolution. Im durch die Hausstellung angezeigten Themenbereich Fähigkeit, tradierte Maßstäbe zu revolutionieren.
– Ausdruck einer Zeitqualität, in der Gruppenbindungen zerbrechen, alte Werte gewaltsam gestürzt werden. Im durch die Hausstellung angezeigten Themenbereich

widersprüchliche Wertvorstellungen, kann keine klaren Prinzipien entwickeln. Ist zwischen unvereinbaren Moralvorstellungen hin und her gerissen.

Uranus/Aszendent-Aspekte

+ Spontan und originell in der Durchsetzung der instinktiven Eigenart (= angeborene Neigungen, Antriebe und Bedürfnisse). Oft ausgeprägte Intuition und technische Begabung. Kann Spannungen zwischen Personen neutralisieren, deshalb hervorragender Vermittler. Individualist.
– Aggressionsgehemmt. Durchsetzungsschwäche. Angst, eigene Interessen zu verwirklichen, wenn Widerspruch zu befürchten ist. Geht allen Konflikten aus dem Weg. Gelegentlich Störungen in der Blutbildung, Eisenmangel.

Uranus/Medium-Coeli-Aspekte

+ Hat die Funktion eines Erneuerers im Gesellschaftlichen; »Erfinder-und-Entdecker-Konstellation«; führt durch seine Persönlichkeit Veränderungen in der sozialen Konvention herbei. Ist seiner Zeit voraus; geht neue Wege; hat keinen unangebrachten Respekt vor Traditionen. Kann Intuition und Logik miteinander verbinden.
– Verfolgt sich widersprechende Ziele gleichzeitig und erreicht dadurch gar nichts. Durch die gegensätzlichen (moralischen) Forderungen seiner Eltern hat er/sie es keinem von beiden recht machen können. Leidet deshalb ständig unter diffusen Schuldgefühlen. Sprunghaft, bleibt nicht bei einer Sache. Hat irreale Zielvorstellungen. Meist familiäre Probleme.

Neptun/Pluto-Aspekte

+ Ausdruck einer Zeitqualität, in der dogmatische Vorstellungen »aufgeweicht« werden. Zunehmende Toleranzfähigkeit. Interesse an Spiritualität und Esoterik. Im durch die Hausstellung angezeigten Themenbereich Fähigkeit, den Sinn tradierter Maßstäbe zu bewahren, ohne an der Form festhalten zu müssen. Spirituell entwicklungsfähig.
– Ausdruck einer Zeitqualität, in der sich echte Gruppenbindungen auflösen und alte Werte zu einer Karikatur ihrer selbst werden.
Im durch die Hausstellung angezeigten Themenbereich unklare Wertvorstellungen. Manipulierbar durch die Vorstellungen anderer.
Wenn weitere Aspekte darauf hindeuten, Tendenz zu wirklichkeitsfremden Vorstellungen.

Neptun/Aszendent-Aspekte

+ Extreme Sensitivität, »sechster Sinn«. Kann unauffällig eigene Interessen verwirklichen, stößt deshalb auf keinen Widerstand.
Kann eigene Bedürfnisse verschleiern. Manchmal medizinische oder heilerische Begabung. Fähigkeit, die Fassade anderer zu durchschauen. Interesse an Psychologie, Esoterik. Eventuell Hang zum Mystischen sowie zum Spiritismus.
– Schwaches Ego, labil, manipulierbar, Hormonstörungen. Tendenz zu Neurosen und psychischen Erkrankungen. Neigung zu Drogen- und Tablettenmißbrauch. Geschwächte Körperabwehr. Durchsetzungsschwäche. Benutzt im Zweifel schmutzige Tricks zum Erreichen der eigenen Ziele.

Neptun/Medium-Coeli-Aspekte

+ Interesse an Psychologie und entsprechende Begabung. Strebt die Entwicklung der Persönlichkeit an. Abneigung gegen alles Oberflächliche. Ist sozial engagiert (z.B. bei Kranken, Behinderten, psychisch Kranken, Strafgefangenen). Beschäftigt sich eventuell mit Malerei.
– Haltlosigkeit. Muß die eigenen Gefühle aufgrund von Schuldgefühlen betäuben. Empfindet das Dasein als sinnlos, leidet deshalb unter Depressionen. Ist im Zweifel skrupellos der Gesellschaft gegenüber, schreckt auch vor Betrug nicht zurück.

⁂ Pluto-Aspekte

Pluto/Aszendent-Aspekte

+ Extremer Ehrgeiz in der Verfolgung persönlicher Ziele. Außergewöhnliche Regenerationskraft. Kann andere dem eigenen Willen unterwerfen. Konsequent im Durchsetzen instinktiver Bedürfnisse. Kann Aggressionen konstruktiv nutzen.
– Autoaggressiv bis masochistisch. Verwendet extrem viel Energie, um gegen die eigenen Bedürfnisse zu handeln. In der Folge psychosomatische Erkrankungen, insbesondere Warzen und Condylome. Meist gestörtes Sexualleben. Sucht sich Partner, die das eigene Selbstwertgefühl zerstören.

Pluto/Medium-Coeli-Aspekte

+ Erreichen einer gesellschaftlichen Führungsposition. Trägt Verantwortung für eine Gruppe. Ideologische Macht. Kann Prinzipien einer Interessengruppe vertreten und durchsetzen.
– Zwanghaftes Verleugnen von Gefühlen. Angst vor dem

eigenen Unbewußten. Oft ein Hinweis auf eine gestörte Mutterbeziehung. Gelegentlich psychische Erkrankung der Mutter. Machthunger bis hin zur Realitätsverleugnung. Erfolgssüchtig. Kann es nicht ertragen, wenn andere besser sind als er/sie selbst. Skrupellos, unbelehrbar.

Fixsterne *

Unter Fixsternen versteht man (scheinbar) unbewegte, leuchtende Himmelskörper. Alle Fixsterne sind Sonnen. Der nächstgelegene Fixstern ist etwa vier Lichtjahre entfernt, das Sonnenlicht benötigt hingegen bis zur Erde nur acht Minuten. Die Entfernungen innerhalb unseres Sonnensystems sind vergleichbar mit denen zwischen Zimmern einer Wohnung, während sich der nächste Fixstern schon in einer über zweihundert Kilometer entfernten anderen Stadt befindet. Dies mag einer der Gründe sein, warum die Fixsterne in der zeitgenössischen Astrologie kaum eine Rolle spielen. Ob dies zu Recht oder Unrecht geschieht, sei dahingestellt.
Um unter den über 5000 mit bloßem Auge erkennbaren Fixsternen diejenigen herauszufinden, die astrologisch bedeutsam sind, müssen einige Regeln beachtet werden. Die wichtigste ist, daß sich der Fixstern nicht zu weit von der Ekliptik entfernt befinden darf, d.h., seine ekliptikale Breite sollte nicht allzu hoch sein. Ausgerechnet der wichtigste Fixstern – Algol – bildet hier mit etwa 22 Grad Breite eine wesentliche Ausnahme. Die zweite Regel ist, daß im allgemeinen nur besonders helle Sterne für astrologische Untersuchungen in Frage kommen.
Die Wirkung der Fixsterne wird mit der eines oder mehrerer Planeten verglichen, wobei offensichtlich Ähnlichkeiten in der Farbe eine Rolle spielen. Fixsterne sind im

persönlichen Horoskop nur dann bedeutsam, wenn sie sehr enge Aspekte zu den Häuserspitzen (kleiner als ein Grad) oder zu Sonne und Mond bilden. Die wichtigsten Fixsterne sind in der folgenden Tabelle enthalten:

Name	*Länge*	*Ekliptikale Breite*	*Entsprechung*
Algol	25° 28′ Stier	+22° 22′	Mars/Saturn Pluto
Plejaden	29° 18′ Stier	+ 4° 08′	Mond/Mars
Hyaden	5° 15′ Zwillinge	− 5° 57′	Venus/Mars
Aldebaran	9° 06′ Zwillinge	− 5° 27′	Mars/Jupiter
Bellatrix	20° 15′ Zwillinge	−16° 30′	Merkur/Mars
Sirius	13° 29′ Krebs	−39° 35′	Mars/Jupiter
Regulus	29° 11′ Löwe	+ 0° 28′	Mars/Jupiter
Spica	23° 09′ Waage	− 2° 03′	Merkur/ Saturn
Acrab	2° 30′ Schütze	+ 0° 01′	Mars/Saturn
Antares	9° 04′ Schütze	− 4° 33′	Mars

Diese Werte sind für das Jahr 1950 berechnet. Die mittlere Präzessionskonstante beträgt 50,22 Sekunden (Präzession = Bewegung der Erdachse in etwa 25 800 Jahren um den Pol der Ekliptik; kreisförmige Verlagerung der Erdachse). Dieser Wert muß also pro Jahr Unterschied hinzugezählt bzw. abgezogen werden.

Beispiel: Bei einer Geburt im Jahre 1980 besteht ein Zeitunterschied von dreißig Jahren zu den Tabellenangaben. Demzufolge müssen wir rechnen: $50{,}22'' \times 30 = 1506{,}6'' = 25{,}11'$. Es muß also rund ein halbes Grad zu den Tabellenwerten hinzugezählt werden.

Diese Rechnung kann immer nur ungefähr Genauigkeit erreichen, weil die Präzession der einzelnen Planeten

unterschiedlich ist. Da sich die Fixsterne kaum mehr als ein Grad pro Jahrhundert vorwärts bewegen, ist diese Interpolation jedoch hinreichend genau.
Wer mit Fixsternen arbeiten möchte, sollte einen Orbis von maximal 45 Bogenminuten verwenden. Eine Ausnahme bilden Aszendent und Medium Coeli (M.C.), hier kann ein Orbis von bis zu zwei Grad zugelassen werden. Nur die Konjunktionen haben Bedeutung, alle anderen Aspekte sind nicht zu berücksichtigen.
Die Fixsternastrologie hat sich seit dem Mittelalter kaum weiterentwickelt. Dementsprechend werden - so man überhaupt die Fixsterne berücksichtigt - nach wie vor die damaligen Deutungen verwandt, über deren Richtigkeit und Sinn man verschiedener Meinung sein kann. Die meisten Fixsterne sollen Unglück bringen, wobei noch angegeben wird, ob dies durch Krieg, Überschwemmung, Mord oder ähnliches geschieht.
Unbestritten sind die Fixsternkonstellationen eine genauere Untersuchung wert. Allerdings ist bis heute ungeklärt, wie die teilweise sehr große Breite zu berücksichtigen ist. Wie bereits erwähnt wurde, hat gerade der bedeutendste Fixstern eine Breite von über 22 Grad, was nichts anderes heißt, als daß die Sonne selbst bei einer genauen »Konjunktion« 22 Grad von ihm entfernt steht.

Im folgenden seien Kurzdeutungen der wichtigsten Fixsterne angefügt. Sie halten sich im großen und ganzen an die klassische Überlieferung.

Algol: arabisch »al Ghoul« = »der Geist des Bösen«. Algol ist ein funkelnder Doppelstern, dem man schon in der arabischen Astrologie übelste Wirkungen nachsagte. Er soll das Böse schlechthin repräsentieren und Gewalt, Terror und Zerstörung bringen. Angeblich sind Konjunktionen zum Aszendenten ein möglicher Hinweis auf Selbstmord.

Plejaden: Das »Siebengestirn« ist in Wirklichkeit ein Sternhaufen, der aus weit mehr als sieben Gestirnen besteht. Seine Ausdehnung beträgt einige Grad. Sternhaufen und Nebelsternen wird traditionell eine ungünstige Wirkung auf die Augen (Verletzungen, Blindheit) nachgesagt. Im übertragenen Sinne kann diese Konstellation auf »Verblendung« hindeuten.

Hyaden: Die Hyaden sind von ähnlicher Bedeutung wie die Plejaden, auch hier handelt es sich um einen Sternhaufen von etwa vier Grad Ausdehnung. Zusätzlich wird ihnen ein Hang zu pervertierter Erotik sowie eine Tendenz zu Scheinerfolgen nachgesagt.

Aldebaran: Aldebaran ist einer der wenigen Fixsterne mit positiver Wirkung. Er soll Macht und Würde mit sich bringen. Allerdings wird ihm auch eine Neigung zur Kurzsichtigkeit nachgesagt. In Ereignis- und Städtehoroskopen soll er Überschwemmungen »verursachen«.

Bellatrix: »die Kriegerin«. Dieser Fixstern entspricht Bosheit und Torheit. Er bringt Durchsetzungsstärke und Ausdauer mit sich. An dem Aszendenten und am Medium Coeli (M. C.) soll er angeblich auf Magerkeit hindeuten.

Sirius: Dieser Doppelstern ist einer der bedeutendsten Fixsterne für die Astrologie. Er soll »unsterblich« machen. In der Tat fluktuiert seine Entsprechung zwischen Überlegenheit und Überheblichkeit. Sirius kann auf Ruhm und Genialität hinweisen. Im Horoskop Einsteins befand sich Sirius am Aszendenten.

Regulus: Das »Königsgestirn« soll berühmt machen.

Spica: Hinweis auf Intelligenz und rhetorische Begabung. Sexuelles Desinteresse.

Acrab: Acrab entspricht Verlust und Unehre.

Antares: der »Gegenmars«. Sturz, Krankheit, böses Schicksal, Kampf, Krieg und Not. Wohl aber auch die Möglichkeit besonderer Durchsetzungsstärke und Energie.

Praktische Horoskopdeutung ⁂⁂

Ein Horoskop läßt sich auf die unterschiedlichsten Weisen sinnvoll deuten. In erster Linie ist das Ergebnis wichtig, also die möglichst zutreffende Interpretation.
Ein Beispiel mag dies verdeutlichen. Vergleichen wir die Persönlichkeit des Horoskopeigners mit einem Bild und die einzelnen Konstellationen mit Puzzlesteinen, in welche das Bild zerschnitten ist. Es gibt unendlich viele Möglichkeiten, ein Bild in Puzzle-Stücke aufzuteilen, entscheidend ist lediglich, daß es richtig zusammengesetzt wird und keine Steine fehlen. Auf die Astrologie angewandt, bedeutet dies, daß sich die vielen verschiedenen Astrologieschulen und die differierenden Vorgehensweisen in der Interpretation nicht notwendigerweise gegenseitig ausschließen. Die einzelnen Konstellationen können sehr unterschiedlich, möglicherweise sogar widersprüchlich gedeutet werden, solange die Gesamtschau (= das zusammengesetzte Puzzle) stimmig ist.
Die Möglichkeit, daß unterschiedliche Vorgehensweisen in der Interpretation ihre Berechtigung haben, heißt allerdings noch lange nicht, daß alle Deutungssysteme funktionieren. Die meisten enthalten – um im Bild zu bleiben – nicht alle Puzzlesteine oder setzen diese falsch zusammen.
Nicht nur für den Anfänger ist es sehr schwer festzustellen, ob ein Deutungssystem richtig ist oder nicht. Hier gibt es zwei Wege: Die eine Möglichkeit besteht darin, eine bestimmte Methode zu erlernen und selbst in der

Praxis zu überprüfen. Der Nachteil hierbei ist, daß dieses Vorgehen Jahre in Anspruch nehmen kann und die Wahrscheinlichkeit hoch ist, daß man viel Zeit damit verbracht hat, sich wertloses Wissen anzueignen. Empfehlenswerter ist die zweite Methode, indem Sie sich an den Begründer oder einen autorisierten Vertreter eines Deutungssystems wenden und sich anhören, was dieser zu einem ihnen bekannten Horoskop zu sagen hat. Dieser Weg verlangt ein gerüttelt Maß Kritikfähigkeit, verkürzt aber den Arbeitsaufwand erheblich.

Selbst wenn wir unterstellten, daß alle zur Zeit bekannten astrologischen Systeme gut und richtig wären (was bedauerlicherweise nicht der Fall ist), so gibt es dennoch eine Fehlerquelle, der die meisten Astrologieschüler zum Opfer fallen: Sie erwerben sich in verschiedenartigen Teilrichtungen Wissen, um es dann bunt durcheinandergewürfelt in der Deutung anzuwenden. Dies ist ungefähr so, als würde ich Puzzlesteine aus zwanzig verschiedenen Spielen nehmen und versuchen, sie zu einem sinnvollen Bild zusammenzusetzen. Gerade dem Anfänger sei deshalb dringend geraten, so lange bei einer Deutungsmethode zu bleiben, bis er sie wirklich beherrscht.

Später kann man sich immer noch mit anderen Autoren und Meinungen auseinandersetzen. Zuerst sollte jedoch ein solider Grundstock geschaffen werden.

Allgemeine Vorgehensweise

In der Herangehensweise an ein Horoskop können zwei gegensätzliche Ansätze unterschieden werden: Man kann vom Horoskop her auf Ereignisse und Charaktere schließen, oder man sucht umgekehrt für Wesenszüge die Entsprechungen im Horoskop. Anders ausgedrückt: Ich kann mir entweder den Kopf darüber zerbrechen, was meine

Venus/Pluto-Opposition im Horoskop bedeutet, oder ich suche nach der Konstellation, die mein verunglücktes Liebesleben erklärt . . .
Die erste Möglichkeit haben wir bereits im Kapitel »Erste Schritte in der Deutung« angewandt, wir untersuchten die Mond-Stellung im Horoskop von Elizabeth Taylor. In der Praxis werden wir jedoch nur von Leuten, die selbst schon Astrologie betreiben, nach der Bedeutung von bestimmten Konstellationen gefragt. Im Normalfall möchte der Klient etwas über Partnerschaft, Gesundheit usw. wissen, die Planetenkonstellationen kennt er meist nicht.
Für den Astrologieschüler ist es deshalb wichtig, sich in beiden Vorgehensweisen zu schulen.
In diesem Kapitel versuche ich, Ihnen zu zeigen, wie Sie auf festumrissene Fragestellungen die zugehörigen Konstellationen finden können. Im Kapitel »Das kybernetische Modell« wird wieder der umgekehrte Weg gegangen, also vom Horoskop ausgehend auf den Charakter geschlossen.
Zuerst müssen wir uns über die Fragestellung klarwerden, mit der wir an ein Horoskop herantreten wollen. Entsprechend den vier Quadranten (s. Abb. S. 120) lassen sich vier große Themenbereiche unterscheiden:

1. Körper, Materie, Substanz, Besitz, Statisches *(erster Quadrant);*

2. Seele, Organisches, Prozeßhaftes, Emotionales, Belebtes *(zweiter Quadrant);*

3. Geist, Bewußtes, Intellektuelles, Meinung, Überzeugung, soziale Umwelt, Beziehungen zu anderen *(dritter Quadrant);*

4. Schicksal, Kollektives, Überpersönliches, Gesellschaftliches, Staatliches *(vierter Quadrant).*

Haben wir uns für eine Frage entschieden, so gilt es, herauszufinden, welcher Quadrant »zuständig« ist. Als Übungsbeispiel seien einige häufige Themen angesprochen:

Geld: im Sinne von Besitz, Gelderwerb, Job: 2. Haus.

Gesundheit: angeborene Konstitution: der gesamte erste Quadrant; erworbene Krankheit: der zweite Quadrant, insbesondere Haus 6; Geistes- und Erbkrankheiten: dritter Quadrant, insbesondere Haus 8; Infektionen und Seuchen: vierter Quadrant, inbesondere Haus 12.

Partnerschaft: dritter Quadrant, insbesondere Haus 7 und Haus 8.

Beruf: im Sinne von Berufung: Haus 10; Untergebene: Haus 12; Geschäftspartner: Haus 7; Verhältnis zu Vorgesetzten: Haus 6.

Haben wir für eine Fragestellung den zugehörigen Quadranten gefunden, wählen wir das passende Haus aus. Natürlich müssen in einer genauen Analyse sämtliche Häuser eines Quadranten berücksichtigt werden, zu Anfang konzentrieren wir uns jedoch auf das Feld, welches dem Thema, das wir untersuchen wollen, am genauesten entspricht.
Die Position des Zeichenherrscher bestimmt den Rahmen, in dem sich eine Antwort auf unsere Frage ergeben kann. Bei einer genauen Untersuchung des Zeichenherrschers müssen noch seine Aspekte zu anderen Planeten mit berücksichtigt werden. Die Inhalte, welche sich verwirklichen, werden durch die Planeten im untersuchten Haus mit beeinflußt.
Beispiel: Wir werden von jemandem gefragt, welche Art von Partnerschaften für ihn in Frage komme. Für Beziehungen zu anderen ist das 7. Haus »zuständig«. Wir müs-

sen also untersuchen, in welchem Zeichen das 7. Haus steht, in welchem Haus sich der Herrscher befindet, welche Aspekte dieser hat und welche Planeten sich im 7. Haus befinden. Nehmen wir an, der Betreffende hätte einen Zwillings-Aszendenten, dann ergäbe sich vielleicht folgendes Bild:

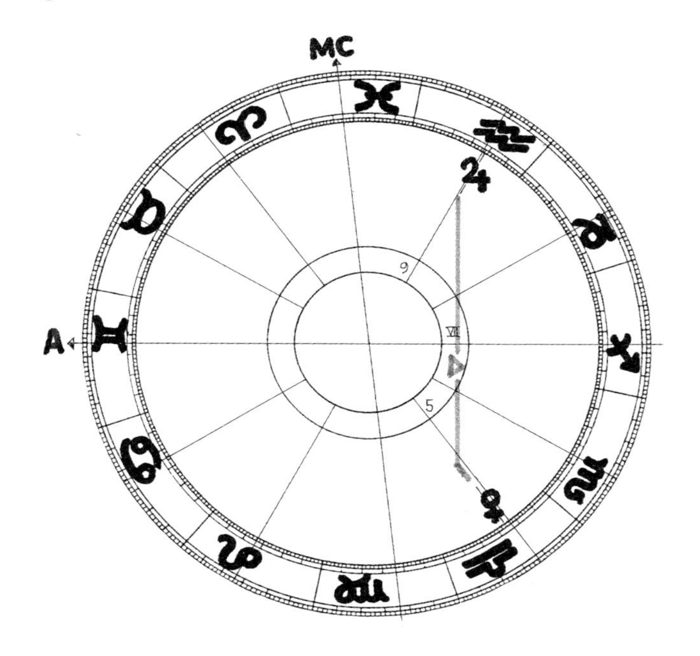

Jupiter befindet sich also als Herrscher von Haus 7 in Haus 9. Der Schütze-Deszendent weist grundsätzlich auf einen expansiven Aspekt im Begegnungsbereich hin. Dies mag Protektion (= Unterstützung und Schutz) durch den Partner bedeuten, kann jedoch auch einfach einem großen Bekanntenkreis entsprechen. Allgemein ist hier das Begegnungspotential (quantitativ!) größer als bei anderen Konstellationen. Dieses Begegnungspotential verwirklicht sich im Zuständigkeitsbereich des 9. Hauses: Herrscher

von Haus 7 in Haus 9. Dies entspricht einem breitgefächerten Bekanntenkreis aus den unterschiedlichsten sozialen Schichten, eventuell sogar Beziehungen im Ausland etc. Aus diesem Umfeld rekrutieren sich nun auch die möglichen Partnerschaften. Da der Jupiter als Herrscher von Haus 7 ein Trigon zur Venus hat, bieten sich genügend Möglichkeiten, eine Beziehung aufzubauen, die sich zudem für die eigene soziale Position günstig auswirkt.
Zusammenfassend ließe sich also sagen: Partnerschaften werden sich vor allem zu Personen aus dem weiteren Bekanntenkreis ergeben können. Die mögliche Partnerin könnte aus einer völlig anderen sozialen Schicht oder sogar aus dem Ausland stammen. Die Beziehung selbst würde irgendwie der eigenen sozialen Position nützen.

Ich möchte noch einmal kurz und systematisch die einzelnen Schritte darstellen, die zur Beantwortung einer eindeutigen Fragestellung führen:

1. Zuerst wird das zuständige Haus bestimmt.
2. Es wird der Herrscher des zuständigen Hauses gesucht, so daß sich die Formel ergibt: Herrscher von Haus x in Haus y.
3. Das Zeichen, das an der Spitze des zuständigen Hauses steht, und die Stellung seines Herrschers geben den thematischen Rahmen vor.
4. Aspekte zum Herrscher des zuständigen Hauses führen das Thema genauer aus, weisen auf Hindernisse oder Förderung hin.
5. Weitere Details, die konkrete Färbung, erhalten wir durch die Berücksichtigung der Planeten, die sich eventuell im zuständigen Haus befinden, sowie durch ihre Aspekte.
6. Schließlich sind noch Aspekte auf die zuständige Hausspitze einzubeziehen.

Deutungsbeispiele 

Beispiel 1

Jemand fragt uns, was wir allgemein zu seinen finanziellen Verhältnissen sagen können. Nehmen wir an, er hätte folgendes Horoskop:

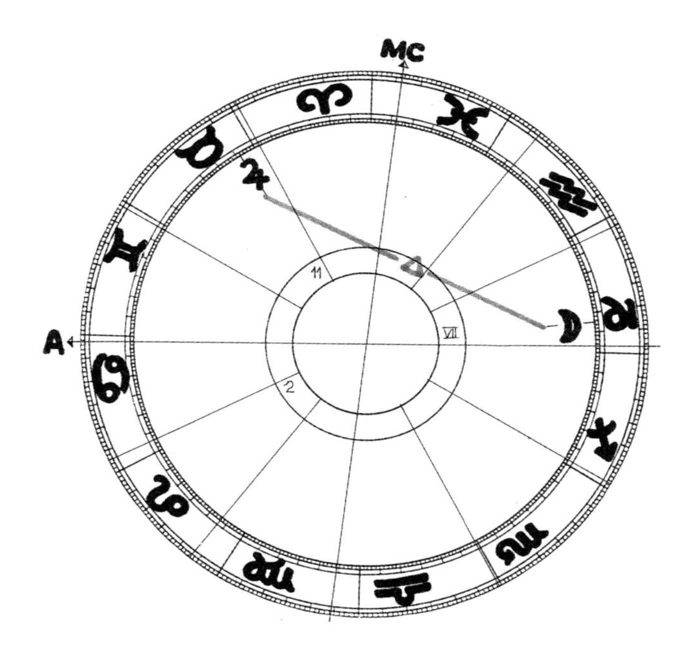

Für Finanzen im Sinne der Existenzsicherung ist das 2. Haus »zuständig«. An seiner Spitze befindet sich das Zeichen Krebs, welches vom Mond beherrscht wird. Krebs an der Spitze von Haus 2 weist auf keine übermäßig stabile wirtschaftliche Situation hin: Sein Herrscher, der Mond, gilt als »labil«, launisch, wechselhaft. Im Krebs beginnt jedoch auch der »seelische (Mundan-) Quadrant«, was auf emotionales Engagement hinweist.

Der Native wird deshalb kaum eine Arbeit annehmen, mit der er sich nicht identifizieren kann. Allerdings sind seine Einkommensverhältnisse unbeständig, und wir können darauf schließen, daß er entweder einen Beruf ausübt, der keine regelmäßigen Einkünfte garantiert, oder aber daß er häufiger seine Tätigkeit wechselt.
Der Herrscher von Haus 2, der Mond, befindet sich nun im 7. Haus: Die Existenzsicherung verwirklicht sich in der persönlichen Begegnung. Dies würde wahrscheinlich bedeuten, daß unser Bekannter einer Tätigkeit nachgeht, die ihm einen direkten persönlichen Kontakt zu anderen Menschen ermöglicht. Das Trigon zum Jupiter schließlich weist auf allgemeine Beliebtheit, auf Glück und Protektion hin.

Zusammenfassend ergäbe sich damit folgende Aussage: Der Betreffende verdient sein Geld durch eine Tätigkeit, mit der er sich emotional identifizieren kann. Entweder wechselt er häufiger seinen Beruf (bzw. den Arbeitsplatz), oder er verfügt über kein regelmäßiges Einkommen. Es könnte sich also z. B. um eine selbständige Tätigkeit handeln. Der Native arbeitet mit anderen direkt zusammen, oder er hat durch seine Arbeit persönliche Kontakte. Dies ist ein entscheidendes Kriterium seiner Tätigkeit. Obwohl er über kein regelmäßiges Einkommen verfügt, sind seine Chancen zu einer angemessenen Existenzsicherung überdurchschnittlich gut. Das Mond/Jupiter-Trigon weist darauf hin, daß besondere wirtschaftliche Not recht unwahrscheinlich ist.

In diesem Beispiel handelt es sich um einen Musiker, der in verschiedenen, relativ erfolgreichen Bands spielte. Je nach Auftragslage waren seine Einkünfte hervorragend bis mittelmäßig. Seit einigen Jahren arbeitet er als Animateur in einem Ferienclub, wo er Urlaubern Musikunterricht erteilt.

Beispiel 2

Wir werden von einer Klientin nach ihrem Verhältnis zu ihrer Mutter befragt. Angenommen, sie hat folgendes Horoskop:

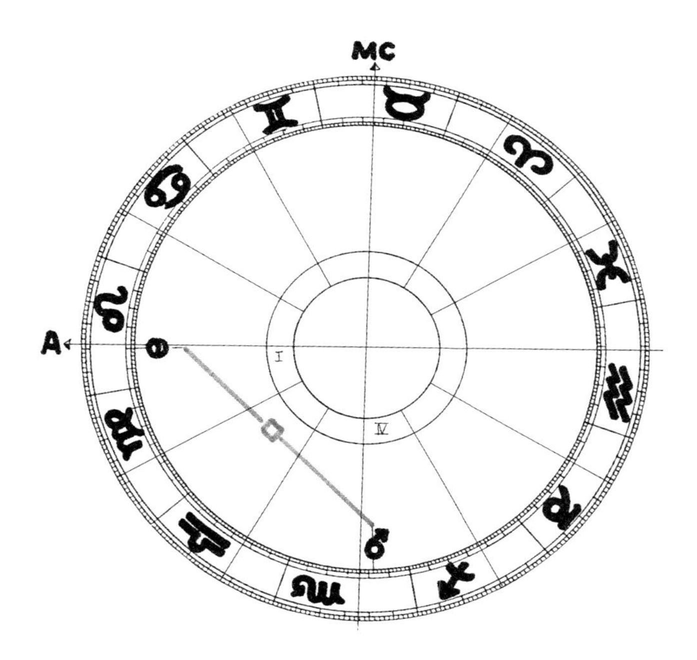

Der Mutter ist das 4. Haus zugeordnet. An seiner Spitze befindet sich in diesem Fall das Zeichen Skorpion. Das kann bereits auf eine dominante, vorstellungsbezogene und prinzipienorientierte Mutter hindeuten.
Der Hauptherrscher von Haus 4 ist der Pluto, der sich in Konjunktion mit dem Aszendenten befindet. Die Mutter »sitzt« also gleichsam auf der persönlichen Anlage, ist also mit der instinktiven Eigenart (= angeborene Neigungen, Antriebe und Bedürfnisse) und (deren) Kontrolle »identisch«. Bereits dies ist ein klarer Hinweis auf eine

Haßliebe zwischen Mutter und Kind, in der beide auf fatale Weise voneinander abhängig sind. Berücksichtigt man noch das Quadrat von Pluto auf Mars, so kann man sagen, daß die Mutter cholerisch und gewalttätig war, was sich dahin gehend äußerte, daß sie ihr Kind gelegentlich körperlich mißhandelte.

⁂ Die Aspekte in der Horoskopdeutung

An dieser Stelle soll ein Thema, auf das bereits mehrmals hingewiesen wurde, für die Praxis genauer erörtert werden, nämlich der Stellenwert der Aspekte in der Deutung. Es wurde gesagt, daß ein isolierter Aspekt ohne Bezug zum Gesamthoroskop kaum interpretiert werden kann. Wir wollen versuchen, dies am Beispiel einer Venus/Saturn-Opposition anschaulich zu machen.

In der klassischen Astrologie werden Oppositionen zwischen Venus und Saturn mit »Pech in der Liebe«, »unglückliche Partnerschaften«, und ähnlichem in Verbindung gebracht. Glücklicherweise trifft dies nicht so ohne weiteres zu. Abgesehen davon, daß sich keine Konstellation zwingend negativ auswirken muß, können Venus und Saturn unsere Partnerschaften nur dann beeinflussen, wenn sie für diese zuständig sind; d.h., Venus oder Saturn müßten Herrscher von Haus 7 oder 8 sein.

Manch einer mag einwenden, daß man der Venus traditionell Liebe und Partnerschaft zuordnet und Venus-Aspekte deshalb für diesen Themenbereich nicht bedeutungslos sein können. Hierauf gibt es zwei Antworten: Die eine ist, daß die Venus zwar allgemein unserem Hingabepotential entspricht, sich dieses jedoch nicht notwendigerweise auf den Partnerschaftsbereich richten muß. Manch einer ist in seinen Beruf oder in sein Hobby mehr »verliebt« als in seine Ehefrau ... Wo sich unser Hingabepotential verwirklicht, sagt uns die Hausstellung

der Venus sowie das von ihr beherrschte Haus (Sie erinnern sich: Venus als Herrscher von Haus x in Haus y). Die andere Antwort ist: Es soll nicht bestritten werden, daß Venus-Konstellationen einen Einfluß auf unser Partnerschaftsverhalten haben. Dieser Einfluß ist jedoch sehr schwach; erst wenn weitere Konstellationen ähnliche Entsprechungen aufweisen, können sich die »Wirkungen« zu spürbaren Konsequenzen für den Partnerschaftsbereich addieren.
In aller Regel werden die Venus-Aspekte jedoch vom Herrscher des 7. Hauses und seinen Konstellationen überlagert. Der Herrscher von Haus 7 entspricht gleichsam der individuellen Venus (7. Haus = Waage = Venus).*

Deutungsbeispiele

Beispiel 1 (Abb. S. 430)

Venus steht in Konjunktion mit der Spitze des 12. Hauses und ist Herrscherin von Haus 10,** Saturn ist Mitherrscher von Haus 1 und steht in Haus 6. Das 10. Haus entspricht der individuellen gesellschaftlichen Bedeutung, die erreicht werden kann und sollte. Waage am M.C. mag auf eine künstlerische oder kunsthandwerkliche Tätigkeit hindeuten. Die Stellung der Venus in Haus 12 zeigt zum einen eine weitgehende Unabhängigkeit von Modeerscheinungen, also künstlerische Eigenständigkeit, sowie das Bedürfnis, sich überpersönlich, gesellschaftlich darzustellen (das 12. Haus ist das 3. vom 10. Haus an gezählt). Die Unabhängigkeit vom Zeitgeist ist jedoch auch ein

* Vgl. Michael Roscher, »Venus und Mars«, Droemer Knaur, München 1988.

** Außerdem beherrscht sie Haus 5; die Stier-Venus ist jedoch nicht primär partnerschaftsrelevant und wird deshalb in diesem und den folgenden Beispielen nicht berücksichtigt.

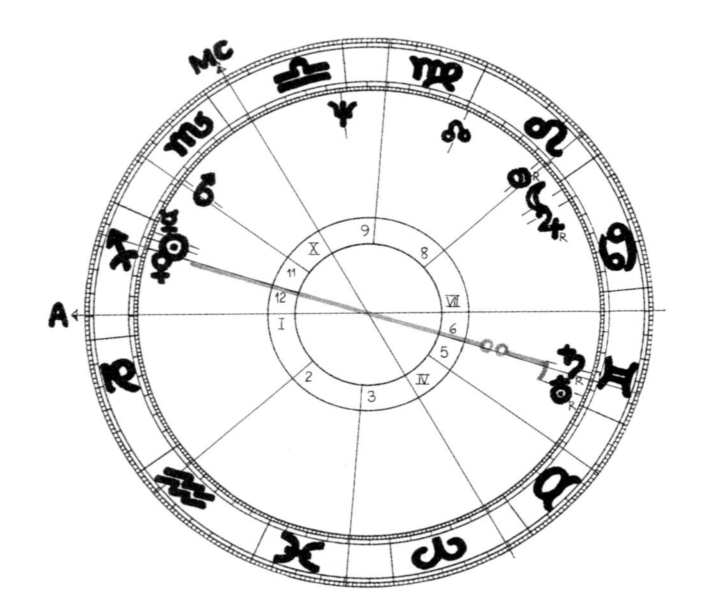

Hinweis auf Fehlinterpretationen und Unverstandensein, da der eigene »kosmische Auftrag« (= Haus 10 und Herrscher von 10) völlig außerhalb der Konvention liegt. Der Herrscher von Haus 10 in Haus 12 kann deshalb auch, wenn er verletzt ist, auf gesellschaftliche Verfolgung und Inhaftierung hinweisen.

Die Opposition der Venus zum Mitherrscher von Haus 1, dem Saturn, zeigt, daß gesellschaftliche Bedeutung und instinktive Eigenart in Spannung zueinander stehen. Dies kann konkret bedeuten, daß körperliche Substanz geopfert werden muß, um der eigenen Bedeutung gerecht zu werden.

Es handelt sich in diesem Beispiel um das Horoskop von Jimi Hendrix, einem Gitarristen und Popmusiker. Wie kein anderer beeinflußte er Technik und Stil nachfolgender Gitarristengenerationen. Er versuchte, durch Drogen seine Kreativität zu steigern (Venus als Herrscher von

Haus 10 in Haus 12). Während seine Platten Millionenumsätze machten und seine Manager reich wurden, blieb ihm fast nichts: Man hatte ihn mit Knebelverträgen ausgebootet (u.a. Herrscher von Haus 10 Opposition Mitherrscher von Haus 1 und Haus 2). Jimi Hendrix starb 1970 durch die Einwirkung von Alkohol und Schlaftabletten.

Beispiel 2

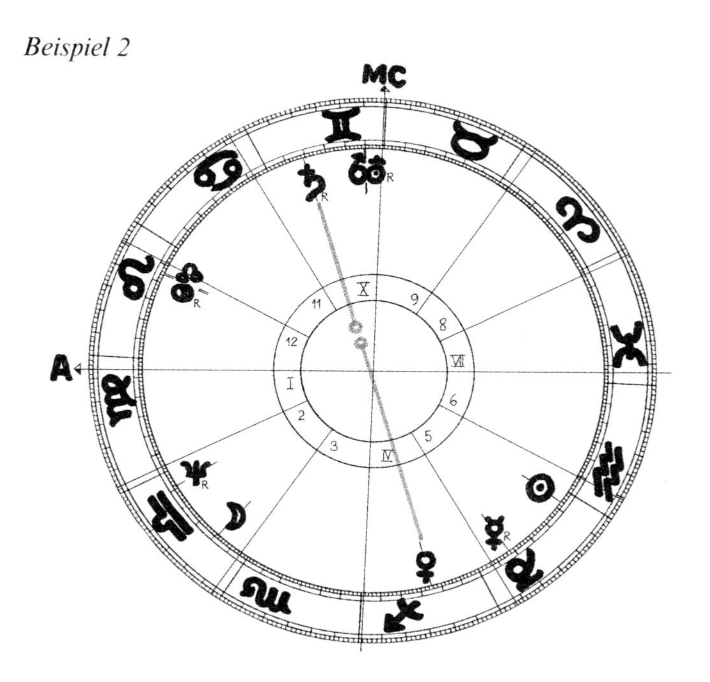

Venus steht hier als Herrscher von Haus 3 in Haus 4. Saturn ist Herrscher von Haus 5 und befindet sich in Haus 10. Venus als Herrscher von Haus 3 in Haus 4 weist häufig auf eine gewisse Schüchternheit hin: Die Selbstdarstellung findet im verborgenen, im privaten Bereich statt. Dem 3. Haus »unterstehen« jedoch auch der Bewegungsapparat sowie die Hirnfunktion.

Saturn steht als Herrscher von Haus 5 in Haus 10. Diese Konstellation weist immer auf besonderen Ehrgeiz hin und symbolisiert Erfolg und gesellschaftliche Anerkennung, die aus eigener Kraft erreicht werden. Die gesellschaftliche Bedeutung steht jedoch im Spannungsverhältnis zu den Entsprechungen des 3. Hauses.

Es handelt sich hier um das Horoskop des ehemaligen Boxweltmeisters im Schwergewicht, Joe Frazier. Die Konstellationen weisen eindeutig darauf hin, daß die Boxkarriere mit Schäden des Bewegungsapparates und/oder der Hirnfunktion erkauft werden mußte.

Beispiel 3

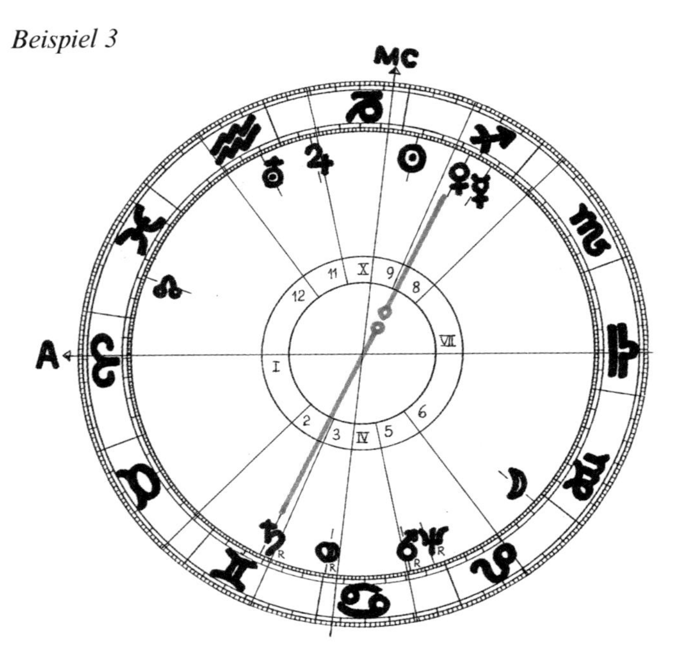

In diesem Horoskop ist Venus die Herrscherin von Haus 7 in Haus 8 und Saturn der Herrscher von Haus 10 in Haus 2. Diese Konstellationen entsprechen einem

Spannungsverhältnis von persönlichem Begegnungsbereich und gesellschaftlicher Position. Konkret kann dies bedeuten, daß Partnerschaften zu Bruch gehen, weil sie sich mit der eigenen Karriere nicht vereinbaren lassen. Aber auch der umgekehrte Fall ist möglich, nämlich daß die Karriere durch das direkte persönliche Umfeld zu leiden hat.

Es handelt sich hier um das Horoskop des ehemaligen Bundeskanzlers und SPD-Vorsitzenden Willy Brandt, der zweimal wegen anderer seinen Hut nahm: einmal als Bundeskanzler (Guillaume-Affäre), das zweitemal als Parteivorsitzender, nachdem er die Griechin Frau Mathiopoulos als Parteisprecherin vorgeschlagen hatte. Inwieweit diese Konstellation Brandts Ehen beeinflußt hat, ist mir nicht bekannt; auch hier dürfte sich jedoch das Spannungsverhältnis beider Themenbereiche widergespiegelt haben.

Nur in diesem letzten Horoskop hatte die Venus/Saturn-Opposition einen Partnerschaftsbezug - eben weil Venus Herrscher von Haus 7 war. Ich hoffe, diese drei Beispiele haben deutlich gemacht, daß immer zuerst der Hausherrscher und die Hausposition berücksichtigt werden müssen, um eine Konstellation angemessen beurteilen zu können.

Das kybernetische Modell **

Eine Landkarte ist nicht die Wirklichkeit, die sie abbildet, sondern lediglich ein Modell. Je nach beabsichtigtem Verwendungszweck wird sie bestimmte Akzente setzen, andere Themen dagegen vernachlässigen. So sind in einer guten Autokarte wahrscheinlich alle wichtigen Straßen verzeichnet, während z. B. die Fluglinien unberücksichtigt bleiben.

Ähnlich verhält es sich mit der Astrologie: Es gibt nicht die einzig wahre, alleinseligmachende Deutungsmethode. Vielmehr ist es wichtig, zu wissen, welchem Zweck eine Interpretation dienen soll. Mein Hauptinteresse gilt den Entwicklungsmöglichkeiten eines Menschen; d.h., ich möchte dem Horoskop entnehmen können, welche Schwierigkeiten und Herausforderungen, welche Talente und Eigenarten eine Persönlichkeit bestimmen und wie man das Beste daraus machen kann.
Zu diesem Zweck habe ich das kybernetische Modell ent-

Das kybernetische Modell

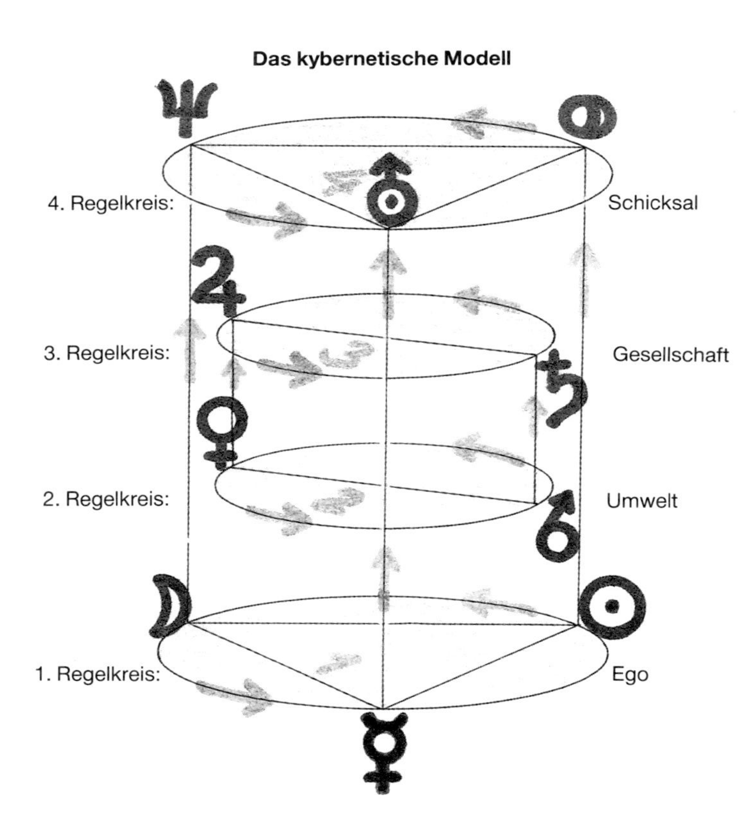

wickelt. Im Gegensatz zu der im Kapitel »Allgemeine Vorgehensweise« beschriebenen Methode geht es nicht darum, klar umrissene Fragestellungen beantworten zu können, sondern die Persönlichkeit eines Menschen als Ganzes zu erfassen.

In der Abbildung ist das Modell in vier Regelkreise aufgeteilt. Der erste und wichtigste – der sogenannte Ego-Kreis – enthält die Planeten Mond, Merkur und Sonne. Der Mond entspricht hier unserer Wahrnehmung, unserem persönlichen Zugang zur Wirklichkeit. Merkur symbolisiert die (intellektuelle) Eindrucksbewältigung. Der Sonne ist das Handeln zugeordnet.

Nur was ich wahrnehme, nur was mich emotional berührt (Mond), kann sich letztlich im Verhalten widerspiegeln. Jede Aktivität benötigt einen inneren oder äußeren Impuls, der sie in Gang setzt. Ebendieser Impuls wird durch den Mond dargestellt.

Die Sonne repräsentiert unser gesamtes Verhaltenspotential. Es gibt keine Aktivität, die nicht die Merkmale unserer individuellen Sonne trägt.

Wahrnehmung und Verhalten können sich erheblich unterscheiden, sie können quasi verschiedene Sprachen sprechen. Die Vermittlung zwischen Wahrnehmung und Handeln übernimmt Merkur, er hat sozusagen eine Dolmetscherfunktion.

Man kann dieses Modell mit einem Computer vergleichen: Die Eingabe, das, was der Computer als Informationen enthält, entspricht dem Mond (»Input«). Das Rechenprogramm, die Verarbeitung der Daten, werden durch Merkur repräsentiert. Das Ergebnis schließlich, das ausgedruckt oder am Bildschirm angezeigt wird, entspricht der Sonne.

Alle drei Faktoren bedingen einander und sind voneinander abhängig: Ich kann mit verkehrten Daten kein richtiges Ergebnis erzielen (Mond), richtige Daten können

durch Rechenfehler verfälscht werden (Merkur), das Ergebnis kann schließlich verkehrt angezeigt oder ausgedruckt werden (Sonne).
Im Unterschied zu einem Computer »programmiert« sich der Mensch jedoch selbst. Das erreichte Ergebnis führt in einer Art Rückkopplung zu einer erneuten Wahrnehmung, auf die wiederum Verarbeitung und Handeln folgen.

Ich möchte einen Nagel in die Wand schlagen. Ich sehe Hammer und Nagel sowie die Wand (Mond), ich überlege mir, wie ich den Nagel am besten in die Wand bekomme (Merkur), ich nehme Hammer und Nagel und beginne zu klopfen. Versehentlich schlage ich mir hierbei auf den Daumen. Die Schmerzrezeptoren im Daumen nehmen den Schlag wahr (Mond), die Information wird ans Gehirn bzw. Rückenmark weitergeleitet und verarbeitet (Merkur), was zu der Anweisung führt, den Hammer fallen zu lassen, die Hand wegzuziehen und aufzuschreien. Für die Ausführung dieser Handlungen ist wieder die Sonne »verantwortlich«. Die Wahrnehmung (Mond) der veränderten Situation – blaugeschlagener Daumen – führt zur Überlegung, für heute mit dem Klopfen aufzuhören (Merkur), was dann auch gemacht wird (Sonne) . . .

Jeder Handlungsablauf läßt sich in diese drei Phasen unterteilen. Wahrnehmung ist hierbei nicht immer ein rationaler, bewußter Vorgang, vielmehr gehören alle Empfindungen, wie eben z. B. der Schmerz, hierher. Die Bewältigung ist nicht immer und notwendigerweise ein intellektueller Prozeß, auch Reflexe und Übersprungshandlungen gehören dazu.
Die Struktur eines solchen Regelkreises ist mit unserer Geburt unwiderruflich festgelegt. Allerdings können wir frei entscheiden, wie wir diese nutzen wollen. Der arme

Mensch, der sich in unserem Beispiel auf den Daumen geschlagen hat, hätte im zweiten Durchgang seines Regelkreises auch beschließen können, statt aufzuhören, ein wenig vorsichtiger weiterzuarbeiten!
Das kybernetische Modell geht mit seinen mannigfachen Möglichkeiten weit über das hinaus, was im Rahmen dieses Buches besprochen werden soll. Wir müssen deshalb auf eine ausführliche Erörterung der anderen Regelkreise verzichten, sie sind jedoch prinzipiell genauso aufgebaut wie der erste.*
In der praktischen Anwendung des kybernetischen Modells wird folgendermaßen vorgegangen:

1. Zuerst wird die Zeichenstellung des Mondes bestimmt, sie zeigt, *was* wahrgenommen wird.

2. Wir stellen die Hausposition des Mondes fest, sie macht anschaulich, *wie* die durch die Zeichenstellung bestimmten Inhalte wahrgenommen werden. Sie zeigt ihre Verwirklichung im Konkreten.

3. Wir untersuchen das Haus, das vom Zeichen Krebs angeschnitten oder eingeschlossen wird. Dieses zeigt den *Ursprung,* das *Potential,* das zur Verfügung steht.

4. Schließlich berücksichtigen wir noch die Aspekte zum Mond. Sie zeigen, wo *Verzerrungen, Hemmungen* oder *Förderungen* in unserem Wahrnehmungsbereich stattfinden.

Im folgenden Kapitel soll die Grunddeutung nach dem kybernetischen Modell (»Ego-Kreis«) an Beispielen anschaulich gemacht werden.

* Eine ausführlichere Beschreibung des kybernetischen Modells findet sich in meinem Buch »Der Mond, Astrologisch-psychologische Entwicklungszyklen, Eine Einführung in die Transpersonale Astrologie«, München 1986.

** Deutungsbeispiele

Beispiel 1

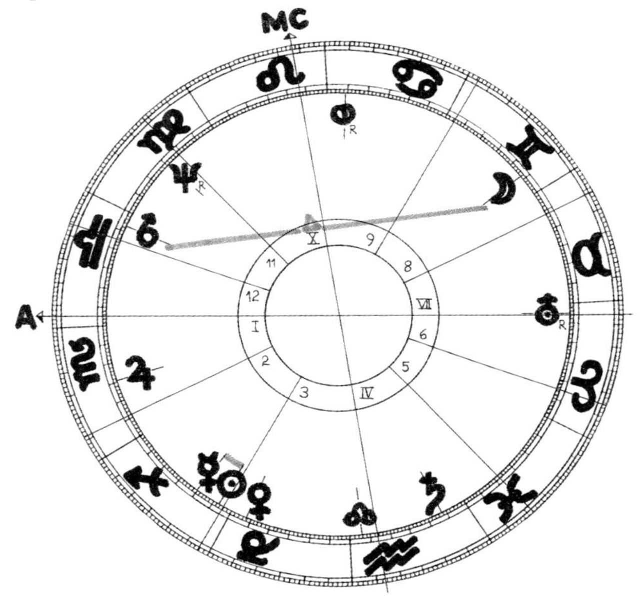

Die Art der Wahrnehmung wird durch die Zeichenstellung des Mondes bestimmt. Der Mond in den Zwillingen entspricht hier einem intellektuellen, kommunikativen, informationsbezogenen Empfinden. Die Hausstellung zeigt, in welchem Bereich sich dies konkret äußert. Der Mond befindet sich in Haus 8, was auf Abstraktionsfähigkeit hindeutet. Wahrnehmungen und Empfindungen werden aus den realen, einmaligen und individuellen Situationen herausgenommen und auf einer prinzipiellen Ebene verallgemeinert. Ursprung, Thema und Potential ist hier das Haus, welches der Krebs anschneidet oder in welchem er eingeschlossen ist. Der Mond ist hier Herr-

scher von Haus 9, d.h., Ursprung und Thema der Wahrnehmung ist die soziale Umwelt.
Schließlich sind noch die Aspekte mit einzubeziehen. Der Mond hat ein Trigon zum Mars, was darauf hindeutet, daß die eigenen Empfindungen energisch in der persönlichen Umwelt durchgesetzt werden können. Diese Wahrnehmung wird im Sinne der Eigensicherung verarbeitet (= Merkur in Haus 2). Ursprung und Thema der Eigensicherung ist das Bestreben, Individualität im Gesellschaftlichen zu gewinnen, dies geschieht auf originelle oder gar exzentrische Weise. Um die Wahrnehmung angemessen verarbeiten zu können, wird Gegensätzliches, scheinbar Unvereinbares unter einen Hut gebracht: Merkur als Herrscher von Haus 11 in Haus 2. (Merkur ist freilich zusätzlich noch Herrscher von Haus 9. Der Zwillings-Merkur kann jedoch im Rahmen einer Einführung in das kybernetische Modell unberücksichtigt bleiben.) Neugierige Wahrnehmung und, um der Existenzsicherung willen, originelle Eindrucksbewältigung führen zu einem darstellungsorientierten Verhalten: die Sonne in Haus 3. Dieses ist identisch mit dem kosmischen Auftrag: Die Sonne ist Herrscher von Haus 10. Es sollen also gesellschaftliche Zeitströmungen mit den Mitteln der seelischen Eigenart (der sogenannten persönlichen Note) dargestellt werden. Bei diesem Beispiel handelt es sich um das Horoskop des Showmasters Rudi Carrell.

Beispiel 2 (Abb. S. 440)

Hier befindet sich der Mond in der Waage, was einer begegnungsorientierten und harmonisierenden Wahrnehmung entspricht. Diese harmonisierende Wahrnehmung konkretisiert sich im Sinne des 11. Hauses, d.h., es geht um das Verhältnis des einzelnen zur Gesellschaft. Zum anderen ist die Wahrnehmung originell und eigenständig,

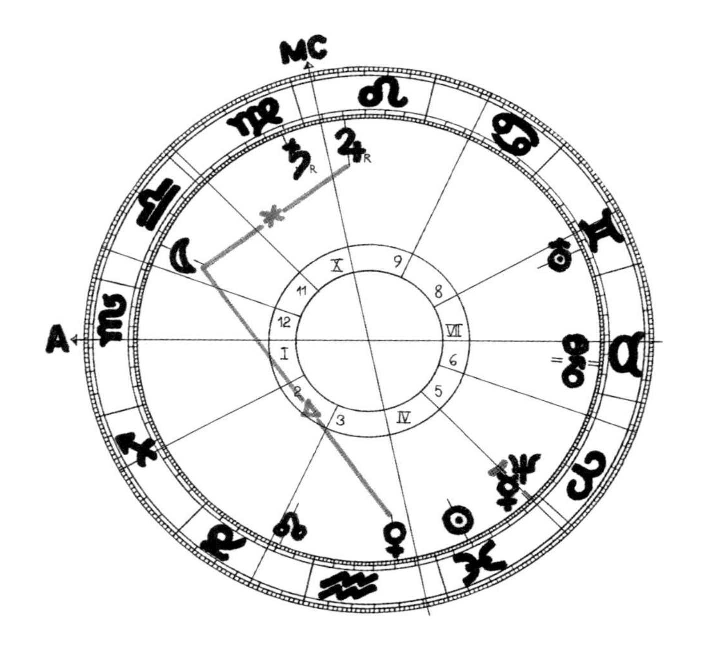

entzieht sich jedoch auch der Realität: Im vierten Quadranten und speziell im 11. Haus ist Subjektives nicht besonders gut aufgehoben, da man sich völlig von seiner seelischen Eigenart entfernt. Da das 11. Haus in mancher Hinsicht einen Gegenpol zum 10. bildet, dem die gesellschaftliche Konvention entspricht, gleitet hier das Empfinden möglicherweise in Utopische ab. Immer ist eine Abneigung gegen das Allzustoffliche, Banalrealistische gegeben. Der Mond in Haus 11 entspricht dem Empfinden (bzw. der Sehnsucht nach) einer höheren Gerechtigkeit. Ursprung und Thema dieser Konstellation ist wie im vorigen Beispiel das soziale Umfeld: Der Mond ist Herrscher von Haus 9.

Das Mond/Venus-Trigon unterstreicht noch einmal die Harmonisierungstendenz im Empfinden, das Sextil zum

Jupiter am M.C. weist auf Popularität und Protektion der eigenen Wahrnehmung hin. Bewältigt wird dieses Empfinden im Sinne der seelischen Eigenart, kreativ und schöpferisch: Merkur steht im Konjunktion mit der Spitze des 5. Hauses. Ursprung und Thema der Eindrucksbewältigung ist die Individualität im Gesellschaftlichen, das Bedürfnis, Norm und Konvention zu überwinden: Merkur als Herrscher von Haus 11. Durch die Merkur/Neptun-Konjunktion wird die Eindrucksbewältigung weiter »entstofflicht« und gewinnt irreale oder spirituelle Züge.
Das Handeln schließlich ist nicht auf eine am Konventionellen orientierte Öffentlichkeit gerichtet, sondern findet im verborgenen bzw. im privaten Bereich statt. Die Stellung der Sonne in Haus 4 hat ebenfalls einen Bezug zur Mystik. Auch hier ist die Sonne Herrscher von Haus 10, subjektives Handeln und kosmischer Auftrag sind also identisch.

Bei diesem Beispiel handelt es sich um das Horoskop Rudolf Steiners, des Begründers der Anthroposophischen Bewegung.

Beispiel 3 (Abb. S. 442)

Der Mond steht im Zeichen Steinbock, was einer auf gesellschaftliche und staatliche Prozesse gerichteten Wahrnehmung entspricht. Der Mond im Steinbock weist grundsätzlich auf ein ausgeprägtes Gerechtigkeitsempfinden und/oder -bedürfnis hin, welches in diesem Fall identisch mit der instinktiven Eigenart ist: Der Mond steht in enger Konjunktion zum Aszendenten. Ursprung und Thema dieses angeborenen gesellschaftsbezogenen Gerechtigkeitsempfindens ist das persönliche Umfeld: Der Mond ist Herrscher von Haus 7.
Das Empfinden wird ebenfalls durch Auseinandersetzung

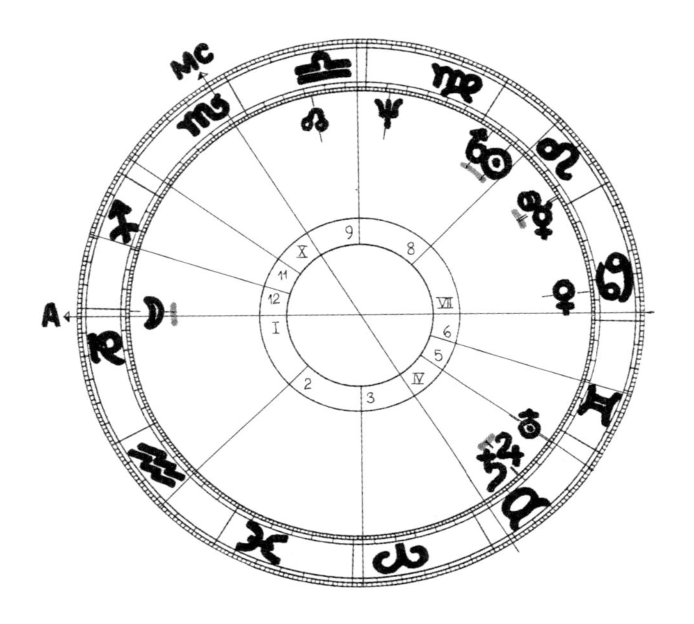

mit dem persönlichen Umfeld bewältigt: Merkur steht in Haus 7. Ursprung und Thema der Eindrucksbewältigung ist das Prinzipielle, Grundsätzliche, Ideologische, Dogmatische: Merkur als Herrscher von Haus 8. Diese Tendenz wird bestätigt und verschärft durch die enge Merkur/Pluto-Konjunktion.
Auch das Verhalten ist vorstellungsbezogen und dogmatisch: die Sonne als Herrscher von Haus 8 in Haus 8.

Bei diesem Beispiel handelt es sich um das Horoskop der Terroristin Gudrun Ensslin.

Teil V
Prognose

Was ist astrologische Prognose?

Während es eine Vielzahl seriöser Astrologen gibt, die jede Form von Prognose ablehnen und sich lediglich auf die Charakteranalyse beschränken, halten viele Laien den »Blick in die Zukunft« für das Kernstück jeglicher astrologischen Tätigkeit. Unzweifelhaft ist gerade die Prognose ein besonders faszinierendes Teilgebiet der Astrologie; da das Interesse an diesem Thema jedoch genauso groß ist wie die damit verbundenen Mißverständnisse und Fehlurteile, scheint es angebracht dem Prognoseteil dieses Buches einige klärende Worte voranzustellen.

Das Wort »Prognose« stammt aus dem Griechischen (»prógnosis« = »das Vorherwissen«, »Im-voraus-Erkennen«). Gemeint ist also das Wissen um einen Umstand, bevor dieser eingetreten ist. Die »Vorhersage« ist ein Ausdruck, der oft falsch verstanden wird. Meist werden die Begriffe »Vorhersage« und »Prophezeiung« fälschlicherweise gleichgesetzt mit der Ankündigung eines als »unabänderlich« und »unvermeidlich« angesehenen Ereignisses.

Sicherlich gibt es (noch) Astrologen, die ihre Aussagen über zukünftige Ereignisse in diesem Sinne verstanden wissen wollen. Zum einen straft sie jedoch die Praxis mit einer Anzahl nicht eingetroffener Vorhersagen Lügen;

zum anderen erhebt sich die Frage nach dem Sinn einer Beratung, wenn dabei eh nur Unabänderliches mitgeteilt wird, an dem man durch sein Verhalten sowieso nichts ändern kann ...?

Die Gruppe der naturwissenschaftlich orientierten Astrologen hält den Einfluß der Gestirne für einen unter vielen. So wie Klima, Wetter, soziale Umwelt, Erbgut etc. unsere Entwicklung beeinflussen, ohne sie jedoch zwingend zu bestimmen, so soll die Strahlung der Gestirne ebenso eine gewisse Wirkung haben, der man sich jedoch auch entziehen kann. Diese Ansicht ist wohl die verbreitetste, und hier entspringt auch das häufig wiederholte, vielfach falsch verstandene Zitat: »Die Sterne machen geneigt, aber zwingen nicht.«

Nach meiner Überzeugung jedoch wird und muß sich eine Konstellation immer »auswirken«, lediglich die Verwirklichungsebene ist dem freien Willen unterworfen. Nehmen wir z. B. an, in meinem Horoskop wäre zu einem bestimmten Zeitpunkt ein Venus/Saturn-Quadrat ausgelöst. Er ergäben sich folgende Verwirklichungsmöglichkeiten: Hals-, Mund-, Kehlkopf- oder Nierenerkrankung; die Trennung einer Partnerschaft; die Vertiefung und Intensivierung einer Partnerschaft; eine (schwierige) Verbindung zu einem älteren Partner; eine Beziehung zu einem saturn- oder steinbockbetonten Partner; finanzielle Einbußen; Existenzkrise; wirtschaftliche Verhältnisse auf eine solide Grundlage gestellt – usw. usw. Die Beispiele sind recht unterschiedlich, und doch stellen sie nur einen sehr kleinen Ausschnitt möglicher Auslösungen dar. *Daß* sich eine Konstellation auslöst, ist nicht zu verhindern, *wie* sie sich auswirkt, wird jedoch durch den freien Willen mitbestimmt.

Die große Anzahl Verwirklichungsmöglichkeiten einer Konstellation kann durch verschiedene Wahrscheinlichkeiten eingegrenzt werden: Wenn ein Klient in der Ver-

gangenheit z. B. eine bestimmte Konstellation immer im Partnerschaftsbereich ausgelebt hat, dann ist es wahrscheinlich, daß er sich bei zukünftigen Auslösungen ähnlich verhalten wird, die körperlichen Entsprechungen entfallen also.
Es ergibt sich ein interessanter Unterschied zwischen Theorie und Praxis: Theoretisch ist ein Astrologe kaum in der Lage, ein Ereignis prognostisch einzugrenzen, er müßte sich auf die Darstellung von Prinzipien beschränken. In der Praxis lassen sich dennoch recht genaue Prognosen machen, weil zum einen nicht jede Auslösungsmöglichkeit gleich wahrscheinlich ist und zum anderen die Lebenssituation des Klienten bestimmte Verwirklichungsformen von vornherein ausschließt. Nehmen wir beispielsweise an, in einem Horoskop sei der Neptun ausgelöst. Der geübte Astrologe würde hier bei einer Nonne als Horoskopeignerin eine besondere mystische oder spirituelle Erfahrung prognostizieren. Genau die gleiche Konstellation könnte bei einem labilen Teenager auf Drogengefährdung hinweisen oder bei einer Hausfrau auf eine hormonelle oder neurotische Erkrankung deuten. Natürlich wäre es bei der genannten Konstellation rein theoretisch auch möglich, daß die Nonne drogensüchtig wird, was nach der Erfahrung jedoch unwahrscheinlich ist.
Durch Einbezug des gesunden Menschenverstandes lassen sich also in der Praxis recht genaue Prognosen anstellen, die jedoch niemals Absolutheits- und Unfehlbarkeitsanspruch erheben dürfen. Der Sinn richtig verstandener astrologischer Prognose liegt nicht darin, in der Vorhersage möglichst viele Treffer zu erreichen – so schön diese Bestätigung, gerade für den Anfänger, auch sein mag –, vielmehr sollen Entwicklungsmöglichkeiten und -aufgaben gezeigt werden.
So deutet die oben erwähnte Neptun-Auslösung z. B. dar-

auf hin, daß bisher als feststehend Erlebtes sich auflöst, daß Prinzipien und Wertmaßstäbe aufgegeben werden müssen. Es geht um eine vorurteilsfreie Öffnung für etwas Neues, um eine »grenzüberschreitende Erfahrung«. Durch die Untersuchung der genauen Horoskopposition läßt sich noch konkretisieren, auf welches Lebensgebiet sich diese Erfahrung beziehen könnte, ob Partnerschaft, politische Einstellung oder z.B. der Beruf gemeint sind. Wird diese Aufgabenstellung verstanden und akzeptiert, dann können die negativen Entsprechungen entfallen. So liegt z.B. der Sinn der genannten »Hormonstörungen« wohl nur darin, die Einsicht in eine unerwünschte Wirklichkeit zu verhindern. Wird dieser Widerstand aufgegeben, so wird auch die Hormonstörung überflüssig.

Ebenso ist die »Drogensucht« nichts anderes als der Versuch, einerseits einer als unangenehm empfundenen Wirklichkeit zu entfliehen, andererseits die Pforten höherer Wahrnehmung gewaltsam zu öffnen.

Verantwortungsvolle astrologische Prognose kann und soll nicht billiger Effekthascherei dienen, zumal es niemanden gibt, dem damit wirklich geholfen wäre. Sie kann jedoch dazu beitragen, durch bewußte Einsicht schmerzhafte Erfahrungen – die ebendiese Einsicht erzwungen hätten – zu vermeiden.

Gerade der Anfänger sollte vor der Arbeit mit den nachfolgenden Kapiteln folgendes bedenken: Sinnvolle astrologische Prognose ist neben der Geburtszeitkorrektur das schwierigste Gebiet der Astrologie. Es ist unmöglich, zutreffende Prognosen zu machen (von Zufallstreffern natürlich abgesehen), ohne die Deutung eines Geburtshoroskops zu beherrschen. Sie sollten deshalb an die Arbeit mit Transiten spielerisch herangehen und sich darüber bewußt sein, daß die Deutungshinweise nur Übungscharakter haben. Insbesondere wenn Sie sich in einer Krise befinden, sollten Sie nicht versuchen, sich selbst eine Prognose zu »basteln«. Der Schaden ist hier erfahrungsgemäß wesentlich größer als der Nutzen. Wenn Sie wirklich Rat brauchen, suchen Sie einen vertrauenswürdigen Astrologen auf. Wenn Sie die Prognose üben wollen, tun Sie dies vorzugsweise mit den Horoskopen von Bekannten, die Ihnen nicht allzu nahe stehen.

Kann der Todeszeitpunkt vorausberechnet werden? **

Die meisten ernstzunehmenden Astrologen würden die Bitte eines Klienten, ihm seinen voraussichtlichen Todeszeitpunkt mitzuteilen, wohl abweisen. Auch ich denke, daß die moralische Bedenklichkeit von Todesprognosen außer Zweifel steht; dennoch erhebt sich die Frage, ob derartige Berechnungen überhaupt möglich sind oder ob hier nicht die Astrologie an ihre Grenzen gelangt.
Im Altertum war es in der Tat mit die wichtigste Aufgabe eines Astrologen, die voraussichtliche Lebensdauer eines Horoskopeigners festzustellen. Hierzu gab es recht komplizierte Berechnungsverfahren, die jedoch zum größten Teil geheimgehalten wurden, nicht zuletzt, um Leib und Leben vor der Unbill erzürnter Herrscher zu schützen. Man sollte nicht vergessen, daß in der damaligen Zeit den Aussagen eines Astrologen weit größeres Gewicht beigemessen wurde als heute. Der für die nächste Zukunft vorausgesagte Tod eines Kaisers hatte also durchaus politische Bedeutung und konnte zu seinem Sturz oder seiner Ermordung führen.
Ich habe zum Thema »der Tod im Horoskop« mehrjährige Untersuchungen angestellt und bin für mich zu folgendem Ergebnis gekommen: Wenn die Geburtszeit eines Klienten sehr genau bekannt ist, kann häufiger mit hoher

Wahrscheinlichkeit der Todeszeitpunkt richtig berechnet werden. Dieser ist jedoch nicht zwingend, vielmehr gibt es im Laufe eines Lebens mehrere einschneidende Ereignisse, die den Tod zur Folge haben könnten. Ja, es gibt sogar täglich eine wenige Minuten dauernde Konstellation, in welcher der Tod theoretisch möglich wäre.

Wie bei anderen Konstellationen auch, liegt es am seelischen Entwicklungsniveau und am freien Willen eines Menschen, ob sich eine bestimmte Konstellation tödlich auswirkt oder nicht. Aussagen über den Todeszeitpunkt lassen sich also nur mit einer gewissen Wahrscheinlichkeit machen. Am sinnvollsten erscheint hier die Bestimmung von Lebensperioden, in denen der Tod möglich ist. Diese können sehr weit auseinanderliegen und sind gelegentlich sogar zyklischer Natur. So löst sich z.B. bei manchen Menschen alle 21 Jahre eine »Todeskonstellation« aus.

Für die astrologische Forschung sind solche Untersuchungen interessant, nicht zuletzt deshalb, weil sich die Theorie problemlos an den Horoskopen bereits Verstorbener überprüfen läßt. In der Beratungspraxis wird die Todesprognose einem Klienten gegenüber wohl nur sehr selten zu verantworten sein.

Etwas anders verhält es sich mit der Todesart. Auch die Art des Todes läßt sich zwar nicht mit letzter Sicherheit, aber mit sehr hoher Wahrscheinlichkeit bestimmen. Dieses Thema ist für die astrologische Metagnose (= Untersuchung zurückliegender Ereignisse) von besonderem Reiz und Wert. Diesbezügliche Äußerungen Klienten gegenüber sind jedoch in aller Regel ebenso als unverantwortlich abzulehnen.

Solar- und Lunar-Horoskop **

Unter einem Solar versteht man ein Horoskop, das auf den Augenblick berechnet wurde, an dem die Sonne an ihren eigenen Platz im Geburtshoroskop zurückkehrt. Dies ist einmal im Jahr um den Geburtstag herum der Fall.
Es gibt bei der Berechnung zwei unterschiedliche Lehrmeinungen: Die einen berechnen das Solar-Horoskop auf den Geburts-, die anderen auf den Wohnort. Für beide Ansichten sprechen Argumente, wobei sich das Problem meist dadurch erübrigt, daß die Unterschiede nicht allzugroß sind, wenn man nicht weiter als einige hundert Kilometer vom Geburtsort wohnt.
Solare waren lange Zeit kaum benutzt worden, vielleicht weil die Berechnung ein klein wenig aufwendiger als die eines Radix-Horoskops ist. Sie werden gegenwärtig wieder häufiger verwandt, u.a. durch die Verbreitung astrologischer Computerprogramme.
Man darf nicht den Fehler machen und das Solar interpretieren, ohne das Radix-Horoskop mit einzubeziehen. Der Grundsatz aller astrologischen Prognose ist, daß sich kein Ereignis auslösen kann, das nicht bereits im Radix-Horoskop angelegt ist. Ein Solar ist jedoch, was die Aspekte angeht, für alle Menschen identisch, die am gleichen Tag (unabhängig vom Jahr!) geboren sind. Was bedeuten würde, daß allen Menschen, die z.B. am 21. Juli geboren wurden, in jedem Jahr ein ähnliches Geschick widerführe. Dies ist offensichtlich Unsinn.
Die sinnvolle Interpretation eines Solar-Horoskops setzt also immer voraus, daß das Radix-Horoskop mit einbezogen wird. In der Praxis achtet man hauptsächlich auf die Wiederholung von Konstellationen des Geburtshoroskops. Eine Mars/Saturn-Opposition, die bereits im

Radix-Horoskop vorhanden ist und im Solar-Horoskop erneut auftaucht, mag auf ein bedeutsames Ereignis hinweisen. Ein anderer, der denselben Aspekt nicht besitzt, bleibt von dieser Opposition völlig unberührt.

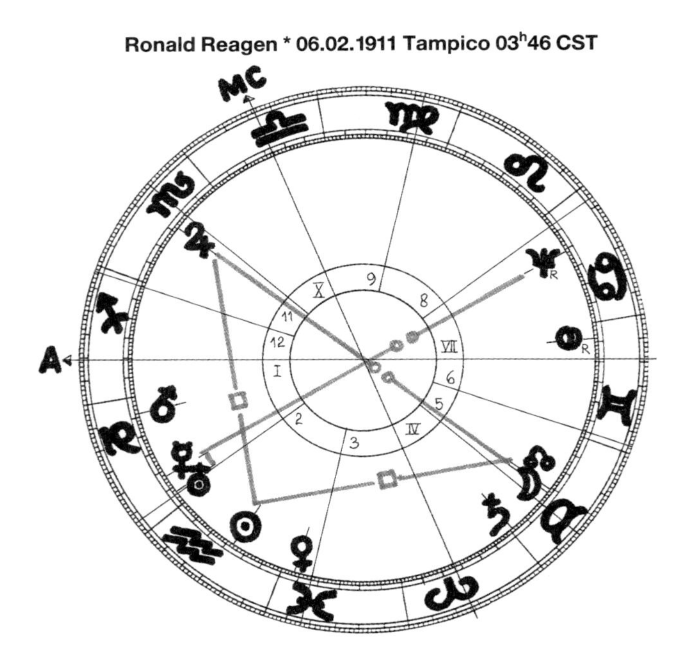

Als Beispiel für eine Solar-Berechnung wählen wir das Horoskop von Ronald Reagan. Die Sonne stand zum Zeitpunkt von Reagans Geburt (6.2. 1911) auf 16° 30′ 11″ Wassermann. 1981 wurde Reagan Präsident der USA. Wir wollen für dieses Jahr das Solar berechnen. Am 5.2. 1981 um 0.00 Uhr Greenwich-Zeit stand die Sonne auf 16° 6′ 7″ Wassermann, am 6.2. 1981 auf 17° 06′ 57″ Wassermann. Zwischen diesen beiden Daten liegt also die von uns gesuchte Uhrzeit. Als erstes müssen wir die Differenz berechnen, um festzustellen, welche Strecke die Sonne in 24 Stunden zurücklegt:

$$\begin{array}{r} 17^\circ\ 06'\ 57'' \\ -16^\circ\ 06'\ 07'' \\ \hline 1^\circ\ 00'\ 50'' \end{array}$$

Wandeln wir dieses Ergebnis in Bogenminuten um, so erhalten wir 60′ 50″. Als nächstes müssen wir die Differenz zwischen dem Ephemeridenstand der Sonne und dem gesuchten feststellen:

$$\begin{array}{r} 16^\circ\ 30'\ 11'' \\ -16^\circ\ 06'\ 07'' \\ \hline 0^\circ\ 24'\ 04'' \end{array}$$

Nun läßt sich das Ganze in eine einfache Dreisatzaufgabe auflösen: Die Sonne legt in 24 Stunden 60′ 50″ zurück. Wie lange braucht sie für 24′ 04″? In den meisten Ephemeriden gibt es im Anhang Tabellen, in denen man die Bewegung der Sonne ablesen kann. In der obersten Zeile ist die tägliche Bewegung der Sonne angegeben. In der letzten Spalte finden wir den von uns benötigten Wert: 1° 00′ 51″. Wenn wir in dieser Spalte mit dem Finger nach unten wandern, können wir ablesen, nach wieviel Stunden die Sonne 24′ 04″ zurückgelegt hat: Der nächstgelegene Wert ist 22′ 49″, was einer Uhrzeit von 9.00 Uhr Greenwich-Zeit entspricht (erste Spalte). Vom gesuchten Wert fehlen also noch 1′ 15″. Die Minuten sind in einer kleineren Tabelle direkt unter den Stundenangaben verzeichnet. Nehmen wir dort den nächstgelegenen Wert, so kommen wir auf 9.30 Uhr GMT.
Genausogut läßt sich diese Rechnung mit einem Taschenrechner bewerkstelligen: Die Sonne legt an diesem Tag in

24 Stunden 3650 Bogensekunden zurück. 24 Stunden entsprechen 1440 Minuten (24 × 60). Die Zeit, welche die Sonne benötigt, um eine Bogensekunde zurückzulegen, ist also 1440:3650 = 0,394520547 Zeitminuten. Das gesuchte Bogenstück beträgt jedoch 24′ 04″, also 1444″. 1444 × 0,3945205 = 563,6876 Zeitminuten. 569,6876:60 = 9,468, also 9 Stunden und 29,7 Minuten.
Die Zeit für das Solar-Horoskop beträgt demzufolge etwa 9.30 Uhr GMT. Für diesen Augenblick berechnen wir ein Horoskop, also: 5.2. 1981, 9.30 Uhr GMT, Tampico, 41° 38′ nördliche Breite und 89° 45′ westliche Länge.

Ronald Reagen 71. Solar (1981)

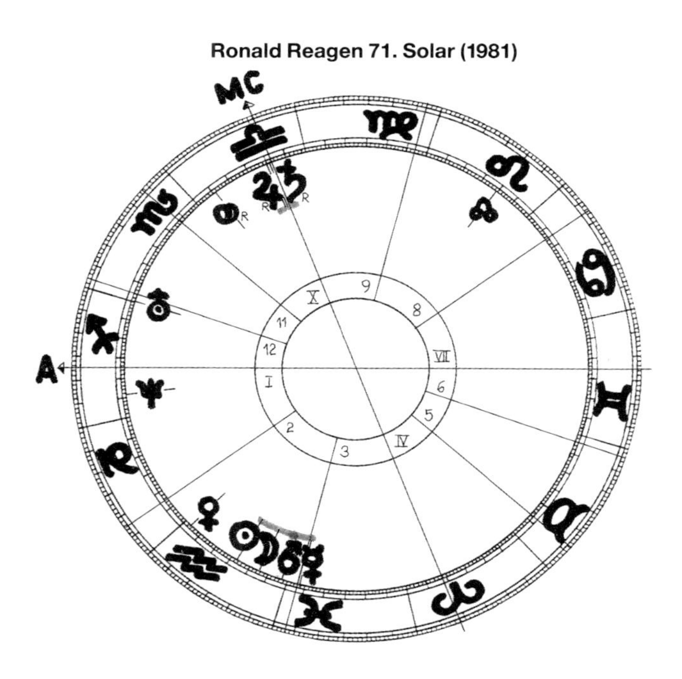

Die kleinen Unterschiede zwischen der Solar-Berechnung »von Hand« und der durch den Computer erklärt sich durch die höhere Rechengenauigkeit des Computers. Der

Zeitunterschied ist für die Interpretation normalerweise bedeutungslos. Allerdings ist für das Solar immer eine bogensekundengenau berechnete Sonnenposition notwendig. Dies ist nur möglich, wenn die Sonnenposition in der Ephemeride auch auf die Bogensekunde genau angegeben wird. Dies trifft z. B. für die »Europa-Ephemeride« nicht zu. Hier sind die Sonnenstände auf die Zehntelbogenminute, also auf ±3 Bogensekunden, genau. Dies entspricht einem maximalen Fehler von 2 Minuten 22 Sekunden, was bei einem schnell aufsteigenden Zeichen (Wassermann, Fische, Widder) bereits ±1 Grad am Aszendenten ausmachen kann. Eine bogensekundengenaue Sonnenangabe ist wiederum nur sinnvoll, wenn die Geburtszeit des Horoskopeigners auf ±30 Sekunden bekannt ist, da 2½ Zeitminuten ungefähr einer Bogenminute an Sonnenbewegung entsprechen.

Wer ganz genau sein will, müßte noch zwischen wahrer und scheinbarer Planetenposition unterscheiden. Die mögliche Differenz in der Sonnenposition liegt hier bei etwa 21 Bogensekunden bzw. 8,5 Zeitminuten.

Da nur selten die Geburtszeit auf 30 Sekunden genau bekannt ist, sollten Sie die Häuserspitzen in einem Solar mit ein wenig Mißtrauen betrachten. Dies gilt vor allem für Aszendenten in schnell aufsteigenden Zeichen.

Auffällig beim Solar von Ronald Reagan ist zunächst einmal, daß sich im Solar die Häuserverteilung des Radix-Horoskops wiederholt. Dies ist durchaus nicht immer der Fall und grundsätzlich der Hinweis auf ein besonders bedeutsames Lebensjahr. Die Sonne steht (notwendigerweise) im gleichen Haus wie im Geburtshoroskop, auch die Venus befindet sich in beiden Horoskopen in Haus 2.

Unübersehbar ist die Jupiter/Saturn-Konjunktion am M.C., ein recht seltener Aspekt, der sich nur alle zwölf Jahre ergibt. Durch die Stellung am M.C. gewinnt er indi-

viduelle Bedeutsamkeit. Das 10. Haus symbolisiert die Berufung, die gesellschaftliche Stellung. Jupiter am M.C. entspricht dem öffentlichen Erfolg. Saturn am M.C. Macht und Staatsgewalt.
Wer sich näher mit Solar-Horoskopen beschäftigen möchte, sei auf die Bücher H. von Klöcklers verwiesen: »Kursus der Astrologie«, insbesondere Band 3 (siehe Anhang C).

Das Lunar-Horoskop wird ähnlich berechnet wie das Solar. Man bestimmt den Augenblick, in welchem der Mond wieder am gleichen Ort im Tierkreis steht, wo er sich zum Zeitpunkt der Geburt befand.
Die Sonne erreicht die Geburtskonstellation einmal im Jahr, der Mond einmal im Monat. Deshalb werden Solare gelegentlich Jahres- und Lunare Monatshoroskope genannt. Auch die Interpretation eines Lunars erfolgt ähnlich der eines Solars.
Lunare werden in der zeitgenössischen Astrologie sehr selten verwandt - ein wenig zu Unrecht, wie mir scheint.

** Sonnenbogen- und Sekundärdirektionen

Gegenwärtig sind die Sonnenbogendirektionen neben den Transiten das wohl populärste Prognoseverfahren, was freilich noch nichts über ihren Wert aussagt. Sie werden folgendermaßen berechnet: Man nimmt das Lebensalter in Jahren und zählt dies in Tagen nach der Geburt. Wenn Sie also für jemanden, der 30 Jahre alt ist, die Sonnenbogendirektionen berechnen wollen, nehmen Sie den 30. Tag nach der Geburt; dies wäre z. B. bei einer Geburt am 1.7.1915 der 31.7.1915. Nun schreiben Sie sich von beiden Tagen die Sonnenstände heraus. In unserem Beispiel wären dies 8 °C 5,4′ Krebs und 6° 42,9′ Löwe. Zu dem Wert 6° 42,9′ werden 30° addiert, weil ein Tierkreiszeichen 30° entspricht.

$$
\begin{array}{r}
36^\circ\ 42{,}9' \\
-\ \ 8^\circ\ 05{,}4' \\
\hline
28^\circ\ 37{,}5'
\end{array}
$$

Der so erzielte Wert (28° 37,5′) ist der *Sonnenbogen,* um seinen Betrag werden alle Planetenpositionen des Geburtshoroskops verschoben.
Als Beispiel für die Berechnung von Sonnenbogendirektionen wählen wir das Horoskop von John F. Kennedy.

John F. Kennedy * 29. 05. 1917 Dallas 15^h05 EST
Sonnenbogen 22. 05. 1963: Attentat

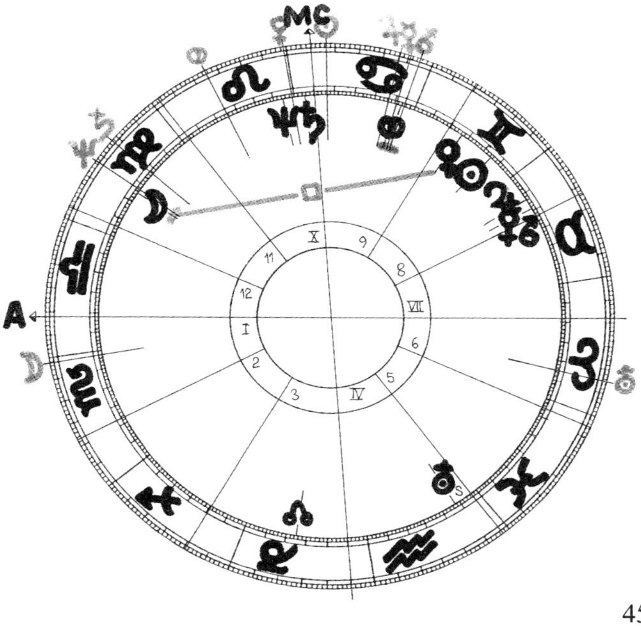

MC
A

Wir wollen die Sonnenbogendirektionen für das Jahr seiner Ermordung berechnen und untersuchen. John F. Kennedey wurde am 22.11.1963 in Dallas, seiner Geburtsstadt, erschossen. Da er am 29.5.1917 geboren wurde, war er zu diesem Zeitpunkt 46 Jahre alt. Laut Ephemeride stand die Sonne am 29.5.1917 um 0.00 Uhr GMT auf 7° 03′ Zwillinge. 46 Tage später, am 14.7.1917, stand sie auf 20° 58,3′ Krebs.

$$
\begin{array}{r}
50^\circ\ 58{,}3' \\
-\,07^\circ\ 03' \\
\hline
43^\circ\ 55{,}3'
\end{array}
$$

Der Sonnenbogen zwischen Geburts- und Todesjahr beträgt also rund 43° 55′. Diesen Wert können wir ohne weiteres auf 44° aufrunden, da Sonnenbogendirektionen eine Wirkungsdauer von einem Jahr vor und einem Jahr nach ihrer Exaktheit haben. Die 44° zählen wir nun zu allen Radixpositionen hinzu und tragen diese im Außenkreis des Horoskops ein. Wer genau arbeiten möchte, kann hinter die Planetenstände ein kleines »d« für »dirigiert« eintragen.
Wir untersuchen nun, welche Aspekte sich zwischen vorgeschobenen (= dirigierten) und Radixplaneten bilden. Folgende Aspekte finden sich: Neptun d Konjunktion Mond, Neptun d Quadrat Venus, Mars d Konjunktion Pluto.

Die *Neptun/Mond-Konjunktion* deutet auf Täuschung, Illusionen und Betrug in der Öffentlichkeit hin (Mond = Öffentlichkeit, zusätzlich: Mond Herrscher von Haus 10): Kennedy war vor dem Attentat gewarnt worden, er schlug jedoch die empfohlenen Sicherheitsmaßnahmen in den Wind.

Neptun d Quadrat Venus: Die Venus ist die Herrscherin von Haus 8 in Haus 8, dem klassischen Todeshaus. Diese Konstellation kann deshalb als ein Hinweis auf einen Tod unter unklaren Bedingungen interpretiert werden.

Mars d Konjunktion Pluto: Dies ist wahrscheinlich der auffallendste und bedeutsamste Aspekt. Mars steht im Radix-Horoskop genau auf der Spitze von Haus 8, was insbesondere in Politikerhoroskopen häufig ein Hinweis auf einen gewaltsamen Tod ist. Die Mars/Pluto-Konjunktion in Haus 9 kann deshalb als gewaltsamer Tod (Mars/Pluto) in der Öffentlichkeit (Haus 9) interpretiert werden.

Sonnenbogendirektionen haben einen Orbis von ± 1 Grad, gelegentlich sogar ein wenig mehr. Dies heißt nichts anderes, als daß eine Konstellation für den Zeitraum von zwei Jahren ihre Gültigkeit behält. Um den genauen Zeitpunkt eines Ereignisses zu bestimmen, werden andere Verfahren, insbesondere Transite benötigt.

Von den Sonnenbogendirektionen – die oft fälschlich als Primärdirektion bezeichnet werden – gibt es noch einige gängige Varianten: Manche verwenden den Schlüssel des Ptolemäus (1 Grad = 1 Jahr) und verschieben Sonne und Planeten nach diesem Maß. Andere verwenden den sogenannten Naibod-Schlüssel: Da der Tierkreis 360 Grad groß ist, das Jahr jedoch ca. 365,25 Tage umfaßt, ist die durchschnittliche tägliche Bewegung der Sonne etwas geringer als ein Grad, nämlich $360 : 365{,}25 = 59' \, 8{,}25''$. Mit diesem Wert wird das Lebensalter multipliziert und das Ergebnis zu den Planetenpositionen im Radix-Horoskop addiert. *

Eine weitere Variante besteht darin, die Sonnenbewegung am Tag der Geburt zu nehmen, die etwas unter oder über einem Grad liegen kann. Beispiel: Nehmen wir an,

jemand sei am 1.7.1917 geboren. Die Sonne steht laut Ephemeride um 0.00 Uhr GMT auf 8° 34,8′ Krebs, am darauffolgenden Tag auf 9° 32′ Krebs. Die Differenz beträgt somit 57′ 12″. Dieses Maß soll nun einem Lebensjahr entsprechen, so daß für das 31. Lebensjahr 57′ 12″ mit 31 zu multiplizieren wäre und dieser Wert den Radixständen zugezählt werden müßte.
Neben der direkten (= in Richtung des Tierkreises) verwenden manche noch die konverse Führung (= entgegen dem Tierkreis), bei der der Sonnenbogen von den Radixpositionen abgezogen wird.
Es geht über den Anspruch einer Einführung hinaus, all diese Varianten eingehend zu behandeln und zu diskutieren. Sie sollten lediglich vorgestellt werden. Wer sich näher mit ihnen beschäftigen möchte, sei auf die Literaturhinweise im Anhang verwiesen.

Neben dem Sonnenbogen- sind die Sekundärdirektionen (= Progressionen) ein häufig verwandtes Verfahren. Es geht auf den bedeutenden Astronomen Johannes Kepler zurück. Auch hier wird die Regel »Ein Tag entspricht einem Jahr« angewandt, wobei nicht nur die Bewegung der Sonne, sondern die aller Planeten berücksichtigt wird. Praktisch bedeutet dies, daß man in der Ephemeride so viele Tage abzählt, wie Lebensjahre vergangen sind. Für einen Vierzigjährigen wäre dies der 40. Tag nach seiner Geburt (bei einer Geburt am 1.1.1917 also der 10. Februar).
Diese Planetenstände können direkt aus der Ephemeride übernommen und am Außenrand des Geburtshoroskops eingetragen werden. Eine Ausnahme bildet hier der Mond, da er täglich etwa 12 Grad zurücklegt. Deshalb gilt für den Mond: Ein Grad entspricht einem Monat. Man müßte also die Mondposition für das gesuchte Lebensjahr (= Lebenstag) berechnen und könnte dann seine

Position von Monat zu Monat um etwa ein Grad verschieben. (Wie bei den Sonnenbogendirektionen gibt es auch bei den Progressionen eine sogenannte konverse Führung [ein Lebensjahr entspricht einem Tag vor der Geburt].)
Die Sekundärdirektionen haben in der Praxis einen entscheidenden Nachteil: Sie lassen sich nur für die Planeten Sonne bis Mars sinnvoll anwenden. Die übrigen Planeten sind einfach zu langsam, um häufiger Aspekte zu bilden. Die Sekundärdirektionen sind nicht ohne Berechtigung, doch trotz der Einfachheit ihrer Berechnung ist ihre angemessene Deutung recht kompliziert. Dem Anfänger sei deshalb vom Gebrauch der Sekundärdirektionen abgeraten.

Transite **

Transite sind das einzige unumstrittene Prognoseverfahren, da es sich direkt aus den Verhältnissen am Himmel herleitet. Direktionen, Progressionen und Solare hingegen haben immer den Beigeschmack des Konstruierten. Dies muß ihren Wert nicht schmälern, doch gehen in Astrologenkreisen die Ansichten bezüglich Deutung und Berechnung weit auseinander.
Bei Transiten stellt sich dieses Problem nicht. Die zukünftige Position der laufenden Planeten läßt sich mit Hilfe der Ephemeriden einfach und problemlos bestimmen, so daß diesem Verfahren nicht nur als Anfänger der Vorzug zu geben ist.
Praktisch geht man folgendermaßen vor: Man schlägt das für die Untersuchung maßgebliche Datum in den Ephemeriden auf und trägt die dort angegebenen Planetenpositionen am Außenrand des Geburtshoroskops ein.
Für eine allgemeine Übersicht kann und sollte man auf

die Positionen von Sonne, Mond, Merkur, Venus und Mars verzichten. Durch ihre hohe Umlaufgeschwindigkeit ist ihr »Einfluß« von sehr kurzfristiger Natur, der beim Mond lediglich für einige Stunden, bei Sonne, Merkur, Venus und Mars nur wenige Tage gilt.

In der Deutung geht man prinzipiell nicht anders als bei der Analyse des Grundhoroskops vor: Man untersucht die Hausposition des laufenden Planeten (siehe folgende Kapitel) und schaut, ob sich Aspekte zu Planeten oder Hausspitzen im Radix-Horoskop ergeben.

Dabei ist folgender Grundsatz immer zu beachten: Ein Transit kann nur Ereignisse auslösen, die bereits im Radix-Horoskop angelegt sind. Praktisch bedeutet dies: Die Konstellationen eines laufenden Planeten sind immer so »gut« oder so »schlecht« wie seine Stellung im Grundhoroskop. Ein sehr verletzter Jupiter im Radix kann selbst beim schönsten Transit nur wenig Gutes bringen, ein gut gestellter Saturn wird auch bei schwierigen laufenden Konstellationen kaum Schaden anrichten.

Die vielfach gemachte Unterscheidung »Jupiter-Transite = positiv, Saturn-Transite = problematisch« ist irreführend und falsch. Ähnliches gilt für die übrigen Planeten. Strenggenommen sind allgemeine Deutungshinweise in der Prognose nicht möglich, da immer die Bedeutung des Planeten im Radix-Horoskop zugrunde gelegt werden muß. So wird z.B. der laufende Uranus in einem Horoskop mit Löwe-Aszendenten (und Wassermann-Deszendenten) immer Partnerschaftsbezug haben, da er in diesem Fall ja Herrscher von Haus 7 ist. Ein Mars als Herrscher von Haus 2 (= Spitze des 2. Hauses Widder) gibt u.a. Auskunft über die Entwicklung der wirtschaftlichen Situation, während Neptun als Herrscher von Haus 6 (= Spitze des 6. Hauses Fische) für die gesundheitliche Verfassung mit verantwortlich ist.

Wie alle anderen Deutungshinweise in diesem Buch, so

sind auch die folgenden Transitanalysen als Übungsbeispiele aufzufassen. Eine höhere Deutungsgenauigkeit erreicht der Fortgeschrittene, indem er den laufenden Planeten durch den ihm zugeordneten Häuserherrscher ersetzt. Der laufende Jupiter wäre also durch den Herrscher von Haus 9, der laufende Saturn durch den Herrscher von Haus 10, der laufende Uranus durch den Herrscher von Haus 11, der laufende Neptun durch den Herrscher von Haus 12 und der laufende Pluto durch den Herrscher von Haus 8 zu ersetzen. Diese Vorgehensweise erlaubt eine wesentlich größere Treffsicherheit und Zuverlässigkeit in der Prognose, da individuelle Faktoren mit einbezogen sind. Selbstverständlich darf auch bei dieser Vorgehensweise die eigentliche Planetenqualität nicht außer acht gelassen werden. So ergibt sich ein wesentlicher Unterschied in Deutung und Prognose, ob z.B. Saturn oder Neptun Herrscher von Haus 7 ist.

Von großer Wichtigkeit für die prognostische Praxis ist die Feststellung, innerhalb welchen Spielraumes ein laufender Aspekt noch Gültigkeit hat. »Der Transit Pluto steht in 10° Skorpion, mein Aszendent auf 18° Skorpion, kann ich das schon als Konjunktion werten ...«

Derartige Fragestellungen bewegen den Astrologieanfänger weitaus mehr als den erfahrenen Profi. Nicht unbedingt weil dieser hierzu immer die richtige Antwort kennt, sondern weil er weiß, daß Transite nicht nach dem Schwangerschaftsprinzip funktionieren: entweder man ist schwanger oder eben nicht, ein bißchen schwanger gibt's nicht. Bei Transiten ist es genau umgekehrt: Eine laufende Konjunktion gilt nicht bei einem Orbis von 5° eben noch und bei einem Orbis von 5° 02′ nicht mehr.

Das Dröhnen eines Tieffliegers – wie lange kann man es hören, ab wann ist er zu weit entfernt? Hier gibt es einen relativ großen Bereich, in dem man gerade noch etwas zu hören meint, sich jedoch nicht völlig sicher ist.

Für den Umgang mit Transiten hat sich in der Praxis folgende Vorgehensweise bewährt: Nehmen Sie an, daß ein Aspekt bei fünf Grad Orbis gerade erst oder gerade noch wirksam ist, während man ihn bei einem Orbis von drei Grad und kleiner »ernst« nehmen muß. Nähert sich ein Planet auf zwei Grad einer Häuserspitze, so befindet er sich in Konjunktion mit ihr und wird folglich schon dem nächsten Haus zugerechnet.
Von dieser Regel gibt es zahlreiche Ausnahmen, die jedoch für die ersten Übungen im Prognostischen völlig bedeutungslos sind.
Wichtiger, als konkrete Ereignisse »vorhersagen« zu wollen, scheint mir die Bestimmung von Entwicklungsphasen, die sich am besten mit Hilfe der Durchgänge der Transitplaneten durch die Radixhäuser feststellen lassen. Diese sollen in den folgenden Kapiteln genauer untersucht werden.

** Sonne im Transit

Obwohl die Sonne-Stellung im Radix-Horoskop von überragender Bedeutung ist, sind ihre Transite nicht besonders wichtig. Dadurch, daß sie sich pro Tag etwa ein Grad weiterbewegt, bildet sie innerhalb eines Jahres alle im Horoskop möglichen Aspekte. Sie verkörpert deshalb eher das allgemeine, jahreszeitlich geprägte Stimmungsbarometer, als daß ihr eine eigenständige, dramatische Bedeutung zukommt.
Dennoch sagt ihre laufende Position etwas über die Tageskonstitution aus.
Im Horoskop einer Frau kann die laufende Sonne die Aktivitäten des Partners repräsentieren, aber auch diese Aspekte sollten nicht überbewertet werden. Ähnlich den Mond-Transiten kann die laufende Sonne jedoch eine »Triggerfunktion« übernehmen: Andere, in der Latenz

liegende Konstellationen werden durch einen exakten Aspekt der laufenden Sonne ausgelöst.
Es gibt einen interessanten Nebenaspekt der Sonne-Transite. Menschen, die ihren Geburtstag gern feiern, oder sich auf diesen freuen, müssen eine gutgestellte Sonne im Radix-Horoskop besitzen, während diejenigen, denen ihr Geburtstag ein Greuel ist, eine massiv »verletzte« Sonne im Radix haben.
Dies liegt einfach daran, daß um den Geburtstag herum die Sonne auf ihre Position im Geburtshoroskop zurückkehrt und damit all ihre Radixaspekte erneut auslöst.
Bei Sonne-Transiten sollte man, wenn überhaupt, nur die Konjunktion und die Opposition berücksichtigen. Die Wirkungsdauer des Transites liegt maximal zwei Tage vor und nach seiner Exaktheit.

Mond im Transit

**
**

Für den Mond gilt das zur Sonne Gesagte in verstärktem Maße: Mond-Transite sind für die »normale« Prognose nahezu bedeutungslos. Die Exaktheit eines Mond-Transits gilt nur etwa eine Stunde, innerhalb eines Monats hat der Mond den Tierkreis umrundet und damit sämtliche möglichen Aspekte gebildet, die sich dann periodisch wiederholen.
Mond-Transite drücken normalerweise bestenfalls Stimmungen und Launen aus, die sich innerhalb kürzester Zeit wieder ändern. Ähnlich wie die Sonne kann der laufende Mond gelegentlich eine »Triggerfunktion« übernehmen, indem ein exakter Aspekt andere Konstellationen auslöst. Mond-Konstellationen gelten maximal sechs Stunden vor und nach ihrer Exaktheit, wobei nur die Konjunktionen, äußerstenfalls noch die Oppositionen, zu berücksichtigen sind.

** ** Merkur im Transit

Auch die Merkur-Transite sind nicht besonders bedeutsam. Ihre Gültigkeit beschränkt sich normalerweise auf maximal zweieinhalb Tage vor und nach ihrer Exaktheit. Von den Aspekten kommt nur der Konjunktion, bestenfalls noch der Opposition eine nennenswerte Bedeutung zu.
Selten sind Merkur-Transite für dramatische Ereignisse verantwortlich zu machen. Meist sagen sie etwas über die Konzentrations- und Koordinationsfähigkeit aus. Gelegentlich repräsentieren sie auch geschäftliche Kontakte, Nachrichten, Briefe, Telefongespräche, kurze Fahrten in die nähere Umgebung sowie Beziehungen zu Geschwistern, Nachbarn und Verwandten.

** ** Venus im Transit

Die Venus ist der letzte der »inneren« Planeten, auch ihre Transite sind nicht überzubewerten. Venus-Transite haben eine Gültigkeit von maximal zweieinhalb Tagen vor und nach ihrer Exaktheit. An Aspekten sollten nur Konjunktion und Opposition, bestenfalls noch das Quadrat berücksichtigt werden.
Venus-Transite sagen etwas über die Gedanken aus, die uns gerade bewegen. Sie zeigen, in welchem Maße wir offen für neue Eindrücke sind, inwieweit wir uns auf neue Bekanntschaften einlassen wollen und können.
Venus-Transite über Aszendent und Deszendent sind gelegentlich ein Hinweis auf eine Liebesaffäre oder den Beginn einer neuen Partnerschaft, allerdings muß dies durch andere Konstellationen bestätigt werden.

Mars im Transit

Mars ist der erste »äußere« Planet. Durch seine Umlaufzeit um die Sonne von ca. zweieinhalb Jahren ist er als Transitplanet wesentlich bedeutsamer als die Sonne und die »inneren« Planeten, die sich viel schneller bewegen als er. Mars-Transite im Horoskop zeigen auf, wie wir zu einem gegebenen Zeitpunkt unser Durchsetzungspotential und unsere instinktive Eigenart ausleben.
Grundsätzlich können alle Aspekte in einer aktiven oder in einer passiven Weise ausgelebt werden. Welche der beiden Möglichkeiten gewählt wird, ist zu einem wesentlichen Teil die (unbewußte) Entscheidung des Nativen.
Der Mars im Transit sagt grundsätzlich etwas aus über unser momentanes Energiepotential und wie wir damit umgehen. »Harmonische« Aspekte weisen auf Erfolg und erhöhte Schaffenskraft hin, während man bei »Spannungsaspekten« dazu tendiert, ständig über seine Füße zu stolpern.
Mars-Transite sind oft ein Hinweis auf Auseinandersetzungen, diese können sportlicher, geistiger oder gar körperlicher Natur sein. Der laufende Mars kann auch leichtere Verletzungen (insbesondere Schnittwunden und Verbrennungen) sowie Unfälle symbolisieren. Ein Mars-Transit allein reicht allerdings niemals für eine besorgniserregende Prognose.
Der laufende Mars kann auch auf erhöhte sexuelle Ansprechbarkeit hinweisen, dies gilt vor allem dann, wenn er in Konjunktion zum Aszendenten oder Deszendenten steht.
Wie bei allen anderen Konstellationen auch, so ist für die Beurteilung des laufenden Mars seine Stellung im Radix entscheidend: Ein »gut gestellter« Mars wird auch bei schwierigen laufenden Aspekten wenig Übles anrichten können, während eine »problematische« Mars-Stellung

im Geburtshoroskop auch den harmonischsten Transit nicht recht zur Geltung kommen lassen wird. Mars-Transite haben eine Gültigkeit von maximal zehn Tagen vor und nach ihrer Exaktheit.

** ** Jupiter im Transit

Jupiter ist der größte Planet in unserem Sonnensystem, er benötigt für einen Umlauf um die Sonne ungefähr zwölf Jahre. Der laufende Jupiter symbolisiert die Lebensbereiche, in denen wir uns, salopp formuliert, »breitmachen« können. Er repräsentiert Erfolg und Anerkennung, die Expansion des bisher Bestehenden, Protektion und Wohlwollen des sozialen Umfeldes. Auch hier muß ausdrücklich darauf hingewiesen werden, daß der laufende Jupiter nur Themen verwirklichen kann, welche seine Position im Radix-Horoskop anzeigt. Ein »schlecht gestellter« Jupiter wird im schönsten Transit kaum Gutes ausrichten, und auch ein im Geburtshoroskop hervorragend plazierter Jupiter wird nur in den Bereichen »Wohltaten bringen« können, für die er »zuständig« ist.
Wenn also z. B. der Jupiter im Geburtshoroskop als Herrscher von Haus 2 in Haus 10 steht, so ist sein Zuständigkeitsbereich die Existenzsicherung (Haus 2) im Gesellschaftlichen (Haus 10). Liebesaffären, Gesundheit, Kinder, Gefühlsangelegenheit etc. fallen nicht in sein Ressort. Bei einem entsprechenden Transit könnte also die Person in unserem Beispiel eine wirtschaftlich äußerst erfolgreiche Phase durchmachen, jedoch gleichzeitig z. B. aufgrund einer anstehenden Scheidung unter Depressionen leiden.
Der laufende Jupiter symbolisiert Wohltaten, die wir erfahren, oder solche, die wir anderen zukommen lassen. Ihm entspricht immer das Prinzip der Gnade und der aus-

gleichenden Gerechtigkeit. Allerdings ist bei dynamischen Jupiter-Transiten die Gefahr groß, das Opfer von Selbstüberschätzung und Arroganz zu werden: Günstige Umstände, die man dem Glück oder der Hilfe anderer verdankt, werden als Zeichen persönlicher Überlegenheit fehlinterpretiert. Dann ergeben sich die berühmten »Hochmut-kommt-vor-dem-Fall«-Entsprechungen:
Dinge, die sich günstig anließen, kippen in ihr Gegenteil um.

Ein weiteres psychologisches Problem der Jupiter-Transite ist, daß man dazu neigt, Positives sehr viel weniger intensiv zur Kenntnis zu nehmen als Negatives. Unangenehme Zwischenfälle werden sofort schmerzlich registriert, während Glücksfälle und Erfolge ein wenig wie selbstverständlich hingenommen werden. Wenn man z.B. einem tödlichen Autounfall um Haaresbreite entgeht, so atmet man kurz erleichtert auf und ist wohl noch eine Zeitlang damit beschäftigt, bald darauf wird der ganze Vorfall jedoch »vergessen«. Ein vergleichsweise harmloser Unfall, der uns vielleicht einige Tage Krankenhausaufenthalt kostet, bleibt dagegen wesentlich länger in Erinnerung.

Jupiter-Transite gelten maximal zwei Monate vor und nach ihrer Exaktheit. Für die Transitberechnung verwendet man hauptsächlich die langsam laufenden Planeten Jupiter, Saturn, Uranus, Neptun und Pluto. Deswegen wird ihre Bedeutung im folgenden, entsprechend der Hausstellung, stichwortartig erläutert.

Der laufende Jupiter im 1. Haus

Erfolgreiches Durchsetzen von Eigeninteressen. Kann anderen nützen. Kommt zum Zuge. Persönliche Eigenheiten werden honoriert. Hohes Energiepotential. Hinweis auf Protektion durch Partner. Erfolg des Partners. Auch: Ist egoistisch, nimmt eigene Bedürfnisse und sich selbst zu wichtig. Gefahr, sich arrogant zu geben. Bei verletzter Jupiter-Stellung im Radix-Horoskop: Überheblichkeit, Verlust von gesellschaftlichem Freiraum, der Entzug persönlicher Vorteile, Verlust von Amt und Würden bzw. (unfreiwillige) Aufgabe einer Führungsposition; neigt zu ungerechtem Urteil; cholerische Komponente.

Der laufende Jupiter im 2. Haus

Wirtschaftliche Vorteile, finanzieller Erfolg, materielle Absicherung. Robuste Gesundheit. Auch: Nimmt den eigenen Körper zu wichtig, Eitelkeit; Neigung zur Korpulenz. Bei verletzter Jupiter-Stellung im Radix-Horoskop: Verlust wirtschaftlicher Vorteile oder gar der Existenzsicherung durch eigene Überheblichkeit; will zu hoch hinaus; Nachteile durch Gier nach Materiellem.

Der laufende Jupiter im 3. Haus

Expansive Selbstdarstellung; kann sich erfolgreich zur Schau stellen; will sich bedeutend und großzügig geben. Protektion durch Verwandte und/oder Geschwister. Auch: Tendenz, sich in den Mittelpunkt zu drängen; Neigung, große Reden zu schwingen. Bei verletzter Jupiter-Stellung im Radix-Horoskop: Drängt sich zu sehr in den Vordergrund, was Prestigeverlust zur Folge hat; überschätzt sich selbst; ist ein Angeber; eventuell Gefährdung im Straßenverkehr.

Der laufende Jupiter im 4. Haus

»Glück in der Familie«; Desinteresse an äußerem Erfolg. Intensive Auseinandersetzung mit den eigenen Gefühlen. Auch: Nimmt das eigene Seelenleben zu wichtig. Bei verletzter Jupiter-Stellung im Radix-Horoskop: Stellt sein eigenes Licht unter den Scheffel, wird dadurch unverdienterweise nicht beachtet. Bei sehr starker Verletzung: Gefahr schwerwiegender Magenerkrankungen.

Der laufende Jupiter im 5. Haus

Erfolgreiches Handeln, schöpferische Phase, gestärktes Selbstbewußtsein. Glück mit den oder durch die eigenen Kinder. Erfüllte Sexualität. Auch: Überschätzt sich selbst und die eigenen Fähigkeiten. Bei verletzter Jupiter-Stellung im Radix-Horoskop: Gefahr durch überhöhte Risikobereitschaft.

Der laufende Jupiter im 6. Haus

Robuste Gesundheit. Viel persönlicher Freiraum durch eigene Leistung, Anerkennung durch Fleiß. Dient einer guten Sache, idealistischer Einsatz. Auch: Neigung, sich mehr herauszunehmen, als einem zusteht. Bei verletzter Jupiter-Stellung im Radix-Horoskop: Hinweis auf akute Leberschäden.

Der laufende Jupiter im 7. Haus

Positives Denken, begegnungsoffen. Erfolg und Protektion durch Partner. Auch: Tendenz zu Dreiecksbeziehungen; mißt dem Partner mehr Bedeutung bei, als ihm zukommt; übertriebener Optimismus im Umgang mit anderen bis hin zur Naivität.

Der laufende Jupiter im 8. Haus

Positive Erweiterung der eigenen Prinzipien und Wertvorstellungen. Expansiver Bindungsdrang. Wirtschaftliche Protektion durch den Partner. Manchmal Hinweis auf Erbschaften. Auch: Scheintoleranz.

Der laufende Jupiter im 9. Haus

Erweiterung des sozialen Umfeldes. Positive Veränderung in der Umgebung. Eventuell Neigung zu reisen oder Ausdehnung des Bekanntenkreises. Offen für Neues. Soziale Anerkennung und Ehre.

Der laufende Jupiter im 10. Haus

Anerkennung auf gesellschaftlicher Ebene. Übernimmt eventuell eine (geistige) Führungsposition. Befreiung von alten Zwängen, Überwindung erziehungsbedingter Schuldgefühle. Kann gesellschaftliche Konventionen zu eigenen Vorteil nutzen.

Der laufende Jupiter im 11. Haus

Fällt auf gesellschaftlicher Ebene »angenehm auf«; erreicht individuelle Bedeutsamkeit. Erfolg durch die Unterstützung Gleichgesinnter. Plötzliche, positive Wende einer verfahrenen Situation. Unerwarteter Gewinn, findet eine kreative Problemlösung.

Der laufende Jupiter im 12. Haus

Bleibt unbehelligt, ist keinen Angriffen ausgesetzt. Wird durch Nichtauffallen positiv eingeschätzt. Interesse an Esoterik, Spiritualität, Astrologie, Grenzwissenschaften. Bei verletzter Jupiter-Stellung im Radix-Horoskop: Auseinandersetzung mit Behörden; das Ende von Vorteilen; wird im Expansionsdrang eingeschränkt; gerichtliche Auseinandersetzung; Rechtsstreitigkeit; im Extremfall Inhaftierung.

Saturn im Transit

Saturn benötigt für einen Umlauf um die Sonne etwa 29½ Jahre, seine Transite sind die wichtigsten überhaupt. Saturn verkörpert die gesellschaftlichen Spielregeln, das Gesetz, die feste Struktur. Alles, was mit Reglement und Maßregelung zu tun hat, ist dem Saturn zugeordnet. Wie bei den übrigen Transiten auch, so können wir bei Saturn-Transiten die »Maßregelungen« bei anderen ansetzen oder aber am eigenen Leibe erfahren – entsprechend unterschiedlich sind die Konsequenzen. Im ersteren Fall bin ich über mich selbst hinaus bedeutsam und gesellschaftlich verbindlich, befinde mich also in einer Position, in der ich Normen für andere festlege. Im zweiten Fall bin ich das »Opfer« von Normen, denen ich möglicherweise nicht gerecht werden kann.
Klassische Entsprechungen von Saturn-Transiten sind: Einschränkungen, Trennungen, Hemmung (die Dinge brauchen länger, als man sich dies wünscht), Zwänge, mangelnder Bewegungsspielraum, Ernsthaftigkeit, Bedeutsamkeit, Strenge, Würde. Gelegentlich sind Saturn-Transite auch Hinweise auf Todesfälle in der Familie.
Im Körperlichen repräsentiert Saturn die Knochen, die Gelenke und die Milz, so daß Transite auch für diese Entsprechungen gelten können.
Grundsätzlich erzwingen Saturn-Transite eine vertiefte Auseinandersetzung mit einem Thema. Gerade Dinge, die wir nicht wahrhaben wollen, die wir am liebsten aus unserem Bewußtsein schieben würden, sollen in solchen Phasen seelisch bewältigt werden. Wir können uns dazu bereit erklären, an solcherart Problemen zu arbeiten. Sollten wir uns jedoch dagegen sträuben, treten Ereignisse ein, die uns zu einer Auseinandersetzung bringen.
Beispiel: Nehmen wir an, jemand hat einen Saturn-Transit über dem Mars im Grundhoroskop. Nehmen wir wei-

ter an, es ginge hier inhaltlich um eine Hemmung (Saturn) im Sexuellen (Mars), mit der sich der Native auseinandersetzen müßte. Der Native kann diese notwendige Auseinandersetzung verdrängen, indem er sich z. B. wie wild in seine Arbeit stürzt. Als Konsequenz könnte sich ein Knochenbruch ergeben, der ja ebenfalls im Bereich der Saturn-Analogien liegt. In der Folgezeit läge der Betreffende also mit einem mehr oder weniger komplizierten Knochenbruch im Krankenhaus. Die Hemmung seiner Durchsetzungsfähigkeit (Mars/Saturn) ist in dieser Phase des Geschehens endgültig unübersehbar, und er hat ja nun auch genügend Zeit, über seine sexuellen Probleme nachzudenken. Wäre die notwendige Auseinandersetzung mit der eigenen Sexualität »freiwillig« erfolgt, wäre der Beinbruch hierfür nicht nötig gewesen.
Dieses (zugegebenermaßen ein wenig vereinfachte) Beispiel macht deutlich, daß Saturn-Transite an und für sich gar nicht so übel sind – im Gegenteil: Sie sind eine der ganz seltenen Gelegenheiten in unserem Leben, etwas grundlegend zu unserem Vorteil zu verändern. Wir müssen uns in dieser Phase möglicherweise mit unangenehmen Dingen beschäftigen – dafür haben wir jedoch die Chance, sie ein für allemal aus der Welt zu schaffen.
Saturn-Transite gelten bis zu fünf Monate vor und nach ihrer Exaktheit.

 *Der laufende Saturn im 1. Haus*

Konzentration auf die instinktive Eigenart. Wird durch Einschränkungen und Hemmungen auf sich selbst zurückgeworfen. Setzt sich ernsthaft und intensiv mit den eigenen Bedürfnissen auseinander. In dieser Entwicklungsphase ist es wichtig, die Durchsetzung der eigenen Interessen geduldig, langsam und ausdauernd zu verfolgen. Saturn-Transite haben quasi einen Zeitlupeneffekt:

Durch massive Verlangsamung wird man gezwungen, sich ein Thema besonders genau anzusehen; übereilte Aktivitäten sind von vornherein zum Scheitern verurteilt.

Der laufende Saturn im 2. Haus

In dieser Phase ist alles, was mit der Eigensicherung zu tun hat, bedeutsam – sowohl in materieller als auch in psychologischer Hinsicht. Es geht darum, zu lernen, sich angemessen gegenüber anderen abzugrenzen und sich gleichzeitig über die eigene Abhängigkeit bewußt zu werden. Der Transit-Saturn im 2. Haus kann z. B. auf eine Durststrecke im wirtschaftlich-existentiellen Bereich hindeuten. In diesem Falle Notwendigkeit, das, was bisher zur Existenzsicherung getan wurde, noch einmal genau zu überprüfen. Wahrscheinlich mindestens eine Schwachstelle, die übersehen wurde, oder bisher einfach allzu selbstsicherer und leichtfertiger Umgang mit seinen wirtschaftlichen Möglichkeiten. Vielleicht waren wir auch einfach am verkehrten Ende großzügig und merken nun, daß wir uns dies nicht mehr leisten können. Chance, die Sicherung der eigenen Existenz auf ein solideres Fundament zu stellen.

Der laufende Saturn im 3. Haus

Einschränkung und Vertiefung in der Selbstdarstellung, Hemmung in den direkten Umweltbeziehungen. Trennung von oder Auseinandersetzungen mit Geschwistern, Verwandten und anderen Personen der unmittelbaren Umgebung. Kommt nicht recht zum Zuge, wird unterschätzt. Die intellektuelle Auffassung ist verlangsamt, man braucht länger als sonst, um Informationen zu verarbeiten. Erfassung der Grenzen des eigenen Intellektes. Durch eine oberflächliche Bewältigung von Sinneseindrücken kann man sich selbst Bildung und Wissenschaft vortäuschen, welches in Wahrheit gar nicht existiert. Saturn-Transite durch das 3. Haus machen dies deutlich; es geht um Qualität und nicht um Quantität. Das, was während dieser Phase an eigenständiger Meinung entwikkelt werden kann, hat immer die Chance überindividueller Bedeutsamkeit.

Der laufende Saturn im 4. Haus

Aufforderung zur Auseinandersetzung mit unseren seelischen Blockaden: Das, was wir mühsam verdrängt und verleugnet haben – eben weil es weh tat –, soll an die Oberfläche gebracht werden, damit es endlich bewältigt werden kann und die Wunde verheilt. Häufig Depressionen; man ist sich seiner seelischen Einsamkeit zutiefst bewußt und leidet darunter. Vielfach direkte Auseinandersetzung mit der (inneren) Mutter; alles, was in der Mutter-Kind-Beziehung schiefgelaufen ist, kommt an die Oberfläche. Unzufriedenheit mit der Wohnsituation. Oft wird in dieser Zeitphase tatsächlich ein Umzug geplant und/oder durchgeführt. Chance einer seelischen Konsolidierung; es geht darum, ein echtes inneres Gleichgewicht herzustellen, das nicht auf der Verdrängung, sondern auf der Bewältigung von Wahrheit beruht. Nur so können tiefe Empfindungen entwickelt und zugelassen werden.

Der laufende Saturn im 5. Haus

Konzentration und Vertiefung im seelischen Selbstausdruck: Die Art, wie bisher Gefühle (spontan) gezeigt und ausgelebt wurden, wird hinterfragt. Wirkt ernsthafter als gewöhnlich bis hin zur Humorlosigkeit. Oft Konfrontation mit den eigenen sexuellen Schwierigkeiten oder mit denen des Partners. Bei Nativen im entsprechenden Lebensalter möglicherweise Trennung der eigenen Kinder vom Elternhaus. Dies geht mit einer notwendigen Verhaltensänderung einher, die meist als schmerzhaft empfunden wird. Konfrontation mit dem (inneren) Vater. Alle Bereiche, in denen der Ausdruck eigener Gefühle beschnitten wurde, alle Maßnahmen, die das Selbstwertgefühl demontierten, und jede Handlungsblockade aufgrund von (implantierten) Schuldgefühlen können in dieser Entwicklungsphase ins Bewußtsein treten. Chance, die Schwächen und Fehler des (inneren) Vaters zu erkennen und zu begreifen; dadurch Möglichkeit sich von »Handlungsanweisungen« und Schuldgefühlen zu lösen, da dem Vater jetzt nicht mehr Autorität zugesprochen wird als sich selbst. Somit Befreiung der eigenen Emotionalität, des Ausdrucks persönlicher Empfindungen, von (bisher unbewußter) Fremdbestimmung und Entwicklung zu wahrer seelischer Eigenheit.

Der Saturn im 6. Haus

Hinweis auf Stoffwechselstörungen (Verdauung, Haut). Grundsätzlich erhöhte Neigung zu (psychosomatischen) Erkrankungen, vor allem im Bereich von Leber und Niere. Häufig grundsätzliche Unzufriedenheit mit der bisherigen Lebenssituation: Man empfindet mit einemmal, daß der eigene Freiraum wesentlich kleiner ist, als man dachte; oder man merkt, daß man mehr seelischen Freiraum benötigt als früher; oft konkret in der Arbeitssituation: Man kann Abhängigkeitsverhältnisse nur schwer ertragen, empfindet sich von Vorgesetzten schikaniert und unterdrückt etc.
Chance, sich eine bessere Form von persönlichem Freiraum zu erarbeiten, und zwar nicht nur bei der Arbeit, sondern auch bei Partnerschaft, Familie, beim Verhalten Dritten gegenüber etc. Voraussetzung: harte Arbeit insbesondere an sich selbst. Das Energiepotential, welches dazu benötigt wird, stellt der laufende Saturn reichlich

zur Verfügung. Auch hier geht es jedoch um beständige, konzentrierte Veränderung, nicht um ungeduldige, überhastete Aktion. Werden die angebotenen und notwendigen Veränderungen in der eigenen Lebensführung nicht vollzogen, so bietet sich als »Ersatz« die »Möglichkeit«, chronische Erkrankungen zu entwickeln ...

Der laufende Saturn im 7. Haus

Traditionell ein Hinweis auf die Trennung von Partnerschaften. Dies ist allerdings nur eine – zudem wenig erfreuliche – Entsprechung von vielen. Weitere konkrete Auslösungsmöglichkeiten: Rechtsstreitigkeiten, Prozesse, Auseinandersetzungen mit Geschäftspartnern, Beziehungen zu älteren und/oder bedeutsamen Personen. Da das 7. Haus unser persönliches Fenster zur Außenwelt repräsentiert, symbolisieren Saturn-Transite durch diesen Horoskopbereich »das ernsthafte Denken«: Unsere bisherige Art, mit unserer Umwelt umzugehen, und die Form unserer zwischenmenschlichen Beziehungen werden in Frage gestellt. Konkret in der Partnerschaft: Form und Sinn der Beziehung müssen vollständig hinterfragt werden, um Automatismen, Irrtümer und Fehleinschätzungen zu beseitigen und eine echtere, intensivere Partnerschaft zu ermöglichen. Eventuell Erkenntnis, daß die Beziehung zu einer inhaltsfreien Hülse geworden ist.
(Viele haben Angst vor einer derartigen Einsicht und ziehen es vor, die Wahrheit nicht wissen zu wollen. Das Tragische an diesem Verhalten ist, daß sie damit auch die Chance vertun, das herauszufinden, was gut und echt an den eigenen Freundschaften ist. Zwischenmenschliche Beziehungen werden zu einer grundsätzlichen Belastung, es geht nur noch um das Einhalten von Konventionen, nicht mehr um Inhalt. Die Folge ist, daß man sich [vom Partner] chronisch unverstanden fühlt, daß man die

Beziehung als Gefängnis erlebt, ohne jedoch von ihr lassen zu können.)

Der laufende Saturn im 8. Haus

»Fortsetzung« der seelischen Entwicklung, die beim Saturn-Durchgang durch das 7. Haus begann: Was an grundsätzlicher Umweltorientierung hinterfragt wurde, wird nun prinzipiell und verbindlich. Chance, sich von alten, überlebten Wertvorstellungen und Dogmen zu lösen. Falsche Vorbilder werden aussortiert, bisherige Fehlurteile korrigiert. Bleibt diese Chance ungenutzt, so verrennt man sich in absurde Vorstellungen und fixe Ideen. Man weigert sich wider besseres Wissen, die eigene Einstellung zu hinterfragen, und hält »aus Prinzip« an überlebten Irrtümern fest; So kann sich ein unbelehrbarer Starrsinn entwickeln, der zu einem »Denkgefängnis« wird, aus dem man schwer herauskommt.
Manchmal sind Saturn-Transite durch das 8. Haus ein Hinweis auf Todesfälle im Verwandtschaftsbereich.

Der laufende Saturn im 9. Haus

Häufig ein Hinweis auf besondere moralisch-soziale Verantwortung; man mag in Situationen kommen, in denen andere, zu denen man keine unmittelbare persönliche Beziehung hat, auf Hilfe angewiesen sind. Dies sollte nicht zum Missionieren der persönlichen Weltanschauung mißbraucht werden. Grundsätzliche Auseinandersetzung mit der Frage nach dem Sinn des Lebens. Hinterfragung des persönlichen Verhältnisses zur Toleranz. Chance einer grundsätzlichen Änderung der Lebenseinstellung. Lernmöglichkeiten von ungeahnter Tragweite. Wird dieses Angebot abgelehnt, verhärten sich die falschen Anschauungen, die anderen gegenüber auch immer »erbarmungsloser« vertreten werden.

Der laufende Saturn im 10. Haus

Verweis auf eine grundsätzliche Chance in der überpersönlichen Lebensorientierung. Das bisherige Lebensziel wird hinterfragt und verändert sich, oder schon lange gehegte hochfliegende Pläne werden endlich verwirklicht. Saturn-Transite durch das 10. Haus zeigen, was ein Mensch in diesem Leben an Bedeutsamkeit erreichen kann. Ergibt sich die Konstellation z. B. bei einem kleinen Kind, so sind die in dieser Lebensphase vorgebrachten Zukunftspläne ernst zu nehmen: Sie sind reale Möglichkeiten, die dem eigenen Wesen entsprechen. Aufforderung, das, was man an »Großem« schon immer tun wollte, zu verwirklichen.
Bleibt die Chance ungenutzt, möglicherweise Verlust des bisher Erreichten.

Der laufende Saturn im 11. Haus

Veränderungen in der eigenen gesellschaftlichen Position. Es geht darum, zu überprüfen, inwieweit die Rolle, die man z. B. im Beruf oder Verein usw. einnimmt, noch mit der eigenen Individualität und den eigenen Interessen übereinstimmt. Sämtliche Widersprüche zwischen gesellschaftlicher Funktion und Individualität drängen an die Oberfläche und erzwingen eine Klärung. Chance, Freiheiten aufzugeben, die man nicht benötigt, und sich anderen zu erwerben die dem eigenen Wesen gemäß sind. Häufig bleibt diese Chance ungenutzt.
Saturn im 11. Haus kann ganz allgemein die Angst vor individueller Freiheit symbolisieren; man wagt es nicht, aus der Konvention auszubrechen, um nicht auf Ablehnung zu stoßen; Konsequenz: Man bewegt sich in Gesellschaftskreisen, die einen eigentlich anöden, und hält sich an Konventionen, die wohl als lästiger Zwang empfunden werden ...

Der laufende Saturn im 12. Haus

Diese Konstellation bietet die Chance, sich von sinnentleerten Konventionen, von der Überbewertung des Formalen zu befreien. Sie ist eine Aufforderung, sich mit dem, was hinter den Dingen liegt, zu beschäftigen. Oft findet in dieser Lebensphase eine Auseinandersetzung mit spirituellen Themen, mit Esoterik und vor allem mit Psychologie statt. Man möchte Inhalte, Wesentliches begreifen und sich von allem überflüssigen Ballast befreien.
Oft beschäftigt man sich mit gesellschaftlichen Randgruppen wie Asozialen, Nicht-Seßhaften, Alten und Behinderten.
Diese Konstellation verführt dazu, sich über Konventionen zu erheben, da man deren Bedeutungslosigkeit begriffen hat. In der stofflichen Welt, die in Staatsgefügen organisiert ist, bleibt dies jedoch nicht ohne Folgen: Häufig kommt es in dieser Zeit zu Auseinandersetzungen mit Behörden (und seien es nur in gehäuftem Maße Bußgeldbescheide). Im Extremfall sind auch Rechtsbrüche denkbar, die zu einer Inhaftierung führen.
Ist die Saturn-Stellung im Radix sehr verletzt, und weisen andere Konstellationen ebenfalls darauf hin, so kann es bei diesem Transit zu einer ernsthaften psychischen Krise kommen, die mit dem Verlust der Orientierungsfähigkeit im konkreten Leben einhergeht. Manchmal ist hier die Behandlung in einer psychiatrischen Klinik notwendig.
In ausgesprochen seltenen Fällen kommt es zu einem sprituellen Erwachen, das einen Rückzug aus der äußeren Welt mit sich bringt.

** Uranus im Transit

Uranus benötigt für einen Umlauf um die Sonne etwa 84 Jahre. Seine Aspekte zu Planeten und Häuserspitzen im Geburtshoroskop haben deshalb eine Gültigkeit von etwa maximal einem Jahr vor und nach ihrer Exaktheit.

Uranus symbolisiert immer wichtige Umbrüche in unserem Leben. So bildet er z. B. mit etwa 21 Jahren ein Quadrat zur eigenen Radixposition – ein Lebensabschnitt, in dem traditionell und biologisch das Erwachsenenalter beginnt. Mit 42 Jahren gerät Uranus in Opposition zu seiner eigenen Radixposition, eine Phase, in der viele das erleben, was heute »Midlife-crisis« genannt wird. Mit 63 Jahren schließlich bildet Uranus erneut ein Quadrat zu seiner Stellung im Geburtshoroskop und kennzeichnet damit den Übergang vom Arbeitsleben zum Ruhestand.*

Die Uranus-Stellung im Geburtshoroskop sagt uns, ob diese Umbrüche schockartig vor sich gehen und damit Krisen auslösen oder ob sich einfach die Lebensorientierung harmonisch und ohne Katastrophen ändert. Bei jedem wird sich in den beschriebenen Lebensphasen etwas grundlegend wandeln – dies liegt in der Natur der Dinge –, doch nicht jeder macht mit 42 eine Midlife-crisis durch...

Uranus »sorgt dafür«, daß (psychische) Formen, die zu erstarren drohen, gesprengt werden. Altes soll erneuert werden, bevor es zu einer Karikatur seiner selbst wird und damit seinen Sinn verliert. So deuten die Aspekte, welche der laufende Uranus zu wichtigen Positionen im Geburtshoroskop bildet, immer darauf hin, daß etwas Altes aufhört und etwas Neues beginnt.

* Durch die ungleichmäßige Bahnbewegung des Uranus (d.h. durch seine Rückläufigkeiten) kann der genaue Transit einige Monate früher oder später als in unserem Beispiel liegen.

Je mehr wir uns gegen diese Entwicklung sträuben, um so abrupter und unerwarteter wird sie erfolgen. Dies ist der Grund, warum viele Astrologen Uranus mit Schicksalsschlägen in Verbindung bringen: Notwendige Veränderungen, denen nicht freiwillig entsprochen wird, werden erzwungen, und sei es durch Unfälle, Existenzkrisen etc.
Während die Lektion der Saturn-Transite großenteils darin besteht, daß wir uns intensiver auf ein wichtiges Thema einlassen sollen, daß es notwendig ist, »die Angelegenheit« - und sei sie noch so unangenehm - gründlich zu durchdenken, fordert Uranus zum Loslassen auf. Man muß sich von liebgewordenen Gewohnheiten, die einem oft eine trügerische Sicherheit vermittelt haben, verabschieden. So fühlen sich manche Menschen bei aktuellen Uranus-Transiten ein wenig im luftleeren Raum schwebend, sie empfinden sich wie ein Seiltänzer ohne Netz. Es ist wichtig bei solchen Konstellationen, die Freiheit und die Ungebundenheit von alten Mustern regelrecht zu üben und bewußt zuzulassen. Orientierungslosigkeit bedeutet ja erst einmal nichts anderes, als (vorläufig) an kein festes Ziel gebunden zu sein, offen sein zu können für das, was sich an Möglichkeiten bietet. Statt dessen sehnen sich die meisten nach der Sicherheit des Saturn-Prinzips zurück, ohne zu bedenken, daß sich diese noch früh genug wieder einstellen wird. (Umgekehrt wird bei Saturn-Transiten oft schmerzlich ein Mangel an Freiheit empfunden.)

Der laufende Uranus im 1. Haus

Hinweis auf gegensätzliche Bedürfnisse. Das, was an instinktiver Eigenart durchgesetzt werden soll, ist widersprüchlich oder plötzlichen Veränderungen ausgesetzt. So ist man in diesem Zeitraum häufig sprunghaft, aufbrau-

send und reizbar; dies bringt die Tendenz körperlicher Gefährdung mit sich: Man begeht »sinnlose« Übersprungshandlungen. Durch die fehlende Eindeutigkeit im Instinktiven reduzierte psychische und physische Abwehrkräfte. Oft erhöhte sexuelle Ansprechbarkeit.
Insbesondere bei Frauen mit entsprechender Disposition gelegentlich die Gefahr das Opfer von Übergriffen zu werden.

Der laufende Uranus im 2. Haus

Umbruchsituation in der Existenzsicherung. Berufswechsel, unklare Einkommenslage, zwei Berufe gleichzeitig. Spekulation. Änderung der Wertmaßstäbe des Partners. Plötzliche Unzuverlässigkeit (Untreue) des Partners.

Der laufende Uranus im 3. Haus

Unerwartete Veränderungen in der direkten persönlichen Umwelt. Plötzliche Reise. Stellt sich originell dar. »Intelligenzschub«. Erhöhte Auffassungsgabe.
Motorische Unruhe. Stellt sich in einer »Sonderrolle« zur Schau. Eventuell Tendenz zu Nervenüberreizungen. Gelegentlich ein Hinweis auf erhöhte Neigung zu Verkehrsunfällen.

Der laufende Uranus im 4. Haus

Besondere seelische Empfindsamkeit. Will emotional »unberührbar« sein. Widersprüchliche Empfindungen, zwischen denen man hin und her gerissen ist. Plötzliche Ungeborgenheit. Umbruch in der häuslichen Situation. Veränderung in der Handlungsgrundlage. Umbruch in der Beziehung zur Mutter. Grundsätzliche Änderung der Lebenssituation der Mutter.

Der laufende Uranus im 5. Haus

Umbruch im Ausdruck seelischer Eigenart. Zeigt die eigenen Empfindungen widersprüchlich, widersprüchliches Verhalten. Veränderung der sexuellen Interessen. Will das eigene Verhalten unangreifbar machen, sich einer Bewertung durch andere entziehen.

Der laufende Uranus im 6. Haus

Erfüllt die Erwartungen anderer nicht, tut das Gegenteil von dem, was verlangt ist. Reizbar, wenn Unterordnung gefordert wird. Fähigkeit zu origineller und eigenständiger Leistung. Tendenz zu plötzlichen psychosomatischen Erkrankungen wie Allergien, Neuralgien etc.

Der laufende Uranus im 7. Haus

Plötzliche Veränderungen in der Umweltorientierung. Unerwarteter Beginn einer Partnerschaft. Beschäftigt sich mit mehreren (widersprüchlichen) Dingen gleichzeitig. Ist für den Partner unberechenbar. Begegnungsoffen.

Der laufende Uranus im 8. Haus

Als gesichert geltende Lebensmaximen werden unerwartet in Frage gestellt. »Eine Welt bricht zusammen.« Kann alte Vorstellungen und Prinzipien nicht mehr aufrechterhalten. Dient zwei (unvereinbaren) Herren. Befreit sich von Gruppenzwängen und Schuldgefühlen.
Manchmal Hinweis auf plötzlichen Todesfall im persönlichen Umfeld. Eventuell zweischneidige Erbschaft.

Der laufende Uranus im 9. Haus

Gelangt zu neuen wesentlichen Einsichten. Veränderung der Moralvorstellungen. Manchmal Hinweis auf unerwarteten Erfolg und soziale Anerkennung. Abrupte und grundsätzliche Veränderung im gesellschaftlichen Umfeld. Eventuell größere Auslandsreise.

Der laufende Uranus im 10. Haus

Spannungssituation zwischen Lebensziel und realer Lebensorientierung. Die Notwendigkeit einer grundsätzlichen Kursänderung. Befreit sich radikal von anerzogenen Konventionen.

Der laufende Uranus im 11. Haus

Findet durch die Unterstützung Gleichgesinnter den eigenen Weg. Mut zur Individualität im Gesellschaftlichen. Verwirklicht eigene Ziele in der Öffentlichkeit.

Der laufende Uranus im 12. Haus

Die Vereinigung von Widersprüchen. Die eigene Individualität ist so selbstverständlich geworden, daß sie nicht mehr betont werden muß. Bei entsprechender Disposition erhöhte Neigung zu plötzlichen Infektionserkrankungen. Ambivalente Beziehung zu Untergebenen. Bei verletzter Uranus-Stellung im Radix-Horoskop: Gefahr, gesellschaftliche Übergriffe herauszufordern. Auseinandersetzung mit Grenzwissenschaften.

⁂ Neptun im Transit

Neptun braucht für einen Umlauf um die Sonne etwa 164 Jahre, d.h., er hält sich in jedem Tierkreiszeichen ungefähr 13½ Jahre auf. Seine Transite gelten somit bis zu zwei Jahre vor und nach ihrer Exaktheit.
Saturn repräsentiert die Vertiefung und Festigung, Uranus den Umbruch und Übergang, Neptun symbolisiert die

Auslösung jeglicher Form, die Öffnung für unbeschnittene Wirklichkeitserfahrung. Unbeschnittene Wirklichkeitserfahrung bedeutet Einsicht, die von Erziehung, kulturellem Umfeld, moralischer und religiöser Überzeugung etc. völlig unabhängig ist. Spirituelle und mystische Erlebnisse gehören in diesen Bereich.

Dieser Zugang zur Wirklichkeit ist jedoch nur wenigen Menschen möglich. Er setzt voraus, daß wir in der Lage sind, uns zumindest kurzfristig von all den kleinen und großen Lebenslügen zu lösen, die uns helfen, unser Dasein (scheinbar) erträglicher und sinnvoller zu gestalten. So tritt bei einem Neptun-Transit in der Regel nicht seine eigentliche »Wirkung« in Erscheinung, sondern ihre Kompensation, d.h. die unbewußten Mechanismen, die wir anwenden, um ebendiese Wirkung nicht zulassen zu müssen. Hierzu gehört an erster Stelle die »Betäubung der Wirklichkeit«: Dort, wo einem der Neptun-Transit eigentlich die Augen öffnen sollte, hat man einen »blinden Fleck«. Man neigt dazu, in diesem Bereich die Dinge völlig falsch einzuschätzen, sich Illusionen zu machen oder gar das Opfer von Hochstapelei und Betrug zu werden.

Eine weitere Entsprechung wären neurotische Reaktionen, die nichts anderes bedeuten, als daß teilweise ein Stück »ungefilterte Wirklichkeit« zugelassen wurde, ohne daß dies seelisch bewältigt werden könnte. So ergeben sich irrationale Ängste, die für Außenstehende oft nicht nachvollziehbar sind.

Schließlich können Neptun-Transite, wenn die Stellung des Planeten im Radix-Horoskop dies nahelegt, auf Alkohol- und Drogenmißbrauch hinweisen – hier soll der Zugang zu anderen Wirklichkeiten auf Kosten der als unangenehm empfundenen Realität erzwungen werden.

Eine letzte wesentliche Entsprechung sind schließlich

Hormonstörungen, die gleichsam den körpereigenen Drogen entsprechen. Auch hier soll »ungefilterte Wirklichkeit« übertüncht werden.
Interessanterweise ist die Zahl derjenigen, auf die Neptun-Transite (scheinbar) keinerlei Wirkung haben, erstaunlich groß. Offensichtlich ist nicht in jeder Nativität die Bereitschaft angelegt, auf derartig feinstoffliche Schwingungen zu reagieren.

Der laufende Neptun im 1. Haus

Aggressionslähmung. Betäubung der instinktiven Eigenart (= angeborene Neigungen, Antriebe und Bedürfnisse), Durchsetzungsschwäche. Phase möglicher Alkohol- und Drogengefährdung. Allgemeine Schwäche und Labilität; reduzierte Körperabwehr. Chance, eigene Triebmuster zu begreifen und gegebenenfalls zu überwinden.

Der laufende Neptun im 2. Haus

Existentielle Unsicherheit, unklare wirtschaftliche Verhältnisse. Keine glückliche Hand in finanziellen Dingen; Gefahr, das Opfer von Betrug und Hochstapelei zu werden. Unzuverlässigkeit des Partners. Tendenz zu Hormonstörungen, allgemein geschwächte Körperabwehr. Aber auch: Intuition in materiellen Dingen, der »sechste Sinn« bei Spekulationen. Kommt auf ungeklärte Weise zu Geld. Materielle Absicherung durch außergewöhnliche (grenzwissenschaftliche) Tätigkeit. Alte Formen der Existenzsicherung werden (eventuell unfreiwillig) aufgegeben.

Der laufende Neptun im 3. Haus

Angst aufzufallen, »Tarnkonstellation«. Tendenz zu Nervenlähmungen. Völlig ungeklärte Bedingungen im persönlichen Umfeld, insbesondere im Verhältnis zu

Geschwistern und Anverwandten. Kurze Seereise. Schwächung des Bewegungsapparates. Alte Muster der Selbstdarstellung lösen sich auf.

Der laufende Neptun im 4. Haus

Ungewöhnliches Privatleben; »Betrug im Heim«. Eventuell Wasserschäden in der Wohnung. Verbirgt die eigenen Gefühle vor sich und anderen. Zug ins Neurotische. Ungeklärtes Verhältnis zur Mutter. Magenprobleme; Eisenmangel (»Bleichsucht«). Alte Empfindungsmuster lösen sich auf.

Der laufende Neptun im 5. Haus

Handlungsschwäche. Verbirgt die eigenen Aktivitäten. Heimlichkeiten. Ungewöhnliche Neigungen im Sexuellen. Ungeklärtes Verhältnis zum Vater. Eventuell Herzschwäche. Intuitives Handeln. Einsicht in eigene Verhaltensmuster. Alte Formen des Gefühlsausdrucks lösen sich auf.

Der laufende Neptun im 6. Haus

Der eigene Spielraum wird neu definiert, man weigert sich, bisher üblichen Anweisungen zu gehorchen. Man stellt sich taub und reagiert nicht mehr in der gewohnten Art und Weise. Die »Reflexlähmung«. Neigung zu Hormonstörungen. Eventuell Tendenz zu Erkrankungen im Nieren- und Leberbereich (Fettleber). Erhöhte Gefahr von Lebensmittelvergiftungen. Alte Anpassungsmuster lösen sich auf.

Der laufende Neptun im 7. Haus

Sensibilisierung im Wahrnehmungsbereich. Ein neuer Zugang zur Wirklichkeit, der meist einhergeht mit Desorientierung und (intellektueller) Verwirrung. Im Begeg-

nungsbereich geht es um Abschied von allem Oberflächlichen und Vordergründigen. Echte Beziehungen erleben so eine erhebliche Intensivierung, während sich überlebte Kontakte in nichts auflösen. Ist die Angst, hinter die Fassade zu schauen, zu groß, so ergeben sich neue Kontakte, die durch Unklarheit, Schwäche, Labilität, psychische Krankheit und Illegalität gekennzeichnet sind.
Gelegentlich sind Neptun-Transite durch das 7. Haus ein Hinweis auf eine Lähmung der instinktiven Eigenart des Partners. Dies kann sich konkret in Form von erhöhter psychischer Labilität oder auch Alkoholsucht äußern.

Der laufende Neptun im 8. Haus

Auflösung alter Wertmaßstäbe. Abschied von den Prinzipien der Sippe; Befreiung von gewohnten Denkmustern. Orientierungslos, da die geistige Leitlinie fehlt. Auflösung einer Verbindung. Existenzkrise des Partners. Sehr selten: Ausbruch von Erbkrankheiten, Schädigung des Erbgutes durch Medikamente, Chemikalien oder Drogenmißbrauch. Mögliche Schädigung der Keimdrüsen.

Der laufende Neptun im 9. Haus

Auflösung bisheriger sozialer Kontakte. Unmerkliche Änderung der Weltanschauung. Ansprechbar für alles, was mit Mystik, Esoterik und Grenzwissenschaften zu tun hat. Eventuell Hang zum Spiritismus. Manchmal lange Seereise oder Reise nach Asien. Geht im sozialen Umfeld »auf Tauchstation«.

Der laufende Neptun im 10. Haus

Auflösung und Verschwimmen der bisherigen Lebensziele. Suche nach einem spirituellen Weg; Interesse an Psychologie und Heilkunde.

Der laufende Neptun im 11. Haus

Handlungslähmung im Gesellschaftlichen. Bedeutsamkeit durch Unklarheit. Auflösung der Beziehung zu den bisherigen Gesinnungsgenossen, da sich die soziale und politische Überzeugung geändert hat. Mut zur Selbständigkeit. Man gibt sich unauffällig.

Der laufende Neptun im 12. Haus

Außergewöhnlicher gesellschaftlicher Freiraum. Erwachen spiritueller Interessen und Fähigkeiten. Befreiung von materiellen Anbindungen. Wird diese verweigert, ergibt sich die Gefahr, durch das Schicksal im eigenen Handlungsspielraum massiv beschnitten zu werden. Tendenz zum Rückzug von der Außenwelt.

Pluto im Transit

Pluto benötigt für einen Umlauf um die Sonne etwa 248 Jahre, d.h., er hält sich in einem Tierkreiszeichen durchschnittlich 20⅓ Jahre auf. Pluto-Transite haben eine durchschnittliche Gültigkeit von etwa drei Jahren vor und nach ihrer Exaktheit. Die Werte können jedoch im Einzelfall deutlich darüber oder darunter liegen, da sich Pluto aufgrund seiner starken Neigung zur Ekliptikebene sehr unterschiedlich schnell bewegt.
Pluto-Transite stellen eine Verbindung zwischen dem einzelnen und der Gesellschaft her. Dies können sowohl Inhalte aus dem kollektiven Unbewußten sein, die plötzlich an die Oberfläche dringen, als auch ererbte Erfahrungen aus der Sippe, die nun individuelle Bedeutung gewinnen.
Pluto-Transite haben grundsätzlich eine karmische Entsprechung in dem Sinne, daß sie uns Themen und Aufga-

ben gegenüberstellen, die über unsere subjektiven Interessen hinausgehen. Die Aufgabe des laufenden Pluto ist es, eine archetypische Übersteigerung herbeizuführen, um so Ungeeignetes auszumerzen und Geeignetes zu stärken.
Der laufende Pluto erzwingt in seinem Zuständigkeitsbereich immer Radikaliät und Absolutheitsanspruch. Prozesse werden auf die Spitze getrieben, um so eine Veränderung oder zumindest eine Klärung herbeizuführen.
Diese Konstellation hat viel mit Macht zu tun - Macht, über die wir verfügen oder der wir ausgeliefert sind. In beiden Fällen geht es jedoch nicht um uns als Person. Vielmehr liegt der Sinn und die Ursache in der Verkörperung eines übergeordneten Prinzips, ähnlich wie ein Polizist über die Autorität und Macht der Polizei verfügt, ohne das Recht zu haben, sie für persönliche Interessen zu gebrauchen. Bei Pluto-Konstellationen geht es also um die Macht des Kollektivs oder der Gruppe, über die ein einzelner verfügt oder der er ausgeliefert ist. Ein Pluto-Transit in einem Bezug zum 10. Haus mag z. B. bedeuten, daß eine berufliche Führungsposition erreicht wird. Diese Stellung kann jedoch nur gehalten werden, wenn sie im Interesse der betroffenen Gruppe gebraucht wird. Ein Mißbrauch für subjektive Belange hätte über kurz oder lang katastrophale Folgen, u.a. den Verlust der Position und den Ausschluß aus der Gruppe. Viele der Leute, die unter einem entsprechenden Pluto-Transit in eine Machtposition kommen, begehen jedoch den Fehler, das Erreichte als ihr persönliches Verdienst zu betrachten, mit dem sie machen können, was sie wollen. Die extremste (und glücklicherweise seltene) Folge einer solchen Selbstüberschätzung ist die Psychose.
Grundsätzlich hat Pluto mit sämtlichen Urkräften zu tun. Alle Energien, die radikal, ungestüm, unkultiviert und außerpersönlich sind, haben Pluto-Charakter. Dies gilt für die gesamte Triebsphäre einschließlich der Sexualität wie

auch (in Ereignishoroskopen) für die entfesselten Naturgewalten und Massenkatastrophen. Schließlich kann der laufende Pluto verdrängte Ängste und Schuldgefühle an die Oberfläche bringen, um sie verstehbar und somit überwindbar zu machen.
Pluto-Transite haben kathartischen Charakter, sie sollen uns von angehäuftem und verdrängtem seelischen »Müll«, von überkommenen und sinnlos gewordenen Schuldgefühlen befreien. Gelegentlich weisen problematische Pluto-Transite allerdings auch darauf hin, daß es an der Zeit ist, eine alte Rechnung zu begleichen, einen Fehler auszubügeln und eine Schuld abzutragen. Sehr oft liegt die Tat zu weit zurück, als daß man sich noch an sie erinnern könnte, oder es gilt tatsächlich, »die Sünden der Väter« abzubüßen, für die man Verantwortung trägt, ohne sie begangen zu haben.
So ist die Angst vieler Menschen vor Pluto-Transiten unbegründet: Pluto hilft uns, loszuwerden, was überflüssig, wertlos oder gar zu einer unerträglichen Last geworden ist. Er stärkt das, was in uns echt und wahr ist, und gibt ihm den Platz zum Wachstum.
Pluto-Transite sind, was den Zeitpunkt und die Intensität ihrer Auslösungen angeht, schwer bestimmbar. Dies liegt an der hohen ekliptikalen Breite, die Pluto häufig hat. Die größte Intensität und Genauigkeit haben Pluto-Auslösungen um 20 Grad Steinbock und Krebs, am unzuverlässigsten wirkt Pluto um 20 Grad Widder und Waage. Mit seiner gegenwärtigen Position im Skorpion, die bis Ende 1995 andauert, nimmt Pluto also eine Zwischenstellung ein. **

Der laufende Pluto im 1. Haus

Umwälzung und Intensivierung der eigenen Triebmuster. Besonders hohes Energieniveau, das jedoch phasenweise destruktive Züge annimmt. Gesteigertes Interesse an Sexualität. Verleugnete Themen drängen ins Bewußtsein. Neigung zu Aggressivität. Stark erhöhte Attraktivität für das andere Geschlecht. Chance einer grundsätzlichen Persönlichkeitsveränderung.

Der laufende Pluto im 2. Haus

Grundsätzliche Veränderung in der Existenzsicherung. Instinktiver Schutz durch das Festhalten an Prinzipien. Besondere Partnerbindung. Physische Attraktivität. Manchmal Hinweise auf eine Erbschaft. Tendenz zu Drüsenerkrankungen.

Der laufende Pluto im 3. Haus

Tritt mit »verliehener Autorität« auf, stellt sich beeindrukkend dar. Tritt durch Rede und Schrift in Erscheinung oder ist bestrebt, dies zu tun. Veränderungen in der Umgebung.
Gelegentlich Hinweis auf einen Todesfall im persönlichen Umfeld.

Der laufende Pluto im 4. Haus

Zeit seelischer Umwälzungen. Alte, verdrängte Ängste tauchen wieder auf, Dinge, die als längst abgeschlossen galten. Aber auch: Freisetzung außergewöhnlicher seelischer Kräfte; extreme Handlungsmotivation. (Seelische) Erkrankung eines Familienmitglieds. Veränderung im Verhältnis zur Mutter. Suche nach der seelischen Heimat.

Der laufende Pluto im 5. Haus

Grundsätzliche Verhaltensänderung. Die gesamte Lebensführung wird umgekrempelt. Großer Ehrgeiz in dieser

Lebensphase. Will Karriere machen. Sehnsucht nach Macht. Um weiterzukommen, bereit, große Risiken einzugehen. Durch das eigene Verhalten gelegentlich Konfrontation mit dem Tod. Freiwillige oder unfreiwillige Auseinandersetzung mit Sexualität und Gewalt. Transformation des eigenen Gefühlsausdrucks. Veränderung im Verhältnis zum Vater. Tendenz zu Erkrankungen der Geschlechtsorgane.

Der laufende Pluto im 6. Haus

Veränderung im Anpassungsverhalten. Außergewöhnliche Leistungsfähigkeit für ein übergeordnetes Ziel. Steckt eigene Interessen und Bedürfnisse zurück. Unbewußter Wunsch nach autoritärer Führung. Falls andere Aspekte im Radix-Horoskop dies bestätigen, erhöhte Neigung zur Tumorbildung sowie zu Erkrankungen des Dickdarms.

Der laufende Pluto im 7. Haus

Charismatische Ausstrahlung, Affinität zu aggressiven Partnern. Prinzipienorientierter bis dogmatischer Wirklichkeitszugang. Manchmal Hinweis auf den Tod eines (früheren) Partners.

Der laufende Pluto im 8. Haus

Klärungsphase, in der Unwichtiges und Überlebtes »ausgemistet« wird. Intensivierung und Vertiefung geistiger Bindungen. Betonung des Prinzipiellen, was bis hin zum Dogmatischen gehen kann.

Der laufende Pluto im 9. Haus

Grundsätzliche Veränderung der persönlichen Weltsicht. Tendenz, die eigenen Einsichten missionieren zu wollen. Hinweis auf Autorität und Macht im sozialen Umfeld. Es besteht die Gefahr, die eigene Bedeutsamkeit erheblich zu überschätzen.

Der laufende Pluto im 10. Haus

Hinweis, sich mit alten Schuldgefühlen auseinandersetzen zu müssen. Bisherige Zielvorstellungen müssen aufgegeben und durch andere ersetzt werden. Ist der Willkür von Vorgesetzten und Behörden ausgeliefert.

Der laufende Pluto im 11. Haus

Ist zwischen widersprüchlichen Grundsätzen hin und her gerissen. Steht unter Spannung. Umbruch in den eigenen Wertvorstellungen, Zusammenbruch der Ideologie. Eventuell Schädigung des Erbgutes durch Strahlung. Eine gesellschaftliche Machtposition wird erreicht bzw. kann erreicht werden. Bei verletzter Radixposition: Verlust einer Führungsposition, ist der Macht anderer ausgeliefert.

Der laufende Pluto im 12. Haus

Erhöhte Infektionsgefahr, besonders durch Geschlechtskrankheiten. Auflösung alter Prinzipien. Affinität zum Spiritismus. Orientierungslosigkeit. Bei verletzter Radixposition: Gefährdung des gesellschaftlichen Freiraums, psychische Labilität, unrealistische Vorstellungen. Unangreifbarer Gewalt ausgeliefert. Im Extremfall Inhaftierung, Eingesperrtsein.

Beispielhoroskop zur astrologischen Prognose **

Wir wollen nun die astrologische Prognose in der Praxis üben und die Richtigkeit unserer Aussagen überprüfen. Wir wählen hierzu folgendes Horoskop: Die im Außenkreis eingezeichneten Planeten sind die Transite. Jupiter befindet sich also im 1., Saturn im 12., Uranus im 1., Neptun im 2. und Pluto im 12. Haus.

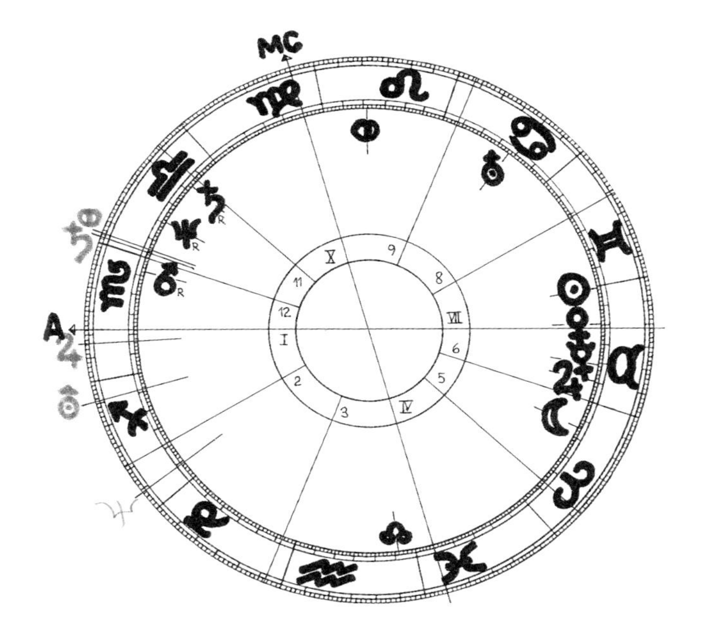

Um wenigstens allgemeine Aussagen machen zu können, müssen wir uns einen grundsätzlichen Überblick über den Stellenwert der Radix-Planeten verschaffen. Sie erinnern sich: Ein laufender Planet kann nur Ereignisse und Entsprechungen auslösen, die bereits durch seine Stellung im Grundhoroskop angezeigt sind. Je genauer wir das Radix-Horoskop untersuchen, um so exaktere Prognosen sind möglich. Wir wollen uns hier mit der allgemeinen Unterscheidung »verletzt« – »unverletzt« zufriedengeben; d.h. wir berücksichtigen, ob unser Transitplanet im Radix-Horoskop harmonische oder disharmonische Aspekte aufweist. Diese Verallgemeinerung ist zulässig, solange wir uns über die sich hieraus ergebenden Aussagegrenzen im klaren sind. Die Deutungstexte wurden wörtlich aus dem Prognoseteil übernommen.

Der laufende Jupiter im 1. Haus

Erfolgreiches Durchsetzen von Eigeninteressen. Kann anderen nützen. Kommt zum Zuge. Persönliche Eigenheiten werden honoriert. Hohes Energiepotential. Hinweis auf Protektion durch Partner. Erfolg des Partners. Auch: Ist egoistisch, nimmt eigene Bedürfnisse und sich selbst zu wichtig. Gefahr, sich arrogant zu geben. Bei verletzter Jupiter-Stellung im Radix-Horoskop: *Überheblichkeit, Verlust von gesellschaftlichem Freiraum, der Entzug persönlicher Vorteile, Verlust von Amt und Würden bzw. (unfreiwillige) Aufgabe einer Führungsposition; neigt zu ungerechtem Urteil; cholerische Komponente.*

Der laufende Saturn im 12. Haus

Chance, sich von sinnentleerten Konventionen und der Überbewertung des Formalen zu befreien. Aufforderung, sich mit dem tieferen Sinn der Dinge zu beschäftigen. Oft Auseinandersetzung mit spirituellen Themen, mit Esoterik und vor allem mit Psychologie. Man möchte Inhalte, Wesentliches begreifen und sich von allem überflüssigen Ballast befreien. Häufig Beschäftigung mit gesellschaftlichen Randgruppen, z.B. Nichtseßhaften und Behinder-

ten. Aber auch Gefahr, sich über sinnvolle Konventionen zu erheben, da man ihre »Bedeutungslosigkeit« begriffen zu haben glaubt; dann *häufig Auseinandersetzungen mit Behörden* (und sei es nur durch Bußgeldbescheid in gehäuftem Maße!); *im Extremfall auch Rechtsbrüche, die zu einer Inhaftierung führen.* Bei verletzter Saturn-Stellung im Radix-Horoskop und wenn andere Konstellationen ebenfalls darauf hinweisen, möglicherweise ernsthafte psychische Krise, die mit dem Verlust der Orientierungsfähigkeit im konkreten Leben einhergeht. Manchmal Notwendigkeit einer Behandlung in psychiatrischer Klinik.
In ausgesprochen seltenen Fällen kommt es zu einem spirituellen Erwachen, das einen Rückzug aus der äußeren Welt mit sich bringt.

Der laufende Uranus im 1. Haus

Hinweis auf gegensätzliche Bedürfnisse. Das, was an instinktiver Eigenart durchgesetzt werden soll, ist widersprüchlich oder plötzlichen Veränderungen ausgesetzt. So ist man in diesem Zeitraum häufig sprunghaft, aufbrausend und reizbar; dies bringt die Tendenz körperlicher Gefährdung mit sich: *Man begeht »sinnlose« Übersprungshandlungen.* Durch die fehlende Eindeutigkeit im Instinktiven reduzierte psychische und physische Abwehrkräfte. Oft erhöhte sexuelle Ansprechbarkeit.
Insbesondere bei Frauen mit entsprechender Disposition gelegentlich die Gefahr, das Opfer von Übergriffen zu werden.

Der laufende Neptun im 2. Haus

Existentielle Unsicherheit, unklare wirtschaftliche Verhältnisse. Keine glückliche Hand in finanziellen Dingen: Gefahr, das Opfer von Betrug und Hochstapelei zu werden. Unzuverlässigkeit des Partners. Tendenz zu Hormonstörungen, allgemein geschwächte Körperabwehr. Aber auch: Intuition in materiellen Dingen, der »sechste Sinn« bei Spekulationen. Kommt auf ungeklärte Weise zu Geld. Materielle Absicherung durch außergewöhnliche (grenzwissenschaftliche) Tätigkeit. *Alte Formen der Existenzsicherung werden (eventuell unfreiwillig) aufgegeben.*

Der laufende Pluto im 12. Haus

Erhöhte Infektionsgefahr, besonders durch Geschlechtskrankheiten. Auflösung alter Prinzipien. Affinität zum Spiritismus. Orientierungslosigkeit. Bei verletzter Radixposition: *Gefährdung des gesellschaftlichen Freiraums, psychische Labilität, unrealistische Vorstellungen. Unangreifbarer Gewalt ausgeliefert. Im Extremfall Inhaftierung, Eingesperrtsein.*

Es handelt sich hier um das Horoskop des RAF-Terroristen Christian Klar und die Transite zum Zeitpunkt seiner Festnahme.
Christian Klar war als Jogger getarnt auf dem Weg zu einem im Wald versteckten Waffenlager. Dieses Depot war der Polizei schon seit langem bekannt und wurde ständig überwacht. Da wenige Tage zuvor Brigitte Mohnhaupt und Adelheid Schulz in einer Waldschonung festgenommen worden waren, konnte kaum noch mit dem Auftauchen eines RAF-Mitgliedes gerechnet werden.
Daß der für seine Intelligenz bekannte Klar dennoch in die Falle ging, kann auf seinen angegriffenen psychischen Zustand und die damit verbundene Tendenz zu Übersprungshandlungen (Uranus in 1) zurückgeführt werden.
Die Festnahme und ihre psychologischen Ursachen spiegeln sich in überzeugender Weise in den übrigen Konstellationen wider.
Dennoch kann es bei einer derartigen Prognose nicht um

die billige Vorhersage konkreter Ereignisse gehen; denn diese Konstellationen bestanden auch schon Wochen und Monate vor Klars Festnahme.
Die Untersuchung von Transiten in den Häusern kann jedoch helfen, die Inhalte von Ereignissen zu begreifen – die Ereignisse selbst sind in ihrer konkreten Form weder maßgeblich noch zwingend. D.h., Klars Festnahme mag in dieser Zeitphase aus astrologischer Sicht wahrscheinlich gewesen sein, unvermeidbar war sie nicht. Man lese sich nur einmal die nicht hervorgehobenen Abschnitte der angeführten Konstellationen durch, auch diese lagen durchaus im Verwirklichungsrahmen.

Abschließend sei der geneigte Leser noch einmal um besondere Vorsicht im Umgang mit Deutung und Prognose gebeten. Gerade erzielte »Treffer« beinhalten die Aufforderung zu größter Zurückhaltung, was die Vorhersage von Ereignissen angeht. Denn auch eine richtige Prognose vermag beim Klienten erheblichen seelischen Schaden anzurichten, eine falsche Vorhersage kann einen Menschen für Jahre in Angst und Schrecken versetzen.
Sie sollten bedenken, daß sich derjenige, der Sie ernsthaft um Rat ersucht, immer in einer schwächeren Position befindet. Er hat ein Problem und er traut Ihnen eine angemessene Beurteilung zu, hält Sie damit in der ihn betreffenden Frage für überlegen. Für Menschen mit unbefriedigtem Geltungsdrang eine willkommene Gelegenheit sich am Ausgeliefert-Sein des Ratsuchenden zu weiden.
Die moralische Verantwortung (und die karmischen Konsequenzen) für die Folgen seelischer Übergriffe trägt derjenige, der sie begeht.

Anhang A: In der Transpersonalen Astrologie verwendete Methoden und Begriffe

Aspekte: Konjunktion, Opposition, Quadrat, Halbquadrat, Anderthalbquadrat, Sextil, Bilin, in Sonderfällen auch Quinkunx und Quintil.

Halbsummen siehe Anhang B.

Hauptherrscher: Die Hauptherrscher der Tierkreiszeichen sind: Widder = Mars, Stier = Venus, Zwillinge = Merkur, Krebs = Mond, Löwe = Sonne, Jungfrau = Merkur, Waage = Venus, Skorpion = Pluto, Schütze = Jupiter, Steinbock = Saturn, Wassermann = Uranus, Fische = Neptun.

Häuseraspekte: Aspekte, die sich ergeben, wenn man die Häuser gleich groß und die Ekliptik verzerrt darstellt und die Ekliptikgrade der Planeten in Häusergrade umwandelt. So bilden z. B. Planeten, von denen der eine sich in der Mitte des 1., der andere sich in der Mitte des 4. Hauses befindet, ein Häuserquadrat unabhängig von ihrer Stellung im Tierkreis.

Häuserherrscher: Der Planet, der das Tierkreiszeichen beherrscht, in dem sich eine bestimmte Hausspitze befindet. Befindet sich die Spitze des 2. Hauses z. B. in den Zwillingen, so ist Merkur der Herrscher von Haus 2.

Häusersystem: In der Transpersonalen Astrologie werden ausschließlich die Placidus-Häuser verwandt.

Kritische Grade: In der Regel der Bereich von Zeichenübergängen (29,5–0,5 Grad) und Zeichenmitten (14,5–15,5 Grad). In der Praxis haben sich noch eine Vielzahl anderer kritischer Grade nachweisen lassen, die in ihren »Wirkungen« konkreten Planetenverbindungen entsprechen. Zur Bedeutung und Herleitung der kritischen Grade, die in der beschriebenen Form ausschließlich auf Forschungen des Autors zurückgehen, siehe Michael Roscher, »Der Mond, Astrologisch-psychologische Entwicklungszyklen. Eine Einführung in die Transpersonale Astrologie«, München 1986.

Kybernetisches Modell: Ein in der Transpersonalen Astrologie angewandtes Verfahren, um die Dynamik zwischen einzelnen Planetenenergien darzustellen. Siehe auch das Kapitel »Das kybernetische Modell«.

Mitherrscher: Mitherrscher ergeben sich dann, wenn ein Tierkreiszeichen vollständig von einem Haus eingeschlossen ist. Also z.B., wenn der Aszendent in den Fischen liegt und die Spitze des 2. Hauses im Stier beginnt. Mitherrscher des Aszendenten wäre in diesem Fall Mars, da der Widder eingeschlossen ist. Der Mitherrscher ist in nahezu allen Fällen dem Nebenherrscher (in diesem Fall Pluto) übergeordnet.

Mundanaspekte: Winkelverhältnisse von Planeten, die nicht auf der Ekliptik gemessen werden, sondern sich aus den aktuellen Tages- und Nachtbögen der Planeten ergeben. Sie sind von außerordentlicher Bedeutung und Tragweite; eine vereinfachte Variante stellen die Häuseraspekte dar.

Nebenherrscher: Die Nebenherrscher der Tierkreiszeichen sind: Widder = Pluto, Skorpion = Mars, Schütze = Neptun, Steinbock = Uranus, Wassermann = Saturn, Fische = Jupiter. Die Tierkreiszeichen Stier, Zwillinge, Krebs, Löwe, Jungfrau, Waage besitzen keine Nebenherrscher.

Potenzierte Konstellationen: Ein Fachbegriff der Transpersonalen Astrologie. Gemeint sind primär Hauspositionen von Planeten, die neben ihren »normalen« Entsprechungen noch andere Aspekte repräsentieren. So entspricht z.B. der Herrscher von Haus 1 in Haus 8 einer höheren Schwingungsebene von Mars/Pluto: Das 1. Haus entspricht Mars, das 8. Pluto. Bedeutung und Herleitung der »potenzierten Konstellationen« siehe Michael Roscher »Venus und Mars«, Droemer Knaur, München 1988.

Spiegelpunkt siehe Anhang B.

Anhang B: Verzeichnis einiger astrologischer Fachausdrücke

Applikation: Wenn ein schnellerer Planet sich einem langsamen Planeten (oder einem Aspekt zu ihm) nähert, so befindet er sich in Applikation. Gegenteil: Separation.

Äquinoktium: Tag- und Nachtgleiche im Frühjahr und Herbst. Schnittpunkt von Äquator und Ekliptik.

Aspekte: Bestimmte auf der Ekliptik gemessene Winkel zwischen Planeten.

Aszendent: Der am Osthorizont aufsteigende Punkt der Ekliptik (= Spitze des 1. Hauses). Er teilt das Horoskop in eine südliche (obere) und eine nördliche (untere) Hälfte.

Bewegliche Zeichen: Zwillinge, Jungfrau, Schütze und Fische.

Deszendent: Der am westlichen Horizont absteigende Punkt der Ekliptik (= die Spitze des 7. Hauses).

Ekliptik: Die Bahn, welche die Erde innerhalb eines Jahres um die Sonne beschreibt, bzw. die scheinbare Sonnenbahn. Auf ihr werden normalerweise die Planetenpositionen gemessen.
Durch die Unterteilung in zwölf gleich große Abschnitte ergibt sich der Tierkreis.

Elevation: Die Höhe eines Gestirnes über dem Horizont. Der Planet, welcher den geringsten Abstand zum Medium Coeli oder den größten Abstand zum Aszendenten aufweist, wird als in Elevation befindlich bezeichnet.

Fixe Zeichen: Stier, Löwe, Skorpion und Wassermann.

Frühlingspunkt: Der Schnittpunkt von Ekliptik und Himmelsäquator, der mit null Grad Widder zusammenfällt; der gegenüberliegende Punkt (null Grad Waage) heißt Herbstpunkt.

Geozentrisch: Auf den Erdmittelpunkt bezogen.

Häuser: Die Drittelung der durch die Achsen Aszendent/Deszendent und Medium Coeli/Imum Coeli gebildeten Quadranten nach astronomisch-astrologischen Gesichtspunkten. Für die Transpersonale Astrologie sind ausschließlich Häuserberechnungen noch der Manier des Placidus de Titis maßgeblich.

Halbsumme: Die Mitte von zwei Planeten und/oder Häuserspitzen. Befindet sich z. B. ein Planet auf 10 Grad Stier, ein anderer auf 20 Grad Zwillinge, so liegt die Halbsumme bei null Grad Zwillinge. Schreibweise: A/B = C, also z. B. Ma/Pl = Sa (Saturn steht in der Halbsumme von Mars und Pluto).

Hausspitze: Der Anfang eines Hauses (Zählrichtung gegen den Uhrzeigersinn).

Heliozentrisch: Auf die Mitte der Sonne bezogen.

Herbstpunkt: siehe Frühlingspunkt.

Horoskop: Die Aufzeichnung von auf einen bestimmten Ort bezogenen Planeten- und Hauspositionen zu einem bestimmten Ereignis (meist die Geburt eines Menschen).

Imum Coeli (I. C.): Himmelstiefe, Spitze des 4. Hauses, liegt dem Medium Coeli gegenüber.

Indirekte Halbsumme: Halbsumme, zu der ein oder mehrere Planeten im Aspekt (Quadrat, Halbquadrat, Anderthalbquadrat) stehen.

Kardinalzeichen: Widder, Krebs, Waage und Steinbock.

Konstellation: Stellung der Gestirne zueinander, Stand von Planeten zu einem bestimmten Zeitpunkt.

Kulmination: Gipfelpunkt. Ein Planet kulminiert, wenn er das M.C. durchläuft; d.h., er erreicht in diesem Augenblick seine höchste Position über dem Horizont.

Kulminierender Punkt (K. P.): Medium Coeli.

Medium Coeli (M. C.): Die Himmelsmitte; der Ekliptikpunkt, der in seinem Tageslauf den höchsten Punkt über dem Horizont erreicht hat. Der Schnittpunkt zwischen Meridian und Ekliptik. Das M.C. ist identisch mit der Spitze des 10. Hauses.

Meridian: Geographischer Längengrad, Halbkreis zwischen Nord- und Südpol.

Metagnose: Astrologische Untersuchung zurückliegender Ereignisse.

Nativer: Der Horoskopeigner.

Nativität: Das Horoskop.

Orbis: Umkreis, in dem ein Aspekt noch Gültigkeit hat. Der Orbis ist sowohl von der Art des Aspektes als auch von den beteiligten Planeten abhängig. Vereinfachend kann man für Aspekte einen Orbis von 7 Grad in beiden Richtungen zugrunde legen, bei Halbsummen beträgt dieser maximal 2,5 Grad.

Plaktischer Aspekt: Ungenauer Aspekt.

Präzession: Die Bewegung der Erdachse in ca. 25 800 Jahren um den Pol der Ekliptik.

Prognose: Vorhersage zukünftiger Entwicklungen.

Radix-Horoskop: Das Grund- oder Geburtshoroskop.

Retrograd: Scheinbare Rückläufigkeit eines Planeten.

Separation: siehe Applikation.

Siderischer Tag: Sternentag; die Zeit, welche die Erde für eine exakte Drehung um sich selbst benötigt.

Spiegelpunkt: Auch Gegenantiszie genannt; die gleiche Länge zweier Planeten in bezug auf ein Äquinoktium. Rechnerisch ergibt sich dies, wenn zwei Planeten gleich weit in entgegengesetzter Richtung von der Widder/Waage-Achse entfernt sind. Beispiel: Ein Planet in 12 Grad Widder läßt sich auf 18 Grad Fische spiegeln. Theoretisch dürfte nur die direkte Besetzung eines Spiegelpunktes von Bedeutung sein, in der Praxis haben sich jedoch auch die Aspekte (Opposition, Quadrat) als wirksam erwiesen. Neben der Gegenantiszie gibt es auch die Antiszie, bei der über die Krebs/Steinbock-Achse gespiegelt wird.

I-Quadrat: Opposition zwischen zwei Planeten, die beide zu einem dritten ein Quadrat bilden.

Zodiak(us): Tierkreis.

Anhang C: Literaturüberblick

Die folgenden, nach Kapiteln geordneten Literaturhinweise sollen vor allem den Anfänger bei der Auswahl astrologischer Literatur helfen. Es ist unmöglich, hier auch nur näherungsweise Vollständigkeit zu erreichen. Bei der Zusammenstellung dieser Literaturhinweise mußte ich deswegen notwendigerweise selektiv vorgehen. Auch möchte ich ausdrücklich betonen, daß die Beurteilung der genannten Bücher lediglich *meine persönliche Meinung* darstellt und es nicht darum geht, irgendwelche Autoren zu diskreditieren oder zu bevorzugen. Gerade in dieser Hinsicht habe ich mich um Fairneß und Sachlichkeit bemüht.

Teil I: Allgemeines

Knappich, Wilhelm: *Geschichte der Astrologie,* Frankfurt 1967. - In diesem Werk wird die Entwicklung der Astrologie von ihren mesopotamischen Ursprüngen bis hin zum 20. Jahrhundert beschrieben. Das Buch ist mit großer Sachkenntnis und Sorgfalt geschrieben. Es kann ohne Einschränkung empfohlen werden.

Ring, Thomas, *Astrologie ohne Aberglauben,* Düsseldorf und Wien 1972. - Neben der geschichtlichen Entwicklung geht der Autor auch auf psychologische, philosophische und wissenschaftliche Fragestellungen ein. Dieses Buch ist im Gegensatz zu manch anderer Veröffentlichung Rings eingängig und anschaulich geschrieben. Es ist leider vergriffen, müßte also gegebenenfalls über die Fernleihe bestellt werden.

Teil II: Grundlagen

Paris, Ernst-Günter, *Der Schlüssel zum Horoskop,* Band 1 und 2, Waakirchen 1977. - Stichwortartig und leichtverständlich werden die Grundlagen der klassischen Astrologie beschrieben. Diese Bände genügen einer ersten Orientierung, bleiben jedoch oft zu sehr an der Oberfläche. Die Darstellung astronomischer Verhältnisse, Band 1, S. 14, besteht eigentlich nur aus Fehlern.

Klöckler, H. von, *Kursus der Astrologie,* Band 1, 2 und 3, Freiburg im Breisgau 1981. - Eine der ältesten und bekanntesten seriösen Einführungen. Es werden ausführlich die verschiedenen astrologischen Theorien und Techniken diskutiert. Für eine allgemeine Orientierung in Grundlagen, Berechnung und Deutung eingeschränkt empfehlenswert. Es ist eines der wenigen Werke, in denen die Berechnung der Placidus-Häuser ausführlich beschrieben wird (Band 1). Allerdings dürfte die Darstellung einen Leser ohne gründliche mathematische Kenntnisse zunächst überfordern.

Lang, Walter, *Die Astrologie im heutigen Weltbild,* Heidelberg 1986. - Wie Klöckler, so ist auch Lang ein Vertreter der naturwissenschaftlich orientierten Richtung, im Gegensatz zu diesem bleibt Lang allerdings konsequent und verwickelt sich nicht in Widersprüche zwischen wissenschaftlichem Anspruch und fragwürdiger Deutung. Das Werk setzt sich sehr anspruchsvoll mit den astrologischen Grundlagen auseinander und beschreibt ausführlich wissenschaftliche Experimente, die einen Zusammenhang zwischen Gestirnkonstellationen und irdischen Ereignissen belegen.

Niehenke, Peter, *Kritische Astrologie,* Freiburg 1987. - Niehenkes Buch hat Anspruch und Niveau einer wissenschaftlichen Arbeit. Ausführlich werden die Ergebnisse der Gauquelins sowie die einer eigenen Untersuchung beschrieben. Diese Arbeit dürfte für alle interessant sein, die sich neben Astrologie auch für Wissenschaftstheorie und Statistik interessieren.

Teil III: Horoskopberechnung

Ephemeriden: Prinzipiell können Sie jede Ephemeride verwenden. Die Unterschiede in Berechnung und Aufbereitung sind für den Anfänger unerheblich. Für den Fortgeschrittenen sind allerdings nicht alle Ephemeriden gleichwertig. Exemplarisch sollen die Vor- und Nachteile zweier bekannter Ephemeriden dargestellt werden:

1) Michelsen, Neil F., *The American Ephemeris,* San Diego, California, 1980. - Mitternachtsephemeride, die die *scheinbaren* Planetenpositionen berücksichtigt; d.h., die Zeit, welche das Licht des Planeten benötigt, um die Erde zu erreichen, wird mit einbezogen. Gültiger Zeitraum: 1900 bis 2000. *Vorteile:* Die Positionen von Sonne und Mond sind bogensekundengenau berechnet, beim Mond sind zusätzlich zu den Mitternachtsangaben die Mittagsstände angegeben. Dies ermöglicht die exakte Berechnung von Solaren und Lunaren. Die übrigen Planetenstände sind auf die Zehntelbogenminute genau angegeben, was für die normale Praxis völlig ausreicht. *Nachteile:* Die Deklinationsangaben fehlen, d.h., es können keine Parallelen und keine Primärdirektionen berechnet werden. Es gibt keine Interpolationstabellen für die Planetenpositionen, keine Tabellen für die Sommerzeiten sowie keine Tabellen mit den Längen- und Breitenangaben der wichtigsten Städte.

2) Metz, Wolf, *Europa Ephemeride,* 1900-1950 und 1950-2005, 2 Bände, Zürich 1981. - Mitternachtsephemeride, legt die *wahre* Planetenposition zugrunde. *Vorteile:* Es sind, wenn auch im dreitä-

gigem Abstand, die Deklinationen angegeben. Es finden sich umfangreiche Tabellen der Sommerzeiten. Tabellen zur Feststellung der Sommerzeiten und Zeitzonen sind vorhanden. Es gibt Tabellen Interpolation der Planetenpositionen. *Nachteile:* Bei den technischen Angaben zur Ephemeride fehlen die notwendigen Erläuterungen. Es wird mit der wahren Planetenposition gerechnet, dem für die Astrologie weniger relevanten Wert. Die Angaben für Sonne und Mond sind lediglich auf Zehntelbogenminuten genau, so daß die Berechnung von Solaren und Lunaren nicht sinnvoll möglich ist.

Knappich, Wilhelm, »Die Entwicklung der Horoskoptechnik vom Altertum bis zur Gegenwart«, *Qualität der Zeit,* 38/39. Nummer 1978, Wien. – Der Wert dieses Werkes kann kaum überschätzt werden. Erstmalig werden die rechnerischen Grundlagen aller bekannten Häuser- und Prognosesysteme ausführlich dargestellt. Mathematische Grundkenntnisse werden vorausgesetzt.

Filbey, John und Peter, *Astronomie für Astrologen* Zürich 1986. – Eine leichtverständliche Einführung in die astronomischen Grundlagen der Astrologie. Hauptmanko ist das unverzeihliche Fehlen einer ausführlichen Häuserdarstellung. Hinzu kommt die ausgesprochen schlampige und fehlerhafte Übersetzung – »latitude« heißt z. B. auf deutsch »Breite« und nicht »Länge«. Dies allerdings erschwert das Verständnis nicht nur dem Anfänger. Die Grafiken wurden gleich mit englischen Bezeichnungen und Kommentaren belassen, so daß hier wenigstens keine neuen Übersetzungsfehler hinzukommen konnten ... Dieses Buch kann deshalb nur aufgrund mangelnder Alternativen empfohlen werden.

Kühr, Erich Carl, *Berechnung der Ereigniszeiten,* Wien und München 1951. – Dieses Werk beschäftigt sich hauptsächlich mit der Berechnung der Primärdirektionen. In den ersten Kapiteln werden jedoch mit bisher unerreichter Klarheit und Ausführlichkeit die astronomischen Grundlagen der Astrologie sowie die Berechnung eines Horoskops beschrieben. Der interessierte Leser kann sich das leider vergriffene Buch z. B. über die Fernleihe zugänglich machen.

Teil IV: Horoskopdeutung

Döbereiner, Wolfgang, *Astrologisch-homöopathische Erfahrungsbilder zur Diagnose und Therapie von Erkrankungen,* Band 1, München 1982. – Eine der besten deutschsprachigen Deutungshilfen. Vom Gebrauch der angegebenen homöopathischen Mittel ist jedoch m. E. abzuraten. Der 2. Band kann nur eingefleischten Anhängern der von Döbereiner begründeten »Münchner Rhythmenlehre« empfohlen werden.

Döbereiner, Wolfgang, *Astrologisches Lehr- und Übungsbuch,* Band 1–6, München 1978–1987. – Hier handelt es sich um Tonbandaufzeichnungen eines Abendkurses, die nahezu unverändert schriftlich fixiert wurden. Eines der wenigen Werke, in denen der Leser die Möglichkeit erhält, sich mit einem in sich geschlossenen Deutungssystem vertraut zu machen. Die unsystematische Darstellung, die zahlreichen Wiederholungen und die permanenten, abrupten Themenwechsel sind allerdings nicht jedermanns Sache. Ein Muß für alle Anhänger der »Münchner Rhythmenlehre«.

Ebertin, Reinhold, *Kombination der Gestirneinflüsse,* Freiburg 1983. – Das Quellenwerk für die Arbeit mit Halbsummen.

Green, Jeff, *Pluto,* München 1988. – Wie der Titel bereits sagt, werden hier die einzelnen Pluto-Konstellationen behandelt. Für mich repräsentiert dieses Buch den zeitgenössischen Stil angloamerikanischer Autoren im negativen Sinne: Der Autor redet sehr viel über jede einzelne Konstellation (Umfang immerhin 435 Seiten!), ohne jedoch etwas zu sagen. Schwülstiger Ausdruck und sentimentales Pathos mögen Geschmackssache sein, das Horoskop Jesus von Nazareths unkommentiert abzudrucken, von dem bekanntlich noch nicht einmal das Geburtsjahr mit Sicherheit feststeht, ist allerdings frech. Die meisten übrigen Horoskope haben als Quelle Marc Penfield, von dem sich in Insiderkreisen längst herumgesprochen hat, daß die Mehrzahl seiner Horoskopangaben falsch ist. Ich halte dieses Buch für eine Zumutung.

Greene, Liz, *Kosmos und Seele,* Frankfurt a. M. 1978. – Dieses Werk ist – wie alle Arbeiten Liz Greenes – von ihrem Verständnis der Tiefenpsychologie geprägt, das sich vornehmlich auf C.G. Jung bezieht. Zudem besitzt sie fundierte mythologische Kenntnisse. Eine anspruchsvolle Einführung in die Horoskopdeutung.

Kühr, Erich Carl, *Psychologische Horoskopdeutung,* Wien 1948. – Das umfangreiche zweibändige Buch Kührs kann als sein Lebenswerk betrachtet werden. Neben seinen eigenen psychologischen Theorien enthält es nahezu das gesamte Wissen der klassischen Astrologie. Sehr zu Unrecht ist diese Arbeit in Vergessenheit geraten und nur noch antiquarisch oder über die Fernleihe erhältlich.

Mertz, B. A., *Das Horoskop, seine Deutung und Bedeutung,* Freiburg 1984. – Mertz zeichnet sich in fast allen seinen Werken durch einen anschaulichen, leichtverständlichen und didaktisch guten Stil aus. Er ist ein guter Kenner der klassischen Astrologie, die er vor allem dem Anfänger nahezubringen sucht. Anzumerken ist, daß Mertz der einzige bekannte Astrologe ist, der noch mit der äqualen Häusermanier arbeitet.

Meyer, Hermann, *Astrologie und Psychologie,* München 1981. – Meyer bringt die Gedankengänge Döbereiners in eingängiger und gut strukturierter Form. Dies macht das Buch besonders für Anfänger geeignet. Allerdings geht die Anschaulichkeit in der Darstellung oft auf Kosten der doch wesentlich komplexeren Wirklichkeit.

Sasportas, Howard, *Astrologische Häuser und Aszendenten,* München 1987. – Der Titel trügt ein wenig: Vornehmlich werden die Planetenpositionen in den Häusern behandelt. Zweifellos handelt es sich hier um den wichtigsten Einzelfaktor in der Deutung. Sasportas beschreibt die einzelnen Konstellationen einfühlsam, psychologisch fundiert und teilnahmsvoll. Trotz des unterhaltsamen Stils ein relativ anspruchsvolles Buch.

Schäfer, Thomas, *Astrologische Charakterskizzen,* München 1988. – Eine Verbindung von Biographie und Horoskopdeutung. Zehn bekannte Persönlichkeiten werden auf diese Weise untersucht. Schäfer bleibt hier ganz auf dem Boden der klassischen Astrologie, wobei er sich in der Deutung vor allem an die von Klöckler vorgeschlagene Vorgehensweise hält. So bleiben z. B. die Häuserherrscher völlig unberücksichtigt. Vor allem für den Anfänger zum Einstieg in die Deutung geeignet.

Teil V: Prognose

Arroyo, Stephen, *Astrologie, Karma und Transformation,* München 1980. – Wie die meisten anderen angloamerikanischen Autoren neigt auch Arroyo ein wenig zum »Psychologisieren«, wodurch gelegentliche inhaltliche Schwächen als Tiefgründigkeit kaschiert werden. Arroyo verwendet weder im Radix-Horoskop noch in der Prognose die Häuserherrscher, was in meinen Augen ein Mangel ist. Störend ist die recht unsystematische Darstellung, die gerade dem Anfänger den Zugang zu diesem an sich leichtverständlichen Werk erschwert. Positiv anzumerken ist, daß Arroyo allen »Kochrezepten« aus dem Wege geht. Behandelt werden die »Chancen schwieriger Aspekte«, wobei vornehmlich auf Saturn, Uranus, Neptun und Pluto eingegangen wird. Muß als ein Standardwerk der zeitgenössischen Astrologie betrachtet werden.

Kündig, Heinrich, *Astrologische Prognose,* Zürich 1955. – In diesem Buch wird ausführlich auf die Konstruktion der von Kündig vertretenen Primärdirektionen eingegangen. Als notwendige Voraussetzung werden die astronomischen Grundlagen der Astrologie beschrieben. Da die Darstellung didaktisch ein wenig unglücklich ist, eignet sich dieses Buch vornehmlich für Fortgeschrittene.

Nachwort

Es kann nicht ausbleiben, daß ein Buch von diesem Umfang auch Fehler aufweist. Bei den zu den Hauspositionen der einzelnen Planeten angegebenen bekannten Persönlichkeiten wird die eine oder andere Angabe nicht stimmen. Dies liegt vor allem daran, daß in einigen Fällen mehrere voneinander abweichende Geburtszeitangaben existieren.

Ziel dieses Buches ist es, dem Anfänger einen fundierten Einstieg in die Astrologie zu ermöglichen. Wenn Sie Fehler entdeckten oder Ihnen die eine oder andere Erklärung unverständlich blieb, würde ich mich freuen, wenn Sie mir kurz schreiben. Sie helfen damit, das Buch für spätere Auflagen zu verbessern.

Falls Sie einen Computerausdruck des Horoskops einer in diesem Buch angegebenen Persönlichkeit wünschen, senden Sie mir bitte einen frankierten Rückumschlag, dem DM 8,- in Briefmarken oder als Scheck beiliegen.

Wenn Sie sich für Horoskopberechnungen oder -beratungen, für Kurse oder für die Ausbildung zum Berufsastrologen interessieren, wenden Sie sich bitte an folgende Adresse:

Michael Roscher
Schule für Transpersonale Astrologie
Postfach 3446
5010 Bergheim

Bitte legen Sie Ihrem Brief immer einen frankierten Rückumschlag bei, da andere Zuschriften leider nicht bearbeitet werden können.

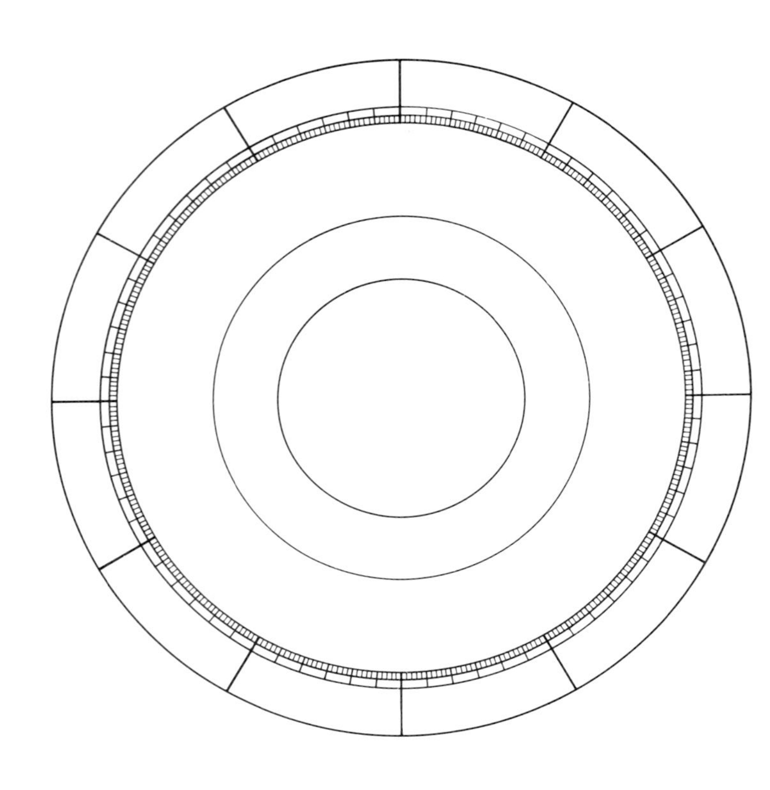

PLANETENSTÄNDE

☉	
☽	
☿	
♀	
♂	
♃	

♄	
♅	
♆	
♇	
☊	

HÄUSER

MC	
11	
12	
AC	
2	
3